Roswitha Breckner
Sozialtheorie des Bildes

Roswitha Breckner (PD Dr. phil.) lehrt und forscht am Institut für Soziologie der Universität Wien. Ihre Forschungsschwerpunkte sind Bildsoziologie, Interpretative Methoden, Migrations- und Biographieforschung.

Roswitha Breckner

Sozialtheorie des Bildes

Zur interpretativen Analyse von Bildern und Fotografien

[transcript]

Mit Dank für die freundliche Unterstützung der Drucklegung seitens der Österreichischen Forschungsgemeinschaft

Bibliografische Information der Deutschen Nationalbibliothek
Die Deutsche Nationalbibliothek verzeichnet diese Publikation in der Deutschen Nationalbibliografie; detaillierte bibliografische Daten sind im Internet über http://dnb.d-nb.de abrufbar.

Umschlagkonzept: Kordula Röckenhaus, Bielefeld
Umschlagabbildung: Irina Hasnas-Hubbard, Bukarest
(irina.hasnas.hubbard@gmail.com)
Lektorat & Satz: Gerit Peckert
Druck: Majuskel Medienproduktion GmbH, Wetzlar
ISBN 978-3-8376-1282-0

Gedruckt auf alterungsbeständigem Papier mit chlorfrei gebleichtem Zellstoff.

Besuchen Sie uns im Internet: *http://www.transcript-verlag.de*

Bitte fordern Sie unser Gesamtverzeichnis und andere Broschüren an unter: *info@transcript-verlag.de*

Inhalt

„Mir träumte, ich sei ein merkwürdiger Händler: ein Händler für Blicke und Erscheinungen. Ich sammelte sie und verkaufte sie weiter. In meinem Traum hatte ich gerade ein Geheimnis entdeckt! […] Das Geheimnis bestand darin, dass ich bei allem, was ich betrachtete, in das Innere gelangen konnte – ein Eimer Wasser, eine Kuh, eine Stadt aus der Vogelperspektive (sie ähnelte Toledo), eine Eiche – und, war ich einmal im Innern, die Erscheinung besser zu arrangieren verstand. […]
Das Geheimnis, in die Dinge hineinzuschlüpfen, um sie so zu arrangieren, wie sie sich dem Blick darbieten, war so einfach wie das Öffnen einer Schranktür. Vielleicht ging es nur darum, gerade da zu sein, wenn die Tür von selbst aufsprang. Doch als ich erwachte, konnte ich mich nicht mehr daran erinnern, auf welche Weise dies vor sich gegangen war, ich hatte vergessen, wie man das Innere der Dinge betritt."

John Berger 1996, 28f

Einleitung

Die zunehmende Präsenz und Relevanz von Bildern im alltäglichen Leben ebenso wie in den Natur-, Geistes- und Sozialwissenschaften ist unbestritten. Wie mit Bildern als wesentlichem Bestandteil sozialer Sinnbildungsprozesse methodisch umgegangen werden kann, ist aus soziologischer Perspektive aber noch recht offen. Die in den letzten dreißig Jahren vornehmlich philosophisch, kunst- und kulturwissenschaftlich geführten Debatten[1] zum begrifflichen, ästhetischen und kulturellen Status von Bildern sind zwar aufgegriffen worden.[2] Methodologisch-methodisch ausgearbeitete Ansätze, die auf die Spezifik des Bildlichen zielen, blieben jedoch rar. Erst in den letzten Jahren ist eine dynamischere Beschäftigung mit Bildern zu beobachten.[3] Es stellt sich die Frage, in welcher Weise in der Vielfalt von fixierten und bewegten Bildern soziale und gesellschaftliche Zusammenhänge nicht nur bildlich repräsentiert, sondern auch im Sehen und in Prozessen der Sichtbarmachung erzeugt werden.

In dieser Arbeit geht es darum, auf symboltheoretischer und bildwissenschaftlicher Grundlage einen methodischen Zugang zur interpretativen Analyse von Bildern und Fotografien aus soziologischer Perspektive zu entwickeln und methodologisch zu begründen. An exemplarischen Bildinterpretationen wird die konkrete Anwendung eines als *Segmentanalyse* angelegten

---

1 Siehe Belting 2001, 2007; Boehm 1978, 1989, 1994, 2004, 2007; Böhme 1999; Bohn 1990; Didi-Huberman 1999, 2007; Mitchell 1987, 1990, 1994, 2005; Sachs-Hombach 2003, 2005; Scholz 2004; Schulz 2005; Wiesing 2000, 2005.

2 Im deutschsprachigen Raum siehe Oevermann 1990; Englisch 1991; Reichertz 1992; Müller-Doohm 1993, 1997; Loer 1994. Im englischsprachigen Raum haben sich schon früher bildanalytische Ansätze etabliert, etwa über die seit 1985 erscheinende Zeitschrift *Visual Studies* mit programmatischen Beiträgen von Harper 1994, 2000; Grady 1996, 2001; kulturtheoretisch orientiert Mitchell 1987, 1990, 1994, 2005; Mirzoeff 1998/2002; Evans/Hall 1999.

3 Bohnsack 2003; Breckner 2003; Knoblauch et.al. 2006; Knoblauch et.al. 2008; grundlegend Raab 2008; Reichertz/Marth 2004; Soeffner 2006.

Interpretationszugangs gezeigt. Die exemplarisch zu analysierenden Bilder wurden aus gesellschaftlichen Feldern ausgewählt, in denen bildliche Phänomene eine wesentliche Rolle spielen. Der gegenstandsbezogene Blick ist auf die Präsentation von Angehörigen ökonomischer Eliten als ‚Privatpersonen' im Rahmen eines Wirtschaftsmagazins gerichtet; auf Geschlechterbilder in der Darstellung von Körpern wie sie in einer Fotografie von Helmut Newton sichtbar werden; auf biographische Konstruktionsprozesse in einem privaten Fotoalbum; und schließlich auf Konstruktionsprozesse von ‚Fremden' in der öffentlichen Bilderwelt. Die allgemeine Frage, die im Laufe dieser Arbeit an fixierte Bilder verschiedener Art, vor allem an Fotografien verschiedener Gattungen und Genres, gerichtet wird, lautet: Wie *zeigt* sich *etwas* in einem Bild, einem Foto, einer Bild- oder Fotosammlung, und wie können die spezifisch bildlichen, in der Regel vielfältigen Bedeutungsbezügen und Sinnzusammenhängen interpretiert werden?

Mit der Einschränkung auf fixierte Bilder ist die Absicht verbunden, Dimensionen der Bedeutungs- und Sinnbildung über bildliche Prozesse zu fokussieren. Die Komplexität medialer Synästhesien in Film und Video, in denen Töne, Musik, Gestik und Sprache meist gleichzeitig – und unter Umständen auch gleichermaßen – sinnkonstitutiv wirksam sind und die Darstellung von Interaktions- und Handlungs*verläufen* eine wesentliche Rolle spielen, wird zunächst außer Acht gelassen. Begründen lässt sich dies auch damit, dass die Spezifik bildlicher Bedeutungs- und Sinnkonstitution auch in Analyseansätzen zu bewegten Bildern anhand von Standbildern erfasst wird (siehe exemplarisch bereits Englisch 1991; methodologisch und methodisch derzeit am weitesten ausgearbeitet Raab 2008). Es bedarf offenbar einer Fixierung einzelner Bildern, um interne wie externe Bildbezüge analytisch erschließen zu können.

Die grundlagentheoretische Bestimmung dessen, was ein Bild ausmacht und in welcher Weise es – neben Sprache und anderen Formen der Weltwahrnehmung und -erzeugung – als Teil der Konstitution sozialer Wirklichkeiten verstanden werden kann, ist noch ein offenes Projekt. Im Anschluss an schon zu Klassikern avancierte Autoren wie Rudolf Arnheim, Ernst H. Gombrich, Aby Warburg, Erwin Panofsky, Max Imdahl, John Berger, Vilém Flusser – um nur einige wesentliche Bezugspunkte zu nennen – kann dennoch auf tragfähige theoretische Konzepte zu Bildern als Vorstellung wie auch als materielle Sinngestalt zurückgegriffen werden. Aus der vorliegenden Vielfalt bildtheoretischer Überlegungen werden im Rahmen dieser Arbeit jene zur Darstellung und Diskussion ausgewählt, die für eine methodologische Fundierung eines in der Soziologie verankerten interpretativen Verfahrens zur Analyse von Bildern als grundlegend erachtet werden.

Den Ausgangspunkt einer Skizze verschiedener Auffassungen bezüglich der Verhältnisse zwischen Bildern und Wirklichkeiten bildet die von W.J.T. Mitchell Mitte der 80er Jahre aufgeworfene und von Gottfried

Boehm Mitte der 90er Jahre aus anderer Perspektive erneut formulierte Frage „Was ist ein Bild?“. Die Frage suggeriert, dass es möglich wäre, eine klare Definition dessen, was ein Bild *ist,* zu formulieren. Die bildtheoretische Diskussion zeigt jedoch, dass eindeutige oder gar universale Definitionen nicht zu erwarten sind. Wie lässt sich dann aber mit dieser Frage, die für die Klärung der Verhältnisse zwischen Bild und Wirklichkeit zentral erscheint, umgehen?

Mitchell vertritt auf der Basis von Foucault die Auffassung, dass sich nur anhand der Rekonstruktion historischer Diskurse bestimmen lässt, was ein Bild sein kann. Ein Bild ist ihm zufolge das, was in einem Diskurszusammenhang als Bild wahrgenommen, zum Bild gemacht und von anderen Formen der Sinnbildung unterschieden wird. Diese Annahme impliziert, dass Bilder von Sprache nicht grundsätzlich zu trennen sind, weil nur das als Bild gelten kann, wovon als Bild gesprochen wird. Sprache wie Bilder gehören – so Mitchell im Anschluss an Wittgenstein – einer Vorstellungswelt an, die als solche, weil *im Kopf*, nie direkt zugänglich ist. Vorstellungen speisen sich aus kognitiven wie affektiven, rationalen wie irrationalen, logischen wie unlogischen, kulturell überformten wie archaischen, symbolisch codierten wie uncodierten Quellen und Impulsen. Sie lassen sich nicht in distinkte Bereiche des Bildlichen oder des Sprachlichen trennen.[4] Als spezifische Formen der Repräsentation gehen Sprache und Bilder dennoch nicht ineinander auf. ‚Etwas‘ erscheint in einem Bild, Objekt, einer sprechenden Artikulation oder einer sehenden Wahrnehmung jeweils in unterschiedlicher Weise. Verschiedene Repräsentationsformen und -medien verweisen zudem aufeinander und können nicht als voneinander unabhängige betrachtet werden. Wir haben es in der Regel nicht mit ‚reinen Bildern‘ oder ‚reiner Sprache‘ zu tun, sondern – in der Terminologie von Mitchell – mit Bild-Texten (image-texts). Auch im Hinblick auf die Vielfalt der Bilder, ihre Formate und medialen Gestalten ist es Mitchell zufolge kaum möglich, eine allgemeine oder gar universale Bildtheorie zu entwickeln. Vielmehr gehe es darum, mögliche Bedeutungsdimensionen und Sinnpotentiale in verschiedensten Bezügen zwischen Bild und Wirklichkeit anhand materialer Analysen zu erschließen. Wie aber spezifische *Formen* der bildlichen, sprachlichen, musikalischen und/oder synästhetischen Wahrnehmung und Gestaltung aus bestimmten Diskurszusammenhängen hervorgehen, bleibt bei Mitchell – und soweit ich sehe auch in den Diskurstheorien Foucault'scher Provenienz ebenso wie im breiten Feld der Cultural und Visual Studies[5] – im Detail vielfach noch recht offen.

4 Siehe bereits Arnheim 1977, 1984.

5 Mitchell hat mit der Verbindung theoretischer Argumentationsfiguren von Ludwig Wittgenstein, Michel Foucault, Louis Althusser, Sigmund Freud, Jacques Lacan auf der einen und Erwin Panofsky, Raymond Williams und William Blake auf der anderen Seite wesentlich zur Entwicklung der Cultural wie Visual Studies beigetragen (vgl. exemplarisch Mirzoeff 2002).

Auf der Suche nach theoretischen Antworten auf die Frage, wie bildlicher Sinn in Prozessen entsteht, an denen auch *Subjekte* – verstanden als verschiedene Ausprägungen handelnder sozialer Entitäten – konstruktiv beteiligt sind, stieß ich auf die Arbeiten von Susanne Langer.[6] Sie hat in den 40er Jahren des letzten Jahrhunderts im Anschluss an Ernst Cassirer, Alfred North Whitehead und Bertrand Russel eine bildtheoretisch relevante Unterscheidung zwischen *präsentativen* und *diskursiven Formen der Symbolisierung* eingeführt. Diese Unterscheidung trägt wesentlich zum Verständnis der Spezifik von Bildern gegenüber sprachlichen Gestaltungsformen bei, ohne dass darüber eine kategoriale Trennung zwischen Bildern und Sprache eingeführt wird. Sinnbezüge, die durch Sprache, Bilder, Musik u.a. erzeugt werden, sind gleichermaßen als Prozesse der Symbolisierung zu beschreiben und gehören dieser Auffassung nach nicht verschiedenen Kategorien der Bedeutungs- und Sinnbildung an. Vielmehr weisen verschiedene *Formen der Symbolisierung* spezifische Unterschiede auf, die es methodologisch-methodisch zu berücksichtigen gilt.

Präsentative Formen der Symbolisierung zeichnen sich Langer zufolge dadurch aus, dass sich Bedeutungs- und Sinnbezüge über die gleichzeitige Sichtbarkeit aller eine Gestalt bildenden Elemente konstituieren. Phänomene der Gleichzeitigkeit, Koinzidenz oder Überlagerung können so unmittelbar zum Ausdruck gebracht werden. In *diskursiven Formen* hingegen bestimmen die sequentielle Logik der Bedeutungsbildung und die damit verbundenen inhärenten Relevanzsetzungen Aussage- und Sinngehalte. In sprachlichen Artikulationen bringt in der Regel vor allem die syntaktisch festgelegte Abfolge von als Sinneinheit bestimmbaren Worten, Sätzen und Themen Bedeutung hervor. Bildliche Elemente sind hingegen nicht in der Weise als Zeichen kodifiziert wie Worte oder Wortverbindungen. Es gibt kein ‚Wörterbuch' für Linien, Farben, Kontraste, u.a.m. Die Bedeutung einzelner Bildbestandteile entsteht erst aus dem konkretbildlichen Zusammenhang mit anderen Elementen sowie in Bezug auf die Gesamtgestalt eines Bildes. Imdahl zufolge – auf den ich mich in der methodologischen Begründung im wesentlichen beziehe – sind Bildelemente durch szenische, perspektivische und planimetrische Prinzipien in einer kompositorischen Bildgestalt aufeinander bezogen. Die bildliche Entstehung von Bedeutung bleibt eingelagert in die Materialität sichtbarer Bildelemente, deren Zusammenhang über gestalthafte Abstraktions- und Imaginationsprozesse zu einer Bedeutungs- und Sinngestalt geformt wird. In

6 An dieser Stelle möchte ich Hilge Landweer sehr herzlich dafür danken, dass sie mich in Kenntnis meiner Arbeitsweise auf Susanne Langer und ihre Differenzierung zwischen präsentativen und diskursiven Formen der Symbolisierung aufmerksam machte. Dadurch wurde eine symbol- wie bedeutungstheoretische Fundierung meiner Vorgehensweise möglich, in der – im Unterschied etwa zum Ansatz von Oevermann (2009) – das spezifische Potential von Bildern nicht als ‚Derivat' sprachlich-diskursiver Formen der Entstehung von Bedeutung konzipiert werden muss.

so verstandenen Symbolisierungsprozessen repräsentieren und vergegenwärtigen Bilder aktual Abwesendes und erzeugen zugleich genuine Ansichten von Gegenständen und Ideen. Dieser Auffassung zufolge sind Bilder nicht alleine Medien der Repräsentation von einer unabhängig von ihnen gestalteten Wirklichkeit, sondern ihrerseits Wirklichkeitsgestalter im Hervorbringen von Sehweisen und bildlichen Bezugspunkten der Handlungsorientierung.

An Langer anschließend und zugleich in soziologischer Perspektive über sie hinausweisend kann mit Alfred Schütz (1971) das Verhältnis von Bild und Wirklichkeit in verschiedenen sozialen Sinnwelten präzisiert werden. In Schütz' Perspektive konstituieren sich Bedeutungen immer mit Bezug zu einer bestimmten Sinnwelt und zugleich im Horizont jeweils anderer. Ihm zufolge – der sich seinerseits auf die Symboltheorie Cassirers sowie auf die von Langer eingeführte Unterscheidung zwischen präsentativen und diskursiven Formen der Symbolisierung bezieht – können Bilder als *Anzeichen* für eine ‚Welt in (potentieller) Reichweite', als *Zeichen* in Deutungs- und Verweisungsbezügen der Alltagswelt sowie als von kollektiv geteilten Kodierungen relativ unabhängige *Symbolisierung* fungieren. Letztere wird vor allem in spezifischen Sinnwelten relevant, wie etwa in der Wissenschaft, Kunst, Religion; in Formgebungen von Erlebnisgehalten, die von einem einzelnen Subjekt ausgehen können; oder aber in allgemeinen Vorstellungen von Gesellschaft, Universum und anderen existentiellen Bezügen. Sichtbares und nicht Sichtbares, die Relevanz, aber auch die Grenzen sozial geteilten Wissens im Horizont von Unbekanntem und Fremdem sind in Schütz' phänomenologisch fundiertem Konzept für die Bedeutungs- und Sinnbildung grundlegend. Zugleich werden spezifische soziale Dimensionen benannt, in denen Bilder *Sinn* machen.

Mit der phänomenologischen Perspektive von Schütz sind wiederum über ihn hinausweisende bildtheoretische Konzepte (siehe im Überblick Wiesing 2000, 2005; Merleau-Ponty 2003; Boehm 2007) zu verknüpfen. Diesen Auffassungen zufolge besteht die Spezifik von Bildern darin, dass sie ‚etwas' – Phänomene materieller wie immaterieller Art – nicht nur bildlich ‚als etwas' in einer spezifischen Verbindung zwischen Dargestelltem und Darstellung repräsentieren. Vielmehr zeigt sich auch die Weise der Sichtbarmachung. Diese Perspektive wirft grundlegende Fragen zur Entstehung von Phänomenen in der Bildlichkeit, die erst in der Latenz formaler Bildgestaltung aufzufinden sind, auf. Bilder zeigen – so Gottfried Boehm – in einer simultan und zugleich sukzessiv wahrgenommenen Präsenz von „Verschiedenem auf der Bildfläche" ‚etwas' und erzeugen auch ohne einen die gegenständliche Welt repräsentierenden Bezug Bedeutung und Sinn. Zeigen baut sich über Kontraste auf und ist in bildspezifischen Figur-Grund-Verhältnissen verankert. Mit seinem Konzept zur *Ikonischen Differenz* geht es Boehm nicht zuletzt auch darum, sprachlich nur schwer zu erfassende Wirkungen von Bildern zugänglich zu machen.

In den symbol- ebenso wie in den spezifischeren bildtheoretischen Ansätzen erweisen sich zwei Dimensionen im Verhältnis von Bild und Wirklichkeit als relevant, die zugleich weitere komplexe theoretische Felder öffnen. Die Rede ist vom Verhältnis zwischen Körper, Bild und Wirklichkeit zum einen sowie zwischen Bild, Medium und Wirklichkeit zum anderen.

Der Körper ist an der Konstitution von Bildern in mehrfacher Weise beteiligt: als wahrnehmender Körper, als bildlich darstellender und als bildlich dargestellter Körper. Erving Goffman hat gezeigt, in welcher Weise der Körper als ein *bildliches* Darstellungsgeschehen soziale Situationen und damit letztlich auch gesellschaftliche Ordnung mit konstituiert. Diese Prozesse werden auch in Bilder und ihre spezifischen *Rahmen* übertragen. Mit phänomenologischen Konzepten zum Verhältnis von Körper und Leib (exemplarisch Landweer 1994, 2002, 2007; Lindemann 1992, 1993, 2001, 2005) rückt eine weitere, methodisch schwer zu erfassende, Ebene der Bilderzeugung in den Blick. Dieser Auffassung nach wohnt bildlichen Darstellungen generell und insbesondere Körperdarstellungen eine leibliche Dimension inne. BildproduzentInnen und BetrachterInnen sind immer auch in eine leibliche Beziehung zu Bildern gesetzt, die – so die Argumentation im Anschluss an Merleau-Ponty – den Bild-Objekt- und BetrachterInnen-Subjekt-Status fraglich werden lässt. Vor allem in leiblich fundierten Blickbeziehungen können fixierte Bilder wieder ‚lebendig' werden und auf die BetrachterInnen ‚zurückblicken'. Damit wird auch zu erklären versucht, dass und in welcher Weise Bilder als ein verlebendigtes Gegenüber, als Idol, Totem oder Fetisch (Mitchell 1994, 2005) eine Macht mit sozialer und politischer Brisanz entfalten können.

Mit der Rolle des Körpers in der Entstehung von Bildern ist die Frage der Medialität als einem eigenständigen Beitrag zur Sinn- und Bedeutungsbildung bereits angesprochen. In einer Gesellschaft, in der visuelle Medien zunehmend an Relevanz gewinnen, können verschiedene Arten bildlicher Medialität kaum noch umfassend und zugleich differenziert nach Bildtypen oder -gattungen bearbeitet werden. Mit dem Ziel, ein bildspezifisches methodisches Interpretationsverfahren zu entwickeln erschien es sinnvoll und notwendig, in Bezug auf das Bildmedium Einschränkungen vorzunehmen. Ich entschied mich für einen Fokus auf Fotografie, ohne andere Bildformate – wie zum Beispiel Collagen – aus der Konzeption und Analyse auszuschließen.[7] Fotografien finden in sehr unterschiedlichen sozialen und gesellschaftlichen Kontexten Anwendung. Mit der Analyse von Amateur-

7 In Bezug auf Fotografie kann auf einen reichen Bestand philosophischer (exemplarisch Barthes 1989), gesellschafts- und kunsttheoretischer (Benjamin 1977; Berg 2001; Berger 1974/2000, 1981/2003; Berger/Mohr 1976, 2000; Didi-Huberman 2006; Geimer 2010; Kracauer 1973; Sontag 1980) sowie methodologisch relevanter Arbeiten (Dubois 1998) zurückgegriffen werden. Im Überblick siehe Kemp 1999, 2006; Amelunxen 2002; Geimer 2009.

und Profifotografien für den privaten Gebrauch wie in der Werbung und Kunst lässt sich ein breites Spektrum sozialer Phänomene, in denen fotografische Bildlichkeit eine wesentliche Rolle spielt, aufspannen.

Phillippe Dubois (1998) hat im Anschluss an Walter Benjamin, Roland Barthes und Charles S. Peirce einen fototheoretischen Ansatz entwickelt, in dem die spezifische indexikalische Verbindung der Fotografie mit ihren Referenten eine zentrale Rolle spielt, ohne der Naivität zu verfallen, dass dadurch ein besseres oder gar ‚wahreres' Bild von Wirklichkeit geschaffen werde. Vielmehr ist die Fotografie Dubois zufolge eingebettet in *fotografische Akte*, die als Momente der Aufnahme, der Entwicklung eines Abzugs von einem Negativ sowie im Gebrauch einer Fotografie sozial hoch codiert sind. Dubois zeigt, dass die indexikalischen zeit-räumlichen Bezüge der Fotografie, die jeweils nur einen Augenblick und einen bestimmten Raumausschnitt fixieren, in sozial strukturierte Wahrnehmungsweisen von Zeit und Raum integriert sind. Und dennoch wird der Fotografie zugeschrieben, unmittelbare Spur eines Geschehens, von Objekten und Personen zu sein. Diese besondere Verbindung zu dem was als Realität verstanden wird, bestimmt die sozialen Gebrauchsweisen der Fotografie wesentlich mit. Als Medium der Selbstwahrnehmung, der Konstruktion von Familien- und Generationenbeziehungen und nicht zuletzt als Medium der Repräsentation in den Naturwissenschaften schafft sie eine spezifische Wirklichkeit. Mit Fotografien werden allerdings keine ‚Rohdaten' einer (noch) nicht symbolisierten Welt erzeugt. Vielmehr erhalten Fotografien in der Pragmatik ihrer sozialen Verwendung ein ihr eigenes Symbolisierungspotential, welches Ronald Berg (2001) pointiert als *Ikone des Realen* bezeichnet hat.

Im Forschungsprozess dieser Arbeit fand die Beschäftigung mit grundlagentheoretischen Fragen parallel zu konkreten Bildanalysen statt. In letzteren wurden Interpretationswege ausgelotet und inhaltlich als relevant erachtete Problemstellungen erkundet.[8] Die in den theoretischen Kapiteln diskutierten Bilddimensionen sind nicht zuletzt im Zusammenhang mit den empirischen Analysen in den Fokus der Arbeit gerückt. Umgekehrt hat sich die methodische Vorgehensweise und ihre Begründung durch die Auseinandersetzung mit bildtheoretischen Konzepten weiterentwickelt.[9] Um

8 An dieser Stelle möchte ich mich bei den TeilnehmerInnen meiner regelmäßig abgehaltenen Lehrveranstaltungen zur Interpretativen Bildanalyse am Institut für Soziologie der Universität Wien sehr herzlich bedanken. Mit ihrer Neugierde, ihrem Interesse, ihren kritischen Anmerkungen und den in zahlreichen Abschlussarbeiten verfolgten eigenen Ideen für bildliche Analysegegenstände haben sie sehr wesentlich zur Erprobung des Interpretationsverfahrens beigetragen. Im beständigen Austausch zwischen Forschen und Lehren konnte ich die Praktikabilität und Begründbarkeit des Vorgehens in jedem Stadium prüfen und immer wieder Korrekturen vornehmen. Nicht zuletzt hat das gemeinsame Interpretieren unterschiedlichster Bilder sehr viel Spaß gemacht.

9 Dieser Arbeitsprozess wurde durch zahlreiche Diskussionen mit KollegInnen und FreundInnen unterstützt, denen allen ich danken möchte. Besonders bedanken möchte ich mich bei Klaus Schmals, der über den gesamten Verlauf

den Wechsel zwischen grundlagentheoretischer Argumentation und empirischer Konkretion anzudeuten, begleiten vier Bildanalysen die theoretisch fokussierten Kapitel.

In einer ersten Bildinterpretation wird anhand der Darstellung einer Familie als Angehörige einer ökonomischen Elite in einem österreichischen Wirtschaftsmagazins gezeigt, wie in der bildsymbolischen Präsentation zusammen mit den Texten ein kulturspezifischer Zusammenhang zwischen familialer Lebensführung, Erfolg, Reichtum und politischer Macht inszeniert wird. Die zweite Bildinterpretation bezieht sich auf eine Fotografie von Helmut Newton und geht vornehmlich den körperlichen Bezüge und Blickbeziehungen innerhalb des Bildes wie zwischen Bild und BetrachterIn nach. Eine dritte Interpretation hat ein privates Fotoalbum zum Gegenstand und zielt auf bild-biographische Konstruktionsprozesse, die auf Erlebnisgehalte in familialen, generationellen und zeithistorischen Zusammenhängen verweisen. Mit einer vierten Bildinterpretation wird am Beispiel der Darstellung von ‚Fremden' in der öffentlichen Bilderwelt ein weiteres gesellschaftlich relevantes Bildfeld adressiert. Hier geht es darum zu zeigen, wie Segmentanalysen einzelner Bilder mit fotografischen Erhebungen kombiniert werden können und so ein thematisch zentriertes Bildprojekt konzeptionell gestaltet werden kann.

Im Anschluss an die theoretisch ausgeloteten und in materialen Analysen erkundeten Wirklichkeitsbezüge von Bildern wird einleitend zur Explikation der methodologischen Prinzipien und des methodischen Verfahrens zusammenfassend abgesteckt, was durch diesen Interpretationsansatz potentiell erschlossen werden kann. Er bewegt sich in einem breit angelegten Spektrum der Rekonstruktionsmöglichkeiten von Sachgehalten wie von imaginären und performativen Vorstellungswelten. Das methodische Verfahren beansprucht, einer zentralen Herausforderung von Bildanalysen gerecht zu werden, nämlich die Bedeutungsbildung in einer simultan gegebenen Gleichzeitigkeit aller Bildbestandteile und deren sukzessiver Erfassung in einem Wahrnehmungsprozess, aus dem erst eine Bildgestalt als Zusammenhang verschiedener Bestandteile im Horizont verschiedener Sinnbezüge hervorgeht, zu erfassen. Mit einer *Segmentanalyse* als Kern des Verfahrens wird den bildspezifischen Formen der Bedeutungsbildung Rechnung getragen. Die von Max Imdahl entwickelte *Ikonik* ist hierfür ein wesentlicher Bezugspunkt. In hermeneutisch-rekonstruktiven Interpretationsprozessen werden verschiedene Ebenen der bildlichen Bedeutungs-

der Arbeit ein neugierig interessierter, theoretisch wie empirisch anregender und sehr verlässlicher Diskussionspartner war. Die Arbeit hat auch von Elfie Miklautz' kulturwissenschaftlichem Wissen und Blick ebenso wie von ihrer anspornenden Sprachfertigkeit sehr profitiert. Lena Inowlocki trug wesentlich dazu bei, dass mir die Verflechtung theoretischer und empirischer Zugangsweisen immer selbstverständlicher erschien. Ihr großzügiger Ideenreichtum in Gesprächen während ihrer zeitweilig regelmäßigen Aufenthalte in Wien hatte immer wieder impulsgebende Wirkung.

und Sinnbildung in aufeinander folgenden Analyseschritten adressiert. Es wird nicht übersehen, dass der Analyseprozess selbst auf Sprache als sequentieller Form der Bedeutungsbildung angewiesen bleibt. Resultat einer Bildinterpretation sind keine Bilder, sondern sprachlich artikulierte Aussagen in Form von Hypothesen zum Bildsinn. Deren Gehalt soll daran zu messen sein, ob sie in der Lage sind, Bildbedeutungen und Sinnzusammenhänge im Wechselspiel zwischen manifest Sichtbarem und latent vorstellig Werdendem nachvollziehbar aufzuschließen. Damit schließe ich an ausgearbeitete methodologische Prinzipien und methodische Verfahren der interpretativen Soziologie an und verorte die Segmentanalyse als Weiterentwicklung dieser bislang vornehmlich textzentrierten Ansätze.[10]

In einem Ausblick wird die Frage nach den Bildern in der Soziologie noch einmal aufgegriffen und Möglichkeiten, ihr weiter nachzugehen, diskutiert. Aus der Sichtung klassischer soziologischer Theorien[11] können – wie bereits teilweise geschehen – weitere fachspezifische Grundlagen zur Bildhaftigkeit sozialer und gesellschaftlicher Zusammenhänge entwickelt werden. Mit einer Methodologie und Methode im wissenschaftlichen Gepäck ist es zugleich möglich, im empirischen Umgang mit materialen Bildphänomenen aus verschiedenen gesellschaftlichen Bereichen gegenstandsnah zur Konturierung soziologischer Bildtheorien beizutragen. Im Rahmen einer breit angelegten *Visuellen Soziologie* öffnet sich ein großes Feld für empirische wie theoretische Analysen.

10 Arbeitsgruppe Bielefelder Soziologen 1973; Fischer-Rosenthal 1991b; Flick et.al. 1991; Hitzler/Honer 1997; Oevermann et.al. 1979; Przyborski/Wohlrab-Sahr 2008; Rosenthal 2005; Schütze 1987; Soeffner 1998.

11 Hierfür bieten sich vor allem die Arbeiten von George Herbert Mead, Erving Goffman, Georg Simmel, Karl Mannheim, Mary Douglas, Michel Foucault und Pierre Bourdieu an.

Wirklichkeiten im Bild – Bildwirklichkeiten: Skizze grundlagentheoretischer Positionen I

„In jedem Akt des Sehens liegt die Erwartung von Sinn. Diese Erwartung ist etwas anderes als der Wunsch nach einer Erklärung. Derjenige, der sieht, mag vielleicht hinterher *erklären; aber vor jeder Erklärung steht die Erwartung dessen, was die Erscheinungen vielleicht selbst offenbaren werden." (John Berger 1982/2000, 117)*[12]

Das Wort Bild birgt unterschiedliche Bedeutungen. Entsprechend vielfältig sind die Facetten, die in bildwissenschaftlicher Perspektive angesprochen, analysiert und miteinander in Beziehung gesetzt werden. Die folgende Skizze grundlagentheoretischer Positionen speist sich zum einen aus philosophischen und kunsthistorischen Bildkonzepten, die sich in den aktuellen Debatten herauskristallisiert haben. Zum anderen ist sie an Problemstellungen orientiert, die mir im Hinblick auf eine sozialwissenschaftliche Theoretisierung des Bildes sowie eine interpretative Methodologie und Methode der Bildanalyse relevant erscheinen.

Zunächst wird anhand der Arbeiten von W.J.T. Mitchell ein diskurstheoretischer Ansatz zum Umgang mit der Frage „Was ist ein Bild?" vorgestellt. Mitchell zeigt, wie die Fülle und Unterschiedlichkeit von Bildphänomenen sowie verschiedene fachspezifische Definitionsversuche produktiv gemacht werden können. Seine Analysen sind weitgehend als historische Diskursrekonstruktionen angelegt und gegenstandsbezogen jeweils

12 Sie werden im folgenden immer wieder einleitende Zitate von John Berger finden, welche die zu behandelnden Fragen aufschließen. John Berger hat bereits früh bildtheoretische Konzepte in konkreten Analysen diskutiert und weiterentwickelt, selbst aber keine Bildtheorie entworfen, welche systematisch eingeführt werden könnte. Die Entwicklung meiner Überlegungen hat seinen Arbeiten dennoch viel zu verdanken, was ich in dieser Form zum Ausdruck bringen möchte.

ausgesprochen erhellend. Sie enthalten jedoch keine ausgearbeitete Methodologie und Methode, auf die sich Bildinterpretationen auch jenseits historisch-kunstgeschichtlicher Gegenstandsbestimmungen stützen könnten.

Mit Susanne Langers symbol- und bedeutungstheoretischen Überlegungen liegt ein Ansatz vor, mit dem spezifisch bildliche Formen der Bedeutungsgebung auf der Basis einer allgemeinen Bedeutungstheorie konzeptionell gefasst werden können. An die von Langer bereits in den 40er Jahren des 20. Jahrhunderts entstandene *Philosophie auf neuem Wege* kann die Entwicklung einer interpretativen soziologischen Bildtheorie und -methodologie unmittelbar anschließen. Dies zeigt sich etwa in den Arbeiten von Alfred Schütz zum Zusammenhang von Symbolbildung und gesellschaftlicher Wirklichkeit (Schütz 1971), der sich seinerseits auf Ernst Cassirer und Susanne Langer bezieht. Schütz fundiert seine Bedeutungstheorie zudem maßgeblich in Edmund Husserls Konzepten der Mitvergegenwärtigung (Appräsentation), welche wiederum in den aktuellen phänomenologisch orientierten bildtheoretischen Debatten eine wichtige Rolle spielen (vgl. Wiesing 2005; Boehm 2007).

Die Frage, wie Bilder Bedeutung und Sinn erzeugen, welchen Zusammenhang es zwischen Dargestelltem, Darstellung und der Art und Weise der Darstellung gibt, wird auch innerhalb der Phänomenologie unterschiedlich konzipiert. Ein an die Arbeiten von Lambert Wiesing angelehnter Einblick zu den Bildkonzepten von Edmund Husserl, Maurice Merleau-Ponty und Vilém Flusser (Wiesing 2000) leuchtet im zweiten Teil der Skizze grundlagentheoretischer Positionen den Hintergrund des von Gottfried Boehm entwickelten phänomenologisch-hermeneutischen Ansatzes aus. Die konzeptionellen Überlegungen von Boehm bilden einen weiteren bildtheoretischen Bezugspunkt dieser Arbeit.

Boehm setzt bei der Spezifik des *Zeigens* über *ikonische Differenzen* und *Logiken der Kontraste* an, um die Entstehung von Sinnbezügen in der *Bildlichkeit* auch jenseits sprachtheoretischer Grundlagen argumentieren zu können. Seine Überlegungen, welche wiederum an die Arbeiten von Max Imdahl anschließen, ermöglichen es, auch *Wirkungen* von Bildern konzeptionell einzubeziehen, die sich einer propositionalen Artikulation entziehen und gerade dadurch im gesellschaftlichen Imaginations- und Orientierungshaushalt hohe Relevanz entfalten können.

Die Verknüpfung der eingeführten bildtheoretischen Aspekte und Perspektiven in einer ersten Zwischenbetrachtung dient dazu, die für einen sozialwissenschaftlichen Ansatz zentrale Frage nach den verschiedenen Bezügen zwischen Bild und Wirklichkeit zu diskutieren.

Zum Umgang mit der Frage „Was ist ein Bild?"

W.J.T. Mitchell, der die Frage „What is an image?" bereits in den 80er Jahren aufgeworfen hatte (Mitchell 1987a),[13] geht von einer engen Verflochtenheit zwischen Bild und Sprache aus. Mit Verweis auf die historische und theologische Einbettung sowohl der Frage als auch möglicher Antworten wendet er sich der Weise zu, wie wir „das Wort *Bild*[14] in verschiedenen institutionalisierten Diskursen verwenden" (Mitchell 1990: 18). Die Vielfalt dessen, was mit *Bild* in Verbindung gebracht werden kann – „wir sprechen von Gemälden, Statuen, optischen Illusionen, Karten, Diagrammen, Träumen, Halluzinationen, Schauspielen, Gedichten, Mustern, Erinnerungen und sogar von Ideen als Bildern" (Mitchell 1990: 19) – kann ihm zufolge nicht in eine einheitliche Systematik gebracht werden, auch wenn in fachspezifischen Bezugnahmen immer wieder Unterscheidungen zwischen verschiedenen Bildtypen vorgenommen worden sind. Geistige Bilder (Träume, Erinnerungen, Ideen, Vorstellungsbilder) werden der Psychologie und Erkenntnistheorie zugerechnet. Optische Bildlichkeit (Spiegel, Projektionen) fällt in den Bereich der Physik, graphische, plastische, architektonische Bildlichkeit (Gemälde, Zeichnungen, Statuen) in die Kunstgeschichte. Für sprachliche Bildlichkeit (Metaphern, Beschreibungen) fühlt sich die Literaturwissenschaft zuständig. Perzeptuelle Bildlichkeit (Sinnesdaten, ‚Formen', Erscheinungen) wird an der Grenze zwischen Physiologie, Neurologie, Psychologie, Kunstgeschichte, Optik, Philosophie und Literaturwissenschaft angesiedelt. Diese Einteilung führt innerhalb der Ordnung der Disziplinen dazu, ‚materielle' und ‚geistige' Bilder als ‚eigentliche' und ‚uneigentliche' zu unterscheiden. Den ‚eigentlichen', vor allem den optischen und graphischen Bildern wird zugeschrieben, stabil und dauerhaft zu sein, ähnlich oder gleich wahrgenommen zu werden sowie ausschließlich visuellen Charakter zu haben. Dahingegen scheinen ‚geistige Bilder' (Vorstellungen, Träume, Metaphern) diese Eigenschaften nicht aufzuweisen. Im Verhältnis zu ‚realen Bildern' seien diese a) nicht dauerhaft, b) variierten von

---

13 Die erste deutsche Übersetzung dieses Textes erschien unter dem Titel „Was ist ein Bild" in Bohn 1990.

14 Im Englischen wird zwischen *picture* und *image* unterschieden, während im Deutschen für die damit bezeichneten Bildphänomene nur ein Wort, nämlich *Bild*, verfügbar ist. Die Unterscheidung zwischen *picture* und *image* ist aber auch im Englischen nicht ganz eindeutig. Mitchell versteht unter *picture* zum einen das materialisierte Bild, „the constructed, concrete object or ensemble (frame, support, materials, pigments, facture". An anderer Stelle dehnt er die Bedeutung von *picture* auch wie folgt aus: „In its most extended sense, then, a picture refers to the entire situation in which an image has made its appearance, as when we ask someone if they ‚get the picture'" (Mitchell 2005: xiv). Mit *image* bezeichnet Mitchell „the virtual, phenomenal appearance that it provides for a beholder" (Mitchell 1994: 4). An anderer Stelle ist als Definitionsversuch von *image* zu lesen: „I mean a likeness, figure, motif, or form that appears in some medium or other" (Mitchell 2005: xiii).

Person zu Person und entstünden c) nicht nur über den Sehsinn (Mitchell 1990: 23). Mitchell stellt diese Unterscheidung mit einer Kritik an der Auffassung über ‚reale Bilder' in Frage und zeigt, dass letztere „mit ihren Bastarden [d.h. den ‚geistigen' Bildern, R.B.] mehr gemein [haben], als ihnen vielleicht lieb ist" (Mitchell 1990: 24). Denn auch materialisierte Bilder werden nicht von allen gleich wahrgenommen, sind von Bewusstsein abhängig, ihre Bedeutung kann sich im Laufe der Zeit verändern und ihre Wahrnehmung ist ebenfalls multisensuell organisiert. Im Unterschied zu diesen Einteilungen geht Mitchell mit Wittgenstein[15] davon aus, dass verschiedene Bildtypen *Familienähnlichkeiten* aufweisen. Die verschiedenen Bildarten sind lediglich *Familienzweigen* zuzuordnen und können nicht kategorial voneinander unterschieden werden.

Mit Mitchells Kritik an der Unterscheidung zwischen ‚materiellen' und ‚geistigen' Bildern geht ein grundlegender Einwand an jenen Repräsentationsmodellen einher, in denen Bilder immer mit empirischen Gegenständen als deren Referenten in einer Ähnlichkeitsbeziehung verbunden werden. Dieser Vorstellung nach entstehen zum Beispiel optische und graphische Bilder durch Isomorphierelationen zwischen Gegenstand und Bild. Die materielle Welt präge sich durch „Mechanismen wie Linsen, aufnahmefähige Oberflächen und Werkzeuge" im Bewusstsein ein. Das Bewusstsein werde als ‚tabula rasa' vorgestellt, die durch materielle Bilder ‚geprägt' wird. Dagegen argumentiert Mitchell, dass „in der Welt befindliche Bilder (ganz zu schweigen von Bildern der Welt)" (Mitchell 1990: 27) ohne die konstruktive Beteiligung des Bewusstseins nicht zustande kommen können. „Der Grund liegt [...] darin, dass[16] ein Bild ohne einen paradoxen Trick des Bewusstseins nicht *als solches* gesehen werden kann: es bedarf dazu der Fähigkeit, etwas zur gleichen Zeit als ‚da' und als ‚nicht da' zu sehen." (Ebd.)

In Mitchells Perspektive, die er mit den meisten aktuellen Bildtheoretikern teilt, ist in der Relation von materiellen und geistigen Bildern nicht davon auszugehen, dass die einen gegenüber den anderen ‚realer' wären, die einen das ‚Original' und die anderen ihr ‚Abbild', die einen ‚echt' und

---

15 Der Argumentation von Mitchell liegt in weiten Teilen die sprachphilosophische Kritik Wittgensteins und seine späte Bestimmung der Bedeutungsentstehung über den Gebrauch von Sprache und Bildern zugrunde. Es läge nahe, der Wittgensteinschen Argumentation an dessen Originaltexten nachzugehen. Dies ist in verschiedenen Zusammenhängen – wie später zu sehen sein wird auch von Langer, Wiesing und Boehm – bereits sachkundig geschehen. Im Rahmen dieser Arbeit reicht es aus, auf die bildtheoretisch relevanten Ergebnisse der Beschäftigung mit Wittgenstein seitens der genannten Autoren zurückzugreifen und keine eigenständige Rekonstruktion vorzunehmen.

16 Die vor der Rechtschreibreform publizierten Texte müssten richtigerweise mit der alten Rechtschreibung (daß, u.a.m.) zitiert werden. Computer-Rechtschreibprogramme korrigieren größtenteils automatisch auf die neue Rechtschreibung. Der Aufwand, eine originalgetreue Zitation im Wechsel der Rechtschreibung aufrecht zu erhalten, erschien mir zu hoch; die jeweilige Form in den Zitaten wurde nicht mehr dem Original angeglichen.

die anderen ‚unecht'. Vielmehr „können wir so verfahren, wie Wittgenstein es vorschlägt, und sie als funktionale Symbole ‚in dieselbe Kategorie' oder [...] in den gleichen logischen Raum einordnen" (Mitchell 1990: 28). Damit öffnet sich der Gegenstandsbereich dessen, was *als Bild* zum theoretischen Reflexions- und empirischen Untersuchungsgegenstand werden kann.

Mit einer Rekonstruktion verschiedener Repräsentationsketten zeigt Mitchell die historische Variabilität der Auffassungen zu den Beziehungen zwischen Bild und Welt. Deutlich wird dabei, dass die Relationsbeziehungen zwischen Dingen oder Sachverhalten in der Welt zu Bildern, Ideen und der Sprache in verschiedener Weise gedacht und konzipiert worden sind. Zum einen wurden sie als eine von den Eigenschaften materieller Gegenstände ausgehende Abstraktion zunächst zum Bild und dann zum Wort aufgefasst (Objekt – Bild – Wort). Zum anderen wurde die Beziehung als eine vom analogen Bild ausgehende, sich zum Ideogramm oder Piktogramm und schließlich zum Wort entwickelnde Transformationskette verschiedener Zeichen ohne gegenständliches ‚Original' verstanden. Repräsentationsbeziehungen können von verschiedenen Ausgangspunkten in unterschiedlicher Weise hergestellt werden. Heterogene Auffassungen vom Verhältnis zwischen Wirklichkeit, symbolischer Repräsentation von Wirklichkeit oder symbolisch-performativer Konstruktion von Wirklichkeit gehen damit einher. Die Möglichkeit der unterschiedlichen Bestimmung dieser Beziehungen zeigt, dass auch das Verhältnis zwischen Bild und Welt, Bild und ‚abgebildetem Gegenstand' kein einfach festzulegendes ist. „The meaning of the picture does not declare itself by a simple and direct reference to the object it depicts. It may depict an idea, a person, a „sound image" (in the case of the rebus), or a thing." (Mitchell 1987: 28)

Vor diesem Hintergrund geht Mitchell davon aus, dass sich die Komplexität der differenten Auffassungen von Repräsentationsbeziehungen nicht in einer einheitlichen Zeichentheorie auflösen lässt. Er schlägt einen anderen Weg ein, mit den unterschiedlichen Verhältnissen von Bild und Welt und den daraus resultierenden epistemologischen Konsequenzen umzugehen. Da es seiner Auffassung nach keinen universalen Bildbegriff geben kann, gälte es die Frage „Was ist ein Bild?" in den jeweiligen Diskursen, in denen materielle wie immaterielle Gegenstände in ihrer Vielgestaltigkeit als Bilder bezeichnet und wahrgenommen werden, zu verorten. Ein Bild ist das, was als Bild gesehen und benannt wird.[17] Entsprechend ist Mitchell zufolge auch die Frage nach dem Bild immer in diskursive und ‚praktische' Zusammenhänge eingebettet. „Um zu wissen, wie wir es [das Bild, R.B.] zu lesen haben, müssen wir wissen, wie es spricht, was man

17 Mitchell verwendet den Diskursbegriff im Foucault'schen Sinne, demzufolge die Bedeutung von Bildern vornehmlich in einem durch Macht hervorgebrachten Netz von Diskursen entsteht. Zugleich argumentiert er im Sinne Wittgensteins, dass der praktische (sprachliche) Gebrauch der Bezeichnung *Bild*, die mit diesem Wort verbundenen Sprachspiele, darüber bestimmen, was ein Bild sei.

auf ihm angemessene Weise über es sagen kann und wie man auf passende Weise in seinem Namen spricht." (Mitchell 1990: 29) Zwei der zentralen Diskurse, in denen die Frage nach dem Bild eine wesentliche Rolle spielen, sind für Mitchell kunst- und religionshistorische Debatten um das Verhältnis von Bild und Wort, die das Verhältnis von Original/Abbild, Sichtbarem/Unsichtbarem, Menschlichem/Göttlichem und schließlich auch von Natur/Kultur thematisieren.

Die Umformulierung der Frage „Was ist ein Bild?" zur Frage ‚in welchen diskursiven Zusammenhängen wird etwas wie zum Bild?' bedeutet allerdings nicht, dass Mitchell annimmt, die jeweiligen Bedeutungs- und Sinngehalte von Bildern seien ausschließlich sprachlich konstituiert. Wie viele andere Bildtheoretiker betont auch er die Spezifik des Bildlichen gegenüber dem Sprachlichen. Der Unterschied entstehe durch verschiedene Bezugnahmen auf die Welt, etwa „zwischen dem ‚sprechenden Ich' und dem ‚gesehenen Anderen', zwischen Mitteilen und Zeigen, zwischen Hörensagen und Augenzeugenschaft, zwischen Worten (gehörten, zitierten, eingeschriebenen) und (Handlungs-)Objekten (gesehenen, dargestellten, beschriebenen), zwischen verschiedenen Sinneskanälen, Repräsentationstraditionen und Erfahrungsweisen." (Mitchell 1994: 5, Übersetzung R.B.)[18]

Damit ist eine theoretisch weit reichende und komplexe Unterscheidung zwischen Bild und Sprache umrissen. Mitchell folgt dieser in seinen Analysen, arbeitet sie aber nicht systematisch aus. Vielmehr macht er immer wieder darauf aufmerksam, dass sich die Unterscheidung zwischen Sprache und Bild nicht anhand ihrer medialen Materialisierung oder gar anhand unterschiedlicher Kunstformen, wie etwa Literatur versus Malerei, festmachen lässt. An einer Reihe von Beispielen – etwa der Bild-Texte von William Blake, dem Comic ‚Maus' von Art Spiegelman, den amerikanischen Photoessays der 40er Jahre – zeigt er, in welcher Weise Sprache und Diskurse Teil bildlicher Repräsentationen sind und umgekehrt, wie Bildlichkeit in Sprache und Diskurse eingeht. „In short, all arts are ‚composite' art (both text and image); all media are mixed media, combining different codes, discursive conventions, channels, sensory and cognitive models." (Mitchell 1994: 94f) Die Verflechtung ist seiner Auffassung nach nicht erst in einer Gegenüberstellung oder Ergänzung von Bildern und Texten aufzufinden, sondern bereits innerhalb eines Bild- oder Text-Gegenstandes. „The appropriate texts for ‚comparison' with the image need

18 Mitchell geht sogar noch weiter in der Differenzsetzung zwischen Text und Bild, indem er sie als das jeweils wechselseitige ‚ganz Andere' versteht. „This otherness or alterity of image and text is not just a matter of analogous structure, as if images just happened to be the ‚other' to texts. It is, as Daniel Tiffany has shown, the very terms in which alterity as such is expressed in phenomenological reflection, especially in the relation of speaking Self and seen Other." (Mitchell 1994: 28) Diese Bestimmung enthält wiederum eine Vielzahl von Implikationen und Konsequenzen, denen an dieser Stelle nicht weiter nachgegangen werden kann.

not be fetched from afar with historicist or systemic analogies. They are already inside the image, perhaps most deeply when they seem to be most completely absent, invisible and inaudible.“ (Mitchell 1994: 98)

Um diesen Verflechtungszusammenhang zu erfassen führt Mitchell das Konzept des ‚imagetextes‘ (Bildtext) mit verschiedenen Varianten (image-text; image/text)[19] ein. Ihm zufolge gilt es, das Bild-Text-Verhältnis nicht grundlagentheoretisch zu bestimmen, sondern dieses ausgehend von einem konkreten Bild-Gegenstand im Zusammenhang mit den jeweiligen diskursiven Kontexten zu untersuchen. „The first place to look for the appropriate description language for analyzing the formal heterogeneity of a representation is in the representation itself, and in the institutional meta-language [...] of the medium to which it belongs.“ (Mitchell 1994: 100)

Wenn Mitchell in dieser Weise von einem Verflechtungszusammenhang spricht, impliziert dies nicht eine Auflösung der Unterscheidung zwischen Bild und Sprache. Vielmehr bleiben sie als verschiedene, aber ineinander verflochtene Formen wechselseitig aufeinander verwiesen. Entsprechend gälte es, nicht die Frage der Unterscheidung an sich zentral zu setzen, sondern jene, welche Bedeutungen mit dieser Unterscheidung jeweils verbunden sind. „The real question to ask when confronted with these kinds of image-text relations is not ‚what is the difference (or similarity) between words and the images?‘ but ‚what difference do the differences (and similarities) make?‘ That is, why does it matter how words and images are juxtaposed, blended, or separated?“ (Mitchell 1994: 91)

Die Frage „Was ist ein Bild?“ sowie die diskursive Bestimmung des Verhältnisses von Bild und Sprache hat für Mitchell nicht zuletzt auch eine eminent politische Dimension. Denn sie spiegelt „im Bereich der Repräsentation, Signifikation und Kommunikation die Beziehungen wider [...], die wir zwischen den Symbolen und der Welt, zwischen den Zeichen und ihren Bedeutungen postulieren“ (Mitchell 1990: 55). Bezüglich der Analyse der gegenwärtigen ‚visuellen Kultur‘ sieht Mitchell aufgrund eines in der Gesellschaft stattfindenden *pictorial turn* dringenden politisch-analytischen Handlungsbedarf. „Contemporary visual culture, of nondiscursive orders of representation, is too palpable, too deeply embedded in technologies of desire, domination, and violence, too saturated with reminders of neofascism and global corporate culture to be ignored.“ (Mitchell 1994: 24)[20] Nicht zuletzt deshalb kann ihm zufolge die Frage der Bilder nicht

19 Mit dem Schrägstrich in imgage/text bezeichnet Mitchell eine unüberbrückbare Differenz zwischen Bild und Sprache in der Bedeutungsgebung eines konkreten Bild-Gegenstandes, während imagetext eine synthetische Form der Bedeutungsentstehung meint. Image-text wiederum bezeichnet lediglich eine Relation zwischen Visuellem und Verbalem (Mitchell 1994: 89).

20 Bereits in den 80er Jahren hat Mitchell eine solche Perspektive konzeptionell auf der Basis einer Verbindung zwischen Panofsky und Althusser als ‚critical iconology‘ entworfen (Mitchell 1987). Eine so dezidiert politische Position ist im kunsttheoretischen bzw. bildwissenschaftlichen Diskussionsfeld

„unter der Schirmherrschaft einer allumfassenden Zeichentheorie" beantwortet und die diskursive Spannung dadurch „friedlich beigelegt" werden (ebd.). Die theoretischen Diskurse sind selbst nicht frei von den Widersprüchen unserer Kultur, weshalb Mitchell dafür plädiert, die Spannung zwischen Bildern und Worten zu historisieren und sie in ihren politischen Dimensionen zum Gegenstand der Untersuchung zu machen. Der gegenwärtig in modernen Gesellschaften stattfindende *pictorial turn* erfordere vor allem Konzepte, mit denen die Spezifik der *visuellen Erfahrung* erfasst werden kann.

Mitchell benennt ein breites Spektrum von Dimensionen, in denen sich visuelle Erfahrung gestaltet. Ihm zufolge gilt es, konkrete Zusammenhänge zwischen der Materialität und Sichtbarkeit von Bildern (picture) und immateriellen bildlichen Vorstellungen (image), von Medium und Apparat, von Institutionen und Diskursen, von Körpern und Figuren, von Blicken, Observationspraktiken und Begehren der Zuschauer zu entdecken. Sein Verständnis dessen, welche analytischen Aufgaben mit dem von ihm konstatierten *pictorial turn* verbunden sind, formuliert er wie folgt:

> „Whatever the pictorial turn is, then, it should be clear that it is not a return to naïve mimesis, copy or correspondence theories of representation, or a renewed metaphysics of pictorial ‚presence': it is rather a postlinguistic, postsemiotic rediscovery of the picture as a complex interplay between visuality, apparatus, institutions, discourse, bodies, and figurality. It is the realization that spectatorship (the look, the gaze, the glance, the practices of observation, surveillance, and visual pleasure) may be as deep a problem as various forms of reading (decipherment, decoding, interpretation, etc.) and that visual experience or ‚visual literacy' might not be fully explicable on the model of textuality." (Mitchell 1994: 16)

Zusammenfassend lässt sich festhalten, dass Mitchell nicht beabsichtigt, eine allgemeine Theorie des Bildes zu entwickeln, in deren Rahmen das, was unter *Bild* verstanden wird, systematisch bestimmt werden könnte. Es geht ihm auch nicht um die formale Bestimmung einer Differenz zwischen Sprache und Bild. Vielmehr möchte er *anhand* von Bildern mit Bezug auf philosophische, kunst- und kulturtheoretische Konzepte und Diskurse, in die sie eingebettet sind, mit einer materialen Bild-Theorie zu einem theoretisch-empirischen Verständnis konkreter Bild-Gegenstände gelangen. Die von ihm eingeführte beeindruckende Vielfalt philosophischer (Foucault, Derrida, Deleuze, Althusser), kunst- und kulturtheoretischer (Blake, Panofsky, Warburg, Gombrich, Williams) und psychoanalytischer (Freud, Lacan) Überlegungen zum Phänomen Bild ist vornehmlich heuristisch angelegt, um in konkreten Analysen der Heterogenität von in sich verflochtenen Repräsentationen nachgehen zu können. Den Zusammenhang zwi-

für den Ansatz von Mitchell spezifisch. Er schlägt damit auch eine Brücke zu den von den Cultural Studies inspirierten und unter dem Namen ‚Visual Culture Analysis' firmierenden Ansätzen (vgl. Mirtzoeff 2002).

schen den von ihm als relevant eingeführten und aufgezeigten Dimensionen formuliert er als Wechselwirkungszusammenhang, der sich nicht grundlagentheoretisch, sondern erst am jeweiligen Gegenstand in seiner fachspezifischen wie kultur- und zeithistorischen Kontextualisierung auffinden lasse.

Mitchells kulturtheoretisch-kulturhistorisch breit angelegte Untersuchungen sind insbesondere für auf weite Zeiträume zielende kultursoziologische Fragestellungen anschlussfähig und relevant. In einer Vielzahl von materialen Analysen hat Mitchell die soziokulturelle Bedeutung von Bildern unterschiedlichster Art (Hochkultur, Popularkultur, Malerei, Film, Foto, Comic, etc.) in ihren jeweiligen historischen und diskursiven Zusammenhängen herausgearbeitet. Dabei entwickelt er bildanalytisch relevante Dimensionen, Perspektiven und Fragen, die meines Erachtens unter folgenden Gesichtspunkten auch in einem sozialwissenschaftlichen Zugang zu berücksichtigen sind.

- Die begriffliche Konzeption dessen, was unter *Bild* verstanden wird, geht aus diskursiven Prozessen hervor. Entsprechend kann es keine universale Bildtheorie geben. Theoretische Konzepte bezüglich der vielfältigen Bedeutungsdimensionen von Bildern müssen in materialen Analysen konkreter Bild-Gegenstände fundiert werden.
- Bild und Sprache sind nicht zwei voneinander unabhängige Formen der Repräsentation. Sie sind zum einen in verschiedenen image-texten unauflöslich ineinander verflochten und zum anderen jeweils in sich heterogene Medien.
- Bilder erzeugen auf eine eigenständige Art und Weise Bedeutung und Sinn. Dies vollzieht sich als Zusammenhang zwischen
  - materiellen Bild-Gegenständen und imaginären Vorstellungen;
  - der Wahrnehmung und Darstellung von Körpern und Figuren;
  - den medialen Gestalten und technischen Apparaten der Bilderzeugung;
  - institutionellen Kontexten;
  - kulturhistorischen und fachdisziplinären Diskursen;
  - zwischen Bildern und ihren blickenden, begehrenden Zuschauern.
- Die gesellschafts-historische und kulturelle Bedeutung von Bildern ist nicht zuletzt ein politisches Phänomen bzw. ein Phänomen des Politischen.

Mitchells Konzept ermöglicht auch methodologische Anschlüsse für sozialwissenschaftliche Analysen, selbst wenn er keine eigene Methodologie entwickelt hat. Sein in materialen Analysen entwickelter Ansatz beansprucht, interessante Aspekte sozialer und historischer Wirklichkeiten in verschiedenen Bildtypen sichtbar und diskutierbar zu machen. Diese Zugangsweise ist vergleichbar etwa mit den im Rahmen der Grounded Theory entwickelten Prinzipien (Glaser & Straus 1967) sowie mit dem Konzept zur Entwicklung von Theorien ‚mittlerer Reichweite' (Merton 1995). Im methodischen Zugang versucht Mitchell die diskursiven Prozesse der Bedeutungsgebung zu betonen und damit über den hermeneutischen Rekonstruktionsmodus, der im wesentlichen die Frage nach dem Sinn eines Bildes zentral setzt, hinauszugehen. Gleichzeitig stellt er fest, dass es ihm schwer fällt, auf hermeneutische Akte des Interpretierens eines konkreten Bildsinns zu verzichten. Wenn man seine Methode beschreiben sollte, wäre es eine Mischung aus historischer Rekonstruktion, komparativer Analyse, Diskursanalyse und schließlich auch Hermeneutik. Seine Analysen werden von seinem theoretischen wie historischen Wissen sowie seiner Praxis als Literatur- und Kunsthistoriker getragen. Sie enthalten ein hohes konzeptionelles Anregungspotential, lassen aber die Frage nach dem systematischen Zusammenhang der aufgeworfenen Bedeutungsbezüge ebenso wie die Frage nach dem Zusammenhang verschiedener methodischer Zugänge ausdrücklich offen. In anderen Worten: Mitchells Ansatz beschäftigt sich zwar mit konstitutionstheoretischen, logischen, gar ontologischen und zuweilen auch methodologisch-methodischen Fragen zur Vielfalt der Bilder, beansprucht aber nicht, diese in einer allgemeinen Theorie, Methodologie oder Methode systematisch zu verknüpfen.

Dieser Zugang bleibt für mein Vorhaben insofern unbefriedigend, als er alle konstitutionstheoretischen Fragen als diskursive behandelt und damit jede Bildanalyse auch bezüglich der formalen Gegenstandsbestimmung auf eine kulturhistorische Diskursanalyse verweist. Mein Forschungsinteresse gilt zwar ebenfalls der Frage, wie Bilder gegenwärtig in verschiedenen sozialen Welten, wie etwa in Sinnstrukturen des Alltags oder in spezifischen *Sinnprovinzen* (Schütz) ihre Bedeutung und Wirkung im Zusammenhang oder in Abgrenzung zu wirklichkeitskonstituierenden Diskursen entfalten. Die von mir intendierten Analysen setzen allerdings nicht bei der Diskursgeschichte an, sondern bei jeweils in aktu entstehenden Bedeutungs- und Sinnbezügen, so wie sie sich den sehend Handelnden in konkreten Interaktionszusammenhängen jeweils darbieten. Damit werden alltägliche, kulturhistorisch vielleicht ‚unscheinbare' oder gar ‚uninteressante' Bild-Gegenstände im Rahmen gegenwartsbezogener Pragmatik der Verwendung und des Umgangs mit ihnen in spezifischen sozialen Welten schärfer konturierbar. In anderen Worten: Das Wissen um diskursive Konstitutionszusammenhänge dieser Welten bildet den Horizont der Analysen, nicht aber ihren Gegenstand. Mein Zugang zielt vielmehr auf die Untersuchung von sich *fallspezifisch* zeigenden Bedeutungen eines Bild-Gegenstandes im Verhältnis zu seinen allgemeinen Bedeutungshorizonten und -potentialen (Oevermann 1983). Das kulturhistorische Feld ist in diesem Zugang ein heuristisch bleibender Horizont der Interpretation eines einzelnen Bild-Gegenstandes, wird jedoch nicht selbst zum Untersuchungsgegenstand. Damit ist nicht ausgeschlossen, dass eine Analyse am Einzelfall im Ergebnis auch einen Beitrag zur Ausprägung des kulturhistorischen Feldes, in dem er eingebettet ist, erbringt.

Um einen (oder mehrere) Bild-Gegenstände in ihren aktualen Bedeutungsbezügen fallspezifisch analysieren zu können erscheint es mir sinnvoll, die Frage nach der Entstehung von Bedeutungen und Sinnzusammenhängen nicht erst durch die Rekonstruktion der diskursiven Einbettung der jeweiligen Bild-Gegenstände klären zu müssen, sondern über plausibel begründbare konstitutionstheoretische Annahmen über die Entstehung bildlichen Sinns verfügen zu können. Ein Beispiel soll den Unterschied im Ansatz verdeutlichen. Wenn wir daran interessiert sind, welche Bedeutungen und Sinnbezüge ein bestimmtes privates Fotoalbum entfaltet, können wir verschiedene Analysewege einschlagen. Wir können davon ausgehen, dass die Bedeutungspotentialität eines jeden privaten Fotoalbums in kulturelle Diskurse und Praktiken eingebettet ist. Sind wir an diesen interessiert, wird die Rekonstruktion der kulturhistorischen Entstehung privater Fotoalben in bestimmten Zeiten und gesellschaftlichen Kontexten ins Zentrum der Analyse rücken (siehe exemplarisch Hartewig 1994; Holzer 2008; Jäger 2009). Wenn wir dagegen davon ausgehen, dass sich Bedeutungsbezüge von Fotoalben auch *fallspezifisch* in biographischen, generationellen und gesellschaftshistorischen Kontexten entfalten, gilt es, diese auch am konkreten Fall zu erschließen und sie nicht aus allgemeinen Annahmen zu diskursiv dominanten medialen Bedeutungspotentialitäten abzuleiten. Zwar bleibt auch die am Einzelfall ansetzende Rekonstruktion auf allgemeine Annahmen angewiesen, wie Bedeutungen in und mit diesem Bild-Gegenstand entstehen. Erst vor diesem Hintergrund kann die Spezifik eines Falles erst hervortreten. Die Konstitutionsregeln der jeweiligen Bedeutungen werden jedoch nicht allein aus diskursiven Praktiken gewonnen, die je nach Einbettung der unterschiedlichen Bildgegenstände in unterschiedliche Diskursfelder immer wieder zur Disposition stünden. Sie stützen sich vielmehr auch auf bedeutungstheoretische Prinzipien von denen angenommen wird, dass sie zwar historisch gesehen auch diskursiven Prozessen unterliegen, aber nicht an spezifische Diskursfelder gebunden sind – wie etwa an die Praxis des Umgangs mit Fotografien.

Konstitutionstheoretische Fragen zum Bild führen zu Ansätzen, die sich mit der Frage, *wie* Bilder Sinn und Bedeutung in verallgemeinerbaren Bedeutungsbeziehungen erzeugen, beschäftigen. Hiermit öffnet sich ein breites philosophisches und kunsttheoretisches Feld, das von Platons lange Zeit einflussreichster Bildertheorie über Aristoteles und an ihn anknüpfende religionsphilosophische Bildtheorien (Thomas von Aquin) über Kunst- und Kulturtheorien (Konrad Fiedler, Dagobert Frey, Jacob Burkhardt, Aby Warburg, Ernst Panofsky, Ernst Cassirer), die Phänomenologie (Edmund Husserl, Maurice Merleau-Ponty) bis hin zu Zeichen- und Symboltheorien (Charles Saunders Peirce, Nelson Goodman, Umberto Eco) reicht.[21] Diese Arbeit beansprucht keineswegs eine Rekonstruktion dieses kaum noch

21 Siehe auch exemplarisch Boehm 1994; Böhme 1999; Scholz 2004; Schulz 2005; Sachs-Hombach 2005; Wiesing 2005.

überschaubaren und hoch komplexen Feldes. Vielmehr wird ein Weg beschritten, der an Grundlagen einer interpretativen Soziologie anschließt und von einem symboltheoretischen Zugang in der Ausprägung von Susanne Langer – die sich ihrerseits in weiten Teilen auf Alfred North Whitehead und Ernst Cassirer bezieht – ausgeht, und ergänzend phänomenologische und hermeneutische Bildkonzepte hinzuzieht.

Bilder als symbolische Gestaltung der Welt

In den gegenwärtigen bildtheoretischen Diskussionen wird die Auffassung weitgehend geteilt, dass Bilder im Rahmen von Symbolisierungsprozessen wesentliche Elemente der Gestaltung von Welt sind. Die anthropologische und kulturtheoretische Begründung dieser Auffassung des Menschen als ein zur Symbolbildung fähiges Lebewesen, welches vor allem dadurch zum menschlichen und sozialen Wesen wird, geht vor allem auf Ernst Cassirer zurück. Auch die meisten Sozialtheorien, in denen die Dimension der Symbolbildung und des Symbolgebrauchs eine zentrale Rolle spielen, treffen sich zunächst in dieser allgemeinen Annahme, auch wenn sie sich nicht direkt auf Cassirer beziehen.[22] Durchaus unterschiedlich sind dagegen die Konzepte, mit denen ein Zusammenhang zwischen Symbolbildung – Wirklichkeit – Gesellschaft – Welt hergestellt wird. Die Unterschiede ergeben sich nicht zuletzt daraus, dass mit den in diesem Zusammenhang relevanten Begriffen, einschließlich des Symbolbegriffs, sehr Unterschiedliches gemeint wird. Das führt – wie Alfred Schütz in seinem Aufsatz zu *Symbol, Wirklichkeit und Gesellschaft* (1971) treffend bemerkt hat – zu anhaltenden und zum Teil verwirrenden Diskussionen um die Frage, wie denn die symbolische Beschaffenheit der menschlichen Welt zu erfassen, zu beschreiben und zu erklären sei. Um diesem zum Teil kaum noch entwirrbaren Begriffs- und Argumentationsgeflecht zu entgehen erscheint es mir sinnvoll, eine Position als Bezugspunkt heranzuziehen, auf den hin andere Konzepte ergänzend eingeführt werden können, selbst wenn letztere ihre Argumentation um andere Fragen herum zentrieren und ihre Begrifflichkeiten anders definieren.

Die Entscheidung, den Ansatz von Susanne Langer aus ihrer *Philosophie auf neuen Wegen* (1979)[23] als Grundlage für die Frage, wie durch Bilder Sinn und Bedeutungen für wen oder was entstehen, heranzuziehen,

---

22 Dies gilt etwa für den Symbolischen Interaktionismus in der Ausprägung von Mead (1988, 1969), die Alltags- und Wissenssoziologie (Schütz 1974; Berger/Luckmann 1969), die *Elementaren Formen religiösen Lebens* von Durkheim (1994), die *Soziologie symbolischer Formen* in der Ausprägung von Bourdieu (1974), u.a.m.

23 Die englische Originalfassung erschien 1941 unter dem Titel *Philosophy in a New Key: A Study in the Symbolism of Reason, Rite, and Art*, Cambridge. Im folgenden zitiere ich nach der deutschen Ausgabe von 1979.

erfolgte aus mehreren Gründen. Zum einen integriert Langer Ansätze und Überlegungen von Ernst Cassirer[24] in von ihr modifizierte Bedeutungskonzepte aus dem Pragmatismus und bietet damit eine Vielzahl von Anschlussmöglichkeiten an interaktionstheoretische, ethnomethodologische, wissenssoziologische, phänomenologische und hermeneutische Konzepte in der Soziologie. In anderen Worten: Auf den Ansatz von Langer kann ein in der interpretativen Soziologie verankerter Zugang zu Bildanalysen, so wie er in dieser Arbeit angestrebt wird und Gestalt angenommen hat, methodologisch aufbauen. Zum zweiten sieht Langer alle Formen der Symbolisierung, etwa Bilder, Rituale, Kunst, Wissenschaften, Sprache, Mathematik, u.a.m. gleichermaßen als Produkte logisch zugänglicher Prozesse der Bedeutungskonstitution. Sprache und Bild sind nicht einerseits der Wissenschaft, Vernunft bzw. dem propositionalen oder logischen Denken und andererseits einem vorrationalen oder gar irrationalen Bereich menschlicher Aktivitäten zuzuordnen. Vielmehr sind Langer zufolge alle Formen der Symbolisierung eine Voraussetzung jeglicher Art von geistiger Tätigkeit, die sich in formal allgemein beschreibbaren, nach Funktion und Struktur jedoch unterschiedlichen Bedeutungszusammenhängen entfalten. Aus unterschiedlichen Bedeutungszusammenhängen und -logiken entstehen verschiedene *Formen der Symbolisierung*. Als wesentliche Unterscheidung zwischen verschiedenen Bedeutungslogiken führt Langer jene zwischen *präsentativen* und *diskursiven* Symbolisierungsformen ein. Auf dieser Grundlage werden die jeweils spezifischen Bedeutungspotentiale von Bild und Sprache im Vergleich zueinander bestimmt. Die Unterscheidung selbst wird jedoch nicht an das Medium, sondern an die *Form*, verstanden als eine spezifische Logik der Bedeutungsbildung, geknüpft. Schließlich sind drittens für Langer Erfahrungen und Emotionen Ausgangspunkt aller Symbolisierungstätigkeit. Bezugspunkt der Symbolbildung sind *Situationen* im Spannungsfeld sinnlicher Wahrnehmung und abstrahierender Symbolbildung. Eine Rekonstruktion von Symbolisierungsprozessen in dieser Perspektive öffnet einen Zugang zur Entstehung von Bedeutungs- und Sinnbezügen in konkreten Erfahrungszusammenhängen, sozialen Situationen und Strukturierungsprozessen.[25]

24 Viele der im Folgenden dargestellten Argumentationsfiguren und Thesen von Susanne Langer basieren auf den Arbeiten von Ernst Cassirer. Mir geht es nicht um eine Rekonstruktion der Genese und Entwicklung der von Cassirer entwickelten Symboltheorie in den Arbeiten von Langer, weshalb ich mich hier immer auf Langer beziehe im Wissen darum, dass zentrale Gedanken von Cassirer, Whitehead und Russel stammen.

25 Damit ist der Ansatz von Langer anschlussfähig etwa an Alfred Schütz' Theorie zum *Sinnhaften Aufbau der sozialen Welt*, an wissenssoziologische Ansätze auf der Basis von Berger und Luckmanns *Sozialer Konstruktion der Wirklichkeit*, und nicht zuletzt auch an kultursoziologische Ansätze in der Ausprägung von Georg Simmel, Emile Durkheim, in Teilen auch Max Weber, Norbert Elias, die Frankfurter Schule, bis hin zu Pierre Bourdieu.

Wie konzipiert Langer Formen der Symbolisierung als Sinn- und Bedeutungsgebende Prozesse? Sie geht davon aus, dass sich Symbolisierung als unauflöslicher Zusammenhang zwischen sinnlicher Wahrnehmung und begrifflicher Tätigkeit vollzieht. Im Unterschied zu anderen philosophischen Ansätzen ist für Langer nicht nur Denken in seinen abstraktesten Formen, etwa in der Sprache oder der Mathematik, konstitutive Grundlage der geistigen Welt, sondern auch die im Prozess der sinnlichen Wahrnehmung, Erfahrung und des Fühlens stattfindenden vorbegrifflichen Formen. Zum einen setzt Denken, so Langer, als Vorgang der Abstraktion bereits im Prozess der Wahrnehmung ein und ist damit in allen Symbolisierungsformen enthalten. Zum anderen könne Denken in seinen abstraktesten Formen ohne seine bildlichen, musikalischen, mythologischen, und allgemein seine sinnlichen und leiblichen Anteile, nicht verstanden werden. Denn Langer zufolge ist jegliche symbolische Form in Prozesse der körper-leiblichen und emotionsgebundenen Wahrnehmung und Gestaltung eingebettet und zugleich Bestandteil der geistigen Welt.

„Es unterliegt keinem Zweifel, dass Ideen aus Eindrücken gebildet werden – aus Sinnesbotschaften der einzelnen Wahrnehmungsorgane und aus vagen innerleiblichen Gefühlsberichten. Das Gesetz, nach dem sie entstehen, ist aber keines der direkten Kombination [zwischen Sinneswahrnehmung und Idee, R.B.]. Jeder Erklärungsversuch, der sich auf Prinzipien wie das der Assoziation durch Angrenzung oder Ähnlichkeit beruft, führt alsbald in eine Sackgasse ganz unverständlicher Kompliziertheit und Künstlichkeit. Der Ideationsprozeß vollzieht sich nach einem mächtigeren Prinzip, und es scheint, dass sich dieses am besten als Prinzip des Symbolisierens beschreiben lässt.“ (Langer 1979: 50)

Dieser konzeptionellen Vorstellung nach entstehen im Zuge von Sinneswahrnehmungen in einem diese transformierenden Prozess symbolische Formen, die wiederum die Grundlage und das ‚Material‘ mehr oder weniger abstrakter Denkvorgänge bilden.

„Unsere reine Sinneserfahrung ist bereits ein Prozess der Formulierung. Die Welt, die den Sinnen wirklich begegnet, ist ja keine Welt von ‚Dingen‘, an denen wir Tatsachen entdecken sollen, sobald wir die dazu erforderliche logische Sprache kodifiziert haben; die Welt der reinen Sinnesempfindung ist so komplex, fließend und reich, dass bloße Reizempfindlichkeit nur das antreffen würde, was William James ‚eine blühende, schwirrende Konfusion‘ genannt hat. Aus diesem Chaos müssen unsere Sinnesorgane bestimmte vorherrschende Formen auswählen, wenn sie Dinge und nicht bloß sich auflösende Sinnesempfindungen melden sollen. [...] Ein Objekt ist kein Sinnesdatum, sondern eine durch das sensitive und intelligente Organ gedeutete Form, eine Form, die gleichzeitig ein erlebtes Einzelding und ein Symbol für dessen Begriff, für diese Art von Ding ist.“ (Langer 1979: 95)

„‚Sehen‘ zum Beispiel ist kein passiver Vorgang, durch den bedeutungslose Eindrücke gesammelt werden, damit der ordnende Geist aus diesen amorphen Daten Formen für seine eigenen Zwecke herauslesen kann. ‚Sehen‘ ist selber schon ein Formulierungsprozess; unser Verständnis der sichtbaren Welt beginnt im Auge.“ (Langer 1979: 97)

Langer zufolge sind auch abstrakteste Formen der Symbolbildung und des Denkens letztlich mit konkreten Wahrnehmungen und Erfahrungen verbunden, ohne empiristisch oder gar naturalistisch auf diese zurückgeführt werden zu können. Alle Formen der Symbolbildung sind konkret und abstrakt zugleich, wenn auch in unterschiedlichen Graden und mit unterschiedlichen Bezugnahmen in der Bedeutungsbildung. Der Unterschied entsteht nicht durch die Trennlinie zwischen Materie und Geist, Rationalität und Irrationalität, zwischen körperlichen und geistigen Vorgängen, oder aber durch andere auf dem Dualismus von Natur und Kultur aufruhenden Dichotomien. Vielmehr entstehen Unterschiede in Bezug auf *Bedeutungsfunktionen und -strukturen symbolischer Formen*, von denen die Sprache und spezifischer noch die Begriffsbildung eine mögliche und auch höchst relevante, aber nicht die einzig denkbare ist.

„Symbolisierung ist vorbegrifflich, aber nicht vorrational. Sie ist der Ausgangspunkt allen Verstehens im spezifisch menschlichen Sinne und umfasst mehr als Gedanken, Einfälle und Handlungen. Denn das Gehirn ist nicht bloß eine große Vermittlungsstation, eine Superschalttafel, sondern eher ein großer Transformator. Der ihn durchlaufende Erfahrungsstrom verändert seinen Charakter, nicht durch das Zutun des Sinnes, der die Wahrnehmung empfing, sondern vermöge des primären Gebrauchs, der sofort davon gemacht wird: er wird eingesogen in den Strom von Symbolen, den, der den menschlichen Geist konstituiert.“ (Langer 1979: 50)[26]

Symbolisierungsprozesse vollziehen sich alltäglich, selbstverständlich und permanent, und sind nicht einem spezifischen Wirklichkeitsbereich vorbehalten. Verschiedenen Prozessen der Symbolisierung ist gemeinsam, eine *Form der Gestalterfassung* zu sein, die Langer zufolge aller Formbildung zugrunde liegt.

„Alles Denken ist zunächst ein Sehen, wenn auch nicht notwendig durch das Auge. Vielmehr erfolgt diese erste Formulierung sinnlicher Wahrnehmungen in dem für das Sehen, Hören oder Fühlen eigentümlichen Idiom, normalerweise in dem aller Sinne zusammen. Denn alles Denken beruht auf Vorstellen, und die Vorstellung bildet sich mit dem Erfassen der ‚Gestalt‘.“ (Langer 1979: 261)

26 Langer will damit ausdrücklich nicht einer idealistischen Position das Wort reden. Sie formuliert vielmehr explizit als Aufgabe einer ‚Philosophie auf neuen Wegen‘, über philosophische Dualismen in der Unterscheidung zwischen ‚innerer‘ und ‚äußerer‘ Welt, zwischen ‚Subjekt‘ und ‚Objekt‘ (Langer 1979: 17ff), und insgesamt über die „festgefahrenen Antagonismen von Geist und Körper, Verstand und Trieb, Autonomie und Gesetz“ (Langer 1979: 33) hinaus zu gelangen.

Symboltätigkeit ist also nicht über reine Sinnesempfindungen von Dingen erfassbar, sondern als mehr oder weniger abstrahierende *Gestaltung* sinnlicher Wahrnehmungsprozesse. Wenn sinnliche Wahrnehmungsprozesse nicht mehr als physiologische Grundlage oder Bezugspunkt für einen davon abgrenzbaren Prozess der Bedeutungskonstitution begriffen werden, sondern als mit diesem bereits engstens verwoben, verschieben sich die Trennlinien zwischen Körper und Geist, Natur und Kultur oder werden gar gänzlich fraglich. Prozesse der Bedeutungsentwicklung sind nicht mehr einer dieser Dimensionen zuschreibbar. Vielmehr entwickelt Langer eine Konzeption von Bedeutungsrelationen, in denen der gestalthafte Zusammenhang zwischen materiell-sinnlicher und geistig-abstrakter Welt im Zentrum steht. Ihren Überlegungen liegt die Frage zugrunde, „was eigentlich aus allem und jedem Symbole macht – aus Zeichen auf Papier, aus jenen kleinen Quiek- und Grunzlauten, die für uns ‚Worte‘ sind, oder aus gebeugten Knien – was also das Wesen von Bedeutung in ihren verschiedenen Aspekten und Formen ist“ (Langer 1979: 60).

Im Folgenden wird der Bedeutungskonzeption von Langer mit ihren Unterscheidungen zwischen Anzeichen und Symbolen, Bedeutungsfunktionen (signifikativ, denotativ, konnotativ), Formen der Symbolisierung (diskursiv, präsentativ) sowie Bedeutungstypen (Sprache, Mythos, Religion, Kunst, Musik, Wissenschaft) nachgegangen. Als Ergebnis ihrer Überlegungen entwirft Langer die Vorstellung von *Sinngeweben*, die aus der Verflechtung verschiedener Bedeutungsdimensionen entstehen. Auf dieser konzeptionellen Grundlage wird bestimmbar, in welcher Weise in und mit Bildern komplexe Bedeutungsbezüge im Kontext spezifischer Sinnzusammenhänge entstehen.

Bedeutung als relationaler und funktionaler Zusammenhang

Bedeutung entsteht Langer zufolge erst in einer *Relation* zwischen verschiedenen Elementen, also wenn Verschiedenes miteinander in Beziehung tritt. „Tatsache ist, dass es gar keine wesentliche Qualität von Bedeutung gibt; was ihr Wesen ausmacht, liegt im Bereich der Logik, wo man es nicht mit Qualitäten, sondern mit Beziehungen zu tun hat.“ (Langer 1979: 63) Nach Langer muss eine Bedeutungsstruktur mindestens drei Elemente enthalten, um eine vollständige Bedeutung hervorzubringen. Mit einem *Terminus*,[27] der *meint*, also einem Wort, Satz, Bild, Bildelement, muss ein

27 Langer bezeichnet mit Terminus alle möglichen Bedeutungselemente, mit denen ‚etwas‘ gemeint wird. Das Wort Terminus legt zwar konnotativ die Nähe zu Worten und sprachlichen Ausdrücken nahe. Langer möchte Bedeutungselemente aber keineswegs auf sprachliche Einheiten reduzieren. Im Folgenden meine ich, wie Langer, mit dem Begriff *Terminus* auch bildliche Bedeutungselemente. Zum Unterschied zwischen sprachlichen und bildlichen Bedeutungselementen siehe später die Unterscheidung zwischen präsentativen und diskursiven Formen der Symbolisierung.

Objekt, das *gemeint* wird und ein *Subjekt*, das mit dem Terminus etwas meint oder für das er etwas meint, verbunden sein. Fehlt eines dieser Elemente, dann handelt es sich um eine unvollständige Bedeutungsstruktur. Sie kann auf verschiedene Weise ergänzt werden, wodurch wiederum unterschiedliche Bedeutungen entstehen. Entscheidend ist, dass Bedeutung nicht als Qualität an bestimmten Gegenständen, Termini, Symbolen ‚hängt', sondern sich erst in mindestens triadischen Relationen ‚für jemanden' konstituiert.

Weiters geht Langer davon aus, dass jede Bedeutungsstruktur mehrere Termini involviert. Ein bestimmter Terminus kann zum zentralen Bezugspunkt werden, an dem sich die Bedeutung in Relation zu anderen strukturiert. Denn Bedeutung ist nach Langer „eine Struktur, die mit Bezug auf einen bestimmten Terminus, der ihren Mittelpunkt bildet, betrachtet wird" (ebd.). Eine Bedeutungsstruktur tritt hervor, wenn ein Terminus in seiner gesamten Beziehung zu den ihn umgebenden Termini wahrgenommen wird. In dieser Vorstellung hat ein Terminus nicht nur die Funktion der Repräsentation eines abwesenden Objektes, sondern tritt auch in funktionale Bedeutungsbeziehungen zu anderen Termini. Nicht nur einzelne Termini werden zu Symbolen, die etwas Abwesendes repräsentieren, sondern die gesamte Bedeutungsstruktur ist, als Form, eine symbolische.

In Bezug auf Bilder heißt dies, dass diese oder einzelne ihrer Elemente erst in Beziehung zu anderen Bildelementen, anderen Bildern, oder anderen Gegenständen ‚für jemanden', seien es Personen, Gruppen oder andere soziale Entitäten, Bedeutung gewinnen. Die Rekonstruktion von Bildbedeutungen kann sich nicht auf isolierbare Elemente eines Bildzusammenhangs beziehen, etwa indem kodifizierte Bedeutungen einzelner Elemente auf das Gesamtbild übertragen werden wie zum Beispiel rote Rosen bedeuten Liebe, also geht es im Bild um die Darstellung von Liebe. Vielmehr müssen die Relationen, in denen einzelne Elemente sowie das Bildganze Bedeutung gewinnen, zum Analysegegenstand gemacht werden. Es geht darum, um im Beispiel zu bleiben, die Relationen, in denen eine rote Rose zum bildlichen Symbol für Liebe wird, zu untersuchen. Die Frage wird entscheidend, wie Bedeutung konstituierende *Relationen* beschaffen sind.

Für die Konzeption eines methodischen Interpretationsprozesses ist dies insofern entscheidend, als in Bezug auf einen Bildgegenstand nicht davon ausgegangen werden kann, dass seine Bedeutung aus einem einzelnen Bildelement abgeleitet werden kann. Vielmehr wird angenommen, dass *Relationen* verschiedener Bildelemente untereinander ein Bedeutungsgewebe erzeugen, in dem ‚etwas' ‚für jemanden' ‚gemeint' ist. Das ‚gemeinte Objekt' muss dabei nicht eine außerhalb des Bildes liegende Dingwelt sein, sondern kann sich auch auf nicht-dingliche Objekte (Ideen, Phantasien, abstrakte Konzepte) beziehen, die über Bedeutungsbezüge innerhalb wie außerhalb des Bildes entstehen. Gleiche Termini können auch verschiedene Funktionen erfüllen und damit Unterschiedliches bedeuten, da Bedeutung nicht mit dem Terminus als Eigenschaft oder Qualität mitgegeben ist. Desweiteren kann sich eine Bedeutungsstruktur mit Blick auf verschiedene Funktionen der darin enthaltenen Termini unterschiedlich darstellen. Eine Bedeutungsstruktur kann „von jedem der darin enthaltenen Termini aus angesehen werden, und die Beschreibungen ein und derselben Struktur werden sich dementsprechend unterscheiden" (Langer 1979: 64).

Zusammenfassend lässt sich sagen, dass Bedeutung entsteht, wenn Termini für ein ‚Subjekt' eine spezifische Bedeutungsfunktion in Bezug zu einem oder mehreren anderen Termini und ihrem(n) jeweilig gemeintem(n) ‚Objekt(en)' annehmen und dadurch ein in sich strukturierter Bedeutungszusammenhang konstituiert wird. In Bezug auf Bilder hieße das, dass auch ihre Bedeutung(en) a) in einer Relation zwischen mehreren Bildelementen ausgehend von jenen, die im Mittelpunkt einer Bedeutungsstruktur stehen und diese funktional organisieren, b) einem ‚gemeinten' Objekt, welches visuellen oder nicht visuellen Charakter haben sowie innerhalb wie außerhalb des Bildes liegen kann und c) einem meinenden ‚Subjekt' entsteht. Die Subjektbezogenheit dieser Relationsbestimmung kann aus soziologischer Perspektive auch so verstanden werden, dass es sich dabei um soziale Entitäten unterschiedlichster Art handelt. Darin sind Produzent_innen wie BetrachterInnen[28] von Bildern eingeschlossen.

Methodologisch und methodisch lässt sich folgern, dass die Rekonstruktion einer Bildbedeutung auf das Auffinden einer meist latent bleibenden Bedeutungsstruktur gerichtet ist und von Relationen zwischen Bildelementen ausgeht. Die Bedeutungsstruktur konstituiert sich immer auf ein ‚Subjekt' oder eine meinende soziale Entität hin und ist nicht vollständig objektivierbar. Sie lässt sich aber – wenn auch nie abschließend – als Bedeutungspotentialität in Analysen verschiedener Bedeutungsrelationen, die für unterschiedliche ‚Subjekte' ‚etwas' meinen, hypothetisch erschließen. Mit dieser Vorstellung wird es möglich, die Funktion einzelner Bildelemente in einer Beziehungsrelation zu anderen Bildelementen sowie die Bezüge der daraus entstehenden Bedeutungsstruktur ‚für jemand' in einem methodischen Analyseprozess zu adressieren. Im Fortgang der Analyse können verschiedene Elemente einer vollständigen Bedeutungsrelation in einzelnen Schritten der Zuwendung fokussiert und der strukturierte Zusammenhang verschiedener Bedeutungsbezüge sukzessive herausgearbeitet werden.[29] Der Bedeutungshorizont bleibt dabei offen. Über die aufgefundenen Relationen hinaus können immer noch weitere entdeckt werden,

28 Einer Anregung von Gesa Lindemann folgend, verwende ich in dieser Arbeit verschiedene Formen geschlechterbezogener Formulierungen. Damit soll ‚stolpernd' immer wieder darauf aufmerksam gemacht werden, dass die Vielfalt geschlechtlicher Selbstbestimmungen sprachlich in noch nicht befriedigender Weise zum Ausdruck gebracht werden kann.

29 Zu weiteren Ausführungen bezüglich dieser grundlegenden Annahmen siehe das Kapitel zur Methodologie und Methode, S. 270ff.

mit denen sich wiederum die gesamte bildliche Bedeutung verschieben kann. Insofern sind Interpretationen nie abgeschlossen, aber auch nicht beliebig, weil es darum geht, Bedeutungsrelationen rekonstruktiv auch für andere nachvollziehbar zu erschließen.

Anzeichen und Symbole

Eine erste wesentliche Unterscheidung, die Langer bezüglich der Funktionen von Termini in spezifischen Bedeutungsrelationen vornimmt, ist die zwischen *Anzeichen* und *Symbol*. „Ein Anzeichen zeigt das (vergangene, gegenwärtige oder zukünftige) Vorhandensein eines Dinges, eines Ereignisses oder einer Sachlage an." (Langer 1979: 65) Ein Anzeichen ist immer mit einem Gegenstand oder einem Sachverhalt, den es anzeigt, gekoppelt. Die Beziehung zwischen Anzeichen und Gegenstand ist dadurch charakterisiert, dass beide für ein ‚Subjekt' als ‚Paar' auftreten (Langer 1979: 65). Gegenstände oder Sachverhalte können sowohl ein Anzeichen sein als auch ein angezeigter Gegenstand oder Sachverhalt. Erst die jeweilige Beziehung eines ‚Subjekts' zum Gegenstand wie zum Anzeichen „macht das eine zum Anzeichen und das andere zum Gegenstand" (Langer 1979: 66). Es ist wiederum nicht die Qualität von Anzeichen und Gegenstand, die die Relation bestimmt, sondern die Bezugnahme eines ‚Subjektes' auf das eine als Anzeichen und auf das andere als angezeigten Gegenstand.

> „Ohne das Subjekt, oder den Deutenden, wären Zeichen und Objekte auswechselbar. Der Donner kann ebenso gut ein Zeichen dafür sein, dass es geblitzt hat, wie der Blitz dafür, dass es donnern wird. An sich stehen sie in einer bloßen Korrelation. Nur da wo das eine wahrnehmbar ist und das andere (das weniger leicht oder überhaupt nicht Wahrnehmbare) von Interesse ist, handelt es sich wirklich um eine zu einem Terminus gehörige Anzeichenfunktion." (Langer 1979: 66)

Ein Anzeichen kann sehr verschiedenes bedeuten. Es gibt „keine Grenzen dessen, was ein Anzeichen alles bedeuten kann" (ebd.). Ein natürliches Anzeichen zeigt einem Beobachter die gesamte Situation eines Ereignisses oder Sachverhaltes an, von der es ein charakteristischer Teil ist. „Es ist ein Symptom eines Sachverhalts." (Langer 1979: 65) Aufsteigender Rauch ist ein natürliches Anzeichen für Feuer, nasse Straßen für Regen, etc. Künstliche Anzeichen sind dagegen nicht ‚natürlicher' Teil eines Sachverhaltes, den sie anzeigen. Sie stehen vielmehr in willkürlicher Wechselbeziehungen zwischen verschiedenen Ereignissen, wie zum Beispiel ein Pfiff für die Abfahrt des Zuges. ‚Natürlichen' wie ‚künstlichen' Anzeichen ist gemeinsam, eine „logische Beziehung zu ihren Gegenständen" aufzuweisen, nämlich „eine eineindeutige Entsprechung von Zeichen und Gegenstand, auf Grund derer der Deutende, der an diesem interessiert ist und jenes wahrnimmt, das Vorhandensein der für ihn interessanten Bestimmtheit erfassen kann" (Langer 1979: 66f).

Anzeichen sind, insbesondere wenn es sich um ‚künstliche' handelt, Fehlinterpretationen ausgesetzt. Sie können kompliziert sein und verwickelte Ketten bilden, auf die nicht mit einzelnen Handlungen, sondern mit ‚intelligentem Verhalten' reagiert wird. Autofahren ist z.B. eine Kette von Anzeichen und Reaktionen. Die antwortende Reaktion auf ein Anzeichen wird ihrerseits zum Anzeichen für eine neue Situation (Langer 1979: 275).

Insgesamt sind Anzeichen in ihrer Bedeutungsfunktion *signifikativ*. Die Bedeutungsstruktur konstituiert sich zwischen einem Subjekt oder einer anderen deutenden Entität, das/die eine eindeutige Beziehung zwischen Anzeichen und Objekt herstellt, und zwar vor allem im Hinblick auf verhaltens- und handlungssteuernde Orientierungen. In dieser Bedeutungsrelation kann klar zwischen ‚richtig' und ‚falsch' unterschieden werden. Verkehrsschilder zum Beispiel erfüllen in der Regel Anzeichenfunktionen. Ein Baustellenschild kündigt eine Baustelle an und zeigt damit als künstliches Anzeichen einen noch nicht sichtbaren, aber bestimmt erwartbaren Sachverhalt an. Können aber andere Bilder und spezifischer noch Fotografien Anzeichen sein, und wenn ja, in welcher Weise? Gemalte Bilder werden in der Regel nicht als künstliche Anzeichen für die Darstellung eines mehr oder weniger komplexen Sachverhaltes verwendet. Fotografien oder andere Arten ‚abbildender' Medien (Röntgenbilder, Sonographien, etc.) können dagegen diese Funktion erfüllen, müssen es aber nicht. Medizinische Bilder zum Beispiel können als Anzeichen oder/und als Symbole fungieren.

Symbole unterscheiden sich von Anzeichen wiederum in ihrer Funktion innerhalb einer Bedeutungsstruktur und nicht qua Eigenschaft des jeweils als Symbol dienenden Terminus. Symbole beziehen sich nicht auf das Anzeigen eines Gegenstandes oder Sachverhaltes, sondern auf die *Vorstellung* von Gegenständen und Sachverhalten. „[Symbole] helfen uns […], eine Haltung gegenüber Gegenständen in absentia einzunehmen, welche als ‚denken an' oder ‚sich beziehen auf' bezeichnet wird. In dieser Eigenschaft gebrauchte Zeichen sind nicht *Symptome*, sondern *Symbole*." (Langer 1979: 39)

Symbole dienen im Unterschied zu Anzeichen nicht dazu, ein der erwartbaren Anwesenheit eines Gegenstandes oder Sachverhaltes angemessenes Verhalten hervorzurufen.

> „Ein Ding oder eine Situation sich vorstellen, ist nicht das gleiche wie sichtbar ‚darauf reagieren' oder ihrer Gegenwart gewahr sein. Wenn wir über Dinge sprechen, so besitzen wir Vorstellungen von ihnen, nicht aber die Dinge selber, und die Vorstellungen, nicht die Dinge, sind das, was Symbole direkt ‚meinen'." (Langer 1979: 69)

Langer verdeutlich dies am Beispiel von Worten, die zwar als Anzeichen fungieren können, deren Funktion aber in der Regel darin besteht, als Symbole Vorstellungen von Gegenständen hervorzurufen. „Die meisten Worte sind nicht Zeichen im Sinne von Anzeichen. Wir gebrauchen sie, um *über* Dinge zu sprechen, nicht um unsere Augen, Ohren und Nasen auf sie zu richten. Statt Dinge anzuzeigen, erinnern sie an sie.“ (Langer 1979: 39)

Bezogen auf Bilder lässt sich dies nicht so eindeutig sagen. Denn diese richten zumindest unsere Augen meist auf dargestellte Gegenstände oder Sachverhalte und können – als Ganze oder aber einzelne ihrer Elemente – als Anzeichen oder als Symbol in einer bestimmten Bedeutungsstruktur fungieren. Sonographische Bilder von Embryos zum Beispiel können für einen Arzt ebenso wie für die Eltern als Anzeichen dienen, während die gleiche Sonographie für die Eltern, aber auch für den Arzt wie für ein allgemeines Publikum als ‚Subjekt‘ etwa in einer Werbung für pränatale Diagnostik, vornehmlich symbolische Funktionen übernehmen kann. Je nach Platzierung einer Sonographie als ein Element innerhalb eines Gesamtbildes und je nach BetrachterInnenperspektiven werden unterschiedliche Vorstellungen hervorgerufen: die Wahrnehmung von Anzeichen für mögliche Gefahren in spezifischen Entwicklungsstadien eines Embryos, die ‚rechtzeitig‘ erkannt werden müssen und ggf. zu spezifischen Handlungen herausfordern, und/oder Emotionen, philosophische, moralische Vorstellungen von ‚werdendem Leben‘. In anderen Worten: Symbole evozieren für ein ‚Subjekt‘ Vorstellungen von Gegenständen in einem gedanklichen und/oder emotionalen Zusammenhang, während Anzeichen diese Gegenstände oder Sachverhalte konkret ‚ankündigen‘ und damit eine Reaktion oder Handlung auslösen. Darin besteht, so Langer, der logische Unterschied zwischen der Anzeichen- und der Symbolfunktion.

Anzeichen- und Symbolfunktion greifen jedoch auch ineinander. Bilder sind nicht generell der einen oder der anderen Bedeutungsfunktion zuzuordnen, können aber in ihren verschiedenen materiellen Gestalten (Diagramme, Zeichnungen, figürliche Malerei bis hin zu abstrakten Gemälden, Fotografien, Collagen) die eine oder die andere Funktion relevanter setzen. Das Ineinandergreifen von Anzeichen- und Symbolfunktion verdeutlicht Langer anhand des Konzeptes der *Tatsache* als einer *Form anschaulichen Denkens.*

„Dieses zweifache Wirken eines Sinnesdatums als Anzeichen und als Symbol zugleich ist der Schlüssel zum realistischen Denken: die Veranschaulichung der Tatsache. Hier, in der ‚praktischen Anschauung‘, die aus Anzeichen für das Verhalten Symbole für das Denken macht, haben wir die Wurzeln der praktischen Intelligenz vor uns. Sie ist mehr als die spezialisierte Reaktion und mehr als die freie Imagination; sie ist in der Wirklichkeit verankertes Begreifen.“ (Langer 1979: 262)

In diesem Sinne sind auch Bilder Bestandteile eines „in der Wirklichkeit verankerten Begreifens“. Sie können sowohl Sachverhalte konkret anzeigen, als auch abstrakte Vorstellungen (Gedanken, Ideen, Eindrücke) sowie emotionale und/oder leibliche Reaktionen hervorrufen.

Dies weist darauf hin, dass die logischen Unterscheidungen nicht als empirische missverstanden werden dürfen. Die logischen Unterscheidungen bieten lediglich Anhaltspunkte, verschiedene Funktionen einzelner Bildelemente und ihre Verflechtung in einem auf ein ‚Subjekt' bezogenen Bedeutungszusammenhang erkennen und rekonstruieren zu können. Eine Klassifikation von Bildern nach verschiedenen Bedeutungsfunktionen wäre in dieser Perspektive lediglich ein Hilfsmittel, um ‚Ordnung' in die Vielfalt von Bildern zu bringen. Die Eigenschaften von Bildern leiten sich aber, folgen wir der Argumentation von Langer, nicht aus ihrer Zugehörigkeit zu einer kategorial bestimmbaren Klasse von Gegenständen ab, sondern aus ihrer funktionalen Bedeutungsstruktur.

Denotative und konnotative Bedeutungsfunktionen

Nachdem Langer die *signifikative* Bedeutungsfunktion von Anzeichen herausgearbeitet, sie von der symbolischen Funktion logisch unterschieden und ihren Zusammenhang im ‚anschaulichen Denken' gezeigt hat, weist sie auf den Unterschied zwischen *denotativen* und *konnotativen* Bedeutungsfunktionen von Symbolen hin. In Abweichung zur signifikativen Bedeutungsstruktur, die aus drei Elementen besteht, dem ‚Subjekt' sowie dem Anzeichen und dem angezeigten Gegenstand als ‚Paar', besteht die denotative und konnotative Bedeutungsstruktur jeweils aus vier Elementen. In der denotativen Bedeutungsrelation stellt ein ‚Subjekt' eine Beziehung zwischen einem Symbol (einem Wort, Namen, Satz, Bild, Diagramm, Foto), einer Vorstellung und einem Gegenstand her. Das jeweilige Symbol übernimmt die Funktion, einen Gegenstand zu *bezeichnen* und mit der Bezeichnung die *konkrete Vorstellung* dieses Gegenstandes hervorzurufen. Dahingegen bezieht sich die konnotative Bedeutungsfunktion auf die Vorstellung eines mit dem Objekt zusammenhängenden, aber von diesem abstrahierten Begriffes oder einer abstrakten Idee. Die Bedeutungsstruktur konstituiert sich in diesem Fall für ein ‚Subjekt', indem ein Symbol den Gehalt eines Begriffes, einer Idee, Phantasie, etc. vorstellig werden lässt, nicht aber einen konkreten Gegenstand. Die unterschiedlichen Bedeutungsstrukturen lassen sich wie folgt veranschaulichen:

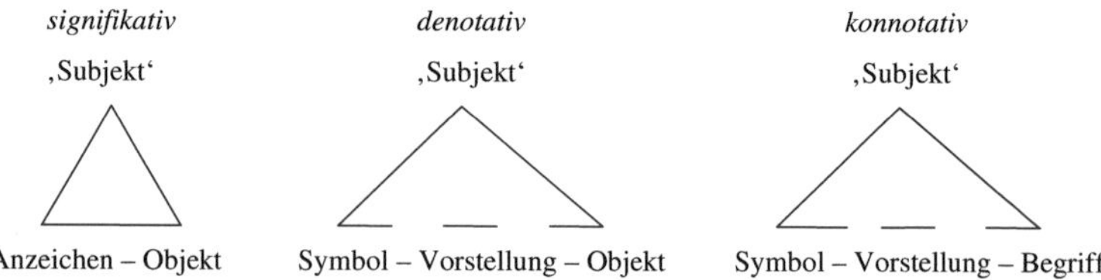

Signifikative, denotative und konnotative Funktionen können innerhalb eines Bildes miteinander verflochten sein. Bilder können mittels Darstellung Gegenstände oder Sachverhalte anzeigen, als Zeichen auf sie verweisen und zugleich mittels der Art der Gestaltung, ihrer „Technik" oder ihrem „Ton" (Langer 1977: 77) konnotativ eine Idee oder einen Begriffsinhalt vorstellig werden lassen.

Denotationen und Konnotationen können ebenso wie Anzeichen ‚falsch' oder ‚richtig' angewandt oder verstanden werden. Die Bestimmung von ‚falsch' oder ‚richtig' ist hier allerdings erst im Zusammenhang mit aussagefähiger propositionaler Rede in der diskursiven symbolischen Form möglich. Auf Bilder bezogen heißt dies, dass sie nur ‚falsch' oder ‚richtig' sein können, wenn sie in einen Aussagezusammenhang eingebettet sind, etwa wenn ein Diagramm einen sachlichen Zusammenhang falsch oder richtig darstellt. Hängt dieses Diagramm dagegen in einer Ausstellung über die bildliche Entwicklung von Diagrammen, geht es nicht primär um den sachlichen Aussagegehalt, sondern um die Präsentationstechnik. Entsprechend spielt die Frage nach ‚richtig' oder ‚falsch' in diesem Zusammenhang eine untergeordnete Rolle.

Langer verwendet für die Beschreibung unterschiedlicher Bedeutungsfunktionen die zeichentheoretischen Begriffe der Signifikation, Denotation und Konnotation und legt damit eine Analogie bezüglich der Bedeutungsentstehung in Sprache und Bild nahe. Bei genauerem Besehen ist die begriffliche Analogie allerdings rein abstrakter Natur. Denn Bilder signifizieren und denotieren nicht als beliebig wählbares Zeichen einen Gegenstand. Vielmehr ist es die „Verteilung von lichten und dunklen, stumpfen und glänzenden Farben, oder dünnen und dicken Linien und verschieden geformten weißen Zwischenräumen", die eine Form ergeben und damit „bestimmte Gegenstände bedeuten" (Langer 1979: 77). Die Darstellung eines Gegenstandes, einer Sache erfolgt nicht durch ein von deren Anschaulichkeit abstrahiertes Zeichen, sondern durch die *Anordnung bildlicher Elemente*, die der Anordnung visueller Elemente des dargestellten Gegenstandes zumindest rudimentär entsprechen muss, um das Bild als Bild eines bestimmten Gegenstandes oder einer Sache sehen zu können.[30] Eine Darstellungsanalogie bezieht sich nicht auf die gesamte Erscheinung von Gegenständen oder Sachverhalten, sondern auf die Anordnung gestaltbildender Elemente in verschiedensten Detaillierungs- oder Abstraktionsgraden. Ein Gegenstand, ein Sachverhalt wird in einem Bild erst wiedererkannt, wenn eine Beziehung einzelner bildlicher Elemente als mehr oder weniger abstrahierte *Formgestalt* wahrgenommen und mit der Formgestalt eines Gegenstandes in Verbindung gebracht werden kann. In ‚realistischen' Bildern geht die Analogie zwischen bildlich dargestellter und am Gegenstand wahrgenommener Formgestalt sehr weit, in ‚stilisierten' oder abstrakten

30 Diese Bedeutungsfunktion entspricht dem, was Max Imdahl das *Wiedererkennende Sehen* genannt hat. Näheres dazu S. 276ff

Bildern kann sie auf ganz wenige Elemente reduziert und auch weitgehend verfremdet werden. Diagramme sind eine weitere Steigerung der Abstraktion. „Die Teile werden nur durch konventionelle Symbole, wie Punkte, Kreise, Kreuze oder sonst etwas angedeutet. Das einzige ‚Abgebildete' ist die Beziehung der Teile zueinander. Ein Diagramm ist ein ‚Bild' lediglich von einer Form." (Langer 1979: 78)

Insgesamt, so Langer, „antworten alle diese Bilder, jedes in seiner Art, auf unsere Vorstellung, obwohl diese noch weitere Einzelheiten, die überhaupt nicht abgebildet sind, enthalten mag" (Langer 1979: 79). Die Wahrnehmungsgestalt eines Gegenstandes bildet sich ebenso wie jene von Bildern im Wechselspiel zwischen aktualen sinnlichen Eindrücken von unendlichen Elementen sowie ihrer Anordnung, und bereits geformten Vorstellungen von Gegenständen und Sachverhalten. Vorstellungen gehen wiederum vom wahrgenommenen Gestaltzusammenhang der Elemente eines Gegenstandes wie von der von einzelnen Gegenständen abstrahierten Begriffen, Ideen, Konzepten dieser Art von Gegenständen aus. Die in einer sozialen Entität gemeinsam geteilte Grundstruktur von Vorstellungen über einen Gegenstand, wie etwa einem Haus, entsteht – so Langer – über die Gestaltwahrnehmung des Gegenstandes wie auch über den von der dinglichen Wahrnehmung weitgehend abstrahierten Begriff des Gegenstandes. Erst ein abstrahierter Begriff ermögliche es, dass alle trotz individueller Verschiedenheiten der jeweiligen Gegenstandswahrnehmung eine ‚adäquate' Vorstellung von einem Gegenstand, einer Sache haben.

„Was allen adäquaten Vorstellungen eines Gegenstandes gemeinsam sein muss, ist der Begriff des Gegenstandes. Der gleiche Begriff ist in einer Vielzahl von Vorstellungen verkörpert. Er ist eine Form, die in allen gedanklichen oder bildhaften Versionen, die das betreffende Objekt konnotieren können, erscheint, eine Form, die für jeden Geist in eine andere Hülle sinnlicher Wahrnehmung gekleidet ist. Wahrscheinlich sehen niemals zwei Leute eine Sache ganz gleich. Ihre Sinnesorgane differieren, Aufmerksamkeit, Bildphantasie und Gefühle sind verschieden, so dass identische Eindrücke bei ihnen nicht anzunehmen sind. Wenn aber ihre jeweiligen Vorstellungen von einer Sache (oder einem Ereignis, einer Person usw.) den gleichen Begriff verkörpern, so werden sie einander verstehen." (Langer 1979: 79)

Dieser Argumentation zufolge ist es der Gestaltzusammenhang in Verbindung mit abstrakten Konzepten und Begriffen, der die intersubjektiv teilbare Wiedererkennung von Gegenständen in Bildern möglich macht. Um eine Gestalt zu erkennen bedarf es allerdings nicht der Analogie einzelner Elemente, sondern einer zumindest rudimentären Analogie in der *Anordnung* von Elementen. Die komplizierte Frage, in welcher Weise Formbildungsprozesse im Verhältnis von sinnlicher Wahrnehmung, Gestaltbildung und begrifflicher Abstraktion in Bezug auf welche Beobachtungsposition zustande kommen, wird von Langer in der Weise beantwortet, dass alle

Dimensionen an der Bedeutungsgebung beteiligt sind. Sie macht deutlich, dass jede begrifflich geformte Vorstellung nur in einer konkreten und damit „besonderen Präsentation" zugänglich ist. Letzterer wohnt zugleich eine allgemeine Form inne, durch die sie auch in unterschiedlichen konkreten Gestalten von unterschiedlichen ‚Subjekten' wiedererkannt werden kann. Diese Argumentation ist auf eine gestalttheoretische Konzeption angewiesen, derzufolge sich die sinnliche Wahrnehmung im Wechselspiel mit bereits mehr oder weniger abstrahierten Vorstellungen als Gestalt formt, welche wiederum Grundlage begrifflich-abstrakter Vorstellungen ist. Langer beruft sich, wenn auch nur tentativ, immer wieder auf diese Annahme.

„Wenn die Gestaltpsychologen nicht recht hätten in ihrer Überzeugung, dass Gestaltung zur Natur der Wahrnehmung selbst gehört, so wüsste ich nicht, wie der Hiatus zwischen Wahrnehmen und Begreifen, sinnlichem und geistigem Organ, chaotischem Reiz und logischer Antwort, je überbrückt und geschlossen werden sollte. Ein Geist, der in erster Linie mit Bedeutungen arbeitet, muss Organe haben, die ihn in erster Linie mit Formen versorgen." (Langer 1979: 96)

Die Annahme, dass die Sinnesorgane am Prozess der Symbolisierung unhintergehbar beteiligt sind, führt wiederum zur Annahme, dass sich die mit verschiedenen ‚Organen' geformten Symbolisierungen voneinander unterscheiden müssen. „Auge und Ohr nehmen ihre eigenen Abstraktionen vor und schreiben daher auch ihre besonderen Formen des Begreifens vor." (Langer 1979: 97) Die verschiedenen sinnlichen *Formen des Begreifens* gehören jedoch, und das ist entscheidend, nicht einer anderen als der ‚geistigen' Welt an. Denn diese Formen sind wiederum „von genau der gleichen Welt hergeleitet, welche die gänzlich andersgearteten der Physik bekannten Formen liefert. In Wahrheit gibt es so etwas wie die Form der ‚wirklichen' Welt nicht; die physikalischen Zusammenhänge ergeben ein Schema, das in der wirklichen Welt zu finden ist, und die ‚Erscheinung' oder das Schema der Dinge mit ihren Eigenschaften und Merkmalen, ein anderes." (Ebd.)

Insgesamt geht Langer davon aus, dass ein Zusammenhang zwischen begrifflich abstrahier- und verallgemeinerbaren und *zugleich* subjektgebundenen konkreten Vorstellungen für Symbolisierungsprozesse grundlegend ist. Der Gewinn dieser Sichtweise liegt meines Erachtens darin, dass die Frage nach den Voraussetzungen der Gegenstandserkennung und -darstellung nicht auf ‚Henne' im Sinne einer sinnlichen Wahrnehmung des Gegenstandes oder ‚Ei' im Sinne abstrahierter, zeichenhafter Begriffe reduziert werden. Vielmehr gelingt es Langer eine Perspektive zu entwickeln, in der die prozessuale Verwobenheit von sinnlicher Wahrnehmung, Gestaltbildung und abstrahierender Begriffsbildung zu einem plausiblen Ausgangspunkt wird. Im Anschluss daran kann es in interpretativen Prozessen der Bildwahrnehmung nicht darum gehen, eine Gegenstandserkennung auf der Grundlage von (scheinbar) objektivierbaren sinnlichen Wahrnehmungen (‚meine Augen nehmen das Haus wahr so wie es ist') oder begrifflicher Allgemeinheit (‚ein Haus besteht immer aus xy, also ist das Dargestellte ein Haus oder keines') anzustreben. Vielmehr gilt es, mit der Spannung zwischen subjektgebundener konkreter Wahrnehmung und begrifflicher Verallgemeinerung produktiv umzugehen. Auf diese Weise lassen sich auch bildliche und sprachliche Symbolisierungsprozesse als miteinander verwoben vorstellen. Bildliche Wahrnehmung ist nicht prinzipiell von (sprachlicher) Begriffsbildung zu trennen und umgekehrt, abstrahierende (sprachliche oder mathematische) Begriffsbildungen bleiben auf bildliche oder andere sinnlich wahrnehmungsgebundene Symbolisierungsprozesse bezogen, aus denen sie hervorgegangen sind.

Um die verschiedenen Prozesse der Bedeutungsgebung bestimmen zu können, in denen der Zusammenhang von sinnlicher Wahrnehmung, Gestalt- und Symbolbildung unterschiedliche Formen annimmt, führt Langer eine zentrale Unterscheidung zwischen präsentativen und diskursiven Formen der Symbolisierung ein. Dieser Unterscheidung soll im folgenden nachgegangen werden.

Präsentative versus diskursive Formen der Symbolisierung

Die Unterscheidung zwischen präsentativen und diskursiven Formen der Symbolisierung ist Langer zufolge im wesentlichen formaler Art. Die verschiedenen Symbolisierungsformen sind nicht in der Weise vorzustellen, dass Sprache, Bilder, Töne etc. *entweder* signifikativ *oder* denotativ *oder* konnotativ Bedeutungen hervorbringen. Vielmehr gehen *alle* Symbolisierungsformen aus oben beschriebenen, mindestens drei oder vier Elemente umfassenden Bedeutungsrelationen (‚Subjekt'/Symbol – Vorstellung – Objekt bzw. Begriff) hervor, wobei in einem konkreten Bildgegenstand die eine oder andere Bedeutungsfunktion gegenüber einer anderen relevanter sein kann. Das heißt, auch die *Formen* sind nicht spezifischen Gegenständen oder Medien als deren Eigenschaften zuordenbar. Sprache und Bild, ebenso wie Töne, taktile Gegenstände, etc. sind zwar potentiell jeweils besser oder schlechter für bestimmte Symbolisierungsprozesse geeignet. Sie können jedoch nicht als Medium ausschließlich einer der zwei Hauptformen der Symbolisierung zugeordnet werden, nämlich entweder der diskursiven oder präsentativen, die Langer aufgrund ihrer jeweiligen Logik voneinander unterscheidet.

Wie Langer eine Unterscheidung zwischen präsentativen und diskursiven Formen der Symbolisierung vornimmt und was damit gewonnen werden kann, soll im folgenden nachgezeichnet werden. Daraus lässt sich begründen, inwiefern sich die Rekonstruktion bildlicher Formen der Symbolisierung gegenüber sprachlichen unterscheidet. Es wird jedoch auch deutlich, dass Sprache und Bild als zwei verschiedene Medien jeweils *einer*

Form der Symbolisierung genau so wenig zuordenbar sind wie nur einer der von Langer beschriebenen drei Bedeutungsfunktionen (signifikativ, denotativ, konnotativ). Sprachliche Ausdrucksformen können auch präsentativ symbolisieren, wie etwa in Metaphern, in der Poesie generell und zum Teil auch in Erzählungen. Umgekehrt können Bilder auch vorwiegend in diskursiven Symbolisierungsprozessen begriffliche Bedeutungen hervorbringen.[31] Dies lässt es wiederum notwendig erscheinen, nicht nur die jeweilige Bedeutungsfunktion, sondern auch die Form der Symbolisierung in jedem empirisch vorliegenden Material – sei es bildliches oder sprachliches oder eine Mischung aus Beidem und Anderem dazu – jeweils mit zum Gegenstand empirisch-theoretischer Rekonstruktionen zu machen. Es gilt, die Form nicht deduktiv aus dem Medium und vice versa, das Medium nicht aus der Form abzuleiten.

Diese Vorbemerkungen sind deshalb wichtig, weil Langer die diskursive und präsentative Form der Symbolisierung am Unterschied zwischen Sprache und Bild entwickelt und damit das Missverständnis nahe legt, Sprache und Bild seien *als Medien* der einen oder der anderen Form zuzuordnen. Charakteristische Unterschiede zwischen Sprache und Bild werden für Langer jedoch nicht als absolute, sondern erst im Hinblick auf die diskursive oder präsentative Symbolisierungsform relevant.

Kennzeichen der diskursiven Form der Symbolisierung fasst Langer im Kontrast zur präsentativen am Beispiel der Sprache in vier Aspekten zusammen.

- Sprache besteht im Wesentlichen aus einem Vokabular und einer Syntax. Mit den für einzelne Worte als den kleinsten Elementen der Sprache festgelegten Bedeutungen lassen sich entlang der Syntax neue Symbole zusammensetzen und damit neue Bedeutungen konstruieren.
- Die meisten Bedeutungen können auf mehrfache Weise zum Ausdruck gebracht werden. Dadurch ist es möglich, Bedeutungen einzelner Wörter zu definieren und ein Wörterbuch zu erstellen" (Langer 1979: 100).
- Es gibt alternative Wörter für die gleiche Bedeutung. Dadurch lässt sich ein Sprachsystem in ein anderes übersetzen.
- Und schließlich ist die Sequentialität der Sprache für die diskursive Form der Symbolisierung im Unterschied zur präsentativen zentral. „Die durch die Sprache übertragenen Bedeutungen werden nacheinander verstanden und dann durch den als Diskurs bezeichneten Vorgang zu einem Ganzen zusammengefasst." (Langer 1979: 103)

In einer Gegenüberstellung dazu arbeitet Langer die Form präsentativer Symbolisierung durch Bilder als der „uns vertrauteste[n] Art eines nicht diskursiven Symbols" (Langer 1979: 100) heraus.

- Bilder setzen sich wie Sprache aus verschiedenen Elementen zusammen. Die Elemente bestehen aber nicht aus Worten, und ihre Verbin-

31 Mitchell (1994: 57f) nennt diese Art von Bilder ‚Metapictures'.

dung nicht in einer grammatikalischen Syntax. Es gibt, so Langer, in Bildern keine den Worten analoge Symbole. „Die Licht- und Schattenflächen, aus denen ein Porträt, zum Beispiel eine Photographie, besteht, haben an sich keine Bedeutsamkeit. Einer isolierenden Betrachtung würden sie nur als Kleckse erscheinen. [...] Die Elemente, die die Kamera darstellt, sind nicht die ‚Elemente', die die Sprache darstellt. Sie sind tausendmal zahlreicher." (Langer 1979: 100f)

- Ein Symbolismus mit unendlich vielen Elementen lässt sich nicht in Grundeinheiten aufbrechen. Dadurch ist es unmöglich, in Bildern unabhängige Symbole als kleinste Einheit ähnlich den Worten zu definieren und diese mit ähnlicher Bedeutung auch in anderen Zusammenhängen als Terminus zu identifizieren. Bilder haben kein ‚Vokabular' (Langer 1979: 101). Gleichwohl sind „visuelle Formen – Linien, Farben, Proportionen usw. – [...] ebenso der Artikulation, d.h. der komplexen Kombination fähig wie Wörter. Aber die Gesetze, die diese Art von Artikulation regieren, sind von denen der Syntax, die die Sprache regieren, grundverschieden." (Langer 1979: 99)
- Da es kein Vokabular für visuelle Formen gibt, kann es auch kein ‚Wörterbuch' für die Bedeutungen von Punkten, Linien, Farben, Schatten oder anderen bildlichen Elementen geben. „Nichtdiskursive Symbole können nicht, wie diskursive, vermittels anderer definiert werden." (Langer 1979: 101f) Und ohne Wörterbuch kann es auch keine Übersetzung von einer ‚Bildsprache' in eine andere geben. Verschiedene Medien bildlicher Darstellung (Gemälde, Zeichnungen, Graphiken, Photographien) können deshalb nicht in eine translatorische Beziehung zueinander gebracht werden.
- Der wichtigste Unterschied zwischen Sprache und Bild besteht schließlich darin, dass Bilder „ihre Bestandteile nicht nacheinander, sondern gleichzeitig dar[bieten], weshalb die Beziehungen, die eine visuelle Struktur bestimmen, in einem *Akt des Sehens* erfasst werden" (Langer 1979: 99, Hervorhebung R.B.). Die Bedeutung der Elemente, die ein Symbol bilden, wird nur in ihrer Beziehung zueinander in einer ganzheitlichen Bedeutungsstruktur erkennbar. Nur indem sie zu einer „simultanen, integralen Präsentation gehören" werden sie zu Symbolen. Langer nennt „diese Art von Semantik ‚präsentativen Symbolismus'" (Langer 1979: 103).
- Das spezifische Potential präsentativer Symbolisierung liegt darin, dass mehrere Begriffe in einem „einzigen totalen Ausdruck zusammengezogen" werden können, ohne dass ihnen jeweils bestimmte Teile der Gesamtpräsentation entsprechen müssen (Langer 1979: 191). Diese Form von Bezugnahmen, die diskursiv in dieser Weise nicht verfügbar sind, bezeichnet Langer in Anlehnung an die Psychoanalyse als *Verdichtung*.

Insgesamt kann man annehmen, dass der Gestaltcharakter für präsentative Symbole insofern zentral ist, als das Ganze nur durch die Beziehungen seiner Teile und umgekehrt, die Teile nur in ihrer Beziehung untereinander und zum Ganzen Bedeutung hervorbringen. Bildwahrnehmung ist im wesentlichen gestalthaft organisierte Wahrnehmung und Symbolisierung. Gestaltwahrnehmung umfasst wiederum sehr viel mehr als visuelle Wahrnehmung und bezieht sich insgesamt auf Prozesse sinnlicher Wahrnehmung.[32]

> „Das unseren Sinnen gegebene symbolische Material, die ‚Gestalten' oder grundlegenden Wahrnehmungsformen, die uns auffordern, das Pandämonium bloßer Impressionen in eine Welt von Dingen und Gegebenheiten umzudeuten, gehören der ‚präsentativen' Ordnung an. Sie liefern jene elementaren Abstraktionen, in deren Form gewöhnliche Sinneserfahrung verstanden wird." (Langer 1979: 104)

Das bedeutet wiederum nicht, dass in konkreten Bild-Gegenständen nicht beide Formen der Symbolisierung, die präsentative wie die diskursive, wesentlich für die Bedeutungsentstehung sein können. Die Bestimmung eines Bildes als präsentative oder diskursive Form der Symbolisierung kann sich lediglich an der Form der Gestaltbildung orientieren, die innerhalb eines konkreten Objektes allerdings auch miteinander verflochten sein kann. In der Wahrnehmung von Bildern etwa sind alle Elemente gleichzeitig präsent und werden dennoch auch sukzessive fokussiert, miteinander in Beziehung gesetzt und in diskursive Aussagezusammenhänge eingebettet. Erzählungen bauen sich sukzessive in der sequentiellen Reihenfolge von Themen und Darstellungsweisen auf und lassen dennoch auch präsentative Eindrücke entstehen, wenn etwa verschiedene Erlebnisstränge in ihrer Gleichzeitigkeit szenisch vorstellbar werden. Die Verflechtung präsentativer und diskursiver Symbolisierungsformen ist schließlich in Bild-Texten im Sinne von Mitchells Konzept des *image-text* offensichtlich. Dennoch können image-texte stärker als präsentative oder aber diskursive Form wahrgenommen und interpretiert werden. Ihre Bedeutung kann vornehmlich durch die gleichzeitige Präsenz der sie funktional strukturierenden Elemente bezogen auf eine ganzheitliche Struktur entstehen, auch wenn innerhalb dieser Struktur mit diskursiven Elementen und Aussagen operiert wird. Werbebilder oder Plakate symbolisieren in der Regel präsentativ mit starken Bezügen zu sinnlichen Gestaltwahrnehmungsprozessen. Gleichzeitig wird darin mit diskursiven Elementen wie Sätzen, Satzbestandteilen, Aussagen, etc. operiert. Umgekehrt können Bild-Texte vornehmlich eine diskursive Form annehmen, wenn die Bildelemente als Bestandteile einer sprachlich oder mathematisch aufgebauten Aussage fungieren, wie zum Beispiel in Diagrammen oder Schemata.

32 Dass gestalthafte Wahrnehmung nicht auf Bilder beschränkt ist, sondern auch in anderen medialen Formen strukturierend wirkt, zeigt Langer am Beispiel etwa von Musik. Bezüglich der Gestalthaftigkeit von Narrationen siehe exemplarisch Rosenthal 1995.

Trotz dieser Verflechtungen bleibt die Differenz zwischen präsentativen und diskursiven Symbolisierungsformen bestehen, auch wenn sich konkrete Bild- oder Textgegenstände nicht entlang dieser Differenz trennscharf voneinander unterscheiden lassen. Denn Langer zufolge besteht die Funktion der präsentativen Form der Symbolisierung darin etwas auszudrücken, was sich der Sprache entzieht. „Der Symbolismus, der unserem rein sensorischen Sinn für Formen entspringt, ist [...] nichtdiskursiv, er ist besonders geeignet für den Ausdruck von Ideen, die sich der sprachlichen ‚Projektion' widersetzen." (Langer 1979: 99f) Umgekehrt können andere Erfahrungen und Wahrnehmungen besser in diskursiver Form zum Ausdruck gebracht werden. Sprache zum Beispiel vermag zeitlich strukturierte Erfahrungen (Ereignisse, Abläufe, kausale Zusammenhänge) in narrativen und argumentativen Formen präziser zu gestalten als mittels fixierter Einzelbilder. Dagegen kann die Erfahrung der thematischen oder räumlichen Gleichzeitigkeit und Überlappung von Elementen in Bildern besser dargestellt werden. Auch die zum Teil widersprüchliche Koinzidenz verschiedener bedeutungstragender Elemente ist in der Gleichzeitigkeit von Bildern anschaulicher zu zeigen als in linear organisierten sprachlichen Formen (vgl. Imdahl 1980).

Mit der Konzeption vom präsentativen Symbolismus möchte Langer die Vorstellung von Rationalität erweitern, ohne dabei der Logik untreu zu werden. Ihr zufolge werden Erfahrungsgehalte, die nicht in Form von Begriffen oder rationalen Erklärungen erfasst werden können, in ‚impulsiven' Reaktionen symbolisch gestaltet und sind ebenfalls Bestandteile der geistigen Welt. Damit werden sie einer Untersuchung auf der Basis von spezifischen Bedeutungslogiken zugänglich und müssen nicht in das wissenschaftlich scheinbar unbegehbare Reich der Irrationalität, des Mythos, der Emotionen, oder aber in die neurophysiologischen Wissenschaften abgeschoben werden.

Mit diesen Überlegungen ist eine weitere Unterscheidung zwischen verschiedenen Bedeutungsstrukturen angesprochen, nämlich die von *Bedeutungstypen*. Bedeutungstypen sind zahlreicher als die zwei Grundformen der Symbolisierung und entsprechen nicht notwendigerweise der einen oder anderen Form. Bedeutungstypen entstehen, folgen wir Langer, in spezifischen *Situationen* im Hinblick auf bestimmte *Typen von Erfahrung*. Dadurch lassen sich verschiedene Bedeutungstypen wie zum Beispiel Traum, Mythos, Religion, Kunst, Musik, Tanz, Wissenschaft, Werbung, Medizin, Politik und vieles mehr voneinander unterscheiden. Die soziale Welt ist dieser Vorstellung nach in verschiedene Erfahrungs- und Symbolisierungsbereiche gegliedert, die verschiedene Bedeutungstypen hervorbringen. Der Typus der Bedeutung enthält zugleich das Konzept der spezifischen Erfahrung.

„Wo immer ein Symbol wirkt, gibt es Bedeutung; andererseits entsprechen verschiedene Erfahrungstypen, wie Erfahrung durch Verstand, Intuition, Wertschätzung – verschiedenen Typen symbolischer Vermittlung. Jedem Symbol obliegt die logische Formulierung oder Konzeptualisierung dessen, was es vermittelt." (Langer 1979: 103)

Langer erachtet die Unterscheidung zwischen verschiedenen Bedeutungstypen im Anschluss an Cassirer für nicht weniger wichtig als die formalen Bestimmungen. Mit der Analyse von Bedeutungstypen, deren Verflechtungen Langer zufolge ein *Sinngewebe* ergeben, lassen sich, über erkenntnistheoretische und anthropologische Fragen hinaus, auch kulturhistorische Aspekte untersuchen.

„Sinngewebe"

Die symbolische Welt ist Langers Auffassung nach ein *Sinngewebe* aus unterschiedlichen Bedeutungsfunktionen, Formen der Symbolisierung, Erfahrungs- und Bedeutungstypen.

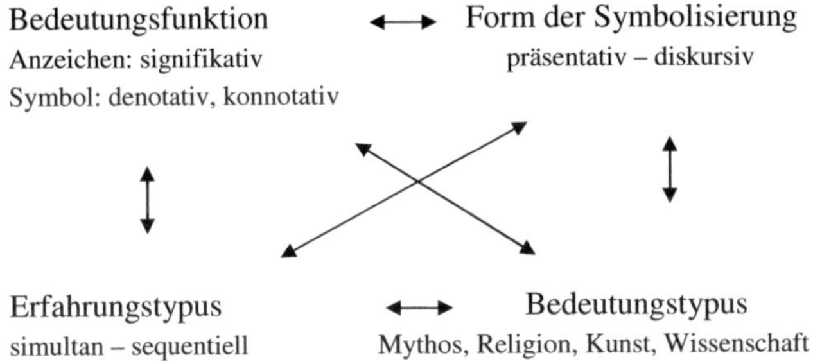

Die Bedeutungsdimensionen sind nur begrifflich, nicht aber empirisch voneinander zu trennen. Sie bilden in ihrer Bezogenheit aufeinander die unterschiedlichsten Sinngewebe. Langer verdeutlicht ihre Vorstellung eines Sinngewebes am Beispiel des Konzeptes der *Tatsache*. Ihre Aufmerksamkeit gilt dieser spezifischen symbolischen Form nicht zuletzt auch deshalb, weil sie in der Moderne eine zentrale Grundlage der naturwissenschaftlich fundierten Konstruktion der Welt geworden ist. Für die *Tatsache* charakteristisch ist, wie bereits argumentiert, dass in ihr Anzeichen- und Symbolfunktion eng verflochten sind. Der Zweck des Begriffes *Tatsache* sei es, „das Bindeglied zwischen […] Imagination und sensorischer Erfahrung, zu erkennen" (Langer 1979: 264).

„Anzeichen und Symbol sind miteinander verknüpft bei der Hervorbringung jener festen Realitäten, die wir ‚Tatsachen' nennen […]. Aber zwischen den Tatsachen laufen die Fäden der unregistrierten Wirklichkeit, die wir, in unserer stillschweigenden Anpassung an Anzeichen, wo immer sie an die Oberfläche kommen, für den Augenblick erkennen; und auch die glänzenden, gewundenen Fäden symbolischer Veranschaulichung, der Einbildungskraft, des Denkens – Erinnerung und rekonstruierte Erinnerung, Überzeugung über Erfahrung hinaus, Traum, Vorspiegelung, Hypothese, Philosophie – der ganze schöpferische Prozess der Ideenbildung, der Metapher, der Abstraktion, der das Menschenleben zu einem Abenteuer des Verstehens macht.“ (Langer 1979: 276)

Vor allem photomechanisch erzeugte Bilder gewinnen den Status von ‚Tatsachen‘, weil in ihrem Gebrauch durch Anzeichen ausgelöste Handlungsimpulse und symbolische Vorstellungsgehalte unmittelbar aufeinander bezogen sein können. Wenn eine Form sowohl Anzeichen und Symbol ist, werden Handlung und Einsicht für ein jeweiliges ‚Subjekt‘ zusammengebunden. Dies spiele, so Langer, vor allem in der Wissenschaft eine wichtige Rolle (Langer 1979: 279).[33] Die Verflechtung von Anzeichen und Symbol ebenso wie von präsentativen und diskursiven Formen der Symbolisierung stellt sich in den Worten von Langer in einem Sinngewebe wie folgt dar:

„Dadurch, dass nur wenige Wörter rein technisch sind und wenige unserer Vorstellungsbilder rein nützlich, erhält unser Leben einen Hintergrund von eng ineinander verwobenen vielfältigen Bedeutungen, vor dem alle bewussten Erfahrungen und Deutungen gemessen werden. Jeder Gegenstand, der in den Brennpunkt der Aufmerksamkeit tritt, hat Bedeutung über die ‚Tatsache‘, in der er figuriert, hinaus. Abwechselnd und manchmal auch gleichzeitig dient er der Einsicht, der Theorie und dem Verhalten, dem nichtdiskursiven Erkennen und dem diskursiven Verstehen; er erweckt Wunschvorstellungen oder er läßt, als Anzeichen, den bedingten Reflex in Aktion treten. Das heißt aber, dass wir auf jede neue Gegebenheit mit einem ganzen Komplex geistiger Funktionen antworten. Unsere Wahrnehmung organisiert sie, indem sie ihr eine individuell bestimmte Gestalt verleiht. Das nichtdiskursive Verständnis begegnet ihr, indem sie Gefühlsgehalt in die konkrete Form hineinliest, rein sensitiv, während die noch promptere Sprachgewohnheit bewirkt, dass wir sie einem wörtlichen Begriff assimilieren und ihr im diskursiven Denken einen Platz anweisen. Hier kreuzen sich zwei Tätigkeiten: der diskursive Symbolismus ist immer allgemein und verlangt die Anwendung auf die konkrete Gegebenheit, wogegen der nichtdiskursive Symbolismus spezifisch ist, das ‚Gegebene‘ selber ist und uns nahe legt, die allgemeinere Bedeutung aus dem Fall herauszulesen.“ (Langer 1979: 280f)

Wenn wir Bilder jeglicher Art über ihren möglichen Status als ‚Tatsachen‘ hinaus generell als Sinngewebe betrachten, in dem sowohl Anzeichen- wie Symbolfunktionen, präsentative wie diskursive Formen der Symbolisierung ebenso wie unterschiedliche Erfahrungs- und Bedeutungstypen aufeinander bezogen einen Verflechtungszusammenhang bilden, macht es we-

33 In Untersuchungen zur Entstehung wissenschaftlichen, insbesondere medizinischen Wissens über Bilder, wird diesem Zusammenhang detaillierter nachgegangen (vgl. exemplarisch Burri 2008).

nig Sinn, wie auch Mitchell argumentiert, Bilder per se spezifischen Repräsentationsmodi oder Kategorien zuzuordnen. Aus Langers Ansatz lassen sich aber über Mitchell hinausgehend allgemeine Bestimmungen zur Bedeutungskonstitution gewinnen, die mehr Anhaltspunkte für einen methodischen Zugang zu Bildern anbieten.

- Bilder können als eine spezifisch menschliche Symbolisierungstätigkeit aufgefasst werden (Cassirer). Damit gehört die Bildfähigkeit ähnlich wie die Sprachfähigkeit zu den konstitutiven Elementen menschlicher, mithin sozialer Welt(en).
- Jede Form von Symbolisierung, also auch Bilder, steht am Beginn von Erkennen und Denken. Bilder sind konkret und abstrakt zugleich und ermöglichen eine Form von Erkenntnis, die der diskursiv-sprachlichen nicht analog und entsprechend nicht gänzlich in sie übersetzbar ist.
- Bildliche Wahrnehmung wird von der Gestaltwahrnehmung von Formen ebenso strukturiert wie von begrifflichen Abstraktionen. Dadurch ist bildliches Erkennen nicht zuletzt mit Sprache unauflöslich verbunden. Sprachliche Interpretation öffnet einen Zugang auch zu bildlichen Bedeutungen, ohne ihren präsentativen Gehalt gänzlich erfassen zu können.
- In interpretativen Analysen von Bildern kann nach den jeweiligen Bedeutungsfunktionen (signifikativ, denotativ, konnotativ) sowie den die Bedeutungsstruktur organisierenden symbolischen Formen (präsentativ, diskursiv) gefragt werden. Dabei gilt es, die spezifische Charakteristik des präsentativen Symbolismus, nämlich die *simultane* Präsentation verschiedener Elemente, die erst in der spezifischen *Relation* ihres Erscheinens im Hinblick auf eine Gesamtgestalt Sinn und Bedeutung hervorbringen, einer Analyse zugänglich zu machen.
- Langer zufolge ist die präsentative symbolische Form eine Ganzheitsstruktur, die sich gestalthaft aus unendlich vielen und – im Unterschied zu Worten – letztlich nicht voneinander isolierbaren piktoralen Elementen bildet. Bildliche Elemente (Farben, Formen, Linien, etc.) haben keine von ihrem konkreten Kontext des Erscheinens unabhängige Bedeutung und sind auch nicht durch eine der Grammatik entsprechende syntaktische Struktur geordnet. Ein Bild oder Bildelement kann als Gestalt ‚etwas' symbolisieren, aber seine einzelnen *piktoralen* Elemente (Farbe, Form, Körnung, Pinselstrich, etc.) sind keine Symbole und auch keine Zeichen im Sinne von Worten mit durchgehend codierten denotativen oder konnotativen Funktionen. Dennoch können Bilder Symbole sein in der Weise, dass sie eine Haltung gegenüber ‚Gegenständen in absentia' ermöglichen. Diese ‚Gegenstände' können in der denotativen Funktion auf empirische Dinge und Sachverhalte verweisen wie auch in der konnotativen auf abstrakte Begriffe, Ideen oder Emotionen. Kurzum: Bilder signifizieren, denotieren und konnotieren Gegenstände, Sachverhalte und begriffliche Vorstellungsinhalte, aber auf eine andere Art als dies in Form von Sprache der Fall ist.

- Die methodologisch-methodische Fokussierung auf Bilder als Form der Symbolisierung in verschiedensten materiellen Gestalten impliziert, von einem Sinngewebe als Verflechtungszusammenhang verschiedener Logiken der Symbolisierung (präsentativ versus diskursiv) und deren Ausdifferenzierung in verschiedene Bedeutungstypen auszugehen. Die Unterscheidung erfolgt nicht durch die Art des Symbols (bildlich, sprachlich, musikalisch, etc.), sondern durch die *Form*, in der es Bedeutung gewinnt. Gleiche Symbole können in verschiedenen, logisch voneinander abgrenzbaren Prozessen der Symbolisierung unterschiedliche Bedeutungen hervorbringen. Damit ist auch gesagt, dass das Symbol nicht gleichzusetzen ist mit dem *Prozess der Symbolisierung*. Nicht das einzelne Symbol konstituiert die Bedeutung; diese entsteht vielmehr in spezifischen, voneinander unterscheidbaren Prozessen oder Logiken der Symbolisierung in Verbindung mit nach Situationen und Erfahrungen typisierbaren Bedeutungsrelationen.
- Langer stellt einen Zusammenhang zwischen verschiedenen Typen von Erfahrung und verschiedenen Bedeutungstypen her. Symbolisierung findet in Bezug auf spezifische Erfahrungen in bestimmten Bedeutungssituationen statt. Auch Bilder sind als spezifische Bedeutungstypen in Erfahrungsbezüge eingebettet, ohne allerdings deren Abbild zu sein. Erfahrungszusammenhänge werden dennoch über konkrete Bilder als spezifische Form ihrer Symbolisierung rekonstruktiv zugänglich.

Während Langer in Bezug auf Bedeutungsfunktionen und -strukturen weitgehend vergleichbar mit neueren zeichentheoretischen Ansätzen argumentiert,[34] macht sie mit der Charakterisierung der präsentativen Form der Symbolisierung zugleich deutlich, dass Bilder oder Elemente von Bildern nicht in der Weise als bedeutungstragende Zeichen zu verstehen sind wie Worte oder Sätze. Interessanterweise spricht Langer, wenn es um symbolische Prozesse geht, eher von einer ‚Haltung' die entstehe und nicht von einer klar umrissenen Repräsentationsfunktion. In ihrer Argumentation kommt es nicht vornehmlich auf die Rolle einzelner Symbole in Repräsentationsbeziehungen an, sondern auf den gesamten Prozess der Symbolisierung, in dem sich eine von der jeweiligen konkreten Situation abstrahierende ‚Haltung gegenüber Gegenständen in absentia' – bezogen auf Bilder könnte man sagen, eine Sichtweise – erst entwickelt. Mit Langer rücken nicht nur die Repräsentation oder Exemplifikation von Sichtweisen in Bezug auf die Welt oder auf Erfahrungen mit der Welt, sondern die erfahrungsbasierte und zugleich von dieser abstrahierende Hervorbringung der Welt in Symbolisierungsprozessen in den Vordergrund. Die menschliche Welt wird insgesamt als genuin symbolische verstanden. Die Prozesse

34 Vgl. exemplarisch Goodman 1997; in einer noch expliziteren bildtheoretischen Wendung Scholz 2004.

der Symbolisierung sind aber auch Langer zufolge in formallogisch bestimmbare Bedeutungszusammenhänge eingelagert, die wiederum in ihren verschiedenen Dimensionen und Relationen auch in ihren komplexen Verflechtungszusammenhängen analytisch zugänglich sind.

Symbolisierungsprozesse in sozialen Welten

In welcher Weise *soziale Prozesse* für den Zusammenhang von Wahrnehmung, Gestaltbildung und Symbolisierung konstitutiv sind, bleibt bei Susanne Langer zunächst offen. Sie geht zwar davon aus, dass etwas nur Anzeichen oder Symbol ‚für jemanden' sein kann. Diese Bedeutungsdimension wird aber nicht im Detail ausformuliert und zudem lediglich als ‚psychologische' eingeführt. Langer war zwar mit ihren Untersuchungen zum Konzept der ‚Tatsache' und seiner Bedeutung für die Entwicklung der Naturwissenschaften der gesellschaftlichen Dimension in der Entwicklung von Bedeutungsstrukturen nachgegangen, hatte diese aber nicht an der Basis ihres Bedeutungskonzeptes angesiedelt. Eine soziologische Perspektive kann hier ansetzen und das ‚für jemanden' als soziale Dimension der Bedeutungsentstehung weiter diskutieren. Dafür bieten die Arbeiten von Alfred Schütz (1971, 1974, Schütz/Luckmann 1979) einen guten Ansatzpunkt, nicht zuletzt weil auch Schütz sich in wesentlichen Annahmen auf Cassirer bezieht und auf der Basis von Husserl den konstitutiven Prinzipien der Entstehung sozialer Sinnwelten als Grundlage gesellschaftlicher Ordnung nachgeht.

Schütz formuliert seine zentralen Fragen zum Zusammenhang von Symbolisierungsprozessen und Gesellschaftsbildung wie folgt:

> „[…] können Intersubjektivität an sich, Gesellschaft und Gemeinschaft an sich, anders als durch den Gebrauch von Symbolen erfahren werden? Ist es dann das Symbol, welches Gesellschaft und Gemeinschaft schafft, oder ist das Symbol ein Erzeugnis der Gemeinschaft, das dem einzelnen aufgezwungen wird? Oder ist diese Beziehung zwischen Gesellschaft und Symbolsystem ein auf Wechselseitigkeit beruhender Vorgang – und zwar so, dass Symbole (und wenn nicht alle, dann jedenfalls einige) ihren Ursprung in der Gesellschaft haben, dass sie aber – sobald entstanden – ihrerseits die Struktur der Gesellschaft beeinflussen?" (Schütz 1971: 337)

Schütz beantwortete die aufgeworfene Frage, welche Rolle Symbole im gesellschaftlichen Zusammenhang spielen, in einer Auseinandersetzung mit den zu seiner Zeit lebhaft diskutierten Zeichen- und Symbolbegriffen. Er konstatiert eine breite und zum Teil auch in sich widersprüchliche Vielfalt von Begriffen und Konzepten. Mit explizitem Bezug auf die Symboltheorie von Cassirer sowie auf die Appräsentationstheorie von Husserl entwickelt er seine Vorstellung zur Zeichen- und Symbolbildung in einem für seine ‚Theorie des Sinnhaften Aufbaus der Welt' (1974) grundlegenden Argumentationszusammenhang. Spezifisch für den Schütz'schen Ansatz ist die These, dass verschiedene Bedeutungsfunktionen respektive Appräsentationsmodi auf unterschiedliche Sinnwelten bezogen sind, welche die soziale Welt insgesamt gliedern. Es handelt sich im wesentlichen um die *Welt in Reichweite*, die *intersubjektive Welt des Alltags*, die *mannigfaltigen Wirklichkeiten* oder *geschlossenen Sinnbereiche* wie etwa Wissenschaft, Kunst, Religion sowie um eine *allgemeine Symbolwelt*, die sich auf existentielle Grundfragen des Mensch-Seins etwa im Verhältnis von Gesellschaft, Kultur und Natur bezieht. Diese Sinnwelten entstehen Schütz zufolge, indem verschiedene Formen der Bedeutungsbildung, die er im Anschluss an Husserl als Appräsentationsschemata systematisch bestimmt, zentral gesetzt werden. In anderen Worten: Schütz verknüpft die Gliederung der sozialen Welt in verschiedene Sinnbereiche theoretisch unmittelbar mit der Differenzierung verschiedener Appräsentationsschemata als verschiedene Formen der Bedeutungsbildung.

Dieser Zusammenhang soll im folgenden dargestellt werden, ohne allerdings auf die Husserl'sche Phänomenologie und die Schütz'sche Lebenswelttheorie im Detail einzugehen. Es gilt lediglich, eine soziologische Grundlage für das Bedeutungspotential von Bildern in sozialen Welten zu umreißen, die bei fallbezogenen Analysen konkreter Bildgegenstände als heuristischer Hintergrund bei der Adressierung verschiedener Bedeutungsrelationen in Verbindung mit verschiedenen sozialen Sinnwelten dienen kann. So können die sozialen Dimensionen der Konstitution von Bildbedeutungen klarer konturiert werden.

Unter Appräsentation versteht Husserl die (assoziative) Mitgegenwärtigkeit von Ansichten und Eigenschaften eines Gegenstandes, die der Wahrnehmung nicht unmittelbar zugänglich sind. Es bilden sich ‚assoziative Paarungen' zwischen appräsentierenden und appräsentierten Gegenständen.[35] Dabei ‚weckt' oder ‚ruft' das appräsentierende Glied der Paarung das appräsentierte assoziativ hervor (Schütz 1971: 343). Das, was assoziativ geweckt oder hervorgerufen wird, kann sehr Unterschiedliches sein. Der appräsentierte Gegenstand kann „ein physisches Ereignis, eine Gegebenheit oder ein Ding sein, das allerdings vom Subjekt nicht unmittelbar wahrgenommen werden kann; es kann aber auch Geistiges oder Nicht-Materielles sein. […] Es kann gleichzeitig mit dem appräsentierenden Glied sein oder ihm vorausgehen oder folgen. Es kann sogar zeitlos sein." (Schütz 1971: 343) Eine in ‚passiver Synthese' erfolgende assoziative Paarung kann ohne intentionale Zuwendung geschehen und als Verbindung zwischen einer aktuellen Wahrnehmung und einer Erinnerung ebenso wie zwischen einer Wahrnehmung und einer Phantasievorstellung vorstellig werden.

35 Dies entspricht der Konzeption von Langer, die im Fall von Anzeichen ebenfalls von einer Paarung zwischen Anzeichen und Objekt für ein deutendes Subjekt ausgeht.

„Allgemein konstituiert sich durch das Wirken der passiven Synthese eine Einheit der Intuition, die nicht nur Wahrnehmung und Erinnerung, sondern auch Wahrnehmung und Phantasievorstellung verbinden kann." (Schütz 1971: 342)

Appräsentation umfasst allgemein das, was Langer als Bedeutungsrelation zwischen einem Anzeichen oder Symbol und dem was ‚für jemanden' angezeigt oder symbolisiert wird, konzipiert. Im Unterschied zu Langer treten die assoziativen Paarungen bei Schütz nicht nur in der Anzeichenfunktion auf, sondern liegen allen Bedeutungs- respektive Appräsentationsrelationen zugrunde.

Die vom appräsentierenden Gegenstand hervorgerufene Mitgegenwärtigkeit nicht zugänglicher Aspekte ermöglicht es, Gegenstände als solche in ihren Verweisungsbezügen wahrzunehmen. Dies lässt sich am immer wieder zitierten Beispiel der Wahrnehmung eines Hauses verdeutlichen. Um ein Haus als einen räumlichen Gegenstand und nicht nur als eine der Wahrnehmung jeweils unmittelbar zugängliche ‚Vorderseite' zu sehen, wird seine Rückseite jeweils mit appräsentiert. Schütz zufolge enthält die Wahrnehmung der Vorderseite „gleichzeitig eine analogische Apperzeption der ungesehenen Rückseite, eine Apperzeption, die allerdings nur eine mehr oder minder leere Erwartung dessen ist, was wir wahrnehmen würden, wenn wir das Objekt umdrehen, oder wenn wir um das Objekt herumgehen würden. Diese Erwartung ist auf unsere vergangenen Erfahrungen von normalen Objekten dieser Art zurückzuführen." (Schütz 1971: 340) In die Wahrnehmung eines Gegenstandes als solchem geht also die Erfahrung aus vergangenen Wahrnehmungen dieser Art von Gegenständen als Erwartung einer unmittelbar nicht zugänglichen Rückseite ein. Dabei handele es sich, so Schütz, nicht um einen Analogieschluss, sondern um eine assoziative und intuitive ‚Paarung' zwischen der präsenten Vorderseite und der appräsentierten Rückseite.

„Der einfachste Fall der paarenden Assoziation ist durch die Tatsache gekennzeichnet, dass zwei oder mehrere Daten intuitiv in der Einheit des Bewusstseins gegeben sind, welches hiermit zwei getrennte Phänomene als Einheit konstituiert, unabhängig davon, ob man sich ihnen zuwendet oder nicht." (Schütz 1971: 340)

Diese allgemeine Bestimmung der Appräsentation differenziert Schütz in vier verschiedene Formen. Die einfachste Form einer Appräsentationsbeziehung definiert er als *Apperzeptionsschema*. Dies macht es, wie gerade beschrieben, möglich, einen Gegenstand als räumlich extensiven wahrzunehmen, also mit der Vorderseite eines Hauses eine Rückseite mitzuvergegenwärtigen. Eine andere Form der Appräsentationsbeziehung entsteht, wenn ein Gegenstand nicht primär auf sich, sondern auf etwas anderes als sich selbst verweist. Um im Beispiel des Hauses zu bleiben, entsteht diese Form der Appräsentation, wenn die Vorderseite eines Hauses assoziativ mit einer bestimmten Person, die in diesem Haus wohnt, verbunden ist und auf diese verweist. Diesen Verweisungszusammenhang bezeichnet Schütz als *Appräsentationsschema*. Eine dritte Form der Appräsentation unterscheidet sich davon, indem mit dem appräsentierten Gegenstand (dem Haus), ein ganzer Bereich oder eine ganze Ordnung von Gegenständen assoziativ verbunden ist. Die Vorderseite eines Hauses kann auf verschiedene Bauarten von Häusern verweisen (Einfamilienhaus, Reihenhaus, bürgerliches Wohnhaus des 19. Jahrhunderts, Villa, Bürogebäude, Industriegebäude) oder auf bestimmte Wohnungstypen, Grundrisse, etc. Diese Form der Appräsentation nennt Schütz *Verweisungsschema*. Das Verweisungsschema gehört schließlich seinerseits einem Bereich von *Deutungs- bzw. Rahmenschemata* an. In dieser vierten Form der Appräsentation verweist die Vorderseite eines Hauses etwa auf die Art des Wohnens und die mit ihr verbundene soziale Differenzierung.

Apperzeptions- und Appräsentationsschemata setzen Schütz zufolge noch kein intersubjektiv geteiltes Wissen voraus. In diesen Appräsentationsbeziehungen können Gegenstände allein für ein Subjekt mit Appräsentationen assoziativ ‚gepaart' sein. Das Verweisungs- und insbesondere das Deutungs- und Rahmenschema impliziert dagegen ein in der Intersubjektivität des Alltags erworbenes Wissen bezüglich der ‚Ordnung' von Gegenständen sowie ihrer ‚typischen' Deutung, etwa hinsichtlich ihrer sozial als typisch erachteten Eigenschaften und entsprechend ihrer sozial typischen Relevanz in verschiedenen Bereichen.

Schütz zufolge bildet eines der vier Appräsentationsschemata in jeder Sinnwelt den zentralen Bezugspunkt, um den herum sich diese Welt ordnet, während die anderen Schemata aus der jeweiligen Perspektive eines bestimmten Appräsentationsschematas zufällig oder gar willkürlich erscheinen. Wenn die Vorderseite eines Hauses im Deutungsschema hinsichtlich der Art des Wohnens appräsentiert wird, wird es irrelevant, dass dort eine bestimmte Person wohnt. Umgekehrt, wenn die Vorderseite des Hauses im Appräsentationsschema als Verweis auf eine bestimmte Person wahrgenommen wird, ist es irrelevant, auf welche Art des Wohnens sie verweist. Gleichwohl führen beide Wahrnehmungsweisen die anderen Appräsentationsschemata als Horizont und damit als Möglichkeitsraum der Bedeutungsbildung mit.

> „Jeder Gegenstand ist ein Gegenstand innerhalb eines Felds, zum Beispiel eines Wahrnehmungsfelds; jede Erfahrung ist von einem Horizont umgeben; beide gehören zu einem bestimmten Bereich (einer ‚Ordnung'), der seinen eigenen Stil hat." (Schütz 1971: 343)

Der Wahrnehmungsfokus kann sich auch von einem in ein anderes Appräsentationsschema verschieben, womit sich die gesamte Bedeutungsbildung verändert.

Bezogen auf die verschiedenen Sinnwelten argumentiert Schütz, dass in der *Welt in Reichweite* das Apperzeptions- und Appräsentationsschema den Ausgangspunkt der Bedeutungsgebung bildet, während in der intersubjektiven Welt des Alltags das Verweisungs- und Deutungsschema zum zentralen Bezugspunkt wird. Das heißt allerdings nicht, dass in den verschiedenen Sinnwelten nur das eine oder andere Appräsentationsschema vorkäme. Vielmehr geht Schütz davon aus, dass in allen Sinnwelten alle Appräsentationsschemata eine Rolle spielen. Ein bestimmtes Bezugssystem wird lediglich zum „Prototyp der Ordnung“ (Schütz 1971: 346ff).

Die *Welt in Reichweite*, in der das Apperzeptions- und Appräsentationsschema zum ‚Prototyp‘ wird, bestimmt Schütz als jenen Sinnbereich, der in der ‚natürlichen Einstellung‘ erfahren wird und von pragmatischen Motiven der Handhabung bestimmt ist. „Diese Welt, die ich in meiner natürlichen Einstellung erfahre, ist der Ort, aber auch das Objekt meines Handelns. [...] Meine Körperbewegungen einschließlich meiner Ortsveränderungen schalten sich sozusagen in diese Welt ein und verändern die Gegenstände in ihr und greifen in ihre wechselseitigen Beziehungen ein.“ (Schütz 1971: 353) In dieser Welt wird die körperlich-leibliche Positionalität zum ‚Nullpunkt‘ der Orientierung.

„In dieser Einstellung erfahre ich mich als Mittelpunkt einer Welt, die räumlich und zeitlich um mich angeordnet ist. Der Platz, den mein Leib jeweils in dieser Welt einnimmt, mein gegenwärtiges ‚Hier‘ ist der Ausgangspunkt, von dem aus ich mich im Raum orientiere. Es ist sozusagen der Nullpunkt eines Koordinatensystems, das bestimmte Dimensionen der Umweltorientierung wie auch die Entfernungen und Perspektiven der Umweltgegenstände bestimmt. Diese befinden sich oben oder unten, vorn oder hinten, rechts oder links, näher oder weiter. Und ähnlich ist mein jeweiliges ‚Jetzt‘ der Ursprung aller zeitlichen Perspektiven, in denen ich die Geschehnisse der Welt anordne als vorher oder nachher, vergangen und zukünftig, gleichzeitig und nacheinander, früher oder später usw.“ (Schütz 1971: 354)

Die *Welt in Reichweite* umfasst Gegenstände in Seh- und Hörweite, die von der eigenen leiblichen Position aus im Modus der Apperzeption sowie der einfachen Appräsentation als Hinweis auf die Existenz von etwas im Hinblick auf die eigene Handlungsorientierung wahrgenommen wird. Schütz zufolge ist dies die Welt der Anzeichen, so wie sie auch Langer definiert hat. Schütz bestimmt Anzeichen als „Formen von Appräsentationsbeziehungen“ im pragmatischen Verhältnis des Einzelmenschen „in seinen Bemühungen, mit der Welt in seiner Reichweite zurechtzukommen“ (Schütz 1971: 360). Anzeichen transzendieren die unmittelbare Handlungsposition, das ‚hic et nunc‘, indem sie auf Gegenstände und Sachverhalte jenseits der *Welt in Reichweite* – also jenseits dessen, was ich unmittelbar sehen, riechen, fühlen, hören kann – hinweisen und dehnen so die Handlungsbereiche aus. Sie setzen die Existenz von Mitmenschen und die Möglichkeit einer Verständigung zunächst nicht voraus. Die Vorderseite eines Hauses kann auch nur für mich ein Anzeichen für die Wohnung einer bestimmten Person sein, was mich dazu veranlasst, das Haus zu betreten oder zu meiden. Anzeichen treten allerdings auch in intersubjektiven Zusammenhängen auf, in denen sie auf der Basis sozial geteilten Wissens primär im Verweisungs- und Deutungsschema wahrgenommen werden.

Im Unterschied zur *Welt in Reichweite* stellt sich die *intersubjektive Sinnwelt des Alltags* vor allem über Annahmen bezüglich des Bewusstseins des/der Anderen her, welches wechselseitig nicht unmittelbar zugänglich ist. Der Körper in seiner Sichtbarkeit wird dabei zu einem wesentlichen Anzeichen des ‚Innenlebens' der Anderen, allerdings erst in einem sozial konstituierten Verweisungs- bzw. Deutungsschema. Die Beziehung zu Anderen basiert auf der geteilten Annahme der Reziprozität der Perspektiven, also auf der Idealisierung der Austauschbarkeit der Standpunkte sowie auf der Idealisierung der Übereinstimmung von Relevanzsystemen. Schütz argumentiert in diesem Zusammenhang, „dass wir – vom Phänomen der Telepathie abgesehen – vom fremden Bewusstsein Wissen nur dann haben können, wenn es von Vorgängen am Körper des Andren oder von Ereignissen, die durch diesen ausgelöst werden, vermittelt wird." (Schütz 1971: 362) Das Bewusstsein der Anderen ist nur appräsentativ zugänglich.

„Schon allein durch die kontinuierliche visuelle Wahrnehmung des Leibes und der Leibesbewegungen des Anderen konstituiert sich ein Appräsentationssystem wohlgeordneter Anzeichen seines Seelenlebens und seiner Erfahrungen. Hier, meint Husserl, liegt der Ursprung der verschiedenen Formen von Ausdrucks- bzw. Zeichensystemen und schließlich der Sprache. Das physische Ding ‚Körper des Anderen', Vorgänge an seinem Körper und seine Körperbewegungen werden als Ausdrucksweisen des ‚geistigen Ichs' des Anderen aufgefasst, auf dessen Motivations- und Sinnzusammenhang ich gerichtet bin." (Schütz 1971: 363)

Verstehen, Kundgebung, Kommunikation über codierte Zeichensysteme, mit denen ein Verweisungs- und Deutungsschema etabliert wird, ist die Basis dieser Sinnwelt. Darin ist Sprache ebenso impliziert wie „bildliche Ausdrucks- und Nachahmungsdarstellungen" (Schütz 1971: 374). Schütz bezieht sich an dieser Stelle explizit auf Langer indem er argumentiert, dass wir es bei Bildern jenseits von Ähnlichkeiten mit Appräsentationsbeziehungen zwischen einem Gegenstand und dem Bild von diesem Gegenstand zu tun haben. In die Bildwahrnehmung gehen potentiell alle der beschriebenen Appräsentationsschemata ein und sind potentiell auch in vielfältiger Weise verflochten. Analytisch unterschieden sehen wir im Apperzeptionsschema ein Bild als einen Gegenstand in unserer Reichweite, der sich in seiner materiellen Form (aus Papier, Leinwand oder Anderem, flach, mit oder ohne Rahmen, etc.) und die darauf erkennbaren Farben, Striche, Formen als Bild zu erkennen gibt. Im Verweisungsschema werden mit der Darstellung bestimmte Figuren, Räume, Konstellationen vorstellig, während wir im Deutungs- und Rahmenschema einen intersubjektiv geteilten sozialen Sinn erkennen.

Schütz führt auf dieser Grundlage eine weitere Appräsentationsform ein, mit der wir auch etwas über die Sinnwelt des Alltags Hinausweisendes wahrnehmen. Das Dargestellte appräsentiert „auf einer gleichsam übergeordneten appräsentativen Ebene einen höheren Sinnzusammenhang", der sich auf Bereichsspezifische sowie existentielle Fragen beziehen kann (Schütz 1971: 376). Diese Form der Appräsentation bezeichnet Schütz als *symbolische Appräsentation*, welche er im Unterschied zu Langer jenen Sinnwelten vorbehält, die die ‚ausgezeichnete Wirklichkeit des Alltags' transzendieren. Symbolische Appräsentation antwortet in der Systematik von Schütz auf Fragen, die mit Alltagswissen nicht mehr zu beantworten sind. „Im Alltag wissen wir nur, dass Natur und Gesellschaft irgendeine Art von Ordnung darstellen; das eigentliche Wesen dieser Ordnung aber entzieht sich unserem Wissen. Allein in Bildern offenbart sich diese Ordnung […]." (Schütz 1971: 382) Beunruhigende Erscheinungen werden symbolisch in Analogie zu bekannten Phänomenen innerhalb der Alltagswelt erfasst. „Und zwar geschieht dies durch die Erzeugung von höherstufigen Appräsentationsverweisungen, die wir *Symbole* nennen wollen." (Ebd.)

Schütz behält die Symbolbildung jenen Bereichen der Sinnbildung vor, die über die Orientierung im Alltag, welchen er als die Grundlage der sozialen Welt, als die ‚ausgezeichnete Wirklichkeit', in der wir uns in der ‚natürlichen Einstellung' bewegen, konzipiert, hinausweisen. Gleichzeitig bleiben Symbole auf die Welt des Alltags insofern bezogen, als die appräsentierenden Gegenstände auch in der symbolischen ‚Paarung' der Alltagswelt entstammen. Symbole im Sinne von Schütz bauen auf Anzeichen und sozial codierten Zeichensystemen auf und sind dadurch mit diesen verflochten. In anderen Worten: Symbole entstehen, wenn Gegenstände aus der Alltagswelt als appräsentierendes Glied auf Gegenstände oder Sachverhalte verweisen, die die Alltagswelt transzendieren.

Im Unterschied zum Verweisungs- und Deutungsschema hängt die symbolische Appräsentation nicht notwendigerweise von Kommunikation oder von codierten Zeichensystemen ab. Vielmehr kann sie auch außerhalb kommunikativer Vorgänge entstehen. Jaspers zitierend erläutert Schütz dies am Beispiel der Poesie. Die in der Sprache der Dichtung symbolisierten Ideen gehören nicht der kommunikativ hergestellten und intersubjektiv geteilten Wirklichkeit des Alltags an, sondern sind „Elemente einer Wirklichkeit im geschlossenen Sinnbereich der Dichtung. Sie sind, um mit Jaspers zu sprechen, zu ‚dunklen Zeichen' transzendenter Erfahrung geworden, die für jene verständlich sind, die den existierenden Schlüssel dazu besitzen. In diesem Sinn und allein in diesem Sinn, ist Jaspers zu verstehen, wenn er sagt: ‚Das Symbol stiftet Gemeinschaft ohne Kommunikation'." (Schütz 1971: 400) Auf Bilder übertragen würde das bedeuten, dass auch deren symbolische Dimension, im Sinne von Schütz, erst zugänglich wird, wenn sie im Zusammenhang spezifischer Erfahrungen und Sinnwelten mit jeweils spezifischen *Erkenntnisstilen* (Schütz 1971: 394) wahrgenommen werden können.

Symbole gehören jedoch nicht ausschließlich geschlossenen Sinnbereichen an. Sie können auch zu einem wesentlichen Bestandteile der von allen geteilten intersubjektiven Welt des Alltags werden wenn sie in die ‚natürliche Einstellung' ‚absinken' und sich in Verweisungs- und Deutungsschemata verankern. Denn, „sobald ein Bild dieser Art [also ein Symbol im Sinne von Schütz, R.B.] entstanden ist, wird es [...] als selbstverständlich hingenommen, gerade so wie die Transzendenzen, auf die sie [diese Bilder, R.B.] weisen." (Schütz 1971: 382)

Zusammenfassend kann festgehalten werden, dass es Schütz im Kern darum geht, Symbolbildung als eine Antwort auf die offenen Horizonte der im Alltag intersubjektiv verankerten Sinnbildung zu verstehen. Er behält die Entstehung von Symbolen und damit den Symbolbegriff ausdrücklich jenen Sinnbereichen vor, die die im Alltag verankerten Verweisungs- und Deutungsschemata überschreiten, auch wenn sie mit diesen verbunden bleiben oder gar in sie ‚absinken'. Ihm zufolge bilden Menschen außeralltägliche Symbolwelten, um mit den offenen Horizonten der im Alltag fundierten sozialen Wirklichkeit umzugehen.[36] Damit verschiebt sich gegenüber Langer zwar die Bestimmung des Symbolbegriffs, nicht jedoch die systematische Argumentation. Bei genauerem Besehen stellt sich die unterschiedliche Begriffsbildung nämlich nicht hinsichtlich der Bedeutungskonstitution, sondern lediglich auf der Ebene der Bestimmung von Bedeutungs*typen* her. Auch Schütz entwickelt die Prinzipien verschiedener Bedeutungsrelationen als Grundlage voneinander unterscheidbarer Erfahrungs- und Sinnwelten. In Anlehnung an Langer konzipiert er sie als triadische Bedeutungsstruktur sowie mit Husserl als vier, respektive fünf verschiedene Appräsentationsformen. Er geht davon aus, dass verschiedene Sinnwelten in unterschiedlichen Erfahrungsweisen, Erkenntnisstilen und Appräsentationsformen gründen, die als Prototyp den jeweiligen ‚Ordnungen' zugrunde liegen. Das Apperzeptions- und einfache Appräsentationsschema bestimmt die *Welt in Reichweite*; das Verweisungs- und Deutungsschema die *intersubjektive Alltagswirklichkeit*; und die symbolische Appräsentation die verschiedenen *sub-universa* sowie die Vorstellung von Gesellschaft, Natur, Gott oder von anderen Unfassbarkeiten ganz allgemein.

Die verschiedenen Sinnwelten weisen jeweils offene Horizonte auf, wodurch sie nicht klar voneinander abgrenzbar sind. Sie sind lediglich über ihre prototypische Form der Bedeutungsbildung bestimmbar, weisen offene Ränder auf und koexistieren zudem als ‚multiple Wirklichkeiten'. Die verschiedenen Appräsentationsformen nehmen auf die offenen Horizonte der Bedeutungsbildung innerhalb eines Sinnbereiches insofern Be-

36 Die Argumentation erinnert deutlich an die Ausführungen zur Funktion von Symbolisierungsprozessen als dem Schaffen von Denkräumen im Unverstandenen von Aby Warburg (1996). Dieser Verbindung kann an dieser Stelle leider nicht weiter nachgegangen werden.

zug, als auf einen unbestimmten Horizont des einen Sinnbereiches mit einer anderen Form der Appräsentation ‚geantwortet‘ wird. Die *Welt in Reichweite* wird durch die *intersubjektive Welt des Alltags* und diese wiederum durch die *besonderen Sinnwelten* transzendiert. Die jeweils höherstufige Appräsentationsform löst die vorherige jedoch nicht ab. Vielmehr koexistieren sie in jeder Sinnwelt und bleiben aufeinander bezogen. Eine Appräsentationsform bildet lediglich das zentrale Bezugssystem, von dem aus Bedeutungen in Beziehung zu den anderen Appräsentationsformen entstehen.

Mit dem Konzept verschiedener Appräsentationsbeziehungen mit *offenen Horizonten* führt Schütz eine Dimension in der Konstitution von Bedeutung ein, mit der konkreter bestimmbar wird, *wie* Vorstellungen von Gegenständen oder Begriffen in sozial unterschiedlich strukturierten Symbolisierungsprozessen entstehen und zur Konstitution verschiedener sozialer Welten führen. In der Terminologie von Schütz formuliert, mitvergegenwärtigt die Wahrnehmung einer ‚Vorderseite‘ eines Gegenstandes mittels ‚passiver Paarung‘ einen Gegenstand als solchen, Verweise auf andere Gegenstände; einen ganzen Bereich von Gegenständen mit intersubjektiv geteilten Bedeutungsbezügen oder aber auch einen ganz spezifischen Erfahrungs- und Sinngehalt. Welche appräsentativen Paarungen die Wahrnehmung eines Gegenstandes letztlich bestimmen, hängt nicht zuletzt auch von der Wahrnehmungssituation und den für sie relevanten Sinnbezügen und offenen Horizonten von nicht unmittelbar erfassbaren Aspekten ab. In Verbindung mit der Terminologie von Langer würde das heißen, dass eine Bedeutungsrelation entsteht, wenn eine wahrnehmbare Seite eines Gegenstandes als Bedeutungselement fungiert, das in Beziehung zu anderen Bedeutungselementen ‚für jemanden‘ ‚etwas‘ in einer spezifischen Appräsentationsbeziehung ‚meint‘ und sich dadurch von einem offenen Horizont als Form oder Gestalt abhebt.

Auf der Grundlage dieser konzeptionellen Vorstellung können mit Bildern in verschiedenen Situationen und sozial gegliederten ‚Ordnungen‘ sehr unterschiedliche Appräsentationsbeziehungen verbunden sein. Sie können sowohl als Anzeichen für Sachverhalte in der Welt unmittelbarer Reichweite etwa in Form von Verkehrsschildern fungieren. Sie können als codierte Zeichen in der Alltagswelt Handlungszusammenhänge orientieren und strukturieren. Und sie können schließlich in spezifischen Sinnwelten Symbolisierungsfunktionen übernehmen, die nicht notwendigerweise alltagsweltlich codiert sein müssen, selbst wenn notwendigerweise Gegenstände aus dem Alltag zu symbolischen ‚Paarungen‘ herangezogen werden.

Eine Kategorisierung von Bildern anhand bestimmter Bedeutungstypen ist auch mit Schütz nicht möglich, weil ein Bildgegenstand nicht nur innerhalb einer der von ihm beschriebenen ‚Ordnungen‘ Sinn und Bedeutung gewinnt, sondern in verschiedenen Appräsentationsbeziehungen in verschiedenen Sinnwelten Bedeutungspotentiale entfalten kann. Letztere verändern sich wiederum, wenn sie aus der Perspektive der verschiedenen Ordnungen in deren jeweiligen Kontexten wahrgenommen werden. Insofern kann eine Analyse konkreter Bildgegenstände heuristisch auf die Potentialität verschiedener Appräsentationsformen in verschiedenen Ordnungsdimensionen der sozialen Welt zurückgreifen. Welche Bedeutung sich in welchem sozialen Zusammenhang konkret entfaltet und wie sich verschiedene Bedeutungsebenen überkreuzen oder überlagern, bleibt am jeweiligen Bildgegenstand zu diskutieren.

Bildinterpretation I: „Trend Privat" – zur Inszenierung einer Ökonomie

Wie das Bedeutungspotential einer Bildgestalt methodisch erschlossen werden kann, wird im folgenden anhand des Beispiels einer fotografischen Präsentation einer Unternehmerfamilie im österreichischen Wirtschaftsmagazin TREND exemplarisch gezeigt.[37] Das Verfahren der Segmentanalyse soll noch ohne Explikationen und Begründungen ansatzweise nachvollziehbar werden. Zu diesem Zweck ist die extensive Interpretation und ihre Darstellung auf das im image-text zentrale Bild fokussiert. Aus inhaltlicher Perspektive geht es im Ergebnis darum zu zeigen, in welcher Weise dieses Bild als Teil einer visuellen Präsentationskultur zu verstehen ist.

37 Diese Analyse wurde als Vortrag während der Tagung „Soziologie Visuellen Wissens" an der TU Berlin im Mai 2007 vorgestellt. Für anregende Kommentare und Interpretationsimpulse möchte ich Lena Inowlocki und Hilge Landweer herzlich danken. Eine erste Fassung der Interpretation ist als Online-Beitrag zu Workshop & Workshow Visuelle Soziologie am Institut für Soziologie der Universität Wien zugänglich (Breckner 2008).

Beim Interpretationsgegenstand handelt es sich um eine Doppelseite in besagter Zeitschrift, die in einer vielgliedrigen Verbindung von Bildern und Texten als image-text[38] im Sinne von Mitchell gestaltet worden ist. Das Bild mit den Personen und den Tulpen ist zentral in der Aufmachung des gesamten image-textes. Beim Aufschlagen dieser Seite des Magazins fällt der Blick zunächst darauf, auch wenn die Gesamtgestaltung sehr stark durch Überschriften(balken) und Textbausteine bestimmt ist.

Der Überschriftenbalken verbindet die verschiedenen, zum Teil collageartig angeordneten, Elemente. Die Textbausteine sind auf der linken Seite bildlich in die horizontalen Achsen eingelagert und ‚fügen' sich damit dem Bildaufbau. Auf der rechten Seite dominiert ein großer Textteil die im Größenverhältnis sehr viel kleineren Bilder mit ihren weiss-auf-schwarz inversen Bildunterschriften. Die Textbotschaft wird hier im Verhältnis zur Bildbotschaft relevanter gesetzt als auf der linken Seite. Die collagenartige Anordnung der Bilder auf der rechten Seite kontrastiert mit dem symmetrisch durchkomponierten Bild auf der linken.[39]

Da das ‚Tulpenbild' den zentralen bildlichen Aufmerksamkeitsfokus bildet, wird diesem in einer detaillierten Segmentanalyse nachgegangen. Anschließend werden die Textelemente und schließlich eine Interpretation des gesamten image-textes in seinem Verwendungszusammenhang vorgestellt.

38 Wie in den vorhergehenden Kapiteln ausgeführt, sind image-texte Mitchell zufolge Präsentationsformen, in denen visuelle und sprachliche, narrative und bildliche Formen der Bedeutungsgebung wechselseitig aufeinander bezogen sind. Dennoch behalten visuelle und sprachliche Darstellungsformen ihre Spezifik und sind nicht gänzlich ineinander übersetzbar.

39 Diese Beschreibung ließe sich mit Bezug auf weitere Aspekte und Details fortsetzen.

Segmentanalyse des zentralen Bildes

Dokumentation des Wahrnehmungsprozesses

Zunächst fiel mein Blick auf den Tulpenstrauß und insbesondere auf das Rot der Tulpen im Kontrast zum Grün der Vase. Anschließend wanderte er nach links zur Frau, ihre Hände in Verbindung mit dem großen Ei und ihrem Gesicht. Fast gleichzeitig sah ich das Gesicht des Mannes, und damit Frau und Mann als Paar. Der Blick blieb dann am Kind hängen, um in Verbindung mit dem Gesichtsausdruck des Mannes zu ‚erkennen', worum es sich hier handelt. Erst dann nahm ich den Tisch mit den Eierkerzen, den Durchgang mit den Lichtquellen und schließlich den Hintergrund wahr, ohne jedoch zu bemerken, dass letzterer vermutlich nachträglich bearbeitet wurde. Insgesamt fielen mir die Farbzusammenstellungen und Kontraste auf.

Formale Bildbeschreibung

Das Bild ist symmetrisch aufgebaut. Der Tulpenstrauß bildet eine vertikale Achse und teilt das Bild in eine linke und rechte Hälfte, die wiederum durch horizontale Achsen (Tisch und Oberkante des Durchgangs) verbunden sind. Es sind vier Bildebenen zu erkennen: Im Vordergrund der Tisch mit den Eierkerzen und dem Blumenstrauß, im Mittelgrund die Personenkonstellation, dann der Durchgang mit den Lichtquellen und schließlich der gänzlich dunkle Hintergrund. Letzterer bildet einen starken Kontrast zu den Lichtquellen im Durchgang, welche wiederum die Personengruppe mit ‚Helligkeit' rahmen.

Der Fluchtpunkt liegt, im Kontrast zur symmetrischen Bildanordnung, nicht ganz mittig etwa zwischen Blumenstrauß und Gesicht des Mannes. Der Kamerastandort ist also nicht frontal, sondern vermutlich etwas links von der Mitte positioniert, leicht von oben nach unten fotografierend.

Die Hände der dargestellten Personen gehen über den Bildrand hinaus. Der Bildausschnitt öffnet sich dadurch imaginär über seinen aktuellen ‚Rand', während der Tisch und der Durchgang klare räumliche Begrenzungen und Bezüge herstellen.

Auffallend sind die Farbkonstellationen und Kontraste: volle Töne (Blumenstrauß, Vase, gelbe Eierkerzen) versus Pastell (Twinset der Frau, Hemd vom Kind, Vorderseite des Durchgangs), Grundfarben (rot – gelb – blau) versus ‚gemischte' Farben, jeweils kontrastiert mit dunklen Tönen (Tisch, Anzug des Mannes, Hintergrund). Es überwiegen warme Töne.

Die szenische Konstellation besteht aus einer Frau, einem Mann und einem Kind. Frau und Mann+Kind sind durch den Tulpenstrauß bildlich getrennt und zugleich verbunden. Sie bilden durch den Tulpenstrauß sowie die Rahmung durch Tisch und Durchgang eine szenische Einheit, die als ‚Familie' gesehen wird, auch wenn man nicht weiß, ob es sich um eine solche handelt. Durch die szenische Konstellation wird der normativ geformte Blick auf das Erkennen einer spezifischen sozialen Situation und Interaktion hin strukturiert, auch wenn die Personen diese nicht durch eine unmittelbare wechselseitige körperliche Bezugnahme, etwa von Frau und Mann als Ehepartner, als solche eindeutig zu erkennen geben. Imaginatives ‚Wiedererkennen' ist notwendig, um die Konstellation als Familie wahrzunehmen. Zugleich lässt die Darstellung offen, ob es sich tatsächlich um eine Familie handelt.

Segmentbildung

Auf Grundlage der ersten Bildwahrnehmung und formalen Bildbeschreibung ließen sich folgende Segmente[40] als für den Bedeutungszusammenhang des Bildes vermutlich relevante identifizieren.

---

40 Die Segmentbildung folgt einer hypothetischen Relevanz für den Bedeutungszusammenhang des Bildes, die sich aus der ersten Bildwahrnehmung und der formalen Bildbeschreibung folgern lässt. Sie kann im Laufe der Analyse verändert werden, etwa indem weitere Details als Segment isoliert oder mehrere Elemente zu einem Segment zusammengefasst werden. In der folgenden Übersicht werden nur die im Interpretationsprozess relevant gewordenen Segmente ohne Berücksichtigung der Segmentkombinationen aufgeführt.

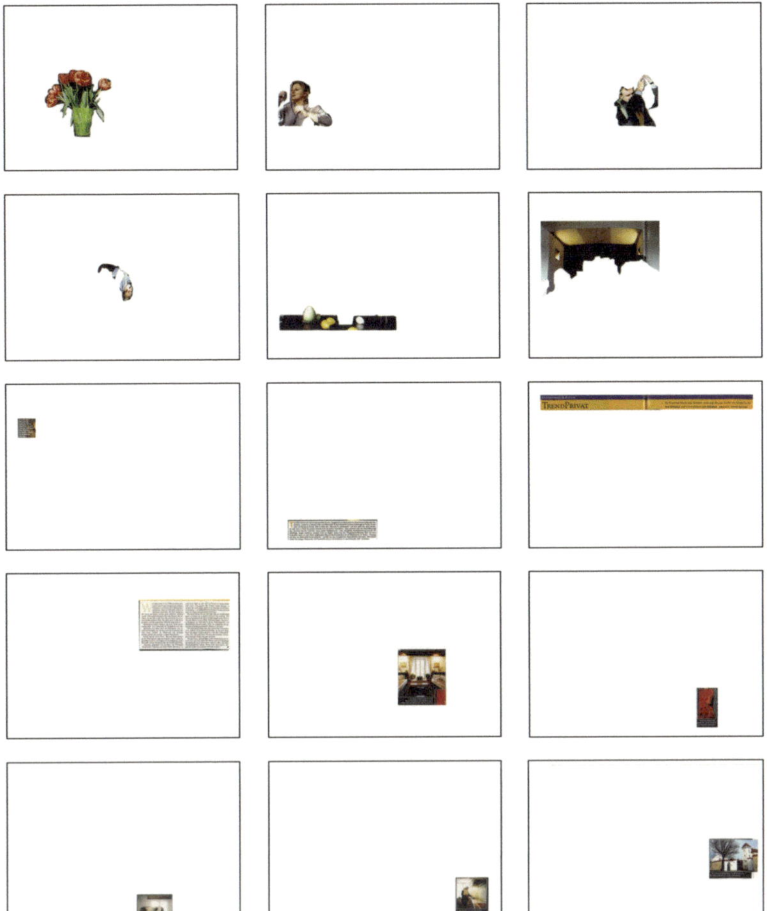

Analyse der Bildsegmente und ihres Zusammenhangs

Um die LeserInnen nicht zu ermüden, stelle ich nur die Hauptlinien der Interpretation vor und übergehe damit eine Vielzahl von möglichen Differenzierungen.

Segment 1

Wir sehen einen ausladend geschwungenen Strauss mit aufgeblühten Tulpen in einer grünen Glasvase. Das Rot der Tulpenblüten ist mit gelben Streifen durchzogen und bildet einen farblichen Kontrast zum Grün der Blätter und der Vase. Die Position und Größenverhältnisse der Segmente im Bild wurden belassen,[41] so dass geschlossen werden kann, dass der Tulpenstrauß eine relativ große Bildfläche in der linken Bildhälfte einnimmt. Er hat möglicherweise eine bildstrukturierende Funktion, sei es bezüglich der Bildanordnung, der Farbgebung und/oder des symbolischen Gehaltes.

Mit Tulpen assoziieren wir in der Regel Frühjahr als Zeit, in der sie in unseren Breitengraden ‚in Natura' aufblühen. Tulpen sind allerdings auch auf dem Jahreszeiten negierenden Warenmarkt ganzjährig zu erhalten. Der Strauß ist also nicht unbedingt ein indexikalischer Verweis auf den Zeitpunkt der Aufnahme. Es ist noch offen, ob seine Bildbedeutung vornehmlich indexikalisch als Anzeichen oder/und symbolisch zu interpretieren ist.

Folgen wir der Kulturgeschichte der Tulpe wie sie Anna Pavord (1999) rekonstruiert hat, ist mit dieser Blume eine lange, nicht zuletzt ökonomische Geschichte der Symbolisierung von Reichtum, Besitzgier und Macht verbunden. Desweiteren stehen Tulpen für die Kultivierung und Züchtung einer auch eigensinnigen ‚Wildblume', die von selbst immer neue Formen und Farben hervorbringt und sich zuweilen der züchtenden Intention ent-

41 Die Segmente könnten zunächst auch ohne Rahmung und Platzierung interpretiert werden, um das ‚Wiedererkennende Sehen' noch weiter außer Kraft zu setzen und sich damit normativ bestimmter Sehgewohnheiten bewusst zu werden. Dies verlängert allerdings den Interpretationsprozess erheblich und ist nur zu empfehlen, wenn dadurch die Entdeckung interessanter Sichtweisen und Aspekte zu erwarten ist.

zieht.[42] Neben der Symbolik von Frühjahr im Sinne von Aufblühen, Frische, Neubeginn, Vitalität können Tulpen, wie viele andere Blumen auch, schlicht kultivierte ‚natürliche Ästhetik' darstellen. Zugleich ist diese Blumenart inzwischen eine in Holland gezüchtete Massenware und dadurch mit der industriellen Erzeugung und der Entwertung ‚natürlicher Schönheit' assoziiert.

Die Darstellung des Interpretationsweges abkürzend wende ich mich als nächstes drei weiteren Segmenten in der mittleren Bildebene zu, in denen Personen in einer spezifischen Konstellation sichtbar werden.[43]

Segment 2+3/4

Links sehen wir eine geschminkte Frau. Sie trägt einen Twin-Set, der als Verweis auf eine bestimmte soziale Situation, in der eine solche Kleidung angemessen wäre, unspezifisch bleibt. Lediglich ein sehr festlicher Anlass kann ausgeschlossen werden. Die Hände der Frau sind in Bewegung; es ist jedoch unklar, ob damit eine gerichtete Handlung oder ‚Beweglichkeit' ganz allgemein dargestellt ist. Auf jeden Fall ist sie ‚in Aktion' und nicht posierend zu sehen. Ihr Blick ist nach links oben auf etwas außerhalb des Bildrahmens gerichtet. Das Licht fällt auf den rechten[44] Arm, ihr Gesicht ist dagegen nicht beleuchtet. Das Alter der Frau ist schwer zu schätzen, es könnte zwischen Mitte dreißig und Anfang vierzig liegen.

Rechts sehen wir einen Mann, der seitlich über seiner rechten Schulter ein Kind kopfüber hält. Die sichtbaren Teile des Gesichtes sind hell beleuchtet. Dadurch wird das Gesicht auch im Kontrast zum dunklen Anzug hervorgehoben. Der Mund ist durch einen Arm verdeckt und die Augen liegen im Schatten. Das Kind wird so gehalten, dass vor allem der Mann in

42 „Die natürliche Fähigkeit der Tulpe, stets in neuem Gewand zu erscheinen, gefüllte oder einfache, gefranste oder gezackte oder glatte Blätter auszubilden, ist ein Grund für die Faszination, die von ihr ausgeht." (Pavord 1999: 271)

43 Diese Segmente wurden zunächst einzeln und in verschiedenen Kombinationen untereinander analysiert: zuerst die Frau, dann der Mann ohne Kind, der Mann mit Kind, die Frau mit Mann ohne Kind, und schließlich alle drei Personen in der hier dargestellten Konstellation.

44 Links und rechts wird immer aus der Position der Betrachter_in benannt.

seiner Interaktion mit ihm sichtbar ist. Die Einheit von Mann und Kind wird ebenfalls nicht als statische Pose, sondern als Bewegung dargestellt. Das Kind bleibt bildlich gesehen ein Kontext für den Mann.

Der Symbolgehalt geht hier vor allem von der Interaktion des Mannes mit dem Kind aus, wobei der förmliche Anzug darauf verweist, dass der Mann als jemand zu sehen ist, der auch in einem ‚öffentlichen' Zusammenhang agiert. Möglicherweise geht es gerade um diesen Kontrast, welcher den Eindruck vermittelt, dass verschiedene Lebenssphären ‚spielend' zu verbinden sind.

Betrachten wir die Personen als eine *Konstellation* fällt auf, dass der Mann im bildlichen Größenverhältnis weniger Raum einnimmt als die Frau und nur zusammen mit dem Kind eine ausgewogene flächige Symmetrie entsteht. Dies konterkarriert die hyperritualisierte Darstellung traditioneller Geschlechterbeziehungen und Familienkonstellationen wie sie Goffman (1981) in Bezug auf Werbebilder herausgearbeitet hat. Bildlich ist eine Familie zu sehen, die bezüglich der Geschlechterrollen ‚ausgewogen', also ‚modern' dargestellt ist.

Diese Sehweise wird durch den Kontrast in der Kleidung zwischen Mann und Frau irritiert. Während der Mann in einem Anzug zu sehen ist, der auf außerhäusliche Kontexte verweist, ist die Kleidung der Frau im Hinblick auf die Trennung zwischen öffentlicher und privater Sphäre unspezifisch. In einer solchen Konstellation repräsentiert vor allem der Mann die Verbindung zur Öffentlichkeit, womit – trotz gegenläufigem Augenschein – auch ein traditionelles Rollenmuster zur Darstellung kommt. Auch dass der Mann mit dem Kind als Einheit dargestellt wird spricht nicht unbedingt für ein Aufbrechen traditioneller Rollenverteilung. Die Interaktion mit dem Kind entspricht vielmehr der typischen Vorstellung dessen, was Väter mit ihren Kindern tun, sobald sie von der ‚Arbeit' kommen, nämlich sie hochzuheben, mit ihnen zu scherzen, etc. Im Kontrast dazu werden mit ‚Müttern' vor allem Versorgungsfunktionen assoziiert, die ihnen nach wie vor auch meist zufallen. Letzteres ist im Bild nicht zu sehen. Die Darstellung der Geschlechterbeziehung bleibt in einem Spannungsverhältnis zwischen ‚traditionell' und ‚modern' konnotierten Rollenbildern.

Dies wird auch unterstrichen durch die Blickbeziehungen zwischen den Personen. Sehen wir sie als Familie fällt besonders auf, dass keiner ihrer Blicke sich begegnen. Auch in ihrer Körperhaltung sind Frau und Mann voneinander abgewandt. Es ist allerdings keine Spannung zwischen Ihnen zu erkennen. Damit werden Vorstellungen von Familien, in denen jede/r seine Eigenständigkeit behält, wachgerufen. In diesem Bild scheinen Mann und Frau gar jeweils eigene, voneinander getrennte Bildsphären zu konstituieren.

Diese Segmente könnten auf eine ‚Augenblicksaufnahme' in einem privaten Kontext verweisen, bei der es nicht stört, dass die Hände der Frau unscharf sind, das Gesicht des Mannes verdeckt, alle ihre Blicke nicht in die Kamera gerichtet oder aufeinander bezogen. Im Vordergrund stünde in diesem Fall die Darstellung der konkreten Personen in einem bestimmten Moment und Kontext. Mit dem Schnappschusscharakter wären Lebendigkeit, Lockerheit, Ungezwungenheit und situative Präsenz verbunden (vgl. Starl 1995).

Wie wir sehen werden, ist dies nur *ein* Aspekt des Gesamtbildes. Im Zusammenhang mit dem Tulpenstrauß gewinnen nämlich andere Konnotationen wieder mehr Gewicht.

Segment 1+2

Betrachten wir diese Segmentverbindung wird deutlich, dass der Tulpenstrauß und die Frau zwei verschiedenen Bildebenen angehören. Die Vase mit dem Strauß ist der Frau vorgelagert. In dieser Segmentkonstellation ist die Frau bildlich gesehen eher ein Kontext für den Blumenstrauß und nicht umgekehrt. Damit unterstreicht und ergänzt das Bild der Frau die Symbolik des Blumenstraußes: ‚aufgeblühte Frische', ‚anmutige, ungerichtete Bewegungen der Blätter und Hände', und insgesamt eine ‚kultivierte Natürlichkeit'. Dies gilt jedoch nicht für den Mann, der eher Gefahr läuft, vom Tulpenstrauß verdeckt zu werden.

Segment 1+3/4

‚Natürlichkeit' ist – die Geschlechterdifferenz wiederum klassisch reproduzierend – in einer ‚harmonischen Verbindung' zwischen ‚Blumen' und ‚Frau' zu sehen. Nehmen wir die ursprünglich auf Geld und Macht weisende Symbolik von Tulpen ernst, entsteht wiederum ein anderes Bild. Die Tulpen sind bildlich stärker mit der Frau als mit dem Mann verbunden und präsentieren damit potentiell sie als Trägerin von Reichtum und Macht.

In der Gesamtkonstellation wird sichtbar, dass und wie der Blumenstrauß die Frau auch mit dem Mann und dem Kind bildlich in einer nahezu symmetrischen Anordnung verbindet.

Segment 1-4

Erst durch ihn entsteht eine Situation, durch die Frau, Mann und Kind als zusammengehörig wahrgenommen werden. Damit behält die mit dem Tulpenstrauß verbundene Symbolik zentrale Bedeutung für die Bildgestaltung. Von ihm ausgehende Frische, Farbenpracht, ‚organisches Wachstum', Vitalität und möglicherweise auch die Symbolik von Reichtum und Macht wird übertragen auf die ‚modern-traditionelle Familie im Aufblühen'.

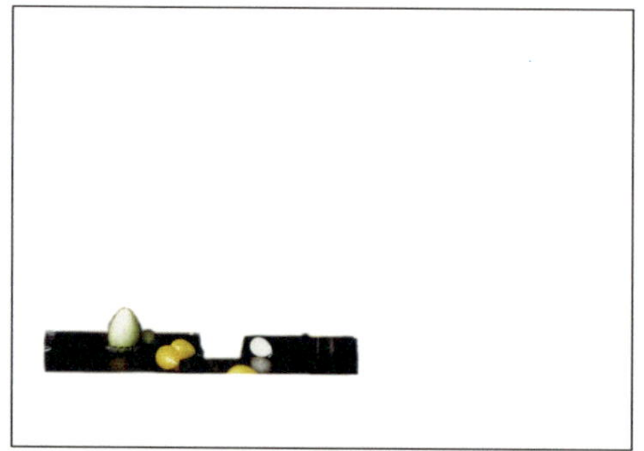

Segment 5

Im nächsten Segment wird eine dunkle Fläche, ein Tisch erkennbar, auf dem Eierkerzen in weiß und gelb in lockerer Anordnung platziert sind. Das sind deutliche Anzeichen auf Ostern und damit auch Hinweise auf die Jahreszeit, in der das Bild entstanden ist. Zugleich wird mit der Eierform symbolisch weibliche Fruchtbarkeit als Thema eingeführt. Dass in der Tischhälfte auf der Seite der Frau das große Ei und zwei kleinere, während auf der Tischhälfte auf der Seite des Mannes lediglich ein einhalb kleine Eier zu sehen sind, ist vermutlich – bezogen auf die bewusste Absicht bei der Aufnahme – wohl eher zufällig. Dennoch unterstreicht die Verteilung der Eierkerzen bildlich die in Verbindung mit der Frau präsentierten Konnotationen: vital, beweglich, fruchtbar.

Im Zusammenhang mit den vorhergehenden Segmenten ist erkennbar, dass die Personen bildlich auch durch den Tisch auf einer nahezu horizontalen Linie zueinander in Beziehung gesetzt werden.

Segment 1-5

Im Bildhintergrund ist ein Durchgang durch eine breite Mauer zu sehen, in dessen Seiten sich zwei Nischen mit Lichtquellen befinden, die die Oberseite des Durchgangs beleuchten.

Segment 6

Die dunklen Streifen in den Durchgangsecken bestimmen zusammen mit der Rahmung der Lichtnischen die perspektivische Raumdimension des Bildes.

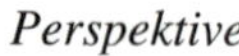

Perspektive

Die Raumtiefe ist jedoch nicht ausgeleuchtet, der mittige Hintergrund vielmehr gänzlich dunkel. Es ist davon auszugehen, dass hier eine Bearbeitung stattgefunden hat und dadurch eine Fotografie zu einem *Bild* mit einem opaken Grund geworden ist. Die Farben und ihre Kontraste werden durch den dunklen Hintergrund hervorgehoben, das Bild bleibt trotz der unterscheidbaren vier Raumebenen flächig. Denkbar wäre diesbezüglich auch, dass die gesamte Bildkomposition collageartig aus verschiedenen Schichten aus unterschiedlichen Fotografien, die sich auf den gleichen Ort und die gleichen Personen beziehen, zusammengesetzt worden ist.

Auf jeden Fall ist eine Komposition entstanden, die durch ihre strukturierenden Feldlinien (Imdahl) einen überraschend konsistenten bildlichen Sinn erzeugt, und zwar trotz oder gerade wegen der Widersprüchlichkeiten in der Darstellung der Geschlechterbeziehung.

Gesamtkomposition – Feldlinien

Die an der Bewegung der Figuren orientierten blauen Feldlinien ergeben im oberen Teil ein Dreieck, welches die in der Ebene nahezu gleich angeordneten, aber durch den Tulpenstrauß getrennten Personen in einer ‚übergeordneten Symmetrie' vor einem unspezifisch ‚dunklen' Hintergrund in farbenreichem Kontrast verbindet. Das Motto des Bildes könnte lauten: ‚Jeder für sich und doch vereint'. Die unteren blauen Linien öffnen sich zu einem Trichter nach oben und betonen die nach außen gerichtete Dynamik der Figuren. Die horizontalen grünen Linien öffnen sich leicht nach rechts und ziehen, zusammen mit dem Fluchtpunkt, den Blick eher in Richtung Mann. Dadurch entsteht eine Blickbalance zur ‚vitalen Präsenz‘ der Frau, die durch ihre ‚Beweglichkeit‘, ihren Blick nach ‚oben‘/‚draußen‘ und nicht zuletzt ‚als Frau‘ die Aufmerksamkeit anzieht.

Der Tulpenstrauß verbindet die dargestellten Personen in der horizontalen Ebene und bildet gleichzeitig vertikal eine Bildachse, die, weil sie nicht nur eine Linie darstellt, sondern ausladende Blüten und Blätter von ihr ausgehen, eine lebendige, ‚organische‘ Symmetrie entstehen lässt. Darüber hinaus verbinden die Tulpen drei Raumebenen: den dunklen Tisch im Vordergrund, die Personengruppe im Mittelteil und den dunklen Hintergrund. Von der Bildorganisation aus gesehen ist damit klar, dass der Tulpenstrauß das zentrale Element der Komposition darstellt. Von ihm ausgehend und in Bezug zu den anderen Segmenten wird eine verdichtete Gestaltung kultivierter Natürlichkeit sichtbar mit den schon genannten Konnotationen: Die Tulpen entfalten in diesem Bild eine vitalistische Symbolik von Frische, Neubeginn, natürlichem Wachstum, und möglicherweise auch von Reichtum, Besitzgier und Macht. Offen ist, in welcher Weise diese Symbolik mit der Frau und/oder dem Mann verbunden ist und auf diese übergeht.

Bild ohne Text

Die Segmentinterpretation zusammenfassend lässt sich folgendes festhalten: Entgegen dem ersten Anschein, dass ein ‚modernes Familienmodell‘ zur Darstellung kommt, enthält das Bild auch Anzeichen für eine traditionelle Familienkonstruktion. Der Bezug zur Öffentlichkeit wird über den Mann im Anzug hergestellt. Seine Bewegung ist Teil einer erkennbaren Interaktion, möglicherweise gar eines Rituals, während die der Frau unspezifisch bleibt. Die Gesamtsituation, in der die getrennten Sphären von Mann und Frau bildlich verbunden sind, wird vor allem durch den Tulpenstrauß als weiblich konnotiertes Symbol für Wohnkultur und Ästhetik hergestellt. Es könnte aber auch die Konnotation zu (gemeinsamem) Besitz und Macht sein, die die szenische Konstellation bestimmt.

Die Lichtführung und der Kontrast zum dunklen Anzug heben das Gesicht des Mannes als sein Identifizierungsmerkmal hervor, während das Gesicht der Frau von ihrer körperlichen Gestalt nicht abgehoben ist.

Dieses Bild könnte im Kontext einer Blumenwerbung, oder aber eines Lyfestylemagazins für ‚schöner Wohnen' stehen. In diesem Fall wäre die Indexikalität der Personen gänzlich unbedeutend – sie würden lediglich den Typus ‚moderne Familie mit Wohnkultur und Sinn für emanzipierte Rollenbilder' darstellen. Es ist noch offen, welche Rolle indexikalische Verweise zu den konkreten Personen spielen. Diese gehen erst aus den Textelementen eindeutig hervor.

Analyse der Textelemente

Die Darstellung der Interpretation wiederum abkürzend wird hier keine detaillierte Textanalyse vorgestellt. Ich möchte die Textbestandteile lediglich einblenden, um über diesen Zusammenhang zur Frage zurückzukommen, welche Bedeutungen aus der spezifischen Bild-Text-Gestaltung erkennbar werden.

Textelemente

Im Text links oben ist zu lesen: „Eva und Toni Mörwald am Esstisch, Marke Eigenbau. Tochter Johanna steht Kopf. Kein Wunder: Im Herbst wächst die Kinderzahl auf drei." In Österreich wüssten spätestens jetzt sehr viele, um wen es sich bei diesem Bild handelt: Toni Mörwald, ein aufstrebender Gastronom, der im unteren Text gar als „kleiner Gastronomie-Tycoon" bezeichnet wird. Der Text Mitte unten thematisiert vor allem die Familienkonstellation sowie das Alter des Mannes im Zusammenhang mit seinem geschäftlichen Erfolg („Jungstar"). Der auf einem Erbe basierende eigenständige unternehmerische Erfolg der Frau wird ergänzend erwähnt. In der Verbindung mit dem Bild geht es also vor allem um die Darstellung von Erfolg, der konnotativ verbunden wird mit ‚Fruchtbarkeit', ‚organischem Wachstum', ‚kultivierter Natürlichkeit', ‚Bewegung' und ‚Vitalität', aber auch mit einem modern-traditionellen Familienmodell, in dem die Sphären von Privatheit und Öffentlichkeit als unmittelbar aufeinander bezogen zu sehen sind. Es geht um die Darstellung einer spezifischen Familie in ihrer zugänglichen ‚natürlichen Alltäglichkeit', deren Wohlstand und Erfolg sie zugleich unerreichbar macht.

Dass es vor allem auch um die symbolisch-konnotative Darstellung von Erfolg geht wird durch die Gesamtrahmung dieser an die Öffentlichkeit gerichteten Präsentation bestätigend sichtbar. Interessant ist die textliche Verbindung von Ökonomie, Politik und Privatheit in der Überschrift auf der linken Seite: „TrendPrivat – Unternehmen & Politik". Die gesellschaftliche Sphärentrennung wird hier explizit aufgehoben, und damit auf ihren Zusammenhang hingewiesen. Die textlich dargestellte Verschränkung von Familie und Betrieb lässt das imaginäre Bild eines mittelständischen Unternehmens entstehen, das durch Beweglichkeit, organisches Wachstum, Frische, Vitalität, einer bestimmten Familienkonstellation und einem bestimmten Familienhintergrund (Erbe) zu einem ‚Tycoon' herangewachsen ist. Damit wird suggeriert, dass ein solcher Erfolg durch ‚eigene Leistung' zu erbringen ist, und zugleich wird deutlich gemacht, dass *dieser* Erfolg von den meisten wohl niemals erreicht werden kann. Die Präsentation von Erfolg in lockerem Ambiente wird somit auch zu einer Demonstration von (ökonomisch-politischer) Macht.

Die textliche Verbindung zwischen Unternehmertum, Privatheit und Politik findet ihre Fortsetzung auf der rechten Seite der Gesamtdarstellung.

Titel rechte Seite

Im Überschriftenbalken steht: „Zu Hause bei Macht und Moneten'. Trend zeigt die gute Stube von Gastro-Tycoon Toni Mörwald und Unternehmerin Eva Mörwald."

gesamter image-text

UNTERNEHMEN & POLITIK

TRENDPRIVAT

Zu Hause bei Macht und Moneten. trend zeigt die gute Stube von Gastro-Tycoon TONI MÖRWALD *und Unternehmerin* EVA MÖRWALD. REDAKTION: OTHMAR PRUCKNER

Die im weiteren Text beschriebene Wohnsituation mit Fokus auf die ausgefeilte architektonische Gestaltung des ‚Hauses', welches zugleich den Arbeitsplatz des Tycoons beherbergt, wird mit einer albumhaften Zusammenstellung verschiedener Fotografien ins Bild gesetzt. Die explizite Botschaft besagt hier, dass ein erfolgreiches Unternehmertum mit einer weitgehend selbst gestalteten ‚kreativen' architektonischen Ästhetik und spezifischer privater Lebensführung einhergeht.

Auch hier werden symbolische Bildbezüge durch verschiedene Textelemente auf eine Darstellung von Erfolg mit spezifischen Konnotationen fokussiert: Kreativität, ‚teure Bescheidenheit', Tradition (Wohnen im Schloss), italienisches Design, Kunstverstand, zahlreicher Nachwuchs, der vom Mann in dessen Arbeitsabläufe eingebunden wird, sind seine auch textlich benannten Elemente.

Bild und Text demonstrieren die unerreichbare ‚Natürlichkeit' von Reichtum und Macht. Die Sphärenverbindung zwischen privat und öffentlich setzt sich medial fort. Gestaltungsprinzipien eines ‚Schnappschusses' für ein privates Familienalbum (linkes Bild) werden mit Mitteln bildlicher Verdichtung (Collage) in nicht allzu professioneller Art (rechte Seite) verbunden. Die gesamte bild-textliche Inszenierung lässt zugleich auf ein professionelles Vorgehen schließen und enthebt die bildliche Gestaltung einer gänzlichen Zufälligkeit.

Gesamtgestalt des image-textes im Verwendungszusammenhang

In der Gesamtdarstellung sind mit der bildlichen Symbolisierung Konnotationen von Vitalität, Aufblühen, Fruchtbarkeit, unter Umständen auch von Reichtum, Besitzgier und Macht sowie ein spezifisches Familienmodell verbunden, die über den Text explizit in Verbindung gebracht werden mit (ökonomischem) Erfolg und politischer Macht. Bild und Text ergänzen sich in diesem Fall in ihrem Sinngehalt wechselseitig. Das Bild macht den Text buchstäblich anschaulich während der Text die noch offene Bildsymbolik vereindeutigt.

Im Kontext der Zeitschrift TREND, einem monatlich erscheinenden österreichischen Wirtschaftsmagazin, steht der Tulpenstrauß in Verbindung mit der Familiendarstellung gar für das Aufblühen, den Vitalismus einer ganzen Ökonomie – ein Symbolisierungspotential, welches die Tulpe kulturhistorisch bereits im 16. und 17. Jahrhundert entwickelt hatte und von dem hier möglicherweise implizit noch Abschattungen wirksam sind. Hier könnte weitergefragt und vergleichend analysiert werden, welche Rolle diese ausgeprägt vitalistische Symbolik im Kontext der regelmäßig erscheinenden (Selbst)Präsentationen von UnternemerInnen in der Rubrik von ‚Trend privat – Unternehmen & Politik' spielt. Oder anders gefragt: was bedeutet es, wenn in einer bestimmten historisch-gesellschaftlichen Situation relevante Protagonisten einer Ökonomie in einem ihrer wichtigsten illustrierten Organe mit einer vitalistischen Symbolik in Verbindung mit ökonomischem Erfolg und politischer Macht dargestellt wird.

Im Vergleich zu anderen bild-textlichen Darstellungen erfolgreicher Unternehmer(familien) aus dieser Rubrik wird deutlich, dass sich spezifische Gestaltungsprinzipien und Symbolgehalte wiederholen: die Verbindung von Modernität und Traditionalität, von Erfolg, Reichtum und Macht, von ‚öffentlicher' Selbstpräsentation in professionell bearbeiteten Bildgestaltungen und collageartigen, eher an ein privates Album erinnernden Bildanordnungen von Detailfotografien.

Aus einer minimalen und maximalen Kontrastierung verschiedener Darstellungen aus der gleichen Reihe könnten im Weiteren spezifische Typen der Symbolisierung erfolgreicher Unternehmerfamilien in einem bestimmten gesellschaftlichen Kontext rekonstruktiv entwickelt werden. Dieser Analyseschritt wäre vor allem in einem empirisch orientierten Forschungszusammenhang relevant in dem es gälte, Gemeinsamkeiten und Unterschiede der verschiedenen Präsentationen von erfolgreichen Unternehmerfamilien im Kontext dieses Wirtschaftsmagazins detailliert herauszuarbeiten.

UNTERNEHMEN & POLITIK

TRENDPRIVAT

Zu Hause bei Macht und Moneten. trend zeigt das Haus von Nofrontiere-Boss ALEXANDER SZADECZKY. REDAKTION: OTHMAR PRUCKNER

UNTERNEHMEN & POLITIK

TRENDPRIVAT

Zu Hause bei Macht und Moneten. trend zeigt den Landsitz von Erste-Bank-General ANDREAS TREICHL *und* DESIRÉE TREICHL-STÜRCKH, *Chefredakteurin des „Home"-Magazins.*

In diesem nicht auf einen empirischen Untersuchungsprozess orientierten Zusammenhang muss dieser Analyseschritt übersprungen werden. Dennoch können theoretisch verallgemeinernde Hypothesen auf der Basis der dargestellten Bild-Text-Interpretation formuliert werden.

Theoretisches Fazit

Die Gesamtgestaltung überrascht nicht durch einen neuen *inhaltlichen* Bedeutungsgehalt. Wir haben es, so meine These, vielmehr mit einer Zirkularität von Wissen – Darstellung/Sehen – Wissen zu tun. Wir wissen, dass ‚Macht', ‚Moneten' und private Lebensführung zusammengehören, und wenn wir es sehen, wissen wir es umso mehr. In dieser an ein geschlechtertheoretisches Argument anknüpfenden Perspektive (Hirschauer 1989: 104, 1993: 25ff) können wir die Darstellung auch als eine Form der gleichzeitigen Erzeugung und Reproduktion gesellschaftlichen Wissens als zirkulären Prozess begreifen. Bildlich präsentative wie textlich diskursive Elemente vermitteln in einem wechselseitigen Zusammenhang die Botschaft, dass es, weil so deutlich sichtbar, wirklich wahr ist, was wir immer schon gewusst haben: Reichtum, Erfolg, Lebensstil und (politische) Macht bilden einen Zusammenhang, der für die meisten unzugänglich ist, auch wenn er, dem demokratischen Prinzip entsprechend, von Menschen ‚wie du und ich' hergestellt wird. So wird Evidenz in einer Mischung aus bildtextlicher Präsentation hergestellt, die ihre Wirksamkeit jenseits einfacher Abbildverhältnisse entfaltet.

Im Anschluss an Susanne Langer kann diese Zirkularität auch als Zusammenwirken verschiedener Symbolisierungsformen verstanden werden, mit denen, sowohl bei den Produzenten als auch den Rezipienten, jeweils unterschiedliche Weisen der Wahrnehmung, Erfahrung und Anschauung adressiert und gestalthaft aufeinander bezogen werden. Insofern kann diese Darstellung unzweifelhaft als eine Form von Wissensproduktion verstanden werden, bei der diskursiv erzeugte und präsentativ-bildliche Vorstellungsgehalte verbunden sind. Mit einer performativen Darstellung des Zusammenhangs von Erfolg und Macht gepaart mit ‚vitaler', ‚kreativer', ‚lockerer', ‚sinnlich-genußvoller', ‚moderner' und zugleich ‚traditioneller' Lebensführung wird eine gesellschaftlich orientierende und zugleich zirkulär erklärende Imagination hervorgerufen.[45]

Goffman zufolge (1981) haben diese Art von Bilder den Zweck, der Öffentlichkeit bekannte und berühmte, aber sonst unerreichbare Persönlichkeiten näher zu bringen. Hierbei ist nicht die Ebene einer konkreten Bezugnahme auf die dargestellten Personen ausschlaggebend. Vielmehr verbinden sich mit ihrer Darstellung weitaus abstraktere Symbolisierungsgehalte. Es geht um „tatsächliche oder angebliche Führungsansprüche und um die Symbolisierung einer Struktur oder Hierarchie der Werte, die der Gesellschaft als wesentlich präsentiert werden können." (Goffman 1981:

---

45 Siehe auch das Konzept der Hyperritualisierung von Goffman (1981), welches diese zirkuläre Logik an die rituelle Bedeutung von Darstellungen in sozialen Interaktionen und damit an die soziale Ordnung generell rückbindet. Vgl. dazu auch Hirschauer 1989, 1993, der die Zirkularität der Logik explizit herausgearbeitet hat.

49) Um für die BetrachterInnen dennoch eine Verbindung zwischen dem Unerreichbaren und dem eigenen Leben zu ermöglichen, werden Prominente in ihrem privaten Kontext dargestellt.

> „Prominente verknüpfen nicht nur ihr Privatleben mit dem öffentlichen Bereich, sie verbinden auch das Leben von Privatleuten mit diesem. [...] Sogar Rituale aus dem Privatleben des Prominenten werden mitunter publiziert, um jedermann in jenen Dingen zu bestätigen, die den prominenten Zeitgenossen auszeichnen und bestätigen, so dass er, in welchem Bereich er sonst auch tätig sein mag, leicht zum öffentlichen Darsteller privater Zeremonien wird [...] – eine wechselseitige Beeinflussung des öffentlichen und des privaten Bereichs." (Goffman 1981: 50)

Die spezifische Trennung und Verbindung zwischen privaten und öffentlichen Bereichen, zwischen Ökonomie und politischer Macht ist ein wesentliches Strukturierungsprinzip bürgerlicher Gesellschaften (vgl. exemplarisch Becker-Schmidt/Knapp 2000). Die Darstellung deren wechselseitiger Beeinflussung berührt nicht nur eine gesamtgesellschaftliche Dimension, sondern eines der wesentlichen Strukturprinzipien ihrer Ordnung. Dies legt die Frage nahe, inwiefern diese Art der Präsentation erfolgreicher Unternehmer in einem Wirtschaftsmagazin einen gesellschaftlichen Strukturzusammenhang symbolisiert, in dem eine spezifische Verbindung von Reichtum, Erfolg, moderner *und* traditioneller privater Lebensführung mit ökonomischer *und* politischer Macht konstitutiv ist. Dieser Frage wäre mit Vergleichen zur (Selbst-)Präsentation ökonomischer Eliten in (nationalen) Wirtschaftsmagazinen aus Gesellschaften, die aus einer anderen historischen Entwicklung hervorgegangen sind, wie etwa ehemals ‚osteuropäische' Länder, in einem empirisch orientierten Untersuchungsprozess weiter nachzugehen.

Wirklichkeiten im Bild – Bildwirklichkeiten: Skizze grundlagentheoretischer Positionen II

Bild als Materialität, Wahrnehmung, Imagination und Wirkung

In Susanne Langers Konzeption zur Grundstruktur von Bedeutungsrelationen, in denen in Verbindung mit spezifischen symbolischen Formen, Erfahrungsgehalten und Bedeutungstypen Sinngewebe entstehen, spielen Bilder insofern eine zentrale Rolle, als an ihnen die präsentative Form der Symbolisierung im Unterschied zur diskursiven gezeigt wird. Langer hat sich darüber hinaus mit Bildern nicht weiter beschäftigt. Ihre detailreicheren Überlegungen zu präsentativen Formen und spezifischen Bedeutungstypen sind auf Musik, Mythos und Ritual fokussiert. Für einen bildanalytisch angelegten Zugang gilt es daher, ihren Ansatz mit bildtheoretischen Argumentationsfiguren und Wissensbeständen zu ergänzen. Für mein Vorhaben eines interpretativen Zugangs zur Analyse von Bildern erscheinen mir phänomenologisch-hermeneutisch fundierte Bildkonzepte (Wiesing 2000, 2005; Merleau-Ponty 2003; Boehm 2007) besonders geeignet.

Während Langer ihre Bedeutungstheorie in Teilen in Anlehnung an zeichentheoretische Begriffe entwickelt, gehen phänomenologische Bildkonzepte noch einen Schritt weiter in der Ablösung von sprachbasierten Zeichentheorien. Niemand bestreitet zwar, dass Bilder vielfach auch als Zeichen[46] in (diskursiven) Repräsentationszusammenhängen fungieren. Dennoch, so die phänomenologische Auffassung, charakterisiert sie diese

46 Zeichen hier verstanden im Sinne von Goodman, der Zeichen zuweilen synonym setzt mit Symbolen und damit meint, dass beliebige Gegenstände zu Zeichen bzw. Symbolen werden können, wenn sie etwas materiell nicht Anwesendes – das können Gegenstände, Sachverhalte und auch Sichtweisen, Gedanken, Phantasien sein – repräsentieren oder exemplifizieren (siehe Goodman 1995/97: 9 und 15-88).

mögliche Funktion nicht grundlegend. Trotz der Verwendbarkeit von Bildern in funktional organisierten Repräsentationssystemen gehe, so Wiesing, das Bild nicht darin auf. Was ist es aber dann, was ein Bild zu etwas anderem macht als eine syntaktische Anordnung verschiedener Zeichen und Symbole, die in einer Repräsentations- oder Exemplifikationsbeziehung zu ‚etwas' stehen?

Wiesing zufolge, der zunächst auf der Basis von Edmund Husserls Überlegungen zur *Widerstreitenden Wahrnehmung* von Bildern argumentiert, ist es die *Doppelte Sichtbarkeit*, welche Bildern eigen ist: die Sichtbarkeit der dargestellten ‚Gegenstände' sowie die Sichtbarkeit der Art und Weise der Darstellung, die an den materiellen Bildträger sowie den Darstellungsstil gebunden ist. Mit dem Bildverständnis von Maurice Merleau-Ponty wird der Darstellungszusammenhang schließlich als Ausdrucksgeschehen verstanden, in dem es nicht mehr primär um ein ‚etwas' geht, welches in funktional bestimmbaren Bedeutungsrelationen sichtbar wird, sondern um den *Stil* eines Bildes, in dem sich leiblich verankerte Wahrnehmungsweisen der Welt nicht nur manifestieren, sondern auch genuin hervorgebracht werden.

Mit diesem Ansatz wird es möglich, die Dimension der *Bildlichkeit* (Boehm) oder des *Ikonischen* (Imdahl) deutlicher herauszuarbeiten. Damit geraten, so die Argumentation von Gottfried Boehm, dem derzeit zentralen Vertreter phänomenologisch-hermeneutischer Bildkonzepte in kunstwissenschaftlich-philosophischer Perspektive, auch die *Wirkungen* von Bildern, die sie jenseits auf sprachanalytischer Basis rekonstruierbarer semiotischer Prozesse in der Lage sind zu entfalten, und letztlich auch die spezifische *Macht von Bildern*, in den Blick (Boehm 2004, 2007). Die Überlegungen zur Macht der Bilder radikalisiert Lambert Wiesing in seinen an Villém Flusser anschließenden Konzeption zu einer *artifiziellen Präsenz*, die ihm zufolge vor allem von Bildern in neuen Medien erzeugt wird. Bilder übernehmen hier zunehmend die Funktion, Wirklichkeit als Simulation zu gestalten und lassen damit eine historisch neue Dimension im Wirklichkeitsverhältnis immer relevanter werden.

In der folgenden an die systematische Rekonstruktion phänomenologischer Bildkonzepte von Wiesing (2000, 2005) angelehnten Diskussion geht es darum deutlich zu machen, was durch eine phänomenologische Ergänzung von Langers Bedeutungskonzept bildtheoretisch sowie methodologisch-methodisch gewonnen werden kann. Dies soll dazu dienen, eine weitere Orientierung in den verschiedenen Verhältnissen von Bild und Wirklichkeit zu gewinnen, die eine Vielfalt von Phänomenen ebenso wie grundlegende Fragen der Repräsentation und Konstitution von Wirklichkeit über Bilder in gesellschaftshistorischen ebenso wie philosophie- und kunstgeschichtlichen Perspektiven berühren (vgl. u.a. Böhme 1999). Vor diesem Hintergrund lässt sich schließlich in methodologisch-methodischer Hinsicht diskutieren, von was jeweils die Rede sein kann, wenn es darum geht zu fragen, was sich wie in Bildern zeigt, was wie darin gesehen und schließlich was wie sprachlich artikulierend interpretiert werden kann, wenn Bilder angesehen werden.

Erzeugung von Sichtbarkeit: phänomenologische Bildkonzepte

Phänomenologische Bildkonzepte beschäftigen sich mit der Frage, *wie* dingliche und nicht-dingliche Phänomene *in der Sichtbarkeit* entstehen. Untersuchungen zum bildlichen Wahrnehmungsgeschehen, in welchem sich sinnliche Eindrücke und imaginäre symbolische Prozesse verflechten, bilden einen wesentlichen Fokus. Insofern teilen sie die Grundfrage von Langer, respektive schließen zum Teil auch explizit an Cassirer an. Auf diese Frage entwickelte bildkonzeptionelle Antworten sind dagegen auch innerhalb der Phänomenologie keineswegs einheitlich. Im Folgenden wird das mit Alfred Schütz bereits eingeführte Konzept von Edmund Husserl zu Appräsentationsverhältnissen um sein Konzept zur *widerstreitenden Wahrnehmung* von Bildern ergänzt. Mit den Arbeiten von Maurice Merleau-Ponty zum *Ausdrucksgeschehen* und *Stil* lassen sich die Husserl'schen Vorstellungen vom Bild als spezifischem Phänomen wiederum erweitern. Beide Konzepte bilden einen wesentlichen Bezugspunkt der von Gottfried Boehm entwickelten Überlegungen zum Bild und werden nicht zuletzt als deren Hintergrund eingeführt.

Husserl setzt die Frage zentral, wie ein *Bildobjekt* entsteht. Das *Bildobjekt* ist in seiner Terminologie ein im Bild sichtbares und damit der Wahrnehmung zugängliches *Bewusstseinsobjekt*, eine in der Sichtbarkeit materialisierte bildliche Vorstellung. Das Bildobjekt lässt abstrakte Vorstellungen, symbolische Imaginationen, Fiktionen, Träume, Phantasien als sichtbare erscheinen und macht sie sehend wahrnehmbar. Das, was man mit den Augen sehen kann, gewinnt Gegenständlichkeit.[47] Veranschaulicht lässt sich das Bestimmungsverhältnis zwischen Bildobjekt – Bildsubjekt und Vorstellung bei Husserl etwa so darstellen und damit auch die Unterschiede in der begrifflichen Benennung der Relationen gegenüber Langer verdeutlichen.

47 Damit es nicht zu Verwirrungen mit Langers Terminologie kommt, soll hier kurz erläutert werden, was Langer und Husserl mit ihren unterschiedlichen Begriffen jeweils meinen. Husserl nennt den im Bild dargestellten Gegenstand, also das, worauf sich die Darstellung bezieht, das Bildsubjekt. Langer bezeichnet dagegen das, worauf sich die Darstellung bezieht, als Objekt in der signifikativen und denotativen Bedeutungsfunktion und als Begriff in der konnotativen. Im Folgenden verwende ich die Husserlschen Begriffe, um mit seiner Argumentation und Begrifflichkeit konsistent zu bleiben.

Husserl

Bildsubjekt
der dargestellte Gegenstand
(z.B. eine Landschaft)

Vorstellung
(der Landschaft)

Bildobjekt: Darstellung
der Vorstellung

Langer

Objekt der Darstellung
der dargestellte Gegenstand
(z.B. eine Landschaft)

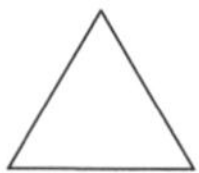

Vorstellung
(des Gegenstandes)

Symbol: Darstellung
der Vorstellung

Bei materiellen Bildern kann man Wiesing zufolge von einer *doppelten Gegenständlichkeit* sprechen: der Gegenständlichkeit des physischen Bildes sowie der durch die Sichtbarkeit der Darstellung entstehenden Gegenständlichkeit des Bildobjektes als einer verbildlichten Imagination. „Das Bild hat eine doppelte Sichtbarkeit; es ist als ein physisches Objekt und als Bildobjekt sichtbar […].“ (Wiesing 2000: 49)

Das Spezifische der Bildwahrnehmung gegenüber einer nicht-bildlichen Wahrnehmung ist Husserl zufolge, dass sie „den Charakter der *Unwirklichkeit*, des *Widerstreits mit der aktuellen Gegenwart*“ (ebd.) annimmt. Der Widerstreit besteht darin, dass das Bildobjekt einerseits die Wahrnehmung des sichtbar Dargestellten quasi wie durch ein Fenster ermöglicht. Indem es selbst zurücktritt wird das Bild transparent und gibt quasi ‚durch es hindurch‘ den Blick auf eine Landschaft frei. Wenn wir ein Bild einer Landschaft in dieser Weise sehen, gelingt es unter bestimmten Bedingungen, vor allem die Landschaft und nicht mehr ein Bild einer Landschaft zu sehen. Zugleich wird die Wahrnehmung des im Bildobjekt Dargestellten durch die Gegenwart der Wahrnehmung des Bildes als materiellem Gegenstand in einer bestimmten Umgebung, die nicht der im Bild dargestellten Umgebung entspricht, als Illusion der Wahrnehmung einer Landschaft erkennbar. Die Bildwahrnehmung kann, wenn es gelingt, den Bildstatus der Darstellung zu leugnen, indem eben eine Landschaft, aber nicht ein Bild von der Landschaft gesehen wird, der Wahrnehmung einer außerbildlichen ‚Sache‘ sehr nahe kommen. Gleichzeitig kann die Illusion des Blicks durch ein Fenster nicht mehr aufrecht erhalten werden, wenn ein Widerstreit mit einer gegenwärtigen Wahrnehmungssituation entsteht, die das Bild als Bild, versehen mit Rahmen, Formen, Farben, etc., sichtbar werden lässt, als ein Ding unter anderen Dingen in einer dem Bild, aber nicht dem Dargestellten zugehörigen Umgebung. Statt einer ‚Sache‘ sieht man dann eine wie auch immer gerahmte, stofflich und piktoral gestaltete Fläche, die nur noch die Wahrnehmung des Bildes einer Sache zulässt.[48] Die Transparenz eines Bildes, der Blick wie durch ein Fenster, stellt sich

48 In einer analytischen Einstellung passiert genau dies, nämlich die Verschiebung der Bildwahrnehmung vom ‚Fenster auf eine Sache hin‘ zur Wahrnehmung des Bildes als materiellen Gegenstand, der eine Sache in bestimmter Weise in einer mitgegenwärtigen Umgebung darstellt.

in dem Maße her, in dem der Bildträger und seine Umgebung ausgeblendet werden. Umgekehrt wird die Transparenz durch ein ‚Sehen des Umfeldes' und/oder des materiellen Bildträgers und/oder der Art und Weise der Darstellung eingeschränkt. „Ein Bild muss, um ein Bild von etwas zu sein [...] *opak* sein um Bild und nicht Wirklichkeit zu sein." (Wiesing 2000: 51)

Opazität heißt in diesem Zusammenhang, dass Bilder ‚undurchdringlich' sind in der Weise, dass ihre Materialität in deren jeweils gegenwärtiger Umgebung trotz intentionaler Zuwendung auf das was sie zeigen, also auf den Fensterblick, nicht gänzlich ‚übersehen' werden kann. Neben der Materialität des Bildes und seiner Umgebung ist es auch die Art und Weise, *wie* etwas gezeigt und zu sehen ist, die die Transparenz eines Bildes in der Darstellung einer ‚Sache' reduziert. Durch diese Aspekte bleibt die Bildwahrnehmung in ganz grundlegender und sie konstituierender Weise im „Widerstreit zwischen Fiktion und Realität".[49]

Die Möglichkeit des Blickes, sich zwischen den in Husserls Vorstellung *widerstreitenden Wahrnehmungsakten* zu bewegen und die Aufmerksamkeit auf den einen oder anderen zu richten, ist entscheidend, wenn wir die scheinbar widersprüchlichen Potentiale von Bildern verstehen wollen, nämlich ‚Gegenstände' (wiederum einschließlich jener abstrakter Natur) erscheinen zu lassen und sie damit anschaulich zu vergegenwärtigen und zugleich diese Gegenstände als bildliche Imagination von etwas in einer spezifischen Sicht- und Darstellungsweise zu sehen zu geben.

Im Unterschied zu Husserl sieht Sartre das Erscheinen eines Bildobjektes nicht als einen Wahrnehmungsakt, der mit anderen Wahrnehmungsakten widerstreitet, sondern als einen ganz eigenen Bewusstseinsakt. Ihm zufolge entsteht das Bildobjekt ausschließlich in der Imagination, also durch Einbildungskraft, ungeachtet dessen, dass der Bildträger als physisches Objekt wahrgenommen wird. Der für die Bildobjektwahrnehmung zentrale Unterschied zwischen einem Wahrnehmungsakt und einem Einbildungsakt ist Sartre zufolge der, dass in der Wahrnehmung – verstanden als rezeptiv-passiver Akt einer in irgendeiner Weise als existierend angenommenen Realität – ein Bildobjekt entsteht, während im Akt der Imagination ein Bildobjekt „aktiv, konstruierend und spontan" *gemacht* wird. Das heißt, mit diesem Akt wird ein Bildobjekt als „eine besondere Art von Gegenstand [...] – oder wie Konrad Fiedler sagen würde: ein ‚Sichtbarkeitsgebilde'" (Wiesing 2005: 31) konstruiert. Das Besondere an der Bildobjekt-Imagination sei allerdings auch Sartre zufolge, dass sie eine Ansicht erzeugt „als ob sie eine Wahrnehmung wäre" (Sartre 1940/1980: 57, zit. nach Wiesing 2000: 48).

---

49 Wiesing zeigt, dass sich Husserl mit seiner These vom Widerstreit in der Bildwahrnehmung auf den Ästhetiker Hippolyte Taine (1870/1880 in dt. Übersetzung) bezieht, der in Auseinandersetzung mit Mimesis-Konzepten bereits die These vom Widerstreit in der Bildbetrachtung zwischen Fiktion und Realität und der zentralen Rolle, die dabei der Stil spielt, entwickelt hatte (Wiesing 2000: 51-55).

Auch Merleau-Ponty beschäftigt sich nicht vornehmlich mit dem Verhältnis zwischen Dargestelltem und Darstellung, also zwischen Gegenständen und ihrem Erscheinen als sichtbar gemachte Vorstellung, sondern fragt: „Was kann man im Bild sehen, wenn man nicht auf den Gegenstand schaut?" (Wiesing 2000: 63). Ähnlich wie Sartre und im Unterschied zu Husserl nimmt er die Perspektive eines künstlerischen Malers ein,[50] dem es nicht um das Erscheinen des darzustellenden Gegenstandes geht, sondern ausschließlich um die Art und Weise seiner Darstellung in Bezug auf grundsätzliche Fragen der Sichtbarkeit. Für letztere sind nicht Repräsentationsbezüge zentral, sondern „die Entdeckung neuer Phänomene im Bild" (Wiesing 2000: 64). Merleau-Ponty schlägt deshalb nicht nur vor, die Verleugnung des Bildes im Blick auf eine ‚Sache' außer Kraft zu setzen, sondern auch den dargestellten Gegenstand einer Epoché zu unterziehen. Wenn das Bild in einer formalen Betrachtung ausschließlich als Fläche mit Farben, Formen, etc. gesehen wird, würden „andere Aspekte als die dargestellten Dinge sichtbar werden" (Wiesing 2000: 67).

Das Konzept von Merleau-Ponty enthält wiederum gegenüber Sartre insofern eine wesentliche bildtheoretische Erweiterung, als es die Entstehung eines Bildes „auf die Tätigkeit des leiblichen Sehens" bezieht. Das Bild wird prinzipiell als „Verlängerung des leiblichen Sehens" (ebd.) gesehen, welches von Formgestalten getragen wird, die sich im Sehen leiblich einstellen. Bildliches Sehen bestimmt sich Merleau-Ponty zufolge nicht primär über kognitive Schemata der Wiedererkennung,[51] sondern über leibliche Bezugnahmen zum Bild. Damit knüpft er die Bildwahrnehmung wie jegliche Wahrnehmung ganz grundsätzlich an ein leiblich wahrnehmendes und erfahrendes Subjekt. Die Besonderheit von Bildern liegt in dieser Perspektive darin, über den *Stil* der Darstellung (Wiesing 2000: 12-16) die leibliche Dimension der Wahrnehmung als Formgestalt sichtbar zu machen. Denn jede leibliche Wahrnehmung entwickelt einen *Stil*, der in der aktualen Wahrnehmung unsichtbar bleibt. In einer bildlichen Darstellung wird hingegen auch der Stil der Wahrnehmung sichtbar. Die „unsichtbare stilistische Struktur der Wahrnehmung [wird] sichtbar – für den Wahrnehmenden selbst wie auch für den Anderen." (Wiesing 2000: 73) Das Bild wird zum Spiegel der Art und Weise der jeweils subjektgebundenen Wahrnehmung, und zwar für die Bildproduzenten wie die Bildbetrachter. Darin ist nicht zuletzt Intersubjektivität verankert, indem für das jeweilige Subjekt wie auch für den Anderen die Art und Weise der leiblichen Wahrnehmung als sichtbare zugänglich wird. Die Faszination des Bildes hänge, so Wiesing, gerade damit zusammen, „dass das Bild zeigen kann, wie ein Mensch die Welt im Medium seiner Sinne sieht" (Wiesing 2000: 74).

---

50 Merleau-Ponty hat seine bildtheoretischen Überlegungen weitgehend in der Beschäftigung mit Malern und ihren Werken (v.a. Cezanne), die er als eine Art von Philosophen ansieht, entwickelt (Merleau-Ponty 1961/2003, 1994).

51 Die Konzeptualisierung der Appräsentationsschemata von Husserl und infolge auch von Schütz sind noch stark von dieser Vorstellung geprägt.

> „Der Mensch bedarf des Bildes, welches die Ordnungen der Sichtbarkeit selbst sichtbar werden lässt, denn nur so kann er sich darüber aufklären, was es heißt, im Medium seiner Sinne eine Erfahrung zu machen. Denn wenn Bilder und Wahrnehmungen gemeinsam haben, dass sie ihren Bezugsgegenstand stilisieren, so unterscheiden sie sich eben doch darin, dass diese Stilisierung ausschließlich im Bild sichtbar ist. Das Bild macht sichtbarerweise etwas sichtbar; ein Bild besitzt [...] eine doppelte Sichtbarkeit." (Ebd.)

So sehr Merleau-Ponty die Bildwahrnehmung in den Strukturen der allgemeinen Wahrnehmung als leibliche und damit auch subjektgebundene fundiert, überschreitet er, Wiesing zufolge, in seiner Beschäftigung mit der Malerei die Bestimmung der Bildwahrnehmung als ‚Verlängerung' der ‚normalen' Wahrnehmung, oder – in Husserls Terminologie – die Konzeption der Bildwahrnehmung als Appräsentationsbeziehung. Denn ein Bild kann auch Wirklichkeiten sichtbar machen, die in dieser Form „noch kein Auge der Welt gesehen" hat. Das Bild kann sich zudem gänzlich vom Zweck, ‚etwas' darzustellen, befreien, „indem die Sichtweise nicht mehr dazu dient, zeigen zu müssen, wie man die Welt sieht, sondern um Sichtbarkeit im Bild zu generieren. Das Bild dient dann der bloßen Sichtbarkeit selbst" (Wiesing 2000: 76). Es macht die Art und Weise der Wahrnehmung, ihren *Stil*, sichtbar. Wiesing sieht darin sogar den Kern der Bestimmung der spezifischen Eigenschaft von Bildern, die nicht in Repräsentationsfunktionen aufgehen. Denn dann „gibt der Stil seinen Bezug auf die Gestaltung der Wahrnehmung auf und wird zu einer künstlichen Generierungstechnik von Sichtbarkeit. Dies ist die Eigenschaft, von der kein Bild abstrahieren kann: Ein Bild macht etwas sichtbar, das eben nur sichtbar, aber nicht real anwesend ist." (Wiesing 2000: 76)

Wenn Bilder genuin Sichtbarkeit von ‚etwas' hervorbringen, das der Wahrnehmung ohne das Bild gar nicht zugänglich ist, werden sie performativ.[52] Sie fügen der Welt etwas hinzu, ein sichtbares Bildobjekt einer Sichtweise, die es ohne dieses Bild oder diese Art von Bildern nicht geben würde.

> „Eine solche [virtuelle Realität, R.B.] ist nur dann gegeben, wenn das Bild nicht mehr als Medium dient, um sich auf etwas Abwesendes zu beziehen, sondern wenn das Bild zu einem Medium wird, mit dem eine besondere Art von Gegenstand hergestellt und präsentiert wird – nämlich ein Gegenstand, der nursichtbar ist und sich trotzdem gespenstischerweise so verhält, als hätte er eine Substanz und ihre Eigenschaften." (Wiesing 2005: 122)

52 In gegenwärtigen geisteswissenschaftlichen Debatten wird vor allem dieser Frage nachgegangen, nämlich in welcher Weise Bilder und andere mediale Formen wie etwa das Theater oder der Tanz performativen Charakter annehmen (vgl. exemplarisch Wulf/Zirfas 2005). Innerhalb der Soziologie siehe bereits Goffman (1981), dessen Vorstellung zur Performativität von Bildern später ausführlich vorgestellt wird.

Wiesings Formulierung des Status von Bildern als einem ‚Zwischending' zwischen Wahrnehmung und Imagination ist der Argumentationsfigur in der Konzeption von Langer und Schütz insofern ähnlich, als einerseits anschauliche Wahrnehmungen eine sichtbare Welt gegenwärtigen und andererseits von der sichtbaren, sinnlich wahrnehmbaren Welt losgelöste symbolische Vorstellung oder Imagination zu sein. Die unterschiedlichen konzeptionellen Antworten auf den Status von Bildern als ein Ding zwischen ‚Realität und Fiktion', nämlich ihre Entstehung einerseits stärker auf der Wahrnehmungsseite und andererseits eher auf der Imaginationsseite zu verorten, zeigt eine auch bei Langer sichtbar gewordene Schwierigkeit, das Verhältnis zwischen gestalthafter Wahrnehmung von Gegenständen und nicht-gegenständlichen Denk- und Vorstellungsprozessen zu bestimmen. Die Langer'schen Unterscheidungen zwischen Anzeichen, Symbol und diskursiver versus präsentativer Form der Symbolisierung bieten zwar eine Möglichkeit, von einer Verflechtung zwischen sinnlicher Wahrnehmung, Gestaltbildung und abstrahierender Vorstellung bei der Entstehung wie Betrachtung von Bildern auszugehen. Die phänomenologische Konzeption schärft darüber hinaus den Blick dafür, *wie* der präsentativ-bildliche Bedeutungszusammenhang in der Verflechtung von Wahrnehmung, Imagination und Wirkung entsteht. Er schärft mithin das Verständnis davon, wie ein Bild Sichtbarkeit als genuin eigenständige Gestaltung der Welt über ihre Darstellungsfunktion in Repräsentationsbeziehungen hinaus entstehen lässt.

Diesen Aspekt weiter betonend, lässt Wiesing seine Rekonstruktion phänomenologischer Bildkonzepte in zeitdiagnostisch radikalisierte Überlegungen zu den neuen Medien münden. Er knüpft an die von Flusser entwickelten und ihrerseits wiederum an Sartre anschließenden Konzepte und Thesen zur Gefährdung imaginativer Vorgänge an.[53]

Für Flusser ist das Neue an den neuen Medien nicht eine neue Wahrnehmung von Gegebenem, sondern eine neue Form der Produktion von Einbildungskraft. Während bisher Vorstellungen, Phantasien, Gedanken als prinzipiell unzugängliche Bewusstseinsvorgänge lediglich über ihre ‚Produkte' – in welcher manifesten Form auch immer – zugänglich waren, können diese Vorgänge mit den neuen Medien nicht nur externalisiert, sondern auch weitgehend von apparativen Vorgängen gesteuert werden. Dies erklärt Wiesing mit Flusser aus der sukzessiven Auflösung der Differenz zwischen Imaginations- und Bildakten. Indem die neuen Medien Bildobjekte interaktiv der ‚freien Gestaltung' zugänglich machen, können sich Denk- und Bildakte einander annähern. Das Denken und Imaginieren

53 Meine bildanalytische Konzeption fokussiert auf fixierte Bilder in verschiedensten medialen Erscheinungen. Eine ausführliche Darstellung der von Wiesing auf die neuen Medien zugeschnittenen Rekonstruktion der Konzepte von Sartre und Flusser ist für meine Arbeit deshalb nicht zentral. Gleichwohl werden sie, allerdings nur sehr kursorisch, eingeführt um Wiesings Überlegungen zu einer immer dominanter werdenden ‚artifiziellen Präsenz' nachvollziehbar zu machen.

vollzieht sich in der interaktiven Produktion eines Bildobjektes am Computer. Gleichzeitig werden Denk- und Bildakte durch Regeln der technischen Gestaltbarkeit von Bildobjekten in virtuellen und spezifischer noch in simulierten Realitäten eingeschränkt. Durch die Manipulierbarkeit der Bildobjekte werden Imaginationsprozesse in Gang gesetzt, während diese gleichzeitig apparativ mitgestaltet, geregelt und gesteuert werden.

„Man lässt sich von einer Maschine die Bilder einbilden, welche man sich selbst nicht oder zumindest nicht so schnell vorstellen kann. Flusser [...] spricht [...] beim Benutzer einer Computeranimation von einem ‚Einbildner'. Man nutzt den Computer, um sich mit ihm etwas einzubilden, um sich Einbildungen herstellen zu lassen: ‚Die Bilder, die sie einbilden, werden nicht von ihnen, sondern von den Apparaten hergestellt, und zwar automatisch.'" (Flusser 1985: 42, zit. nach Wiesing 2005:118)

Darüber hinaus findet eine Externalisierung auch der prinzipiell unzugänglichen *Vorgänge*, in denen Phantasie- und Einbildungsakte sich vollziehen, in eine sichtbare Zugänglichkeit statt, die darüber hinaus auch noch öffentlichen Charakter annimmt.

„Das Bildobjekt wird zu einem veräußerlichten Phantasieobjekt. Von diesem Moment an wird im Bild nicht nur sichtbar, was sich jemand gedacht und vorgestellt hat, sondern der Prozess des Imaginierens wird selbst ins Sichtbare transformiert. Man kann etwas sehen, was man sich vorher nur vorstellen konnte: Man stellt nicht mehr Produkte der Phantasie dar, sondern präsentiert bildlich den Akt des Vorstellens im Sichtbaren und damit im Öffentlichen." (Wiesing 2005: 119)

Und schließlich findet in den neuen Medien, und das ist die zentrale These von Wiesing im Anschluss an Flusser, durch Simulation eine Angleichung zwischen der Bewegung des Denkens und derjenigen von Bildern statt. Die neuen Medien ermöglichen durch einen neuen Bewegungstypus von Bildobjekten „eine schrittweise Angleichung der Bilddynamik an die Denkdynamik" (Wiesing 2000: 38). Denken und Bildbetrachtung erstrecken sich in der Zeit, während der sich die Objekte des Denkens und der Betrachtung durch die Verschiebung von Aufmerksamkeiten verändern können. Im Unterschied zu den Bildobjekten können sich die Gedankenobjekte beliebig verändern und unterliegen zudem, so Wiesing, der intentionalen Steuerung. Ich kann es beeinflussen, in welche Richtung sich meine Gedanken entwickeln (sollen). Demgegenüber können Bewusstseinsobjekte, die in Bezug auf bildliche Darstellungen entstehen, seien es statische im Einzelbild oder bewegte im Film,[54] intentional nicht beliebig

54 Im Film bieten sich ‚bewegte' Bilder dar, was der Bewegung des Denkens anscheinend näher kommt. Aber die Abfolge, Zeitlichkeit und Gestaltung der Bilder im Film ist ebenso festgelegt wie in statischen Bildern und kann dadurch intentional nicht mehr beliebig verändert werden. Die Betrachtung

verändert werden. Mit der Technik der neuen Medien, etwa von computergesteuerten Bildprogrammen, können dagegen Bilder während ihrer Entstehung ‚frei' und willentlich bewegt und verändert werden wie Gedanken. Durch virtuelle Gedankenexperimente, sprich Simulationen, wird diese ‚Freiheit' jedoch wieder eingeschränkt, indem Bewegungsmöglichkeiten definiert und durch die Wiedereinführung einer ‚künstlichen Physik' festgelegt werden. Darin liegt der Kern von Simulationen, nämlich virtuelle und in der Regel visualisierte Gedankenexperimente zu sein.

„Simulationen erlauben Gedankenexperimente, welche in Gedanken nicht mehr möglich sind. Denn wie beim Gedankenexperiment probiert man in der Simulation ein Verhalten von etwas in einer Situation rein imaginär, eben rein virtuell aus. Vor dem Hintergrund dieser Überlegungen wird also deutlich, dass es nicht nur ein *Denken in Bildern* gibt, welches sich stilistisch manifestiert, sondern ein *Denken mit Bildern*, welches sich pragmatisch in der Verwendung von Simulationen manifestiert. Die Simulation ist der Versuch, mittels eines Bildes einen eigenwilligen Gegenstand *sui generis* zu bauen, der zwei – eigentlich sich ausschließende – Eigenschaften verbindet: Dieser Gegenstand ist ausschließlich sichtbar, denn er ist nichts anders als ein Bildobjekt, und er verhält sich dennoch wie ein materieller Gegenstand mit bestimmbaren physikalischen Eigenschaften. [...] Man ersetzt in der Simulation einen realen Gegenstand durch einen virtuellen, welchen man sich ohne Bilder nicht mehr vorstellen kann, weil die Vorstellungskraft nicht ausreicht. So ermöglichen virtuelle Realitäten ein Denken mit Bildern." (Wiesing 2000: 41)

In diesem Sinne spricht Wiesing auch von Bildern als „Verstärker des Imaginären" und schließlich als den Erzeugern einer „artifiziellen Präsenz", welche historisch in dieser Form neu sei. Die Verbreitung von Bildern führe dazu, dass das Sehen in der Wahrnehmung immer dominanter werde und sich gar die „Seinsweise von Personen" immer mehr durch bildliche Medien forme.

„Es handelt sich hierbei um eine Art Inversion. Nicht eine originäre Zuständlichkeit der Person bestimmt den Bildaufbau ihrer Wahrnehmung, sondern die Wahrnehmung von Bildern bestimmt die Art des Sehens einer Person und wirkt so auf die Zuständlichkeit der Person ein; das Bild changiert in seiner Beziehung zum Bewusstsein zwischen hermeneutischen und rhetorischen Funktionen." (Wiesing 2000: 96)

Das Sehen unterliege immer mehr der Bildung von Eindrücken, die dazu führe, dass man „durch das Sehen von Bildern auch zu einer bestimmten Person wird. [...] Die Weise, wie man sieht, [betrifft] die Person des Se-

von statischen Bildern ist umgekehrt nicht frei von ‚Bewegungen' wenn davon ausgegangen wird, dass sich das Bildobjekt erst in einem Prozess des Sehens bildet und wiederum durch Aufmerksamkeitsverschiebungen, wenn auch nicht beliebig, verändert werden kann.

henden […].“ (Wiesing 2000: 96f) Das wirft die Frage nach dem Verhältnis von Bild – Vorstellung in Form von bildlicher Imagination – Wirklichkeit nicht zuletzt in gesellschaftshistorischer Hinsicht, wieder auf.

Die von Wiesing über Flusser pointiert formulierten Überlegungen werden zentral, sobald es um die Untersuchung von Bildobjekten in den virtuellen Realitäten der Computer- und Medienwelt geht. Letztere sind zwar nicht Gegenstand dieser Arbeit, werden aus sozialwissenschaftlicher Perspektive aber zunehmend in den Blick genommen.[55] Der hier entwickelte theoretisch-methodologisch-methodische Zugang versucht diese Phänomene mit einzubeziehen, auch wenn diesbezüglich bisher keine eigenen empirischen Analysen durchgeführt worden sind.

Im Hinblick auf sozialwissenschaftlich orientierte theoretische Perspektiven zum Bild können folgende von Wiesing eingeführte und diskutierte Aspekte zusammengefasst werden.

- Husserl führt, über Langer hinausgehend, den *Bildträger*, womit das physische, materielle Bild gemeint ist, als eine eigenständige Dimension in der Entstehung des Bildes ein. Diese ist bei Langer begrifflich zwar potentiell im *Anzeichen* und *Symbol* enthalten. Sie erwähnt auch die ‚Technik‘ als einen Aspekt, der den ‚Ton‘ eines Bildes, seine ‚Valeurs‘ konnotativ bestimmen kann (Langer 1979). Dem Bildträger in seiner materiellen Gestalt wird aber keine eigenständige Bedeutungsfunktion zugewiesen. Diese Seite eines Bedeutungszusammenhangs, die in den letzten Jahren medientheoretisch lebhaft diskutiert worden ist, kann meines Erachtens zu Langers Bedeutungsrelationen als eines ihrer Bestandteile insofern problemlos hinzugefügt werden, als dies ihr Verständnis eines Bedeutungszusammenhangs nicht grundlegend verändern würde. Auch ein Fokus auf die von Husserl zentral gesetzte Frage, *wie* ein Bildobjekt als verbildlichte Vorstellung entsteht sowie die von ihm entwickelte Antwort müssen die Grundkonzeption von Langer nicht verschieben. Sie können meines Erachtens ebenfalls ergänzend eingeführt werden.
- In der Bildwahrnehmung (bzw. im Bildbewusstsein) entstehen Bildobjekte, die mit der Dingwahrnehmung (bzw. dem Dingbewusstsein von Gegenständen, etwa einem Auto, einem Tisch oder einem Sachverhalt in einer nicht-bildlichen Situation) appräsentativ verbunden sein können und es in der Regel auch sind – sie müssen es aber nicht. Denn im Bild können auch Phänomene dargestellt und wahrgenommen werden, die in der Wirklichkeit der Dingwahrnehmung keine Extension, also keine materielle Gestalt annehmen (also Phantasiegestalten, Gedanken, Träume, Visionen, etc.).

55 Wie sich an von Studierenden selbst gewählten Themen von Seminar-, Magister-, Diplomarbeiten und Dissertationen erkennen lässt entwickelt sich das Interesse zunehmend hin zu neuen Bildphänomen. Diese sind zweifellos ein wichtiges Feld einer Visuellen Soziologie.

- Ein Bild kann sowohl einen spezifischen Gegenstand (ein Ding, einen Sachverhalt, eine Phantasie) darstellen als auch die spezifische *Sichtweise* auf den dargestellten Gegenstand, d.h. dessen Wahrnehmungs- und Konstruktionsweise sowie dessen *Stil* sichtbar werden lassen. Das Besondere an der Sichtbarkeit der Sichtweise im Bildobjekt ist es, dass sonst nicht sichtbare, zum Teil auch sehr flüchtige Sichtweisen fixiert und damit einer Analyse zugänglich werden. Bildobjekte ermöglichen (selbst)reflexive Bezugnahmen auf Sichtweisen. Diese Eigenschaft von Bildern bleibt in der Regel unthematisch. Wenn wir in einem Bild einen Sachverhalt sehen, sehen wir diesen in der alltäglichen Wahrnehmung als Gegenstand (eben als einen Apfel, Tisch, etc.) und nicht als eine bestimmte Sichtweise dieses Gegenstandes, die sich in der Art und Weise seiner bildlichen Darstellung sichtlich zu erkennen gibt.
- Sichtweisen reflexiv zugänglich zu machen ist vor allem Aufgabe von Bildern in der Kunst. Und dennoch zeigt auch jedes ‚alltägliche' Bild eine Sichtweise, die in der Regel erst in einer reflexiven Zuwendung bewusst wahrgenommen wird. Allein dies spricht für eine methodische Zuwendung zu alltäglichen Bildern, um deren sichtbare, aber unthematische Sichtweisen nicht fälschlicherweise als ‚natürliche Eigenschaften' eines Gegenstandes wahrzunehmen. Naturalisierungsvorgänge durch Bilder bauen genau auf diesen Effekt, nämlich dass in der flüchtigen Wahrnehmung im Alltag die prinzipiell sichtbaren ‚Sichtweisen' unthematisch bleiben und damit implizit als ‚natürliche', den Gegenständen inhärente, wahrgenommen werden.
- Trotz der möglichen Verwendbarkeit von Bildern als Darstellungsmedium für eine Vielzahl von Gegenständen geht das Bild nicht in seiner Funktionalität für Repräsentationsbeziehungen auf. Die Spezifik von Bildern besteht Wiesing zufolge vielmehr darin, dass sie die rein sichtbaren Eigenschaften eines (nicht anwesenden) Gegenstandes darstellen,[56] diesen zugleich immer ‚als etwas' in einer bestimmten Sichtweise erscheinen lassen oder ihn auch erst in der Sichtbarkeit hervorbringen. Bilder *erzeugen* Bildobjekte als imaginäre und zugleich sichtbare Gegenstände sui generis. Es entstehen Bildobjekte in ‚widerstreitenden' Wahrnehmungen in Bezug zu nicht-bildlichen Wahrnehmungsgegenständen (Husserl). Darüber hinaus werden rein imaginäre Gegenstände sichtbar (Sartre).

56 Auf der Darstellungsebene kann es nur um die Sichtbarkeit eines Gegenstandes gehen. Seine taktilen, kinästhetischen, riechbaren, hörbaren Eigenschaften können im Bild nicht dargestellt werden. Dagegen können Synästhesien in der Bildwahrnehmung eine Rolle spielen. Hier kann es zu Verknüpfungen zum Beispiel zwischen Farben und Tönen, Farben und taktilen Eigenschaften wie Rauheit, Festigkeit etc. kommen (siehe Waldenfels 1997: 58ff). Wiesing geht diesen Prozessen jedoch nicht nach und betont die ‚Nursichtbarkeit' von Bildobjekten.

- Mit Merleau-Ponty wird eine Bildbetrachtung eingeführt, welche die dargestellten Gegenstände zunächst einklammert und auf den *Stil* der Darstellung fokussiert, um dessen Beitrag zur Erzeugung von Sinn erfassen zu können. Damit werden ganz allgemeine Fragen bezüglich dessen, *wie* ‚etwas' in und mit Bildern sichtbar gemacht und als Sichtbares erzeugt wird, zugänglich.
- Und schließlich weist Flusser auf die Annäherung zwischen Denk- und Bildakten im Zuge der neuen Medien hin, die die Vorgänge der Phantasie und des Denkens in apparativ gesteuerte Bildprozesse externalisieren und ‚veröffentlichen'. Die Bilder gewinnen einen neuen Status gegenüber der Wirklichkeit. Sie sind nicht mehr vorwiegend Medien der Repräsentation, sondern werden zunehmend zu konstruktiven Medien der Erzeugung einer *artifiziellen Präsenz*.

Sinn durch Zeigen: Ikonische Differenz und die Logik der Kontraste

In Anknüpfung an phänomenologische Bildkonzepte verfolgt Boehm die erkenntnistheoretische Absicht zu zeigen, in welcher Weise Bilder an der Wissensproduktion beteiligt sind. Sein Ansatz zielt weit reichend darauf, mit einem Konzept *Ikonischer Episteme* (Boehm 2007a: 77) die gegenüber der Sprache eigene Logik von Bildern herauszuarbeiten und damit die „den Bildern impliziten Erkenntnis- und Erfahrungsformen, der ihnen eigenen Generierungsweisen von Sinn" (Boehm 2007a: 78) nachzugehen.

> „Bilder besitzen eine eigene, nur ihnen zugehörige Logik. Unter Logik verstehen wir: die konsistente Erzeugung von Sinn aus genuin bildnerischen Mitteln. Und erläuternd füge ich hinzu: Diese Logik ist nicht-prädikativ, das heißt nicht nach dem Muster des Satzes oder anderer Sprachformen gebildet. Sie wird nicht gesprochen, sie wird wahrnehmend realisiert." (Boehm 2004: 28f).

Boehms Auffassung nach gilt es, mit dem Einbeziehen nichtprädikativen, impliziten und deiktischen Sinns die Auffassung von Logik und Wissen zu erweitern und zu verändern. Er öffnet damit einen Reflexionsraum über die *Wirkung* von Bildern im Zusammenhang mit Erkenntnisprozessen. Nicht zuletzt geht es dabei auch darum, die ‚Macht von Bildern' erkenntlich zu machen und sie nicht in den Bereich des Vor- oder gar Irrationalen zu verbannen. Sie ließe sich als „Überzeugungskraft, Suggestivität, Evidenz, Luzidität, Aura etc. genauer ausbuchstabieren." (Boehm 2007: 16) Insofern ist Boehms Ansatz anschlussfähig an die Argumentation von Langer und ergänzt diese mit bildspezifisch ausgearbeiteten phänomenologischen Überlegungen. Boehms hermeneutische Orientierung zielt wiederum im wesentlichen auf Sinndimensionen von Bildern im erweiterten Sinne. Dadurch können seine Konzepte als Grundlage einer interpretativen

Methodologie und Methode für die Analyse der spezifischen Erzeugung bildlichen Sinns herangezogen werden, ohne an die sprachtheoretische Fundierungen der Hermeneutik gebunden zu bleiben.[57]

Bildlicher Sinn *zeigt* sich Boehm zufolge an der Materialität konkreter Bilder, bleibt dadurch an diese gebunden und übersteigt sie zugleich. Es ist diese Facette einer *ikonischen Differenz* die den spezifischen Charakter von Bildern ausmacht, nämlich ‚etwas' – einen abwesenden Gegenstand, eine Sache – zu *zeigen* und zugleich, obwohl in Materialität und sinnlicher Anschauung verankert, über die Gegenstandsdarstellung hinaus einen ‚imaginären Überschuss' zu produzieren.

„Wie immer sie [die Realität des Bildes, R.B.] sich zeigen mag – verfeinert, virtuos, ästhetisch, simulativ, erkenntnishaft, technisch verfügbar und in all dem auf verschiedenste Weise plausibel –, sie ist doch nichts anderes als *Substrat aus Material.* Aus dem allerdings etwas ganz anderes, etwas Immaterielles, eine Ansicht, mithin ein Sinn aufsteigt, ohne sich je von diesem Grund zu lösen. Bilder sind spannungsgeladene, real-irreale Körper." (Boehm 2007: 9)

Der *Akt des Zeigens*, in dem durch bildliche Kontraste Materialität in Sinn ‚umschlägt', bildet den Kern des Boehm'schen bildtheoretischen Entwurfes. Er bezieht sich zum einen auf die phänomenologische Grundannahme, dass ‚etwas' nur ‚als etwas' sich darbieten und wahrgenommen werden kann. Und er teilt die bildtheoretische Annahme, dass die Spezifik von Bildern darin besteht, ‚etwas' und zugleich ‚sich' zu zeigen. Für seinen Ansatz kennzeichnend ist, dass er das Verhältnis von ‚etwas zeigen' und ‚sich zeigen' als *deiktischen Akt* versteht.

„Der ikonische Grundakt scheint uns überhaupt in einer *Deixis* zu bestehen. Sie nutzt die Schichtung, die jedes Bild vornimmt, die Unterscheidung von Vorne und Hinten, von Fokus und Möglichkeitsfeld, um ‚etwas' sichtbar zu machen. Das Zeigen des Bildes stützt sich auf die Perfektion visueller Relata aus Farbe, Form, Licht, Geste und so fort. Dass sie fürs Auge evident werden, sie sich überhaupt von der Oberfläche der materiellen Welt unterscheiden lassen, liegt daran, dass sie sich in ‚Spielräumen' und nach ‚Regeln' der Wahrnehmung hinordnen. Wobei die Unbestimmtheit mit ihren Möglichkeiten den visuellen Kontrasten Zusammenhang und Plausibilität verleiht." (Boehm 2007: 211f)

57 Es wäre interessant und auch wichtig, der hier notwendig anschließenden Frage, ob es auch Bilder ohne Sinn gibt, nachzugehen (vgl. exemplarisch Lüdeking 2006). Da es mir vornehmlich um die Rekonstruktion von Bedeutungs- und Sinnbezügen von Bildern aus alltäglichen Wirklichkeitsbezügen geht, müssen die Grenzen der Entstehung bildlichen Sinns hier allerdings nicht ausgelotet werden. Bei alltäglichen Bildern stellt sich in der Regel die prinzipielle Sinnfrage nicht, weil ‚wir' (als generalisierte Betrachterinnen) meistens ‚etwas' darin sehen. In grundlagentheoretischer Hinsicht ist diese Frage dennoch hoch relevant.

Der Akt des Zeigens eröffnet „eigene Zugänge zur Welt“ (Boehm 2007: 21), meint also mehr als hinweisende denotative Referenzen auf einen spezifischen Sachverhalt oder auf bestimmte Dinge, die auch in anderen Medien artikuliert und repräsentiert werden könnten. Vielmehr liegt das Potential von Bildern darin, dass sich ‚etwas‘ auch in seiner Unbestimmtheit und Unsagbarkeit zeigt.

„Die Logik des Zeigens und damit die des Bildes operiert [...] mit Übergängen, mit Unbestimmtheiten, mit Ambiguitäten und erzeugt auf diesem Wege ihre anschaulichen Evidenzen. [...] Ohne dieses Mannigfaltige, Singuläre, Sinnliche, Schwankende, Energetische oder Affektive lässt sich über Bilder aber nicht wirklich nachdenken.“ (Boehm 2007a: 82)

Boehm verdeutlicht den *Akt des Zeigens* zunächst anhand von Gesten und am Gebärdenspiel als „körperliche Deixis“. Gesten und Gebärden zeigen etwas, indem sie sich vor dem Hintergrund eines Körpers durch Bewegungen von Armen und Händen oder im Gesicht abheben. Die „*Geste zeigt etwas* und sie weist zugleich den Körper vor, der *sich zeigt.* Diese Differenz aber ist der Ort sinnträchtiger Bekundungen.“ (Boehm 2007: 25f) Der Körper ist dabei eher eine ‚energetische Größe‘ als eine konkrete Dinglichkeit. Dessen Potentialität wird durch die Geste nicht ausgeschöpft.

„Das Zeigen kommt aus dem deutungslosen Off einer Körperpräsenz, die voller Möglichkeiten steckt, sich agierend aber nie völlig entäussert. Gesten manifestieren nicht nur sich, sondern mit sich jene Körperganzheit, die sie aussendet und begleitet.“ (Boehm 2007: 24)

Die gestische Pointierung kann intentional erfolgen, etwa durch das Hinweisen auf einen Gegenstand mit dem Zeigefinger. In diesem Fall kann sie auch sprachlich substituiert werden: ‚Siehe dieses Ding da‘. Was intentional gezeigt wird, so Boehm, kann auch gesagt werden. Jedes Zeigen hat aber auch eine unthematische, nicht-intentionale Seite, die sich jeglicher Übersetzung entziehe. Damit ist jedoch nicht ein Unbewusstes gemeint. In Bezug auf den Körper ist es vielmehr seine „Haltung, Vitalität, Lebendigkeit [...], seine undurchdringliche Materialität“ (Boehm 2007: 26). Eine Geste zeigt demnach ‚etwas‘ und zugleich den unthematischen (materiellen) *Grund* dessen, wovon sie sich abhebt. Gesten sind ‚körperlich grundiert‘.

„Was Gesten *zeigen*, geht niemals in dem auf, was sie zu *sagen* scheinen. Denn der Überhang des Körpers bringt Tonos, Timbre, Rhythmus, ein Flair ins Spiel. Sie erst geben der Gestik ihre Prägung, ihren *Zusammenhang* und ihren Nachdruck, das heisst ihren spezifischen Sinn. Die deiktische Hintergründigkeit verschliesst sich der Semiose, weil sie selbst nie Zeichen ist, sondern den Fluss der Zeichen *bedingt*. Das Zeigen läuft allen Zeichen voraus.“ (Boehm 2007: 27)

Boehm zufolge ist es vor allem diese *deiktische Hintergründigkeit*, die auch das *ikonische Zeigen* generell, also den Akt des Zeigens in allen Arten von Bildern, ausmacht. Durch sie eröffnet sich eine konstitutive Differenz zwischen einzelnen Gesten, Figuren, Gegenständen und dem *Grund*, wovon sie sich abheben.

„Die Hintergründigkeit ist ein Merkmal, das Bildern strukturell zukommt. Sie steuert das Verhältnis dessen, ‚was auf dem Bild drauf ist' (wie man sagt), zu dem eigentlichen Schauplatz des Erscheinens." (Boehm 2007: 29)

Das Kontrastverhältnis zwischen dem *Grund* und den sich davon abhebenden Elementen bringt eine simultaneisierende und zugleich temporalisierte Wahrnehmung und Anschauung hervor, die als solche für Bilder spezifisch ist. Die bildlichen Kontraste etablieren Unterscheidungen zwischen der Bildfläche und darauf erkennbaren Formen und Figuren, die nacheinander und zugleich ‚aufeinmal' wahrgenommen werden. (Boehm 1995: 30)

„Bereits an dieser Stelle dürfen wir festhalten, dass die *simultaneisierende* Leistung, die uns Bilder abverlangen, für ihr *Zeigen* von alles entscheidender Bedeutung ist. Denn die sinnliche Materialität des Bildgrundes, deren wesentliches Merkmal darin besteht, ein Kontinuum, einen tragenden Ort zu schaffen, der jedmöglichem Inhalt als Bedingung *vorausgeht,* ist einer sprachlichen Prädizierung nicht, dem Zeigen aber sehr wohl zugänglich. Man darf vielleicht den Satz wagen: simultane Realitäten lassen sich ausschliesslich zeigen." (Boehm 2007: 29)

Dies erfordert die Verschränkung von zwei sehr unterschiedlichen Aktivitäten bei der Betrachtung von Bildern, nämlich die betrachtende Fokussierung von ‚etwas' – einzelnen Figuren, Gesten, Dingen – und gleichzeitig eine „ganz anders strukturierte, *simultaneisierende* Kopräsenz, der ungebrochene, nie erlahmende *Überblick*" (ebd.).

Trotz der statischen Fixiertheit von Bildern entfaltet sich das Zeigen als *Geschehen in der Wahrnehmung*, das weniger einzelne Repräsentationen, vor allem aber *Wirkung* hervorbringt (Boehm 2007b: 50ff).

„…das Sich-zeigen ist ein simultanes, ein ausgebreitetes Geschehen, das sich nur da und dort zu unterscheidbaren Intentionen vereinzelt. Es ist selbst voller Möglichkeiten, intransitiv, ein Potential. Im Zeigen ‚gibt' sich das Reale, ohne dass wir dieses Geben als eine einzelne Repräsentation beschreiben können. […] Grazie wird als ein atmosphärisches Phänomen beschrieben, das sich nicht da oder dort fixieren lässt, sich vielmehr ausbreitet, in unserer Sprache: simultaneisiert. Grazie ist mehr *Wirkung* als *Sache*." (Boehm 2007: 31f)[58]

---

58 In diesem Argumentationszusammenhang stehen bei Boehm Bezüge zu Bildern im Bereich der Kunst im Vordergrund. Diese Bilder seien von den jeweiligen Malern mit einer weitgehend energetisch operierenden Wirkung von ‚Kräften' in vielfachen Verdichtungsprozessen ausgestattet worden. Dennoch lassen sich seine Überlegungen meines Erachtens auch auf andere Bildmedien

Das *Zeigen* im Sinne von Boehm bezieht sich nicht nur auf atmosphärische Phänomene, Stimmungen und Zustände. Er sieht das Zeigen auch im Reich der Erkenntnis verankert, in dem Kategorien von wahr und falsch relevant werden.

„Das Zeigen, so stumm es geschehen mag, baut einen Erkenntnisraum auf, dessen wesentliches Kennzeichen Distanz (Intentionalität) ist. Damit wird das Zeigen für sich selbst aber auch überprüfbar: es kann darüber befinden, ob das, worauf es gewiesen hat, wirklich das ist, als was es erschien. Richtig und Falsch kommen ins Spiel." (Boehm 1995: 38f)

Generell erfolgt das Zeigen über verschiedene, spezifisch *bildliche Kontrastdimensionen*, die wirkmächtige Relationen und Sinnbezüge entstehen lassen.[59] Zum einen betreffen Kontraste „Unterschiede der Helligkeit, der Farbe, das Verhältnis von Fläche und Tiefe" (Boehm 1994a: 29). Es sind aber – so Boehm ausdrücklich – nicht diese durch Farben, Formen, Licht, etc. entstehenden Kontraste, durch die sich ‚etwas' und zugleich ein ‚Bild von etwas', eine *Ansicht* zeigt. Die Ansicht verdankt sich vielmehr einem *Grundkontrast,* „der zugleich der Geburtsort jedes bildlichen Sinnes genannt werden kann" (Boehm 1994a: 31).

Den bildkonstituierenden *Grundkontrast* bestimmt Boehm wiederum in unterschiedlicher Weise. Mit Bezug auf das gestalttheoretische Modell von *Figur und Grund*[60] ist es zum einen ein sichtbarer Kontrast innerhalb der Bildfläche, mit dem es möglich wird, ‚etwas' zu erkennen. Eine (sichtbare) Figur hebt sich in der Bildfläche gegenüber einem (sichtbaren) Grund ab und umgekehrt: der Bildgrund bestimmt sich erst durch seinen Bezug auf eine Figur.

---

und Genres – etwa in der Werbung oder privaten Fotografie – übertragen. Auch wenn ihre jeweilige Wirkung analytisch nicht an einzelnen Elementen oder Relationen ausgemacht werden kann und deren sprachliche Beschreibung an Grenzen stößt, ist sie eine wichtige Dimension auch dieser Bilder.

59 Eine Schwierigkeit bei der Rekonstruktion der von Boehm gemeinten Kontrastdimensionen liegt darin, dass sie an verschiedenen Stellen seiner Publikationen anhand unterschiedlicher Bilder entwickelt werden. Es werden verschiedene Arten von Kontrast beschrieben, ohne sie aufeinander zu beziehen. An dieser Stelle kann es nicht darum gehen, die noch im Fluss befindlichen Überlegungen von Boehm zu systematisieren (vgl. Müller 1997, Schulz 2005). Ich versuche lediglich jene Kontrastverhältnisse aus verschiedenen Texten zu extrahierenden, die mir für eine methodologische Begründung und methodische Umsetzung von Bildanalysen relevant erscheinen.

60 Boehm argumentiert mit Basisannahmen der Gestalttheorie, die er in ihren Differenzierungen nicht weiter verfolgt. An dieser Stelle geht es auch mir wiederum nicht um eine Rekonstruktion dieses theoretischen Feldes (vgl. exemplarisch im soziologisch-biographietheoretischen Zusammenhang Rosenthal 1995), sondern um die Skizze einer gestalttheoretisch inspirierten bildtheoretischen Annahme.

„Figuration lässt sich als ein Prozess beschreiben, der sich vermittelnd zwischen die Realitäten des Grundes und der Figur schiebt, sie vermöge der ihr inhärenten Beweglichkeit aufeinander bezieht. Sie etabliert blickführende Bahnen, setzt Punkte der Aufmerksamkeit und hilft Wichtiges von Beiherspielendem zu unterscheiden." (Boehm 2007b: 38)

Figur und Grund sind nicht fixierte Einheiten. Sie entstehen als solche erst in der Wahrnehmung. Entsprechend können sich ihre Relationen mit der Verschiebung des Wahrnehmungsfokus ebenfalls verschieben. Etwas, das zunächst im Hintergrund geblieben ist, kann bei fokussierter Betrachtung zur Figur werden und vice versa: etwas, das in einem Wahrnehmungsfokus eine Figur war, kann mit der Verschiebung der Aufmerksamkeit in den Hintergrund treten. ‚Fläche' und ‚Figur' werden immer in Relation zueinander gesehen, auch wenn eine Aufmerksamkeitsverschiebung diese Relation verändert. Die Beziehung zwischen ‚Figur(en)' und ‚Fläche' sind jedoch nicht beliebig verschiebbar – außer bei sogenannten Kippbildern.

Das wechselseitige Bestimmungsverhältnis zwischen ‚Verschiedenem auf der Fläche' und einem ‚Flächengrund' formuliert Boehm an anderer Stelle auch gestaltphänomenologisch als eines zwischen *Thema* und *Horizont* (Boehm 1994a: 32) bzw. als eines zwischen *Thema* und *unthematischem Feld* (Boehm 2004: 40).

„Wenn wir von Bildern (flachen, plastischen, technischen, räumlichen) sprechen, meinen wir eine Differenz, in der sich ein oder mehrere thematische Brennpunkte (Fokus), die unsere Aufmerksamkeit binden, auf ein unthematisches Feld beziehen. Wir sehen das eine im anderen." (Boehm 2007: 48f)

Dies lässt bereits anklingen, dass Prozesse der *Figuration* im Sinne eines Gestaltwerdens zwischen Bild und Auge stattfinden. Das Bild bietet eine Figuration dar, die der/die BetrachterIn sehend realisiert. Auch wenn Boehm den/die BetrachterIn nicht als eigenständige Größe in die Bedeutungsrelation von Figur und Grund einführt, geschehen die von ihm beschriebenen Prozesse in einem *Akt der Betrachtung*, welcher ein betrachtendes Subjekt impliziert.

„Aus Materie wird Sinn, weil die visuellen Wertigkeiten im Akt der Betrachtung aufeinander reagieren. Dies wird durch eine charakteristische Asymmetrie zwischen der Figuration und dem unbestimmten Horizont in Gang gebracht, in der sich auch alle weiteren bildspezifischen Eigenschaften aufbauen: Lebendigkeit, Temporalität, Affekt, Raum, Narration usw. Sosehr sich dieser Prozess auch beschreiben lässt, angemessen zugänglich wird er nur im *Akt der Betrachtung*." (Boehm 2004: 43/2007: 52f, Hervorh. R.B.)

Der für das bildkonstituierende Kontrastverhältnis entscheidende *Grund* als ‚Schauplatz des Erscheinens' bestimmt sich allerdings nicht nur als sichtbares Figur – Grund Verhältnis. Vielmehr gehen in den *Bildgrund* unsichtbare *Horizonte* ein. Das Verhältnis zwischen Sichtbarem und Nicht-Sichtbarem/(prinzipiell) Unsichtbarem sowie zwischen Bestimmtem und Unbestimmtem/Potentiellem wird in dieser Perspektive entscheidend.

Boehm bestimmt den *Horizont* zunächst im Sinne von Husserl im Rahmen des Präsenz-Appräsenzverhältnisses in der Dingwahrnehmung. Mit der aktuell sichtbaren Vorderseite eines Gegenstandes – und Boehm verwendet ebenfalls immer wieder das Beispiel des Hauses – sind seine nicht-sichtbaren Seiten in der Wahrnehmung mitgegeben. So kann das Haus überhaupt erst als extensiver Gegenstand und nicht nur als eine flächige Vorderseite eines Hauses gesehen werden. Würden wir zur Rückseite des Hauses gehen, wäre die Vorderseite appräsent. Wie verhält sich aber die Relation zwischen sichtbarer Vorderseite und unsichtbarer Rückseite als deren *Horizont* im Falle von Bildern? Im Unterschied zu Dingen, um die wir herumgehen können, um sie von ihren verschiedenen Seiten wahrzunehmen, können wir in Bezug auf in Bildern dargestellte Dinge ihre unsichtbare Rückseite niemals erfassen.

> „Auch Bilder präsentieren ausschließlich Vorderseiten. Wie immer sie aussehen mögen, wir blicken auf Farben und Formen, die sich uns zeigen, die etwas bedeuten. Was ihnen freilich völlig fehlt, ist ihre Rückseite. Niemals werden wir in den Rücken dargestellter Personen oder Gegenstände gelangen, mit ihnen aus dem Bild blicken wie der Schauspieler von der Bühne." (Boehm 2007: 211)

In Bezug auf die Bildwahrnehmung ist das Präsenz-Appräsenz-Verhältnis also komplizierter. ‚Etwas', das sich im Bild ‚als etwas' zeigt, konstituiert sich in zweifacher Weise vor einem *doppelten Horizont*. Bezogen auf eine (wiedererkennende) Dingwahrnehmung sehen wir auch in einem Bild ein Haus, auch wenn nur seine Vorderseite zu sehen ist. Denn auch in der Bildwahrnehmung sind die nicht sichtbaren Seiten eines dargestellten Hauses appräsent, auch wenn wir die Rückseite *dieses* Hauses nie gesehen haben und auch nie sehen werden. Wir sehen dennoch ein Haus als Gegenstand und nicht nur eine Attrappe von einem Haus. Zugleich sehen wir aber auch ein *Bild* von einem Haus und eben nicht das Haus als Ding. Die *Bildwahrnehmung* des Hauses konstituiert sich wiederum in einem Figur – Grund Verhältnis *innerhalb der Bildfläche*. Das was wir im Bild sehen, sehen wir ‚als etwas' indem es sich auf einer Bildfläche als Figur von einem Grund abhebt. Zugleich ist die Bildgestalt auf einen Horizont des mitgegenwärtigen Nicht-Sichtbaren, Unbestimmten, Potentiellen bezogen. Die nicht-sichtbaren Seiten bilden einen Horizont, mit dem – weil nicht fixiert – eine *Potentialität*, die Dinge in der Appräsenz verschiedener Seiten und damit auch jeweils anders sehen zu können, verbunden ist.

„Das dargestellte Etwas ist diskret und gegeben, der kontinuierende Grund – von Husserl auch ‚Horizont' genannt – ist dagegen mitfliessend, latent, partiell verdeckt, seiner Natur nach potentiell. Er ist mit anderen Worten der *Möglichkeitsraum* dessen, was sich in ihm *konkret* bestimmt." (Boehm 2007a: 82)

In der Vorstellung von Boehm wandert in der Bildwahrnehmung die Unbestimmtheit des Horizontes in den *Grund* des Bildes. Der kategorial der Unsichtbarkeit zuzurechnende Horizont der Dingwahrnehmung als appräsenter, aber prinzipiell unbestimmter und potentieller, geht – so Boehm – in der Bildwahrnehmung in den Bildgrund und damit in die Materialität des Bildes ein. Damit ist allerdings nicht gesagt, dass die verschiedenen mitgegenwärtigen Abschattungen der Gegenstände im Bild sichtbar werden. Lediglich das *Potential der Sichtbarkeit* materialisiert sich in einem Bildgrund als *Kraft* und *Energie*, die wiederum einen Raum der Imagination öffnet.

„Mit dem Schwund der Bestimmung baut sich eine elementare und starke Kraft auf. Zu ihrer Eigenart gehört, dass sie nirgendwo zum Gegenstand wird, sondern als Atmosphäre, als visuelle Dynamik ein zugleich untergründiges wie an der Oberfläche ablesbares Geschehen in Gang setzt. Eine Erfahrung des Eintauchens und des Verschmelzens kommt dabei zustande, wobei die perspektivische Distanz ihre Bedeutung einbüßt." (Boehm 2007: 207)

Bilder sind deshalb nicht vornehmlich als Zeichensysteme zu verstehen. Sie sind vielmehr ein „Ort einer Konfiguration von Energien" (Boehm 2007: 71). Es handle sich um „gleichermaßen nicht-thematische wie intensive Wahrnehmungen".[61] Als Beispiel baut Boehm eine Analogie zur Wahrnehmung der ‚Stimme des Meeres' auf, die nicht aus der Wahrnehmung einzelner Töne besteht, sondern sich über „auditive Unschärfe" aufbaut. Ähnlich könne auch von einer spezifischen visuellen Wahrnehmung als dem „luzide[n] ‚Rauschen' des Lichtes, aus einem ‚dunklen' […] unbestimmten Substrat, einem Fundus kleinster Perzeptionen, die nichts Identifizierbares erfassen und gerade deshalb der Macht des Unbestimmten Prä-

61 Boehm bezieht sich hier auf die Beschreibung der *petits perceptions* bei Leibniz und entwickelt diese spezifische Form der Wahrnehmung und Erfahrung von Potentialität und Unbestimmtheit anhand des Konzepts der *sensation* von Deleuze. *Sensations* „vermitteln Eindrücke von der Realität und sind zugleich Empfindungen im Subjekt selbst. In der Sensation vollzieht sich mithin eine spannungsvolle Verschmelzung dessen, was wir sehen, mit dem, wie wir sehen. Sie lässt sich weder der Welt der Objekte noch derjenigen der Subjekte alternativ und eindeutig zuordnen. Vielmehr durchbricht sie eine fundamentale erkenntnistheoretische Unterscheidung. In der Sensation verknüpft sich mithin – auf eine höchst unbestimmte Weise – die Energie der menschlichen Sinne mit derjenigen der äußeren Realität. Dies verleiht ihr selbst einen oszillierenden Charakter. […] In unserem Sinne eröffnet die Sensation einen Zugang zu jener Potentialität des Bildes, durch die der Mangel an Bestimmtheit in einen Überschuss an Sinn umschlägt. Seine Logik hat mit der Differenz von Energien zu tun, mit der Organisation visueller Kräfte." (Boehm 2007: 203f)

senz geben“ (Boehm 2007: 207f), gesprochen werden. Am Beispiel von Cézannes „La Montaigne Sainte Victoire“ und Claude Monets „Unter Zitronenbäumen“ wird dies weiter erläutert. Die einzelnen Teile dieser Bilder entziehen sich der Wahrnehmung bzw. sind nicht als ‚Teile‘ angemessen zu erfassen.

„Die informelle Dynamik der Farbkontraste lässt sich angemessen nicht beschreiben, sie ist im wörtlichen Sinne: namenlos. Wer sich der Mühe unterziehen würde, die Oberfläche dieser Bilder ganz aus der Nähe mit der Lupe zu betrachten, der würde erstaunen angesichts des Reichtums an Kontrasten und Differenzen, und er wüsste, dass dieser Art von fließender Komplexität eine auf die logischen Mittel der Identifikation angewiesene Sprache nicht gewachsen ist.
Ein eigenartiger und bemerkenswerter Sachverhalt, denn das Bild legt doch offen vor Augen, worum es geht, nämlich um Licht und Atmosphäre, um die Luzidität einer dargebotenen Ansicht samt Wiesen, Heuhaufen, Bäumen, Himmel etc. Jene Unbenennbarkeit wird durch die visuelle Erfahrung eines *Entzugs* gestützt. Das Bild mit seiner Unschärfe verweigert dem Auge, was es zu tun gewohnt ist: nämlich einzelne Sachverhalte vermittels einer fokussierenden Betrachtung ‚scharf zu stellen‘, sie jener erwähnten Logik der Identität bzw. des Identifizierens zuzuführen. Ein ungeteilter Strom winziger Farbkontraste *repräsentiert*, besser gesagt: *evoziert* Unbestimmtes. Seine Beschaffenheit liegt irgendwo zwischen Chaos und vertrauter Welt in der Mitte.“ (Boehm 2007: 206f)

In dieser Unbestimmtheit begegnet uns – so Boehm Polanyi zitierend – implizites Wissen bezüglich der Vieldeutigkeit von Wahrnehmung, die jedem Blick vorausgeht und ihn ermöglicht. Darüber hinaus setzt die Unbestimmtheit „den Akten der Vernunft Grenzen, in dem sie als das vorsprachliche Potential erscheint, aus dem sich auch unsere Begriffe und unsere rationalen Konzepte mobilisieren“ (Boehm 2007: 208).

Auf dieser Basis stellt Boehm nun die bislang noch offen gebliebene Verbindung zwischen der Wirkung von Bildern und einem dadurch sich öffnenden Erkenntnisraum her. Diese Überlegungen will er ausdrücklich nicht als Weg in die Metaphysik verstanden wissen, sondern als Beitrag zu einer Theorie der Einbildungskraft.

„Das Unbestimmte meint nichts Unbegrenztes jenseits der bewohnbaren Welt, schon gar keine Transzendenz. Eher lässt es sich mit dem umschreiben, was auch das Imaginäre genannt worden ist. Also: Einbildungskraft, die imstande ist, mittels bildlicher Verfahren, im Sinne Kants: mittels ‚Schematismen‘, Wege der Erkenntnis zu eröffnen, wo keine Wege sind. Der Fond des Unbestimmten, wie wir ihn bei Cézanne und Monet beschrieben haben, ist – so gesehen – auch der Ort der Imagination. Eine Theorie der ikonischen Differenz mündet in eine solche der ‚Einbildungskraft‘.“ (Boehm 2007: 208)

Die Unbestimmtheit verleiht, paradoxer Weise, „den visuellen Kontrasten Zusammenhang und Plausibilität“ (Boehm 2007: 212). Erst die Verknüpfung der Kontraste durch die Einbildungskraft lässt ‚etwas als etwas‘ sowohl in abstrakten gemalten als auch in konkreten Bildern sowie in jenen, die der (wissenschaftlichen) Erkenntnisgewinnung als ‚Modell' dienen, erkennen. Unbestimmtheit ist demnach für Erkenntnisprozesse wie Evidenzerzeugung unabdingbar, aber nicht im Sinne eines Bezugs auf eine außerhalb der Welt liegende Transzendenz, sondern in Bezug auf *Imagination*, ohne die keine neuen Denkbewegungen möglich sind.[62] Es gelte, die Verschränkung von Sichtbarkeit und Unsichtbarkeit, die in diesen Akten zentral wird, zu erkunden. Offen ist dabei, ob die Weise der Verschränkung des Unsichtbaren mit dem Sichtbaren selbst sichtbar ist.

Die zunehmende Wendung in der Argumentation von Boehm hin zu Aspekten wie *Kraft*, *Energie*, *Imagination* und *Einbildungskraft* als bildkonstitutive Elemente erscheint am Beispiel von impressionistischen Gemälden, an denen diese Dimensionen im Wesentlichen entwickelt werden, und generell in nicht-gegenständlicher moderner Malerei, hoch plausibel. Die Frage wäre, ob auch profane Bilder der Alltagswelt mit einer solchen Kraft oder Energie im Spiel zwischen Bestimmtheit und Unbestimmtheit ausgestattet sind, und wenn ja, unter welchen Bedingungen diese Dimension wie rekonstruierbar wäre. Es ist zwar davon auszugehen, dass die Potentialität von Horizonten auch in der alltäglichen Bildwahrnehmung, weil mit der Dingwahrnehmung verbunden und in die Erfahrungswelt eingelagert, eine konstitutive Rolle spielt. Das heißt, jegliche Art von Bildwahrnehmung bedarf der Anwendung von Regeln der Übertragung etwa von räumlichen Gegebenheiten in ein Bild, um ‚etwas' erkennen zu können ebenso wie der Imagination. Inwiefern die Kontraste etwa von Farben, Formen, Licht anhand ihrer regelhaften Anordnung zu einem *wiedererkennenden Sehen* (Imdahl) führen und/oder eher die Potentialität des Horizontes als *Kraft* und *Energie* in der Materialität des Bildgrundes wahrnehmbar wird und so das *wiedererkennende Sehen* auf ein Sehen des Unbestimmten öffnet, kann grundlagentheoretisch aus meiner Sicht nicht weiter bestimmt werden. Dieser Zusammenhang bleibt an konkreten Bildern weiter zu klären.

Boehm gebraucht die Dimension von *Kraft* und *Energie* nicht zuletzt auch zur Unterscheidung zwischen *starken* und *schwachen* Bildern, wobei er – nicht erstaunlich – die starken Bilder dem Bereich der Kunst und die schwachen der Bilderwelt des Alltags zurechnet. Schwache Bilder sind Abbilder, die die Realität lediglich als Informationsreservoir ‚benutzen', sie ‚verdoppeln' und dabei ihren eigenen Bildcharakter verschleiern. Boehm charakterisiert schwache Bilder als die typischen Produkte der visuellen Massenmedien. Ihre Funktion bestünde vor allem darin „abzuschildern, Informationen via Auge zu verbreiten". Es ginge darum, das

62 Boehm knüpft hier an die Kant'sche Bestimmung der Einbildungskraft an. Sie sei der „Grund und Boden der Erkenntnis, als jene Wurzel, aus der sich unter anderem die Stämme von Sinnlichkeit und Verstand, von Auge und Denken verzweigen" (Boehm 2007: 100).

Darzustellende „mit visuellen Mitteln zu wiederholen. Was wir sehen, suggeriert die ‚Sache', und zwar so, dass wir sie als etwas völlig Unabhängiges einschätzen sollen, als etwas, das jenseits jeder Abbildung, ‚für sich' existiert" (Boehm 2007: 247). Auch wenn wir wissen, dass die „Kunstlosigkeit" solcher Bilder eine „Kunst" ist, nämlich ihren eigenen Bildcharakter zu leugnen, erkennen wir sie als ‚unverfälschte Realität' an sobald es ihnen gelingt, den Verdacht der Manipulation abzuwehren. Darin bestehe die rhetorische Kraft schwacher Bilder.

Demgegenüber bringen *starke* Bilder die Realität explizit in einer eigenen Ansicht zur Anschauung und heben ihren Bildcharakter hervor. Der unmittelbare Bezug zu einer (nicht-bildlichen) Realität geht dabei keineswegs verloren.

> „Starke Bilder sind solche, die Stoffwechsel mit der Wirklichkeit betreiben. Sie bilden nicht ab, sie setzen aber auch nicht nur dagegen, sondern bringen eine dichte, ‚nicht unterscheidbare' Einheit zustande. [...] Stark sind solche Bilder, weil sie uns an der Wirklichkeit etwas sichtbar machen, das wir ohne sie nie erführen. Das Bild verweist auf sich selbst (betont sich, anstelle sich aufzuheben), weist damit aber zugleich und in einem auf das Dargestellte. So vermag es eine gesteigerte Wahrheit sichtbar zu machen, die es über die blosse Vorhandenheit, welche Abbildung vermittelt, weit hinaushebt." (Boehm 2007: 253)

Wenn die Unterscheidung zwischen schwachen und starken Bildern in der Weise getroffen wird, dass populäre Bilder (wie zum Beispiel Familienalben) per se den schwachen und Kunstbilder per se den starken zugerechnet werden (Boehm 2007: 248), wird die Reichweite der bildtheoretischen Überlegungen entgegen Boehms Absicht wieder eingeschränkt. Wenn wir dagegen auch Bildern aus unserem Alltag eine starke Wirkung zuerkennen und gar nachvollziehbar machen wollen, wie diese zustande kommt, wäre erst in einer Analyse konkreter Bilder entscheidbar, ob sie stark oder schwach sind. Das heißt, es müsste – auch in der Bildlogik von Boehm – empirisch offen bleiben, ob und inwieweit ‚alltägliche' Bilder zwischen ‚schwachem Abbild' und ‚starkem Bild' changieren. Ich gehe daher von der Annahme aus, dass auch in Bildern, die unseren Alltag bevölkern, eine Bandbreite von *schwachen* und *starken* Bildern auffindbar ist. Nur dadurch lässt sich die Wirkungsmächtigkeit einiger dieser Bilder erklären.

In Bezug auf Fotografien schließt Boehm die Möglichkeit starker Bilder nicht aus, formuliert aber auch die Bedingungen, die erfüllt werden müssten, um solche entstehen zu lassen. Dies gelinge nur dann, wenn die ‚ikonische Spannung' kontrolliert aufgebaut und sie zugleich dem Betrachter sichtbar gemacht wird. Die bildliche Darstellung verleihe dem Dargestellten genuine Sichtbarkeit, indem es sich an „artifizielle Bedingungen" binde, „an einen ikonischen Kontrast, von dem gesagt wurde, er sei zugleich flach und tief, opak und transparent, materiell und völlig ungreifbar." (Boehm 1994a: 35)

Zusammenfassend lassen sich aus dem Ansatz von Gottfried Boehm folgende Aspekte hervorheben, die meines Erachtens für eine sozialwissenschaftliche Konzeption bildanalytischer Zugänge relevant sind.

- Bildern jeglicher Art ist eine spezifische *Logik* eigen, die sich als *ikonische Differenz*, in welcher ‚etwas' ‚als etwas' ansichtig wird, aus Kontrasten verschiedener Art speist. Bildlicher Sinn geht über das manifest Sichtbare weit hinaus und bleibt dennoch an die Materialität eines Bildgegenstandes gebunden. Der Sinn *zeigt sich* in einem Kontrastverhältnis zwischen *Figur* und *Grund*, wobei der nicht-sichtbare *Horizont* der dargestellten Gegenstände in die Materialität des *Bildgrundes* als dessen *Kraft* und *Energie* eingeht. Der Kontrast zwischen Bestimmtem und Unbestimmtem/Potentiellem wird bildkonstituierend.
- Bildlicher Sinn entsteht in einem *Akt des Zeigens und Sehens*, in welchem (sinnliche) Wahrnehmung mit Imagination und Einbildungskraft verbunden ist. Dabei spielt die Relation zwischen *Sukzession und Simultaneität,* zwischen der nacheinander erfolgenden Wahrnehmung einzelner Elemente auf einer Bildfläche und der simultanen Ansichtigkeit des Bildes als Fläche eine zentrale Rolle. Boehm entwickelt verschiedene Überlegungen dazu, in welcher Weise konkrete sinnliche Wahrnehmung und Imagination oder Einbildungskraft jeweils zusammenwirken, um ein Bild im *Akt des Sehens* entstehen zu lassen. Diese sind (grundlagentheoretisch) jedoch noch nicht systematisiert.
- In der Konzeption von Boehm ist der *Akt des Zeigens* das entscheidende bildkonstitutive Moment. Gleichzeitig ist das Zeigen auf das Sehen angewiesen, damit ‚etwas' anschaulich wird. Implizit ist damit gesagt, dass das Sich-Zeigen eine Bezugnahme auf das Sehen durch Betrachter-Subjekte erfordert, um sich als ein in Materialität verankertes Bild zu realisieren. Dennoch verankert Boehm das, was sich wie zeigt bzw. was wie sehend realisiert wird, vor allem in der Materialität des Bildes und im *Akt des Zeigens*, und verschiebt es nicht auf die Seite der BildproduzentInnen oder BildbetrachterInnen. Bilder zeigen etwas auch ohne intentionale Zuwendung.
- Auch Boehm zufolge ist bildlicher Sinn gestalthaft; durch die Materialität des Bildes fixiert und zugleich offen für imaginative Wahrnehmung. Er entsteht, wenn einzelne Elemente in einem gestalthaften Zusammenhang, der sich simultan als Überblick über die Bildfläche zeigt, wahrgenommen werden.
- Der Fokus auf die Frage, „wie Bilder Sinn erzeugen" führt zu einer methodologischen Begründbarkeit eines im Kern hermeneutisch angelegten methodischen Verfahrens, ohne an seine sprachtheoretische Fundierungen gebunden zu bleiben. In seinen materialen Analysen zeigt Boehm, wie bildlicher Sinn in seiner Unbestimmtheit und Potentialität mit Hilfe der Sprache artikulierbar gemacht werden kann – auch wenn dies an Grenzen stößt. Sein methodischer Zugang bleibt dabei

insofern implizit, als er kunsttheoretischen Prinzipien und eingeübten Interpretationspraktiken folgt, diese aber nicht mehr im Detail expliziert. Vielmehr schließt er an den von Max Imdahl bildtheoretisch begründeten, methodologisch und methodisch ausdifferenzierten Zugang zur Analyse von Bildern an.

Inwiefern die von Boehm entwickelten Konzepte bildlicher Sinnstiftung auch in sozialwissenschaftlich orientierten materialen Bildanalysen gewinnbringend angewendet werden können, bleibt letztlich eine empirische Frage. Prinzipiell sehe ich die Bedeutung dieses Ansatzes darin, dass sich auf seiner Basis die Frage adressieren lässt, welche sprachlich schwer fassbaren *Wirkungen* Bilder jenseits von Repräsentationsbeziehungen von Gegenständen und Sachverhalten entfalten. *Wirkung* ist im Verständnis von Boehm Bestandteil von Sinnbildung und damit nicht ‚jenseits der Vernunft' angesiedelt. Dies in analytisch angelegten Interpretationen als prinzipielles Potential von Bildern heuristisch mitzuführen scheint mir sehr wichtig zu sein.

Das wirksame Eigenleben und die Macht der Bilder

In Bezug auf das Potential von Bildern, auch auf nicht-sprachlicher Ebene Bedeutung und Sinn zu erzeugen, wird in den meisten bildtheoretischen Ansätzen – auch jenen, die hier nicht im Detail vorgestellt werden[63] – als das ‚Eigenleben' und die ‚Macht' von Bildern thematisiert. Damit verbunden ist die Beobachtung, dass Bilder insofern ein Eigenleben entwickeln, als ihr Sinnpotential nicht ausschließlich in vom Betrachter ausgehenden intentionalen Konstruktionsprozessen entsteht. Vielmehr treten Bilder in ein ‚lebendiges' dialogisches Verhältnis zu Betrachtern. Sie ‚blicken zurück', indem sie Personen, Sachverhalte, Vorstellungen nicht nur repräsentieren, sondern diese buchstäblich *verkörpern*. Die Formen der Erzeugung dieser spezifischen Präsenz durch Bilder werden konzeptionell wiederum unterschiedlich argumentiert.

Gottfried Boehm etwa weist auf den Ursprung des griechischen Wortes für Bild hin, um die Einschreibung des Lebendigen in Bilder als eine für sie konstitutive Dimension zu begründen. „Ihre Existenz [die der Bilder, R.B.] orientiert sich am ‚Lebendigen' (Zoon), das die Griechen […] als Name für das Bild gebrauchten." (Boehm 1994a: 33)

Boehm zufolge bewirken Bilder eine dialogische Qualität, wenn sie das Verhältnis der Betrachter zum Bild ‚entblößen' in der Weise, dass zwischen Betrachter und Bild keine Zeichenrelation tritt. „Nichts mehr tritt zwischen das Sichtbare und das Auge des Betrachters, keine Zuschrei-

63 Zum Beispiel George Didi-Huberman, Luc Nancy, Jaques Rancière, Hans Belting, Horst Bredekamp und andere.

bung, kein Wort. Es gewinnt, wie vielfach betont worden ist, selbst eine dialogische Qualität, es blickt zurück.“ (Boehm 2007: 32)[64]

Hans Belting hält mit Bezug auf die Entstehung und Funktion von Bildern in kultischen Zusammenhängen fest, dass Menschen im Umgang mit Bildern nicht immer souverän agieren. Vielmehr sei „der Mensch nicht [...] Herr seiner Bilder, sondern – was etwas ganz anderes ist – [...] ‚Ort der Bilder‘, die seinen Körper besetzen: er ist den selbst erzeugten Bildern ausgeliefert, auch wenn er sie immer wieder zu beherrschen versucht.“ (Belting 2001: 12) Dies führt Belting im wesentlichen darauf zurück, dass Bilder in Prozessen der vom Subjekt ausgehenden Animation als mit eigenständigem Leben ausgestattete Gegenstände wahrgenommen werden. Die Ursprünge dieser Prozesse sieht er in kultischen Handlungen, in denen Bilder eine zentrale Rolle spielen. Der ‚animierende‘ Gebrauch von Bildern ist ihm zufolge in der modernen Welt keineswegs verschwunden.

> „Wir animieren Bilder, als lebten sie oder sprächen sie zu uns [...]. Bildwahrnehmung, ein Akt der Animation, ist eine symbolische Handlung, welche in den verschiedenen Kulturen oder in den heutigen Bildtechniken auf ganz verschiedene Weise eingeübt wird.“ (Belting 2001: 13)

Die Animation erfolgt vor allem über Blickbeziehungen, indem zum Beispiel die Blicke der in den Bildern dargestellten menschlichen Figuren als lebendige wahrgenommen werden. „Nur wenn wir gemalte Blicke animieren, setzen wir sie selbst in Stand, auf uns so zu reagieren, als wären sie lebende Subjekte.“ (Belting 2006: 123)

W.J.T. Mitchell (2005: 9) demonstriert diesen Vorgang mit einer drastischen, aber erhellenden Übung. Er schlägt vor, an diesem Zusammenhang Zweifelnde dazu aufzufordern, die Augen aus einer Fotografie ihrer Mutter auszuschneiden. Die meisten werden sich weigern, dies zu tun. Ähnliche Reaktionen löste eine von mir vorgenommen Unterteilung des Bildes eines Gesichtes in Segmente aus. Sie diente dazu, die Mimik des Gesichtes im Detail zu entschlüsseln. Einige an diesen Prozessen Beteiligte nahmen diesen Vorgang als gewaltsames ‚Zerschneiden‘ des Gesichtes wahr. Auch die Aufforderung, den Kopf einer Person ‚auszuschneiden‘ oder gar ‚abzutrennen‘, um die Mimik zunächst getrennt vom Körper zu interpretieren oder umgekehrt, die Köpergestik und -haltung getrennt vom Gesichtsausdruck zu betrachten, stößt immer wieder auf Unbehagen. Dies macht deutlich, dass mit einem Bild eine spezifische Verbindung zu dem ‚Gegenstand‘, den es darstellt, verbunden ist. Auch wenn ein Bild lediglich eine bemalte Leinwand oder in Form von Fotoabzügen ein Blatt Papier ist, lässt es eine abwesende Person in der Anschaulichkeit anwesend werden. Die ‚Manipulation‘ am Bild wird als ‚Manipulation‘ an den durch das Bild vergegenwärtigten Personen wahrgenommen.

---

64 So auch Didi-Huberman (1999), der diesen Argumentationszusammenhang im kunstphilosophischen Kontext schon sehr früh herausgearbeitet hat und auf den sich Boehm hier vermutlich implizit bezieht.

Entsprechend sind Mitchell zufolge Bilder nicht nur Farben, Linien und Formen auf einer flachen Oberfläche, sondern entwickeln als Idole, Fetische und ‚magische Spiegel' ein Eigenleben, welches mit den Betrachtern in eine unmittelbare Interaktion tritt. Bilder blicken auch Mitchell zufolge zurück (Mitchell 1994: 57). Bildern ist darüber hinaus, sobald sie als Idole, Totems oder Fetische fungieren, inhärent, etwas zu ‚wollen', d.h. eine Erwartung in sich zu tragen, und zwar – so Mitchell (2005) – vornehmlich ‚geliebt' zu werden. Diesen Zusammenhang konzipiert er als einen Prozess der Hervorbringung eines Eigenlebens der Dinge um uns herum, die scheinbar mit einem eigenen Willen und eigenen Erwartungen ausgestattet sind.

„A poetics of pictures, then, in contrast with rhetoric or hermeneutics, is a study of ‚the lives of images,' from the ancient idols and fetishes to contemporary technical images and artificial life-forms, including cyborgs and clones. The question to ask of pictures from the standpoint of poetics is not just what they mean or do but what they *want* – what claim they make upon us, and how we are to respond. Obviously, this question also requires us to ask what it is that we want from pictures." (Mitchell 2005: xv)

Im Hinblick auf diese Frage führt Mitchell *Idol*, *Totem* und *Fetisch* als verschiedene Prozesse der Verlebendigung ein, in denen Bilder (und andere Objekte) in unterschiedlicher Weise fungieren. Idol, Fetisch oder Totem zu sein ist allerdings keine Eigenschaft bestimmter Bilder (oder Objekte). Vielmehr erreichen sie diese Qualität durch einen spezifischen Gebrauch, in dem sich das Verhältnis der betreffenden Menschen zum Bild manifestiert. Ein und dasselbe Bild kann daher sowohl als Idol, Totem oder Fetisch – oder gar nicht als solches – gebraucht werden. Um eine differenzierende Beschreibung der verschiedenen Prozesse der Verlebendigung von Bildern zu ermöglichen, unterscheidet Mitchell zwischen verschiedenen Entstehungs- und Funktionszusammenhängen.

Idole entstehen ihm zufolge in einem ideologischen, meist politischen und/oder religiösen Zusammenhang.

„The very name of idolatry (from the Greek *eidolon,* an ‚image in water or a mirror, mental image, fancy, material image or statue,' finally suggests a primary identification with [...] *imagery* and the Imaginary, the graven image or likeness that takes on supreme importance as a representation of a god or a god in itself." (Mitchell 2005: 192)

Damit lassen sich zu Ikonen geronnene bildliche Phänomene auch im Zusammenhang von Personenkulten erhellen. Mit dem Porträt einer Person bzw. einer Figur kann die lebendige Anwesenheit bzw. Verlebendigung eines abstrakten politischen, religiösen oder anderweitig ideologisch fundierten Zusammenhangs verbunden sein.[65] Das Bild einer Person in einem

65 Vgl. hierzu ausführlich Bredekamp 2004, 2006 und 2007.

bestimmten Zusammenhang – etwa ein Kaiserbild, das Bild des Papstes, das Bild eines charismatischen ‚Führers' u.a.m. – verkörpert die mit diesem Zusammenhang verbundenen Erwartungen an die Betrachter – Unterordnung, religiöse Praktiken, Gefolgschaft oder gar Liebe. Dies erklärt nicht zuletzt ikonoklastische Bewegungen und Aktivitäten in tiefgreifenden politischen wie religiösen Umwälzungsprozessen, bei denen ikonische Bilder die in ihnen inhärenten politischen oder religiösen Auffassungen, Sichtweisen und institutionell-gesellschaftlichen Strukturen präsent halten und deshalb beseitigt werden müssen.

Im totemistischen Gebrauch von Bildern sieht Mitchell vor allem einen Prozess der Symbolisierung sozialer Zusammenhänge und versteht ihn in Anlehnung an Durkheim als kollektive Repräsentation von Ideen, Objekten und gemeinschaftlichen Zusammenhängen (Mitchell 2005: 190). Im Totemismus wird die Regelhaftigkeit sozialen Lebens verlebendigt.

„Totemism, as the use of an object to prohibit incest and to regulate marriage, social identities, and proper names, seems closely tied to the Symbolic, in both Lacan's and Peirce's sense, as a figure of Law (Peirce called the symbol the ‚legisign,' a sign constituted by *rule*, and Lacan associates it with prohibitions and the law)." (Mitchell 2005: 192)

Im Unterschied dazu ist ein Fetisch Mitchell zufolge mit traumatischen Zusammenhängen, dem *Realen* im Sinne von Lacan verbunden. Zugleich fungiert er im Sinne von Peirce als Index, Abdruck oder Spur einer kausal mit ihm verbundenen Realität.

„Fetishism […] seems deeply linked with trauma, and therefore with the Real, and with what Peirce called the ‚index,' the sign by cause and effect, the trace or mark." (Mitchell 2005: 192)

Die Fetischfunktion von Bildern wird im bildwissenschaftlichen Diskurs immer wieder aufgegriffen, zum Teil mit, zum Teil ohne Bezug auf die klassische Bedeutung, die Freud dem Begriff verliehen hat. Für Roland Barthes (1986) etwa besteht die Fetischkraft von Bildern vor allem darin, nicht symbolisierte Erlebnisgehalte zu *reanimieren*. Dadurch, dass die Fotografie mit der von ihr dargestellten Wirklichkeit in einer indexikalischen Verbindung steht, sie mithin als ein Abdruck, eine Spur dieser Wirklichkeit wahrgenommen wird, repräsentiert sie nicht eine Erfahrung als bereits symbolisch gestaltete, sondern lässt auch symbolisch noch nicht gestaltete Erlebnisgehalte vorstellig werden. Dadurch erhält die Fotografie das Potential, auch ins Unbewusste abgesunkene Erlebnisgehalte wieder aufleben zu lassen. Der Prozess der Reanimation angesichts einer Fotografie kann sich fetischhaft wiederholen, indem der Erlebnisgehalt vom ursprünglichen Objekt auf die Fotografie verschoben wird. Das Wiedererleben unbewusster Erlebnisgehalte kann diese aber auch potentiell einem Symbolisierungsprozess zugänglich machen.

Einen gänzlich anderen Argumentationszusammenhang in Bezug auf mit eigenem Leben ausgestattete Bilder entwickelt Wiesing – wie bereits eingeführt – in Anlehnung an Flusser in seinem Konzept ‚artifizieller Präsenz' (Wiesing 2005, hier S. 90ff). Diese finde vornehmlich durch die zunehmende Fixierung und Veröffentlichung imaginärer ‚innerer Bildwelten' in einer technisierten medialen Form statt. Durch Simulationsprozesse über computergesteuerte bildgebende Programme, in denen imaginäre Zusammenhänge in regelhafte überführt werden, verschiebt sich ihm zufolge die Konstitution und Konstruktion der Wirklichkeit aus aktualen sozialen Zusammenhängen auf die mediale Ebene der Bilderzeugung. Bilderwelten gewinnen damit einen Wirklichkeitsgehalt, der gegenüber jenem in gelebter Realität immer dominanter wird.

Mit Bildern verbundene Prozesse der Verlebendigung sind hier eingeführt worden, um dieses Bild-Potential nicht aus dem Blick zu verlieren. Es spielt in der Diskussion um die zunehmende Präsenz und Macht von Bildern in zunehmend global vernetzten gesellschaftlichen Prozessen eine wesentliche Rolle. Darüber hinaus ist mit diesem Aspekt der *Gebrauch* von Bildern in zentraler Weise verbunden. Bilder gewinnen ihr Eigenleben, ihre Wirkung und ihre Macht erst in solchen Zusammenhängen, in denen sie als mit einem eigenen Leben ausgestattete Objekte gebraucht werden. Entsprechend lässt sich diese Dimension erst in einer erweiterten, über den einzelnen Bildgegenstand hinausgehenden Analyse des jeweiligen Gebrauchszusammenhangs erschließen. Indem ein Bild auch im Hinblick auf seine *Wirkung* wahrgenommen und die Interaktion mit dem Bild während der Betrachtung selbstreflexiv beobachtet wird, kann eine Analyse das ‚magische' Potential eines konkreten Bildes hypothetisch unter Umständen erschließen. Ob sich ein solches Potential auch tatsächlich realisiert, oder aber erst im Gebrauch entsteht, kann aber erst in einer detaillierten Analyse eines konkreten Gebrauchszusammenhangs zugänglich gemacht werden.

‚Etwas' ‚als etwas' und ‚sich' ‚für jemanden' zeigen: Zwischenbetrachtung zum Verhältnis von Bild und Wirklichkeit

Die vorgestellten bildtheoretischen Konzepte stimmen darin überein, dass Bilder – wie Mitchell es prägnant formulierte – vom „Bewusstseinstrick" abhängig sind, etwas als da und zugleich als nicht da zu sehen. Bildliche Darstellungen beziehen sich auf Dinge, Sachverhalte, Träume, Phantasien sowie auf Vorstellungen in Bezug auf diese. Gemeinsam ist den Überlegungen auch, dass sie von einem Zusammenhang sowie einer Differenz zwischen Bild und Nicht-Bild, mithin zwischen bildlicher und nichtbildlicher Wirklichkeit ausgehen. Schließlich verstehen alle diskutierten AutorInnen Bilder nicht nur als eine Repräsentationsform einer von ihnen unabhängigen Wirklichkeit, sondern sehen ihr Potential gerade darin, Wirklichkeit in genuiner Weise symbolisch und damit sinnhaft zu *gestalten*.

Zwischen verschiedenen Arten und Typen von Bildern werden Familienähnlichkeiten (Wittgenstein) festgestellt. Das impliziert, dass Bildern etwas gemeinsam ist und sie sich trotzdem wesentlich voneinander unterscheiden können – wie etwa Bilder von Kindern und Laien von Kunstgemälden; Alltagsfotografien von Modellzeichnungen und diese wiederum von Diagrammen. Die Gemeinsamkeiten zwischen ‚alltäglichen' Bildern und jenen aus dem Bereich der Kunst und Wissenschaft ermöglichen, in den Kunstwissenschaften, der Philosophie und den Sozialwissenschaften entwickelte theoretische wie methodologisch-methodische Konzepte zu verbinden, ohne die Unterschiede zwischen verschiedenen Bildtypen aufzugeben. Bildtheoretische Ansätze unterscheiden sich allerdings darin, wie zentrale Aspekte der bildlichen Bedeutungs- und Sinnbildung konzipiert und – vor allem in fachdisziplinärer Perspektive – begründet werden.[66] Neuere kunstwissenschaftliche Ansätze – wie etwa der von Mitchell (2005) – verzichten bewusst auf eine allgemeine oder gar universelle Bildtheorie. Philosophische Ansätze – wie etwa jene von Wiesing (2005) und in Teilen auch Boehm (2007) – bemühen sich gerade angesichts der Vielfalt von Bildern um einen epistemologisch und logisch begründbaren Bildbegriff.

Grundlage dieser Arbeit ist die in Anlehnung an Mitchell entwickelte Auffassung, dass auch allgemeine Bildbegriffe und -theorien diskursiven und kulturhistorischen Prozessen unterliegen. Nur das ist ein Bild, was als solches wahrgenommen und gebraucht wird. Und was als Bild wahrgenommen, bezeichnet und gebraucht wird, ist historisch nicht nur variabel, sondern auch mit verschiedenen und nicht zuletzt politischen Bedeutungen aufgeladen. Entsprechend kann nicht von einem allgemeingültigen oder gar universalen Bildbegriff ausgegangen werden. Mitchell macht vielmehr deutlich, dass das, was als Bild wahrgenommen wird, erst durch sozial- und kulturhistorisch orientierte Rekonstruktionen der diskursiven Zusammenhänge, in die konkrete Bildgegenstände eingebettet sind, zu bestimmen ist. Ihm zufolge haben wir es bei Bildern immer mit einem Verflechtungszusammenhang zwischen Bildlichem und Diskursivem zu tun. Das impliziert ein Verständnis grundlegender Bedeutungsrelationen, in denen bildlicher Sinn vornehmlich als ein Produkt diskursiver Prozesse entsteht.

66 Die Begriffe Bedeutung und Sinn werden unterschiedlich eingeführt und konzeptionell eingesetzt. Für Langer ist Bedeutung das in einer Relation zwischen verschiedenen Elementen einer Bedeutungsstruktur *Gemeinte*. Ein *Sinngewebe* entsteht ihr zufolge aus dem Zusammenhang verschiedener Bedeutungsformen und -typen. Im Unterschied dazu bezieht sich Boehm fast ausschließlich auf einen hermeneutisch fundierten Sinnbegriff, ohne diesen explizit zu bestimmen. Um begrifflichen Verwirrungen zu entgehen, die nicht zuletzt durch unterschiedliche Definitionen entstehen, spreche ich von Bedeutung und Sinn in Anlehnung an Langer als einem relationalen Zusammenhang, in dem in spezifischen Bedeutungsformen und -typen manifeste wie auch latente Sinnbezüge entstehen.

Methodologisch gesehen müsste dieser Annahme folgend jede Bildanalyse als Diskursanalyse angelegt werden. In einer solchen wären auch grundlagentheoretische Fragen danach, in welcher Weise im jeweiligen Bildgegenstand überhaupt Bedeutung entsteht, zu klären. Abgesehen davon, dass Mitchell eine solche Vorgehensweise nicht expliziert, würde dieser Fokus jede Analyse in epistemologische, kulturtheoretische und historische Kontexte führen. Dadurch kämen jene Sinnbezüge und -zusammenhänge, die sich in spezifischen gegenwartsbezogenen sozialen Prozessen an und mit Bildern herstellen, weniger in den Blick. Um auf solche Prozesse orientierte Analysen vom fortwährenden Mittragen der Klärungsbedürftigkeit grundlagentheoretischer Fragen zu entlasten, erscheint es mir sinnvoll, einen epistemologischen Ansatz wie jenen von Susanne Langer heranzuziehen, in dem ein methodischer Zugang zu verschiedenen Arten von Bildern verankert werden kann. Aus diesem lassen sich Bedeutungsrelationen und -dimensionen gewinnen, von denen zu erwarten ist, dass sie der Erzeugung bildlichen Sinns zugrunde liegen. Unter Verzicht auf den Anspruch einer universalen Bildtheorie wird damit dennoch ein Möglichkeitsraum von Bedeutungsrelationen aufgespannt, mit dem ein methodisches Verfahren, welches bei der Analyse konkreter Bildgegenstände ansetzt,[67] strukturiert und begründet werden kann. Die diskutierten konzeptionellen Aspekte können in diesem Verständnis als Heuristik dafür dienen, in welchen Bedeutungsrelationen sich bildliche Sinnzusammenhänge potentiell entwickeln.

Die Kraft der Bilder besteht darin, – wie vor allem die von Wiesing und Boehm vertretenen phänomenologischen Ansätze argumentieren – etwas zu zeigen, sichtbar zu machen und damit eigene Wirklichkeiten im Sinne eines *Zuwachses an Sein* (Gadamer) hervorzubringen. Bilder werden in dieser Perspektive nicht vornehmlich als Zeichen konzipiert, welche auf eine in anderer Weise konstituierte Wirklichkeit verweisen. In anderen Worten: Bilder repräsentieren zwar Wirklichkeiten in je spezifischer Weise in vielfältigsten Zusammenhängen, bringen sie aber auch in der je spezifischen Form ihrer Symbolisierung als genuine hervor. Mit Susanne Langers Konzept der Symbolisierung wird es möglich, sowohl die Repräsentationsfunktion von Bildern als auch ihr Potential zur performativen Gestaltung von Welt in einem Bedeutungskonzept zu integrieren, welches relational und funktional angelegt ist sowie strukturelle und dynamische Aspekte einschließt. Nach Langer ist ein Symbol innerhalb einer Bedeutungsrelation Teil von Funktions- und Repräsentationsbeziehungen. Die *Formen der Symbolisierung* sind dagegen nicht funktional als Repräsentationssystem konzipiert. Vielmehr entstehen verschiedene Formen und vor

67 Diese Arbeit fokussiert auf flache Bilder als Gegenstandsbereich und klammert die Frage nach der Bildhaftigkeit von Artefakten, Skulpturen, Statuen und allen anderen Formen dreidimensionaler Bildgegenstände aus, um in Bezug auf einen Gegenstandsbereich präziser bleiben zu können.

allem verschiedene Typen der Symbolisierung aus performativen Gestaltungsprozessen der Welt. Diese sind ihr zufolge unhintergehbar Teil von Prozessen der Erfahrungsbildung in Bezug auf affektives Erleben ebenso wie auf kognitiv-begriffliches Erkennen der Welt. Im Prozess der Symbolisierung sind sinnlich-konkrete Wahrnehmungsweisen, affektive Involviertheit und abstrahierende Denkprozesse einschließlich begrifflicher Konstruktionen gestalthaft verflochten. Langer zufolge bildet dieser Verflechtungszusammenhang ein Sinngewebe, welches auf den logischen Konstruktionsprinzipien von Bedeutung beruht und damit einer methodischen Analyse zugänglich ist.

Aus den untersuchten philosophischen und bildtheoretischen Konzepten lassen sich drei Aspekte herauskristallisieren, die für einen sozialwissenschaftlichen Ansatz theoretischer Klärung bedürfen, auch wenn diese nur vorläufig und keineswegs abschließend geschehen kann. Das betrifft erstens die Frage nach spezifischen Bedeutungsrelationen und -dimensionen, in denen bildlicher Sinn entsteht. Besonders interessant ist hierbei die Frage, inwieweit Bilder ein Eigenleben und damit eine spezifische (performative) Macht in der symbolischen Hervorbringung sozialer Wirklichkeit erlangen (1). Zweitens stellt sich die Frage nach der Relevanz der körperlich-leiblichen Dimension als wesentliches Element der Bildwahrnehmung und -gestaltung (2). Drittens bleibt zu klären, inwiefern der Bildträger als Medium der Darstellung in der Konstitution bildlichen Sinns eine wesentliche Rolle spielt (3).

Entlang dieser Aspekte werden die Ergebnisse meiner theoretischen Analysen als erste Antworten auf die Frage, wie Bilder Bedeutung und Sinn in welchem Verhältnis zu sozialen Wirklichkeiten erzeugen, zusammenfassend formuliert. Die Rolle körperlich-leiblicher Prozesse sowie der medialen Spezifik eines Bildträgers bedarf einer ausführlicheren Diskussion, die in den nachfolgenden theoretischen Kapiteln unter Einbeziehung weiterer bildrelevanter Konzepte fortgeführt wird. Dies erfolgt mit der Absicht, die Komplexität des Gesamtzusammenhangs überschaubar zu halten, indem relevante Theoriebestände nacheinander ausgeführt und jeweils mit einführenden exemplarischen Bildanalysen veranschaulicht werden.

Bedeutungsfunktionen und -relationen von Bildern: Anzeichen, Symbol und symbolische Form

Nahezu alle bildtheoretischen Ansätze stimmen darin überein, dass bildlicher Sinn aus einem Zusammenspiel zwischen der Wahrnehmung der Materialität des Bildträgers, der appräsentativen und imaginativen Wahrnehmung des im Bild Dargestellten einschließlich der Art und Weise seiner Darstellung, dem Stil oder der Form, sowie dem wahrnehmenden Subjekt/Beobachter/Bildproduzent in einer mindestens triadischen Bedeutungsrelation entsteht. Wie Langer gezeigt hat, ist die Bedeutungsstruktur immer auf ‚jemanden' bezogen, impliziert also ein wahrnehmendes, beobachtendes und bildproduzierendes Subjekt in einem spezifischen affektiven Erlebens- oder kognitiven Erkenntniszusammenhang. Bei einem eine Bedeutungsrelation mitkonstituierenden ‚Subjekt' – so möchte ich argumentieren – kann es sich um verschiedene soziale Entitäten handeln: um Individuen, Gruppen und Kollektive verschiedener Größe und Art.

Die vorgestellten Ansätze unterscheiden sich meiner Ansicht nach nicht in ihrer grundlegenden Argumentation hinsichtlich der Konstitution bildlicher Bedeutungs- und Sinnzusammenhänge. Unterschiedlich sind allerdings ihre begrifflichen und damit theoretischen Vorstellungen bezüglich der einzelnen Elemente der Bedeutungsrelation sowie ihres Zusammenhangs, wodurch zum Teil begriffliche wie konzeptionelle Verwirrungen entstehen. Letzteren versuche ich zu entgehen, indem ich die Terminologie von Langer als Ausgangs- und Bezugspunkt wähle und diese mit den von ihr nicht ausgebauten oder nicht berücksichtigten Aspekten aus den phänomenologischen und spezifisch bildtheoretisch angelegten Ansätzen ergänze.

Bilder können Langer zufolge in einer Bedeutungsrelation als Anzeichen wie auch als Symbol und schließlich als vornehmlich, aber nicht ausschließlich präsentative Form in gestalthaften Symbolisierungsprozessen Bedeutung und Sinn erzeugen. Anzeichen weisen Langer zufolge auf abwesende, aber in Bezug auf einen Handlungszusammenhang zu erwartende Gegenstände oder Sachverhalte hin und kündigen diese an (zum Beispiel Verkehrszeichen). Ihre Bedeutungsfunktion ist *signifikativ*. Im Unterschied dazu beziehen sich Symbole nicht direkt auf Gegenstände, sondern auf die Vorstellung von Gegenständen bzw. auf Vorstellungen im Zusammenhang mit abstrakten Begriffen. Insofern bestehen symbolische Bedeutungsrelationen aus mindestens vier Elementen: aus einem *Terminus* bzw. der Beziehung zwischen verschiedenen *Termini*,[68] der/die eine konkrete *Vorstellung* eines (abwesenden) Gegenstandes oder einem *Begriff* eines Gegenstandes *für jemanden* hervorruft. Langer unterscheidet weiter zwischen der denotativen und konnotativen Bedeutungsfunktion. In einer denotativen Bedeutungsstruktur ruft ein Symbol die konkrete Vorstellung eines Gegenstandes/Sachverhaltes/einer Person hervorruft – etwa wenn eine Fotografie bestimmte Personen denotiert. In der konnotativen Bedeutungsfunktion lässt ein Symbol eine Verbindung zwischen einem Gegenstand und seinen begrifflichen Konnotationen vorstellig werden – etwa wenn eine auf dem gleichen Foto sichtbare Personenkonstellation als Familie wahrgenommen wird ohne zu wissen, ob es sich in diesem Fall um eine solche handelt. Bezogen auf Bilder heißt das, dass sie sowohl signifikative als auch denotative wie konnotative Bedeutungsfunktionen erfüllen können. Zudem können innerhalb eines Bildes alle Bedeutungsfunktionen re-

68 Die Funktion von *Termini* können – wie bereits ausgeführt – neben Worten auch Bildelemente, Noten oder andere Gegenstände übernehmen.

levant werden. Denn Bedeutung ist Langer zufolge keine Eigenschaft einzelner Elemente einer Bedeutungsrelation. Ob ein Element der Bedeutungsrelation als Anzeichen oder Symbol ‚etwas' für jemanden meint, hängt von seiner Funktion innerhalb einer Bedeutungsstruktur ab und ist nicht als Eigenschaft mit einem bestimmten Terminus verbunden.

Zudem konzipiert Langer die Entstehung von Bedeutung als *Prozess der Symbolisierung*, in dem sich die Funktion der jeweiligen Bedeutungselemente verschieben kann. Sie geht davon aus, dass aus einer spezifischen Betrachtungsperspektive die Funktion eines Terminus in Relation zu anderen Termini eine dynamische Bedeutungsstruktur hervorbringt. Die Bedeutung kann von jedem Element der Bedeutungsstruktur aus gesehen und rekonstruiert werden, womit sich in Bezug auf eine Gesamtgestalt verschiedene Bedeutungszusammenhänge erschließen lassen. Bedeutung wird so relational und prozesshaft in Bezug auf ein Subjekt mit verschiedenen, auch gleichzeitig möglichen und sich verschiebenden Funktionen konzipiert. Bilder lassen sich demnach zwar hinsichtlich der Relevanz einer Bedeutungsfunktion in einem spezifischen Zusammenhang unterscheiden, nicht aber kategorial verschiedenen Bedeutungsfunktionen zuweisen. Hinge zum Beispiel ein Verkehrszeichen in einer Ausstellung, würde es als Bild nicht mehr eine signifikative Funktion, und auch weniger eine denotative, als vielmehr eine konnotative Bedeutung relevant setzen.

Der Zusammenhang zwischen spezifischen Bedeutungsrelationen und der Konstitution sozialer Wirklichkeiten ist mit Alfred Schütz' Konzepten zum *Sinnhaften Aufbau der Welt* systematischer zu fassen als dies Langer mit den von ihr entwickelten Bedeutungstypen ermöglicht. Schütz bestimmt grundlegende Bedeutungsrelationen auf der Basis von Husserl als verschiedene Appräsentationsschemata. Er geht davon aus, dass die aktuale Wahrnehmung von Gegenständen die Mitgegenwärtigkeit von Wahrnehmungseindrücken nicht sichtbarer Seiten voraussetzt, um überhaupt Gegenstände in ihrer Extension sehen zu können. Diesen Grundgedanken differenziert er in verschiedene Bezugsschemata der Mitgegenwärtigkeit mit dem Ziel, damit eine Grundlage für die theoretische Erfassung der Gliederung der sozialen Sinnwelt zu schaffen. Im *Apperzeptionsschema* wird ein Gegenstand als solcher wahrgenommen, indem seine nicht sichtbare Rückseite im Hinblick auf einen handlungsorientierten Umgang mit einer *Welt in Reichweite* mitgegenwärtig wird. Die sicht-, hör-, riech- oder fühlbare Welt in Reichweite führt die im Augenblick der Wahrnehmung unbestimmbare und lediglich appräsentativ gegenwärtige Rückseite der wahrgenommenen Gegenstände als offenen Horizont mit sich. Zudem werden Gegenstände, die (noch) nicht sicht-, hör-, riech- oder fühlbar sind, in einem einfachen *Appräsentationsschema* angezeigt und öffnen dadurch die Welt in Reichweite in eine *Welt in potentieller Reichweite*. Dieses Appräsentationsschema erfüllt die von Langer beschriebene Anzeichenfunktion, indem sicht-, hör- oder fühlbare Gegenstände mit anderen, (noch) nicht sicht-, hör- oder fühlbaren unmittelbar, zum Teil intuitiv als ‚Paar' verbunden sind (wie zum Beispiel Blitz mit Donner, Baustellenschild mit Baustelle). Diese Form appräsentativer Paarung kann sozial geteilt werden (Verkehrsschilder), ist aber nicht darauf angewiesen. Appräsentative Paarungen zwischen Anzeichen und mitvergegenwärtigten Gegenständen/Sachverhalten können auch für einzelne Individuen als Bedeutungsbeziehung fungieren. Ein bestimmtes Haus kann zum Beispiel nur für mich als sichtbares Anzeichen dafür fungieren, dass ich bei der nächsten Kreuzung rechts abbiegen muss, um zu einem bestimmten Ziel zu gelangen. Im *Verweisungs- und Deutungsschema* wird dagegen ein ganzer Bereich von Gegenständen, ihre Eigenschaften und Zusammenhänge in den in der *Alltagswelt* intersubjektiv erzeugten und geteilten Bedeutungen appräsentiert. Diese führen wiederum einen offenen Horizont von in der Alltagswelt intersubjektiv unter Umständen nicht geteilten Bedeutungen mit sich, welche in der *symbolischen Appräsentation* (wie zum Beispiel in einem Gedicht, einem Bild, einer Theorie) als *sinnweltspezifische Erfahrungs- und Sinngehalte* vorstellig werden. Die Fotografie einer Personenkonstellation kann – wie in der Bildinterpretation I gezeigt – neben dem intersubjektiv geteilten Verweisungszusammenhang, dass es sich dabei um eine Familie handelt, auch einen abstrakten Zusammenhang von Erfolg, Reichtum und Macht als Sinngehalt vorstellig werden lassen. Die mit symbolischen Appräsentationen verbundenen Bedeutungen können Schütz zufolge sozial geteilt werden, müssen es aber nicht. Ihr Auftreten kann auf spezifische Sinnwelten oder gar einzelne Individuen beschränkt sein.

Schütz führt zudem das Konzept der offenen Horizonte als konstitutive Dimension der Entstehung von Bedeutung und Sinn ein. Bedeutungsrelationen bilden sich ihm zufolge immer im Bezug auf offene Horizonte, die im Zusammenhang mit den verschiedenen Appräsentationsschemata als jeweils spezifische erkannt werden können. In anderen Worten: Mit der Konzeption von Schütz wird näher bestimmbar, in welchen offenen Horizonten ‚etwas' – ein *Terminus* als Anzeichen oder Symbol – ‚für jemanden' in Bezug auf welche Sinnwelt – die *Welt in (potentieller) Reichweite*, die sozial geteilte Welt des Alltags oder aber eine spezifische Sinnwelt – etwas bedeutet. Sichtbares und nicht Sichtbares, die Relevanz, aber auch die Grenzen sozial geteilten Wissens im Horizont von Unbekanntem und Fremdem werden für die Bedeutungs- und Sinnbildung konstitutiv. In Bezug auf Interpretationsprozesse hat dies zur Konsequenz, dass in und mit Bildern sowohl sozial geteilte, als auch sinnweltspezifische und nicht zuletzt idiosynkratische Sinnbezüge in unterschiedlichen Horizonten relevant werden können.

Schütz diskutiert Appräsentationsbeziehungen im Zusammenhang mit der Konstitution verschiedener Sinnwelten ohne sich der Spezifik der Bildwahrnehmung systematisch zuzuwenden. Die Besonderheit der Bildwahrnehmung gegenüber der appräsentativen Dingwahrnehmung lässt sich mit den von Wiesing vergleichend dargestellten phänomenologischen Bildkonzepten spezifischer diskutieren. Dabei wird deutlich, dass nicht alle phänomenologischen Bildkonzepte davon ausgehen, dass sich die Bildbedeutung überhaupt in Appräsentationsbeziehungen in Bezug auf Wahrnehmungen einer gegenständlichen Welt konstituiert. Lediglich für Husserl ist die Bildwahrnehmung mit der Dingwahrnehmung eng verbunden, wenn auch in ‚widerstreitender Weise'. Auf der einen Seite wird Husserl zufolge mit der Wahrnehmung einer bildlichen Darstellung eine Dingwahrnehmung aus früheren nicht-bildlichen Wahrnehmungssituationen appräsentiert. Nur so können Gegenstände als solche erkannt werden, obwohl im Bild ausschließlich *eine* ihrer Seiten sichtbar ist. Die Rückseite der Gegenstände kann in der bildlichen Wahrnehmung nicht durch eine Bewegung um den Gegenstand herum vergegenwärtigt werden und ist deshalb ausschließlich in der Vorstellung mitgegenwärtig. Auf der anderen Seite wird ein im Bild dargestellter Gegenstand gerade dadurch, dass er ‚flach' bleibt, auch wenn seine räumlichen Bezüge als Vorstellung appräsentiert werden, *als Bild* von einem Gegenstand und nicht als der Gegenstand selbst wahrgenommen. Die Bildwahrnehmung oszilliert zwischen appräsentierter Dingwahrnehmung und der Wahrnehmung eines *Bildes von* einem Ding.

Merleau-Ponty wiederum schlägt vor, die Dingwahrnehmung bei der Bildwahrnehmung gänzlich einzuklammern, um so die Art und Weise der Darstellung als eine im Bild fixierte und dadurch reflexiv zugängliche *Sichtweise* thematisch werden zu lassen. Die durch das *Wie* der Darstellung, seinen *Stil* entstehenden Sinngehalte, die nicht von appräsentativen Gegenstandsbezügen getragen werden, rücken in den Vordergrund. Im Stil oder der Form des Bildes werden latent bleibende Sichtweisen zugänglich. Schließlich wird mit diesem Zugang die grundlegende Frage relevant, wie Bedeutungszusammenhänge über die Erzeugung von *Sichtbarkeit* ganz generell entstehen.

Die von Langer entwickelte Vorstellung von Sinngeweben, die sie auf der Basis in sich funktional organisierter sowie nach symbolischen Formen spezifisch strukturierter Bedeutungsrelationen entstehen sieht, wird mit dem phänomenologischen Bildverständnis von Merleau-Ponty als leiblich fundiertes Ausdrucksgeschehen noch präziser fassbar. Bedeutung entsteht dieser Vorstellung nach ebenfalls gestalthaft im relationalen Zwischenbereich der Wahrnehmung einzelner Elemente als Formzusammenhang durch ein erfahrendes Subjekt. Merleau-Ponty betont das ‚Zwischen' den Elementen noch konsequenter als Langer und löst die bei ihr angelegten Subjekt – Objekt Relationen noch weiter auf. Damit gelingt es ihm, die spezifische Qualität von bildlichen Kunstwerken – und des künstlerischen Ausdrucks generell – zu beschreiben. Nicht-künstlerischen Bildern ist allerdings auch ein *Stil* und somit ein Ausdrucksgeschehen eigen, auch wenn sich ihr Bedeutungs- und Sinngehalt vornehmlich über ihre Darstellungs*funktion* bildet. In nicht-künstlerischen Bildern muss sich jeweils erst erweisen, ob funktionale Bedeutungsbeziehungen gegenüber einem funktional nicht erfassbaren Ausdrucksgeschehen überwiegen oder aber in welchem Verhältnis diese sich jeweils zueinander verhalten. Insofern ist der Ansatz von Langer mit phänomenologischen Bildkonzepten gut zu ergänzen. Denn phänomenologische Bildkonzepte sind gegenüber Langer, so meine ich, klarer im Hinblick darauf, *wie* der präsentativ-bildliche Bedeutungszusammenhang als ein Zusammenhang von Wahrnehmung, Imagination und Wirkung entsteht.

Prinzipiell erscheint es mir sinnvoll, bei der Bildwahrnehmung davon auszugehen, dass sowohl der Dingwahrnehmung entsprechende Appräsentationsbeziehungen in ‚widerstreitender Weise' mit der Wahrnehmung der dargestellten Gegenstände als Bild, als auch sichtbar gemachte rein imaginäre Vorstellungen ohne Bezug zur Wahrnehmung von Dingen bei der Konstitution der jeweiligen Bildbedeutung relevant oder gar entscheidend sein können. Es gilt jeweils am Bildgegenstand selbst zu bestimmen, in welcher Weise appräsentierte Dingwahrnehmungen sowie sichtbar gemachte ‚reine Imagination' in seinen Bedeutungsrelationen eine Rolle spielen.

Boehms Konzept der *Ikonischen Differenz* setzt die Spezifik des *Zeigens* über *Kontraste*, die er in der Sichtbarkeit bzw. sinnlichen Wahrnehmung der Materialität eines Bildes und zugleich im Imaginären als Verhältnis von Bestimmtem und Unbestimmtem verankert sieht, für die Entstehung bildlichen Sinns zentral. Nach seiner Auffassung *zeigen* Bilder in einer simultan und zugleich sukzessiv wahrgenommenen Präsenz von Verschiedenem auf einer Bildfläche *etwas* und erzeugen dadurch – auch ohne einen die gegenständliche Welt repräsentierenden Bezug – Bedeutung und Sinn. Die Präsenz von Verschiedenem auf einer Bildfläche stellt sich Boehm zufolge im Wesentlichen als Gestalt durch Figur – Grund Kontraste her, die in einem *deiktischen Akt* etwas *ansichtig* werden lassen, ohne prädikativ darauf zu verweisen. Boehm bezieht sich – wie Langer – in zentraler Weise auf gestalttheoretische Argumentationsfiguren, denen zufolge Bedeutung und Sinn aus der Relation verschiedener Elemente in Bezug auf eine Gesamtgestalt hervorgeht. Durch den Kontrast etwa von Farben, Formen und Linien im Verhältnis zueinander sowie zu einem Bildgrund, mit dem wiederum ein unsichtbarer Horizont appräsentativ mitgegenwärtig ist, entsteht eine Gestalt als Figur – Grund Konstellation, die sich durch Aufmerksamkeitsverschiebungen verändern, aber nicht aufgehoben werden kann. In diesem Kontrastverhältnis konstituieren sich sichtbare Figuren[69] in Bezug auf einen Grund und vice versa. Gleichzeitig wird mit dem Grund, vor dem eine Figur hervortritt, ein nicht sichtbarer Hori-

69 Figur in diesem Sinne meint nicht notwendigerweise eine figürliche Darstellung von Gegenständen. Bei einer Figur, die sich gestalthaft vor einem Grund abhebt, kann es sich auch um Farbkleckskonfigurationen handeln, die keinen dinghaften Bezug entstehen lassen und dennoch im Kontrast zu einem *Grund* als *Figur* wahrgenommen werden.

zont mitgegenwärtig. Der Kontrast zwischen Sichtbarem und Unsichtbarem und mit ihm zwischen Bestimmtem und Unbestimmtem wird bei Boehm, der sich diesbezüglich an Husserls phänomenologisches Grundkonzept der Entstehung von Bedeutung anlehnt, bildkonstituierend.

Mit dieser Konzeption lässt sich eine gegenüber Langer präzisere Vorstellung davon gewinnen, wie Bilder als ‚flache' materielle Gegenstände mittels *Kontrasten* zwischen Farben, Formen und Linien, zwischen Figur und (nur teilweise) sichtbarem Grund mit Bezug auf einen unsichtbaren Horizont Sinn erzeugen. In diesem Zusammenhang versteht Boehm das Potential einer spezifischen *Wirkung* von Bildern, welche sich der sprachlichen Artikulation entzieht, als Teil des Sinnbildungsprozesses. Er trifft sich hier insoweit mit Langer, als auch er vorprädikative und vorbegriffliche Vorgänge als Prozesse der Symbolisierung, als Umschlagen von sichtbarer Materialität in immaterielle Vorstellung und Sinn auffasst. Damit ist auch Boehm zufolge die in der Anschaulichkeit bzw. im Zeigen enthaltene Wirkung nicht vornehmlich als Zeichenbeziehung bzw. als ein Repräsentationszusammenhang zu verstehen. Zugleich wirft dies die methodologisch-methodische Frage auf, wie ein sprachlich nur schwer oder gar nicht artikulierbarer bildlicher Sinn in auf Sprache angewiesenen Interpretationsprozessen zugänglich gemacht werden kann.

Eine Verbindung zwischen dem epistemologisch verankerten Konzept der Bedeutungsrelationen bei Langer und phänomenologischen Bildkonzepten, in denen offene Horizonte, in Bezug auf die sich eine Bedeutungsrelation konstituiert, eine wesentliche Rolle im Prozess der Erzeugung bildlichen Sinns spielen, verspricht meines Erachtens, das Spannungsverhältnis von Bestimmbarem und Unbestimmbarem konzeptionell so zu fassen. Eine Bildinterpretation kann sich an der Rekonstruktion von plausibel zu machenden Bedeutungsrelationen orientieren ohne dabei in Willkür zu verfallen, und zugleich Bedeutungsverschiebungen durch offene Horizonte als einen zentralen Aspekt bildlichen Sinns ansehen. Dadurch bleiben Interpretationen prinzipiell offen. Auch aus einer Verbindung zwischen dem Konzept *symbolischer Formen* und spezifischen Aspekten der *Bildlichkeit* lässt sich meines Erachtens eine methodologische Grundlage formulieren. Die *Form der Symbolisierung* ist hierbei konstitutiv vor allem für die mit einem Bild verbundenen latenten Bedeutungen und Sinnzusammenhänge, die sich zugleich in der *Sichtbarkeit* von Farben, Linien sowie Figur – Grund Kontrasten, konstituieren. Das sichtbar und manifest Dargestellte verschmilzt mit der latent bleibenden Form seiner Darstellung.

Im Hinblick auf spezifische Bedeutungs*formen* führt Langer die zentrale Unterscheidung zwischen *präsentativer* und *diskursiver* Symbolisierung ein. Präsentative Symbolisierung in und mit Bildern zeichnet sich dadurch aus, dass *simultane* Gegebenheiten verschiedener Gegenstände und Sachverhalte in einer gestalthaften Beziehung bildlicher Elemente (Farben, Formen, Linien, Kontraste, etc.) vorstellig werden. Sie sind Ergebnis eines gleichzeitig prozessual die einzelnen Elemente in Beziehung setzenden wie simultan die Gesamtgestalt erfassenden Wahrnehmungsprozesses. Für Bilder im präsentativen Modus spezifisch ist demnach die Möglichkeit, mit Gleichzeitigkeiten, Überlappungen, räumlichen Beziehungen, unauflöslichen Widersprüchen verbundene und *so* sprachlich nicht artikulierbare Erfahrungsgehalte und begriffliche Zusammenhänge mehr oder weniger bewusst gestalten und darstellen zu können. Im Unterschied dazu bieten diskursive Symbolisierungsprozesse ihre Elemente nacheinander in syntaktisch nach einer Grammatik regelhaft geordneten Sequenzen dar. Sie eignen sich vor allem für die Gestaltung und Darstellung zeitlicher, räumlicher und auch begrifflicher Phänomene mit einem bestimmbaren Aussagegehalt.

Die Form der Symbolisierung ist Langer zufolge jedoch nicht an ein Objekt oder Medium gebunden. Auch Bilder können die Form diskursiver Symbolisierung annehmen ebenso wie Sprache präsentativ symbolisieren kann. Die Form der Symbolisierung entsteht vielmehr durch die Beziehungen zwischen den Elementen in einer bestimmten Gestalt. Darüber hinaus können sich präsentative wie diskursive Formen der Symbolisierung überlappen und innerhalb eines Bildgegenstandes gleichermaßen relevant werden. Mitchell hat dafür das Konzept des *image-textes* entwickelt, das den Verflechtungszusammenhang nicht nur zwischen Sprache und Bild, sondern auch zwischen präsentativen und diskursiven Formen der Symbolisierung als Annahme plausibel werden lässt, ohne die Differenz zwischen den verschiedenen Formen aufzugeben. Ob also ein Bildgegenstand vornehmlich präsentativ den simultanen Zusammenhang verschiedener bildlicher Elemente, die für sich allein genommen keine Bedeutung haben, vorstellig werden lässt, oder aber sich in einer syntaktischen und damit diskursiven Ordnung darbietet – etwa in ikonographisch festgelegten Bedeutungszusammenhängen –, oder beides gleichzeitig geschieht, bleibt eine am jeweiligen konkreten Bildgegenstand zu beantwortende Frage. Da die Form der Symbolisierung in der alltäglichen oder flüchtigen Bildbetrachtung in der Regel unthematisch bleibt, erfordert ihre Erschließung eine explizite Zuwendung.

Ein methodischer Zugang zur Interpretation von Bildern zielt vor allem auf die Frage, wie die manifesten und zugleich latenten Prozesse der sich in einem *Sinngewebe* gestaltenden Bildbedeutungen und Sinnpotentiale erschlossen werden können. Damit ist die Herausforderung verbunden, die jeweils spezifische Verflechtung von Formen der Symbolisierung mit bestimmten Bedeutungsfunktionen und Bedeutungstypen[70] zu entschlüsseln. Es geht darum, Repräsentations- wie auch performative Gestaltungspotentiale von Welt in Form von Bildern zugänglich zu machen, auch wenn sich die jeweiligen Bedeutungspotentiale nicht in allen Bildern glei-

70 Bedeutungstypen sind Langer zufolge mit verschiedenen Erfahrungsgehalten sowie sozialen Sinnwelten wie zum Beispiel Religion, Mythos, Kunst, Wissenschaft, verbunden (siehe S. 48f).

chermaßen realisieren. Wir können Bilder als ein ‚transparentes Fenster' sehen, durch das hindurch wir eine nicht-bildliche Welt appräsentativ wahrnehmen und (wieder)erkennen. Wir können Bilder aber auch als mehr oder weniger opake Fläche sehen, auf der sich ‚etwas' ohne appräsentativen oder repräsentativen Bezug auf eine gegenständliche Welt *zeigt* und in der Ansichtigkeit in spezifischer Weise Bedeutungs- und Sinnpotentiale entfaltet. In einer methodisch-interpretativen Zuwendung zu Bildern gilt es daher, sowohl die Bedeutungsgehalte, die durch ihre Transparenz, als auch jene, die durch ihre Opazität entstehen, als gestalthaften Zusammenhang zu sehen. Denn jedes Bild zeigt ‚etwas' und zugleich ‚sich selbst' ‚für jemanden', wie Langer, Wiesing, Boehm und andere prägnant formulieren. Welcher Bedeutungszusammenhang in einem konkreten Bild relevanter wird, seine die Welt repräsentierenden oder seine Sichtweisen und die Sichtbarkeit selbst konstituierenden Bezüge, kann meines Erachtens nicht vorab theoretisch-konzeptionell entschieden werden. Vielmehr lädt diese Frage dazu ein, anhand konkreter Bildgegenstände die potentielle Vielfalt von Bedeutungs- und Sinnbezügen zu rekonstruieren. Dies gilt auch für das Potential von Bildern, ein Eigenleben zu entwickeln und dadurch Macht über BetrachterInnen zu gewinnen. Prozesse der Verlebendigung von Bildern gehen mit körperlich-leiblichen Bezugnahmen einher und entfalten sich vor allem in spezifischen Gebrauchsweisen.

Bild und Körper

Die Verbindung zwischen Bildern und dem ‚Lebendigen' lässt verstehen, warum der Körper in nahezu allen bildtheoretischen Konzepten eine wesentliche Rolle spielt. Konzeptionell wird der Körper auf unterschiedlichen Ebenen der Bilderzeugung relevant gesetzt. Diese seien hier lediglich kursorisch eingeführt um nachvollziehbar zu machen, warum die Rolle des Körpers in der Bilderzeugung – die immer Prozesse der Herstellung im Sinne einer Produktion wie der Wahrnehmung von Bildern einschließt – in einem eigenen Kapitel ausgeführt wird, um auf dieser Grundlage methodologisch-methodische Konsequenzen für die Bildinterpretation zu formulieren.

Bei Langer spielt der Körper als Träger sinnlicher Wahrnehmung eine zentrale Rolle: Symbolische Gestaltbildung findet bereits in an die Sinnesorgane gebundenen Wahrnehmungsprozessen statt. Was mit den Augen, Ohren, Händen, über Geschmack und Geruch wahrgenommen wird, geht ihr zufolge im Prozess des Wahrnehmens mit einer geistigen Formbildung einher. Schütz weist auf die leibliche Zentrierung der Wahrnehmung hin, von der aus ein räumliches wie zeitliches Koordinatensystem der eigenen Orientierung konstituiert wird. Zeit- und Raumbezüge werden auch von Wiesing mit Husserl als eine grundlegende appräsentative Verbindung zwischen Bild und Welt formuliert. Boehm argumentiert darüber hinaus, dass die gestalthafte Hervorbringung bildlichen Sinns in Prozessen des

Zeigens im Sinne der Hervorbringung von figurativen Gesten vor dem Hintergrund einer ‚leiblichen Grundierung' stattfindet. Das Zeigen ist zugleich auf ein *Sehen* und damit auf köper-leiblich gebundene Blickbeziehungen zwischen Bild und Betrachter angewiesen. Diesen Aspekt hat vor allem Hans Belting in seinem bildtheoretischen Konzept ausgearbeitet. Er versteht das Sehen in Verbindung mit anderen Sinneswahrnehmungen als synästhetischen Prozess und den Körper generell als den *Ort der Bilder* und zugleich als Medium der Darstellung. Werden diese Aspekte als sich gegenseitig nicht ausschließende zusammengefasst, dann spielt der Körper auf der Ebene der sinnlichen Wahrnehmung der Welt ebenso wie auf der von Bildern, auf der Ebene leiblicher Positionalität und affektivem Erleben, die im Anblick von Bildern appräsentiert oder auch erst erzeugt werden, sowie auf der Ebene sozialer Interaktionen in und mit Bildern und nicht zuletzt als Medium eine zentrale Rolle.

Bild und Medium

Die diskutierten Bildtheoretiker teilen die Auffassung, dass Bilder eines Mediums im Sinne eines materiellen Trägers bedürfen, auf dem sie als sichtbare erscheinen. Bildmedien sind jedoch keine sinnneutralen Gebilde, sondern tragen ihrerseits mit ihrer Spezifik – etwa als Zeichnung oder Ölgemälde, als analoge oder digitale Fotografie, als Röntgenbild, Sonographie oder Diagramm – nicht unwesentlich zur Entstehung bildlichen Sinns bei. Sie sind zudem eingebunden in historische Entwicklungen medialer Techniken im Zusammenhang mit deren Gebrauch, in denen sich Sichtweisen auf die Welt immer wieder neu strukturiert haben und strukturieren. Diesem Aspekt wird am Beispiel der Fotografie nachgegangen.

Bildinterpretation II: Körper im Bild – eine Fotografie von Helmut Newton[71]

Den Fotografien von Helmut Newton begegnete ich zuerst in einem von mir geleiteten Seminar zur *interpretativen Bildanalyse*, in dem sie von Studierenden als Analysematerial vorgeschlagen wurden mit der Frage, ob sie ‚sexistisch' seien oder aber ein emanzipatorisches Bild von ‚starken Frauen' zeichneten. Die Autorinnen einer Hausarbeit kamen nach einer Analyse von zwei verschiedenen Fotografien, die in der Seminargruppe diskutiert wurden, zum Ergebnis, dass in einem der ausgesuchten Fotografien der dargestellte Frauenkörper bzw. sein Torso (Newton 2000: 73) tatsächlich Ansätze der Präsentation eines sexuell verfügbaren Objekts enthalten. Unentschieden blieb allerdings, ob dies in kritischer oder affirmativer Absicht oder Wirkung geschieht. In einem anderen Bild (Newton 2000: 46) wurde dagegen vor allem ein neues Frauenbild gesehen, in der die Frau die Definitionsmacht über das sexuelle Geschehen beanspruche. Diese Kontroverse war eingebettet in eine breitere, auch öffentlich geführte Debatte anlässlich einer Ausstellung zu Fotografien von Helmut Newton in Berlin, die sehr konträre Eindrücke und Positionen provozierte. Deutlich war, dass sie bei den Teilnehmerinnen am Seminar hohes Interesse geweckt hatte und eingebettet war in ihre Auseinandersetzung mit Frauenbildern, mit denen sie sich identifizieren konnten oder von denen sie sich abgrenzen wollten.

71 Dieser Abschnitt ist eine überarbeitete Fassung der in Breckner 2003 bereits veröffentlichten Bildinterpretation. Sie hat von vielen konstruktiven Hinweisen von KollegInnen profitiert, die ich hier nicht alle aufzählen kann. Ihnen allen sei für ihr Interesse und ihre Unterstützung gedankt. Besonderen Dank möchte ich Elfie Miklautz für ihre eingehende Lektüre und lange produktive Gespräche, Klaus Schmals für seine anhaltende Neugier, Ermutigung und zahlreiche Anregungen sowie Hermann Kogler für einen vergnüglichen Interpretationsabend, bei dem ich viel von seinen schauspielerischen Körperkenntnissen und seinem genauen Blick gewann, aussprechen.

Diese Erfahrung wurde für mich zum Anlass, in einem folgenden Seminar zur *Analyse von Körperbildern*[72] Fotografien von Helmut Newton nicht nur als eines unter mehreren Analysematerialien, sondern auch konzeptionell ins Seminar einzuführen. Die Diskussion gestaltete sich hier jedoch sehr unterschiedlich. Insgesamt war sie geprägt von einem sehr verhaltenen Zugriff auf die zur Auswahl angebotenen Fotografien und den in ihnen dargestellten Frauenfiguren. Es war schwer auszumachen, ob die Provokation, die von den Fotografien ausgeht, abgewehrt wurde – hier und da wurde ein Kichern vernehmbar, als die Bildbände durch die Reihen gereicht wurden –, oder aber ob sie bei den Studierenden dieses Seminars – bis auf einen Mann 35 Frauen – nicht ‚griff'. Die Hintergründe hierfür können nur als mögliche Lesarten rein hypothetisch eingeführt werden, weil die Reaktionen nicht systematisch aufgezeichnet und untersucht worden sind. Denkbar ist, dass für die Generation im Übergang von der DDR in die BRD, die in den Fotografien von Helmut Newton entwickelten Fragen und Themen die Relevanzschwelle nicht überschritten. Denkbar ist aber auch, dass die durch seine Bilder aufgeworfenen und provozierten Themen, neben den in einem Transformationsprozess ohnehin reichlich vorhandenen alltäglichen Herausforderungen, als ‚zu dicht' und damit zu bedrohlich empfunden wurden. Zum dritten ist auch denkbar, dass im ikonischen Erfahrungshaushalt dieser Generation keine Anknüpfungspunkte für Helmut Newtons spezifischen Stil vorhanden waren, auf die sie sich in der Betrachtung seiner Fotografien hätten beziehen können.[73] Um der Frage näher zu kommen, was an den Fotografien von Helmut Newton provoziert, soll im folgenden anhand der Interpretation *einer* Fotografie untersucht werden. Die Analyse ist exemplarisch angelegt und zielt nicht auf ein inhaltlich abgeschlossenes Ergebnis.

Folgen Sie zunächst meiner ersten Bildwahrnehmung.

72 An der Universität Halle am FB Erziehungswissenschaften im SoSe 2001.

73 Als kontrastierenden Eindruck zu der in der DDR dominanten Bilderwelt, insbesondere was die öffentliche Darstellung von Geschlechterbeziehungen angeht, vgl. Dölling 1990.

Mein Blick fiel zuerst auf die Frau als Ganze, fast zugleich aber auch auf den Mann, wanderte von seinem Körper zu seinem Gesicht und von dort zum Gesicht der Frau. Danach ging der Blick zurück auf das Bett. Schließlich fiel mir die Lampe auf und nahezu gleichzeitig (wieder) der Tapetenhintergrund, der zu Beginn schon sehr präsent war.

In der ersten subjektiven Wahrnehmung gab es demnach zwei nahezu simultane Sequentialitäten: Der Blick erfasste Frau und Mann fast gleichzeitig, wanderte aber zuerst von ihr zu ihm und gleich wieder zurück von ihm zu ihr. Zunächst war ich damit beschäftigt, mir ‚ein Bild‘ von der zwischen den beiden Figuren aufgebauten Spannung – sie nackt, er förmlich gekleidet – zu machen. Dies hat vermutlich auch die Wahrnehmungsfolge mitbestimmt. Zum einen fordert die Nacktheit der Frau im Kontrast zum Mann dazu heraus, weshalb der Blick vermutlich zuerst auf sie fiel, sich aber fast gleichzeitig auf die Suche nach der Spannung *zwischen* den beiden begab, wahrscheinlich um mich deren Beziehung zu vergewissern. Wir könnten nach diesem ersten Zugang schon vermuten, dass das, was zwischen diesen beiden Figuren passiert, bildbestimmend ist.

Sehen wir uns den formalen Bildaufbau an um zu erkunden, inwieweit mein Blick neben den subjektiven Wahrnehmungspräferenzen[74] unter Umständen auch davon ‚gelenkt' wurde. Folgen wir dem *Aufbau der Bildfläche*, bildet der Mann das ikonische Zentrum, welches vor allem durch die Lichtführung und hell-dunkel-Kontraste bestimmt ist. Die Schatten zeigen, dass das Licht von rechts ausgeht. Es wird von Sonnenlicht erzeugt, das durch ein in diesem Abzug nicht sichtbares Fenster[75] einströmt. Die Lichtspuren an der Wand und am Boden formen einen Kegel, der in der *Bildfläche* auf den Mann zuläuft. Dadurch, dass der Mann frontal von Licht beschienen wird, stellt er mit seinem schwarzen Anzug den stärksten hell-dunkel-Kontrast im Bild dar. Die Frau setzt sich durch ihren seitlich von Licht bestrahlten Körper von einem im Schatten liegenden Hintergrund ab. Hier sind die Kontraste nicht so scharf. Sie ist allerdings die größte helle Fläche im Bild und steht in der *Raumperspektive* im Fluchtpunkt. Die Kamera ist dem Bild gegenüber nicht zentral, sondern seitlich vor der Figur der Frau positioniert. Dadurch wird letztere ebenfalls zum ‚Blickfang'. Auch formal gesehen baut sich eine Spannung auf, nun zwischen zwei Bilddimensionen, der Bildfläche und der Raumperspektive, in denen die Figuren jeweils zentral gesetzt sind.

Um genauer rekonstruieren zu können, welche Spannung sich wie im Bild aufbaut, wird im folgenden die Fotografie in ihre im Wahrnehmungsprozess sowie durch die formale Betrachtung als wesentlich erkannten Elemente in Form von Segmenten ‚zerlegt'. Diese werden zunächst jeweils für sich und dann in Beziehung zu den anderen genauer betrachtet. Mit welchem Segment soll aber begonnen werden?[76] Da die Raumperspektive in

74 Unter subjektiven Wahrnehmungspräferenzen verstehe ich Wahrnehmungsmuster, die sich im Laufe einer Lebensgeschichte entwickeln. Natürlich sind sie sozial und gesellschaftlich eingebettet, allerdings biographisch um die jeweilige Person zentriert. Somit können sie sich voneinander auch deutlich unterscheiden. Dies wurde etwa in der unterschiedlichen Reaktion von FreundInnen und KollegInnen beim ersten Anblick dieser Fotografie anschaulich. Die Beziehung zwischen den Figuren wurde fast durchgehend als zentrales Geschehen und Element erblickt, die Wahrnehmung der einzelnen Figuren unterschied sich jedoch sichtlich voneinander, nicht zuletzt danach, ob ein Mann oder eine Frau das Bild ansah. Diesem Aspekt nachzugehen würde hier jedoch zu weit führen.

75 Diese Fotografie habe ich in drei verschiedenen print-Publikationen von Helmut Newton sowie im Internet gefunden, bei denen geringfügig veränderte Ausschnitte vom Negativ gezeigt werden. Meine Interpretation bezieht sich auf die Publikation in Newton 2000a: 75.

76 Bei gemeinsamen Experimenten vorwiegend in studentischen Seminaren wurde deutlich, dass entlang vom Bildaufbau in der Regel ähnliche Segmente identifiziert werden, die Reihenfolge und der Detaillierungsgrad ihrer Wahrnehmung jedoch deutlich variieren kann.

dem hier ausgewählten Ausschnitt gegenüber der Bildfläche eher in den Hintergrund rückt, folgen wir vor allem dem Bildaufbau in der Fläche und beginnen mit dem Mann als erstem Segment.[77]

Auffällig ist zunächst die Körperhaltung. Die Entspanntheit der Schultern kontrastiert mit den zusammengelegten Knien, welche disziplinierte Zurückhaltung bis hinunter zu den penibel parallel gestellten Füßen signalisieren. Im Schoss sind die Hände gefaltet, nahezu als wolle der Mann eine Gebetshaltung einnehmen. So könnte jemand auf einer Kirchenbank sitzen, den Blick auf einen Pfarrer, oder ein Heiligenbild gerichtet. Auf jeden Fall ist die Bewegung – das zeigen nicht zuletzt die gefalteten Hände – in diesem Körper stillgestellt. Er macht nicht den Anschein, sich in Bewegung zu befinden oder im nächsten Moment eine solche einzuleiten. Dazu müssten sich die Hände öffnen. Er drückt aber auch nicht Starre aus, vielmehr eine beobachtende Erwartungshaltung mit kontrolliertem ‚Unterbau', ohne sich selbst darauf einzurichten, Teil eines Geschehens zu werden.

Der Blick ist auf etwas gerichtet, das sich über der Augenhöhe des Mannes befindet. Er blickt hinauf, legt seinen Hals allerdings nicht frei. Er bleibt also auch dort geschützt und ‚in der Reserve'.

Der Anzug weist darauf hin, dass hier möglicherweise ein feierlicher Anlass zelebriert wird. Die Assoziation vom Kirchgang bleibt bestehen. Damit verweist er auf einen öffentlichen Kontext. Alternativ ist jedoch auch eine Essenssituation in einem bürgerlichen Haus denkbar, bei der alle Teilnehmer ‚picobello' gekleidet sind und in reservierter bzw. die Lustbereiche kontrollierender Erwartung auf die Verteilung der Speisen durch das Personal warten. Die im Lichtkegel hervorgehobenen blankgeputzten Schuhe lassen vermuten, dass sie noch keiner staubigen Strasse ausgesetzt worden sind, oder aber für den Anlass wieder gesäubert wurden. Dies deutet wiederum auf eine bewusste (Selbst-)Inszenierung hin. Insgesamt lässt

77 Dieses Segment ließe sich noch weiter unterteilen. So könnte etwa der Kopf, die Hände, die Füße mit den Schuhen als eigenständige Segmente in den Fokus rücken. Prinzipiell kann die Segmentbildung weiter ausdifferenziert werden, wenn es sich im Analyseprozess als fruchtbar erweist. Hier wird nicht die gesamte Analyse mit allen ihren Detaildifferenzierungen und alternativen Sehweisen vorgestellt. Die Darstellung erfolgt vielmehr ergebnisbezogen entlang der Interpretationslinien, deren Plausibilität im Laufe der Analyse nicht verworfen wurde.

der Mann, nur für sich betrachtet, eine stille, reserviert gediegene Situation erwarten, die durch einen hohen Inszenierungsgrad, zumindest seitens der Figur, bestimmt ist.

Der *Rahmen* erinnert uns daran, dass es sich hier um eine umgrenzte Bildfläche handelt. In deren Proportionen ist der Körpermittelpunkt des Mannes zwar am linken Rand platziert, seine Beine und Füße ragen jedoch über die Bildmitte etwas hinaus. Seine sitzende Haltung lässt ihn klein erscheinen, in der horizontalen Fläche nimmt er jedoch, je nach Negativabzug, entweder nahezu oder sogar mehr als die Hälfte des Raumes ein.

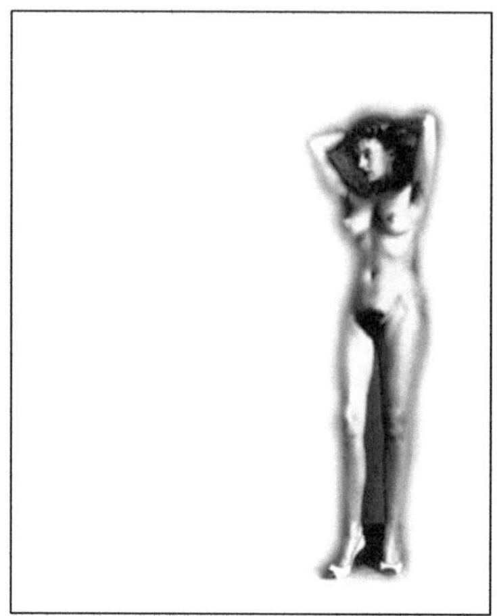

Im zweiten Segment ist eine fast nackte Frau zu sehen, denn immerhin trägt sie auffälligerweise Schuhe. Doch dazu später. Zunächst fällt auf, dass sie aufrecht stehend ihre Hände hinter dem Kopf verschränkt und damit die Aufmerksamkeit auf ihre wohlgeformten Brüste lenkt. Die eine ‚zeigt' nach links in das untere Bilddrittel, zusammen mit dem schräg nach unten gestellten Kopf und Blick, womit ihre Form noch besser zur Geltung kommt. Die andere ‚zeigt' eher nach vorne und wendet sich den Betrachtern des Bildes zu. Der Körper scheint in zwei Richtungen zu weisen: die linke Hälfte nach vorne, die rechte nach rechts. Dadurch bietet sich die eine Hälfte den Betrachtern außerhalb des Bildes, die sich ihm gegenüber frontal positionieren dar, die andere einem Betrachter innerhalb des Bildes, der seitlich positioniert ist. Das rechte Bein ist vorgerückt und baut mit der gegenüber der Brust ebenfalls stärker nach vorne ausgerichteten Schuhspitze eine leichte Barriere zur linken Bildseite hin auf.

Diese Haltung weist ebenfalls einen hohen Inszenierungsgrad auf, denn als spontane ist sie nur schwer einzunehmen.[78] Auch dieser Körper stellt sich trotz der inneren Drehung als unbewegter dar. An ihm sind keine Zeichen einer gerade stattfindenden oder kurz bevorstehenden Bewegung zu erkennen. Vielmehr macht er den Anschein, in dieser *Pose* zu verharren, vielleicht weil es um sie und nichts weiter geht. Dafür spricht auch die Positionierung im Verhältnis zum Licht. Es hebt die linke Brust und den rechten Oberschenkel in einer Weise hervor, dass die wesentlichen körperlichen Reize bestmöglich zum Ausdruck kommen. Dafür sprechen auch die Schuhe, die in einer im Geschehen fotografisch beobachteten und festgehaltenen erotischen Szene kaum in dieser Weise an den Füßen geblieben

78 Wenn Sie es mal selbst versuchen wollen, werden Sie das auch körperlich nachvollziehen können.

wären. Die Schuhe sind damit wesentlicher Teil des Inszenierungsgeschehens. Weibliche Eleganz, Spitzheit im zickigen wie erotischen Sinn, ihr Gebrauch als Waffe, als Mittel zur Verlängerung der Beine und zur Herstellung einer spezifischen Haltung, die ohne solche Schuhe kaum einzunehmen ist, eine andere Zeit – etwa die 20er oder 50er Jahre –, eine spezifische Mode, oder gar Prostitution – das alles kann mit diesen Schuhen verbunden werden. Sie signalisieren Lust an der eigenen Darstellung, die durch den Kontrast zur Nacktheit der Figur noch stärker hervortritt. Was mit den Schuhen an *dieser* Figur verbunden ist, ist noch offen. Deutlich ist nur, dass sie wesentlich zur Inszenierung beitragen. Decken wir sie ab, wirkt der Frauenkörper näher, zugänglicher. Hier schaffen die Schuhe Distanz *und* – in Verbindung mit der Nacktheit – Spannung.

Das Gesicht relativiert die Lesart der Inszenierung einer reinen *Pose* wieder etwas. Der geöffnete Mund, der nach vorne geneigte Kopf und der Blick drücken eine offene und gerichtete Zuwendung aus. Auch die losen, gar zerwühlten, auf jeden Fall in Bewegung gehaltenen Haare setzen der Festgehaltenheit des Körpers etwas entgegen. Vielleicht gehören hierzu auch die Achselhaare, die nicht entfernt wurden und so Teil eines Ausdrucks von Natürlichkeit werden, der seinerseits inszeniert sein kann. Insgesamt schwingt Bewusstheit und Selbstbewusstsein im Umgang mit den eigenen Reizen mit, allerdings auch mit einer Portion Zurückhaltung und Distanz, die zum einen als leichte Schüchternheit, zum anderen als professionelle Distanz gesehen werden kann. Die Unentschiedenheit ist möglicherweise Teil der Inszenierung.

In welcher Art von Szenen ist so eine Körperhaltung und Figur denkbar? Sie könnte in einer Präsentation gegenüber einem (neuen) Liebhaber ebenso Sinn machen – obwohl dann der hohe Inszenierungsaufwand erklärungsbedürftig würde – wie in einem Liebesspiel eines Paares, das starke inszenatorische Elemente mag oder braucht, um sich zu stimulieren. Natürlich macht so eine Pose auch im Kontext von Prostitution Sinn, wobei hier der bildinszenatorische Aufwand als eine eigene Komponente interpretationsbedürftig würde. Dieser würde sich von selbst erklären in einer Casting-Situation für einen Film, Fotowettbewerb oder dergleichen.

In der Bildfläche ist diese Figur im rechten Drittel platziert, ohne sich jedoch in Spannung zum Rand zu begeben. Sie bleibt Teil des Bildgeschehens, ohne ein *Außerhalb* zu signalisieren oder einzuführen. Das unterstreicht wiederum eine gewisse Statik der Szene, die bildlich nicht in narrative Hinweise auf ein ‚woher' oder ‚wohin' aufgelöst wird.

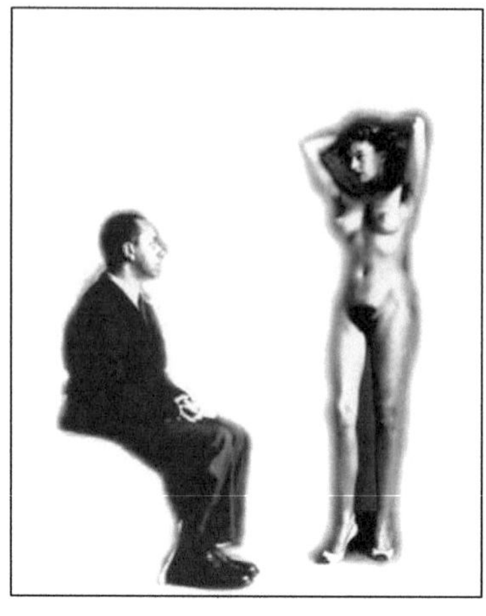

Wenn wir die beiden Figuren ohne ihren szenischen Kontext gegenüberstellen wird deutlich, dass ihre Beziehung nicht durch eine spannungsvolle Platzierung in der Bildfläche erzeugt wird, sondern schlicht durch ihre aufeinander bezogenen Blicke und – so ist zu vermuten – durch weitere szenische Elemente.

Sehen wir, welche Hinweise wir auf die thematische Gestaltung des Bildes, d.h. auf die Frage ‚worum es hier geht', in der szenischen Ausgestaltung finden. Wenden wir uns zunächst wieder der Figur des Mannes zu und betrachten ihn in seiner unmittelbaren szenischen Umgebung.

Er ist auf einem Bett platziert, was die Lesarten in Richtung ‚Liebesszene' zunächst verstärkt. Im Bild erscheint das Bett jedoch als Einzelbett. Es wird unwahrscheinlich, dass eine Paarsituation inszeniert wird. Auch dass ein Casting hier ins Bild gesetzt worden ist, kann jetzt ausgeschlossen werden. Bleibt also die Idee des neuen Liebhabers oder der Prostitution, wenn wir von der Figur der Frau ausgehen. Ein Einzelbett wäre allerdings auch für einen ‚realen' Prostitutionskontext sehr unwahrscheinlich. Das schließt dessen Inszenierung, die vor allem die Phantasie anspricht, jedoch nicht aus. Im Kontext dieses Bettes erscheint der Mann mit seiner nahezu vornehmen Erscheinung in einem gut sitzenden Anzug mit Krawatte und blankgeputzten Schuhen in einem eigentümlichen Kontrast. Er scheint nicht zu diesem Bett zu gehören, obwohl er bildlich in ihm ‚eingerahmt' ist. Das Bett sieht zwar auch sauber, glattgestrichen und unbenutzt aus, genauso wie der Mann in seinem Anzug. Er nimmt aber im Sitzen nicht viel Fläche ein und wirkt wie jemand, der sich mit Respekt vor der Intimität eines fremden Bettes darauf gesetzt hat. Das Bett wirkt mit dem Überwurf und den aufgelegten Kissen streng;

die Anordnung strahlt wenig Erotik aus. Bei genauerem Hinsehen fällt jedoch auf, dass sich hinter den Füßen des Mannes ein heller Streifen befindet, der so aussieht als hänge ein Stück Stoff heraus. Durch diesen sehr hellen, aber gegenständlich nur schwer zuordenbaren Lichtpunkt wird eine Irritation erzeugt, die nahelegt, dass hier auch etwas ‚verrutschen' könnte. Aus diesem Ambiente blickt der Mann, ohne erkennbare Gemütsregungen im Gesicht, zur Frau.

Sehen wir uns die gesamte Szene *zwischen* den beiden genauer an.

Der Kontrast zwischen den beiden Figuren könnte nicht größer sein. Sie wird als erotische, wohlgeformte und vermutlich für viele Menschen attraktive Frau inszeniert, er dagegen in reserviert-kontrolliert zurückhaltender Haltung, eingerahmt durch ein eher asexuelles Ambiente. Und dennoch, oder gerade deshalb, entsteht hier Spannung. Der direkte Augenkontakt setzt die beiden Figuren miteinander in Beziehung. Ohne diese wären sie zwei unabhängig voneinander im Raum platzierte ‚Objekte'.[79] Dabei ist die Frau die herausfordernde, ihr Mund ist geöffnet, ihre Augen auf seine gerichtet. Er erwidert zwar ihren Blick, sein Gesicht, mit dem geschlossenen Mund, drückt allerdings eher Ergebenheit, vielleicht auch Anbetung gepaart mit ängstlicher Zurückhaltung, Unsicherheit oder großer Ungewissheit, nicht aber eine unmittelbare Erwartung aus. Er hat sich vielmehr aufs Abwarten und aufs Schauen verlegt, blickt aber nicht ihren Körper, sondern ihr Gesicht an. Dadurch wird die Szene erst erotisiert. Mit der Intensität und der spannungserzeugenden Funktion des Blickes wird darauf verwiesen, dass es hier, auch, um Gefühle, vielleicht gar um Liebe geht – zumindest von Seiten des Mannes. Gleichwohl rückt die Frau in die Position derjenigen, die sich bewegen muss, wenn hier etwas geschehen soll. Dennoch scheint der Mann in seiner ergeben-zurückhaltend-verschlossenen Haltung die Situation zu steuern. Sie müsste sich bemühen, seine Hände und seinen Körper zu öffnen, wenn die Szene weitergehen soll, nicht zuletzt auch in der Vorstellung. Aber soll sie überhaupt weitergehen? Oder besteht ihr Reiz und Ziel lediglich darin, die hier sichtbare Spannung inszeniert und ins Bild gesetzt zu haben, wofür ihr relativ statischer bildlicher Charakter spricht? Handelt es

79 Dies wird sichtbar, wenn die Köpfe der beiden abgedeckt werden. Dann wirken die Körper leblos, auf jeden Fall ist nicht erkennbar, dass sie eine Beziehung zueinander aufgenommen haben, noch, ob sie im Begriff sind, dies zu tun.

sich möglicherweise um die Darstellung einer spezifischen Form von Begehren, die lediglich eine Stimulation sucht, um danach an einem anderen Ort und in einem anderen Kontext die erzeugten Phantasien auszuleben? Auf jeden Fall begegnen sich hier nicht einfach nur Körper, sondern Gesichter und Augen, die zwei sehr kontrastiv inszenierten Figuren angehören. Dennoch verbleibt die Situation in der Schwebe, die Frage, ob es sich um Liebe, Prostitution oder gar beides handelt, offen.

Weitere Kontraste und Ambivalenzen fallen auf, wenn wir uns die Schuhe noch einmal ansehen. Während die des Mannes voll im Lichtkegel platziert sind und in ihrer hoch geschlossenen Form eine gewisse Biederkeit ausstrahlen, drücken die der Frau durch ihre Form und die klassische schwarz-weiss-Gestaltung Eleganz, gar etwas Noblesse aus.[80] Gleichzeitig steht sie mit einem Schuh beinahe ganz auf der dunklen Fläche, womit die Spannung zwischen der belichteten Zurückhaltung des Mannes und der Position der Frau auf der ‚Schattenlinie' erneut betont wird. Wenn es sich hier also um Prostitution handeln sollte, dann in einer stilistisch gehobenen Form.

Dies wird durch die Lampe im Zwischenraum der Figuren unterstützt. Ihr jugendstilartiger Glasfuß und der passende Schirm sorgen für ein kultiviertes Ambiente von geschmackvoller Wohnlichkeit, die dieser etwas bizarren Szene einen Hauch von Normalität verleiht. In der Bildfläche wird sie wiederum Teil der Spannung zwischen den Figuren und nimmt damit eine wichtige Position ein. Sie ist ein heller Lichtpunkt, der *zwischen* Frau und Mann steht und somit Distanz zwischen den Figuren schafft. Deckt man sie ab, rücken die Figuren näher aneinander. Damit würde die Szene allerdings auch auf Frau – Mann – Bett reduziert. Die Lampe sorgt für eine bildliche Öffnung der Figurenkonstellation und schafft nahezu einen eigenen Blickfokus, nicht zuletzt weil sie genau in der Mitte der Bildfläche platziert ist.

80 Dank an Martina Löw und Gabriele Sturm, die mich auf diesen Aspekt hinwiesen.

Der Bildhintergrund gibt als Segment für sich alleine genommen über diese Szene und die Beziehung zwischen den beiden Figuren keine entscheidenden Hinweise. Die auffallend großblumige Tapete enthält zwar eindrückliche zeitliche und kulturelle Referenzen[81] und wirkt wie der Hintergrund eines Gemäldes oder gar wie ein Wandteppich. Damit wird sie Teil einer in Szene gesetzten Situation mit Accessoires, deren Funktion darin bestehen, ein bestimmtes *bildliches Ambiente* zu erzeugen. Bei der zusammenfassenden Betrachtung des Gesamtbildes wird der Tapetenhintergrund allerdings wichtig als Rahmung und Kontrast zum Oberkörper der Frau, deren Frisur zeitlich nicht zum Tapetenmuster passt. Der Zeitsprung erzeugt selbst noch einmal eine bildliche Spannung. Die Aufmerksamkeit bleibt im Bild, weil die Personen und die Accessoires nicht intuitiv in einen kongruenten Zeitrahmen versetzt werden können. Die Komposition, ein Spiel mit verschiedenen Elementen, wirkt dadurch eher wie ein Gemälde als eine Fotografie im herkömmlichen Sinne.[82]

81 Ginge es in diesem Bild um eine Fotografie, aus der wir etwas über die Lebensumstände, soziale Schicht, oder den Geschmack der Bewohner erfahren wollten, würde es sich an dieser Stelle lohnen, Studien über Zeit und Ort, an dem solche Tapeten gebräuchlich waren, anzustellen. Bei dieser Fotografie ist indessen inzwischen deutlich geworden, dass es sich nicht um eine Dokumentarfotografie welcher Art auch immer handelt.

82 Darüber hinaus fällt auf, dass die horizontale Leiste an der Rückwand des Raumes das Bild in zwei Teile teilt. Folgen wir dieser Teilung, ergeben sich neue Ansichten zur Beziehung zwischen Gesicht des Mannes und Oberkörper der Frau und zwischen dem Unterleib mit Beinen der Frau und dem gesamten Körper des Mannes.

Wenden wir uns abschließend den Blickrichtungen als die die Szene bestimmenden und belebenden Elemente im Verhältnis zur Betrachterposition zu. Durch den bildlichen Aufbau der Szene werden die Betrachter zum einen in die Position des Mannes ‚gezogen', um sich die Frau ‚mit seinen Augen' anzusehen. Er definiert den Beobachtungsstandort und damit latent die Identifikationsmöglichkeit. Gleichzeitig ist er nicht nur Beobachter, wie wir, sondern begibt sich in eine Spannung bzw. stellt diese ebenso her wie die Frau; er wird zum Beteiligten. Aber noch viel wichtiger: die Frau ist dadurch nicht mehr reines Objekt. Hier, in der Bildfläche, passiert etwas zwischen zwei sich zueinander in Beziehung setzenden Menschen.

Das Auge der Kamera konstituiert eine zweite Blickrichtung, die raumperspektivisch direkt auf die Frau ausgerichtet ist. Den Blick der Frau, ebenso wie ihr Gesicht und ihren Körper, nehmen wir, weil uns gegenübergestellt, eher als Beobachter wahr. Sie bietet wenig Anhaltspunkte, die Szene ‚mit ihren Augen' zu sehen. Sie ist diejenige, die betrachtet wird und nicht von der aus wir etwas betrachten. Darüber hinaus können wir sie anblicken ohne Gefahr zu laufen, dass sie zurückblickt und uns damit in eine kompromittierende Blickbeziehung verwickelt. Konzentrieren wir uns als Betrachter auf die Position der Frau, wird der Mann zu einer ‚Randfigur'. Dies entspricht jedoch weder der szenischen noch der flächigen Gestaltung des Bildes, in der – wie wir gesehen haben – die Kontraste zwischen den Figuren bildbestimmend sind. Wenden wir uns dieser Spannung zu, wird wiederum die Gestaltung der Bildfläche gegenüber der Raumperspektive in *dieser* Fotografie wichtiger. Die Thematisierungen, die von der Bildfläche ausgehen, in der die beiden Figuren in einer szenischen Situation platziert sind, die Spannung erzeugt, bilden das gegenüber den räumlichen Perspektiven ergiebigere Interpretationsfeld.[83]

Was ist thematisch hier ins Bild gesetzt? Geht es um die Schönheit einer Frau, die von einem schüchternen Mann angebetet wird? Was bedeutet es aber, nicht nur einen Frauenakt fotografisch zum Gemälde zu machen, sondern ihr einen (schüchternen) Anbeter auf einem Bett gegenüberzusetzen? Wozu wird die Frau in den Augen dieses Mannes, etwa einfach zur Geliebten? Das würde seine kontrolliert reserviert-ängstliche Haltung nicht erklären. Eher wahrscheinlich wird, dass es sich um die alte Vorstellung von der *Heiligen* und der *Hure* handeln könnte. Dies würde zumindest die Ambivalenz zwischen Attraktion und Kontrolliertheit auf der Seite des Mannes erklären, vielleicht auch die sichtbaren Anflüge von Angst. Geht es also, wie anfangs bereits assoziiert, um einen schüchternen, gar etwas ängstlichen Mann, der einer schönen Frau wie einem Gemälde oder einer Heiligen gegenübersitzt und vor lauter Anbetung, Angst und Ungewissheit bezüglich der freigesetzten Phantasien nur die Hände falten kann? Ist die mit Anbetung und durchaus auch Wertschätzung unterlegte Zurückhaltung des Mannes im Angesicht von weiblicher Schönheit, die nicht berührt werden kann und/oder darf und die davon ausgelösten Phantasien das Thema?[84] Diese Hypothese erscheint mir aufgrund des Bildaufbaus sehr plausibel.

83 Eine rein raumperspektivische Betrachtung, bei der die Frau ins Zentrum rückte, würde dagegen eher zu Überlegungen hinsichtlich eines konventionellen, (männlich) bestimmten (Kamera-)Blickes auf eine nackte Frau führen. Dies zu zeigen muss anderen Gelegenheiten vorbehalten bleiben.

84 Damit ist möglicherweise eine weitere Dimension verbunden, die ohne eine ausführlichere kulturgeschichtliche Rekonstruktion hier nur tentativ entwickelt werden kann. An dieser Stelle gilt mein besonderer Dank Elfie Miklautz, die mich mit Bildern zur „Versuchung des heiligen Antonius" auf diese Dimension aufmerksam gemacht hat. Mit der Darstellung der Beziehung zwischen dem Mann als einer bekleideten Figur und der nackten Frau als einer für Versuchung stehenden *Erscheinung* kann die Thematisierung einer tief reichenden (christlichen) Ambivalenz verbunden sein: Der Wunsch

Abschließend gilt es, die Bildunterschriften und weitere mit der Fotografie verbundene zugängliche Kontexte in die Analyse mit einzubeziehen. Bezüglich der Bildunterschriften fällt auf, dass diese je nach Erscheinungsort der Fotografie (Heiting 2000, Newton 2000a, 2000b) variieren. In Newton 2000a, der hier benutzten Vorlage, lautet die Bildunterschrift „In my hotel room. Montecatini 1988". Damit wird die Perspektive des Fotografen fokussiert und ein spezifischer Entstehungskontext nahe gelegt. Der Fotograf inszeniert in *seinem* Hotelzimmer eine professionelle Aufnahme, womit die Grenze zwischen Arbeitssituation und privatem Bereich verwischt. Ein Hotelzimmer ist ein transitorischer Raum, der für eine begrenzte Zeit auch in privater Weise ‚bewohnt' wird, seine Anonymität dadurch aber nicht verliert. Auch deshalb bleibt bei dieser Bildunterschrift unklar, um welche Personen es sich bei den dargestellten Figuren handelt: um professionelle Models, um eine Mischung aus einer Person aus dem privaten Bekannten- oder gar Freundeskreis und einem Model, oder nur um ‚Privatpersonen'? Von Helmut Newton ist bekannt, dass er vorwiegend mit professionellen Models arbeitete und diese für seine Aufnahmen präzise inszenierte. Insofern läge es nahe, zumindest bei der Frau davon auszugehen, dass sie ein Model ist. Dennoch entsteht, auch in Verbindung mit der Orts- und Zeitangabe, der Eindruck, dass es sich eher um eine ‚Gelegenheitsaufnahme' als um eine von langer Hand geplante Fotografie handelt. Die Orts- und Zeitangabe legt eine spezifische Verbindung des Fotografen zu Montecatini und Italien der 80er Jahre nahe. Auch diesbezüglich könnten sich eine private Reise mit einem beruflichen Zusammenhang überkreuzt haben.

In Heiting 2000 erscheint eine neue Bildunterschrift: „Ernesto Esposito and friend, Montecatini 1988". Der männliche Protagonist wird namentlich genannt, womit sich die Lesart zu bestätigen scheint, dass es sich bei ihm um eine Person aus dem Bekannten- oder Freundeskreis handelt. Damit öffnet sich die Frage, ob die Fotografie unter Umständen auch als ‚Geschenk' für einen Freund entstanden ist. Dennoch hat der Fotograf seine spezifische Sichtweise auf die Beziehung eines Mannes zu einer Frau inszeniert. Der Mann wird über die Bildunterschrift indexikalisch verortet und gleichzeitig bildlich als figurativer Typus inszeniert. Auch damit stellt sich eine Ambivalenz zwischen einer nahezu ‚privaten' und einer professionell durchgestalteten und mit hohem Symbolisierungspotential ausgestatteten Aufnahme.

Auf der Rückseite einer bei Taschen in einer Sammlung von dreißig Postkarten (Newton 2000b) erschienenen Aufnahme bekommt schließlich auch die Frau einen Namen: „Ernesto Esposito and Federica della Volpe, Montecatini, Italy 1988". Damit wird nahe gelegt, dass es sich auch bei der Frau nicht um ein Model, sondern um jemanden mit einer persönlicheren

nach Erfüllung eines mit dem weiblichen Körper verbundenen Begehrens und zugleich die Angst vor dem Begehren, die es ‚zurückhalten' lässt.

Beziehung zum benannten Mann wie zum Fotografen handelt. Es entsteht der Eindruck, dass aus einem privaten Zusammenhang eine professionelle Aufnahme entstanden ist, die schließlich – vermutlich mit Zustimmung der beiden Dargestellten – veröffentlicht wurde.

Es gibt noch einen weiteren Hinweis darauf, dass diese Aufnahme nicht als Auftragsarbeit für Vogue – dem Modemagazin, für das Helmut Newton in den 80er Jahren einen Großteil seiner Fotografien gestaltet und verkauft hat – entstanden ist. Bei meiner Anfrage an die Agentur von Helmut Newton, welche Fotografien ich unter welchen Bedingungen für meine Analyse verwenden und veröffentlichen könne, wurde ich gebeten, eine Liste von ca. zehn Fotografien vorzuschlagen, zu denen mir jeweils im Detail die Kosten für die Veröffentlichungsrechte mitgeteilt wurden. Ausschließlich für *diese* Fotografie wurde kein Betrag für die Veröffentlichung veranschlagt. Das verweist darauf, dass sie nicht ‚zum Verkauf' entstanden war und noch keinen ‚Preis' hatte. Dennoch wurde sie in den Bildbänden und Veröffentlichungen, die Helmut Newtons Gesamtwerk zur Darstellung bringen, aufgenommen, womit ihr ein ‚künstlerischer' Charakter zugesprochen wird – auch wenn sich Helmut Newton einer solchen Klassifizierung und Unterscheidung seiner Fotografien zeitlebens explizit widersetzt hat. Inzwischen wurde diese Fotografie in mehreren Internetauktionen mit der Signatur von Helmut Newton angeboten und verkauft.[85] Hier ist sie als ‚verkaufbare' Fotografie nicht zuletzt vom Fotografen selbst – er hat Abzüge dieser Fotografie mit unterschiedlichen persönlichen Signaturen versehen – aus einem möglichen privaten Entstehungszusammenhang enthoben worden. Dennoch scheint ihre Anziehung, die ihren Verkaufswert entstehen hat lassen und vermutlich im Laufe der Jahre gesteigert hat, nicht zuletzt aus ihrem – auch im Vergleich zu anderen Fotografien von Helmut Newton – nahezu ‚privaten' Bezug zu erwachsen.

Mit diesem Ergebnis können wir uns schließlich der Ausgangsfrage zuwenden, warum diese Fotografie eine spezifische Anziehung oder/und Abstoßung auslöst.[86] Möglicherweise provoziert sie, weil die Grenze zwischen ‚privater' Präsentation und hoch abstrahierter symbolischer Gestaltung einer Geschlechterbeziehung nicht so klar ist, obwohl – soweit meine Analyse ergeben hat – Provokation nicht zu ihrem thematischen Kern gehört. Ist es die schiere Nacktheit der Frau, die zur anzüglichen Geschlos-

85 www.menziesartbrands.com/cgi/dmcat.cgi?rm=display_lot&item_id=5268; Auktion im September 2004, verkauft für 4.400 $, einem dreifach höheren Preis als dem geschätzten Ausgangswert. Im Vergleich zu anderen versteigerten Fotografien von Helmut Newton ein etwa doppelt höheres Endgebot.

86 Sollte diese Bildstruktur für die Fotos von Helmut Newton generalisierbar sein, könnte hier anschließend die Frage, warum sie so kontrovers wahrgenommen und diskutiert werden, weiterverfolgt werden. Dies würde eine Untersuchung weiterer, möglichst kontrastiver Bilder aus seinem sehr umfangreichen und vielschichtigen Bestand erfordern, die in diesem Rahmen nicht durchgeführt werden kann. Daher können die weiteren Überlegungen nur hypothetisch formuliert werden.

senheit des Mannes kontrastiert, die Aufmerksamkeit erregt? Dies wäre meines Erachtens eine zu einfache Erklärung, weil sie vornehmlich von der Prüderie der BetrachterInnen ausgeht. Oder besteht die Anziehung darin, dass eine ansprechende Erotik aufgebaut wird, die allerdings in der Schwebe zwischen Faszination, begehrendem Wünschen und zurückhaltender Kontrolle verbleibt und vor allem die Nähe zu Prostitution auch in der Spielart, dass lediglich eine sexuelle Phantasie erzeugt wird, die an anderen Objekten ausgelebt wird, nicht ausschließt? Aber auch dies würde nicht provozieren, wenn wir uns als Betrachter_innen vom Bild ‚fernhalten' könnten in dem Sinne, dass wir etwas darin sehen, was einer anderen Welt angehört und unter Umständen zwar unsere Neugierde anstachelt, aber uns nicht wirklich berührt. Meine Vermutung geht dagegen dahin, dass wir als BetrachterInnen[87] in dieses, oder diese Art von Bild ‚hineingezogen' werden, wenn auch nicht ganz freiwillig. Aus weiblicher Perspektive liegt hierbei die Provokation darin, unwillkürlich dem anbetenden, aber auch betrachtenden Blick eines Mannes auf eine schöne Frau zu folgen, ohne die Identifikation mit ihm – er ist ja schüchtern, fast hilfsbedürftig – abstreifen zu können, vielleicht auch weil sie zunächst kaum bemerkt wird. Provozierend könnte auch sein, dass die Frau in diesem Spiel, welches in der Bildfläche trotz gegenteiligem Anschein ihrer Größen- und Nacktheitsdominanz eher vom Mann beherrscht wird, nicht nur angeblickt wird, sondern sich auch mit ihrem bildlich zum Objekt gewordenen Körper zur selbst blickenden Beteiligten macht. Damit erscheint sie als diejenige, die ihren Körper einsetzt. Hier könnte nun die Provokation für die männliche Perspektive liegen, nämlich nicht nur der nackten Schönheit einer Frau gegenüberzusitzen, die als *Heilige* oder/und *Hure* einer anderen Welt angehört, in der sie unberührbar bleibt. Dies könnte die Kapitulation vor ihrer Schönheit vielleicht erträglicher machen. Der Mann sitzt aber auch einer Frau gegenüber, die ihn direkt in den Blick nimmt, in das Geschehen eingreift und es zu einem *diesseitigen* macht. Damit rücken die Ängste, Zurückhaltung und Phantasien des Mannes in eine *reale Welt.* Letztere bleibt aber unbestimmt, denn es ist unklar, wer in diesem sexualisierten Spiel die dominante Position einnimmt und vor allem behält. Das bestimmt-unbestimmte Spiel zwischen den Geschlechtern aus männlicher Perspektive, mit dennoch unklarer Machtverteilung, wäre demnach ein Thema dieses Bildes. Sein Ausgang bleibt offen.

Allgemein gesehen könnte die in der szenischen Gestaltung und im gesamten Bildaufbau unbestimmt belassene Beziehungsdynamik, nämlich wer in dieser Szene zum Subjekt, wer zum Objekt wird, provozierend wirken. Dies rührt an Ambivalenzen in den Beziehungsverhältnissen von

87 Wobei natürlich offen bleiben muss, wer in dieses *wir* einzubeziehen ist. Die Popularität von Helmut Newtons Fotos, die sich nicht zuletzt in einer Vielzahl von Ausstellungen und Buchpublikationen zeigt, lässt vermuten, dass es sich um eine nicht ganz kleine Anzahl von Menschen handelt.

Mann und Frau generell, an die Ungewissheit darüber, wo die Grenzen zwischen Erotik und Prostitution, zwischen Macht/Dominanz und Ohnmacht/Unterordnung liegen. Mit der Veränderung der Geschlechterbeziehung und ihrer allmählichen Herauslösung aus starren gesellschaftlichen Normen sind möglicherweise auch diese Grenzen in Fluss geraten und müssen neu ausgelotet werden. Für uns als BetrachterInnen, die wir uns scheuen, diese Grenzen im *Handlungsgeschehen* neu zu bestimmen, geschieht dies zunächst vor allem *in der Vorstellung*. Hierfür bieten *Bilder* ganz allgemein – und die Fotografien von Helmut Newton im Besonderen – viel Raum, und sie provozieren diese Auseinandersetzung.[88] Durch eine in dieser Weise aufgebaute Spannung wird das in Szene gesetzte Bild vor allem in der Vorstellung lebendig, denn in der Handlungsebene des Bildes bleibt es, wie wir gesehen haben, eher statisch. Es setzt eine Phantasieproduktion frei, die über das im Bild manifest Dargestellte in vielfältigen Bedeutungsbezügen weit hinausgeht.

Das *Medium* der *Fotografie* suggeriert dagegen in Verbindung mit den Bildunterschriften eine konkrete Begegnung mit Personen, die nicht gänzlich zu Figuren stilisiert sind, weil von individuierenden Ausdrucksformen nicht völlig abstrahiert werden kann. Die Fotografie als Medium schafft damit eine Idiosynkrasie, die der durchinszenierten Komposition mit ihren ‚malerischen' stilistischen Anleihen entgegensteht.

Zusammenfassend lässt sich festhalten, dass wir als BetrachterInnen dieser Fotografie mit unseren Vorstellungen und Phantasien in eine bestimmte Szene hineingezogen werden, wenn auch nicht ganz aus freien Stücken. Es ist vor allem unsere durch das Bild freigesetzte, in ihm aber nicht fixierte Phantasie und Vorstellungskraft, die das Bild mit Bedeutung auflädt. Die Besonderheit *dieses* Bildes liegt also darin, Vorstellungsräume zu generieren, die in ihrer Bedeutungsgebung offen bleiben, gleichzeitig aber zu einer Auseinandersetzung mit dieser Offenheit, d.h. mit dem Möglichkeitsraum sehr unterschiedlicher und gegensätzlicher Vorstellungen und Phantasien zum Geschlechterverhältnis und spezifischer noch zu Sexualität, zu provozieren. In anderen Worten: Diese Fotografie thematisiert vor allem Ambivalenzen und Unklarheiten in der von Erotik – Liebe – Macht bestimmten sexuellen Dimension der Geschlechterbeziehungen im Spannungsfeld von Unter- und Überordnung, von Subjekt- und Objekt-

88 In vielen anderen seiner Fotografien kommt noch die Thematisierung von Sexualität im Zusammenhang mit Gewalt als relevantes Element hinzu. Die Frage, ob es sich hier um ein sehr spezifisches Geschlechterbild eines Modefotografen, der ein Produkt verkaufen will, handelt oder um den künstlerischen Ausdruck von Körper- und Geschlechterbildern, die sich gesellschaftlich entwickelt haben, ob Newton mithin ein Diagnostiker oder Mitproduzent dieser Ambivalenzen ist, wird sekundär angesichts der Tatsache, dass seine *Sichtweisen* die sehenden Gemüter beschäftigt. Die Aufmerksamkeit, die seine Bilder erregen zeigt, dass sie ‚treffen'. Der Frage, was das Spezifische an den (Frauen-)Körpern in Helmut Newtons Fotografien ausmacht, muss jedoch an anderer Stelle weiter nachgegangen werden.

Sein, von ‚privat' und ‚professionell'. Dadurch, dass sie vor allem Mehrdeutigkeit anbietet, *zeigt* sie eine Unklarheit nicht nur bezüglich der Rollen zwischen den Geschlechtern, sondern auch bezüglich dessen, was wir im erotischen Spiel als akzeptabel oder inakzeptabel empfinden.

Nicht zuletzt das *Medium Fotografie* schafft eine eigentümliche Mischung aus Intimität und an die Betrachter gerichteter Inszenierung, an der wir beim Zuschauen gleichermaßen Anteil haben. Durch das Medium wird suggeriert, dass wir nicht nur an einer wie auch immer durchgearbeiteten Vorstellung einer erotischen Szene teilhaben, sondern an einer *realen Situation,* zumindest an einem Spiel mit der Realität, was uns implizit zu Voyeuren macht. Möglicherweise rührt auch das an eine Ambivalenz, nämlich diesem hier vorgeführten erotischen Spiel auf die Spur kommen zu wollen, zumindest Neugierde darüber zu entwickeln, aber nicht in einer Weise, die uns kompromittierend in das Geschehen hineinzieht.

Hans Belting ist der voyeristischen Verführung durch Bilder aus kunstgeschichtlicher Perspektive nachgegangen. In der reichhaltigen Darstellung von Frauenkörpern in der Malerei bleibt ihm zufolge die Frau das Objekt, welches

> „den Betrachter in die lustvolle Ambivalenz zwischen dem Verlangen und seinem Vollzug [lockt]. Vor dem Bild fühlte sich der Betrachter wie der echte Voyeur unbemerkt, und doch wusste er, dass der nackte Frauenkörper nur für ihn inszeniert war. […] Auch wenn der Blick der Lust innerbildlich zum Thema gemacht wurde, war der externe Betrachter sein erster Adressat. Der Frauenkörper stand zwar für die Kunst der Malerei, doch blieb er ein Objekt der Augenlust, die nicht auf die Kunst beschränkt war." (Belting 2006: 136)

Diese Art Blickverbote werden – so Belting weiter – gegenüber von Bildern/Gemälden aufgehoben, weil sie dort, scheinbar, nur in der Imagination übertreten werden. Dennoch bleibt eine Ambivalenz, die die Übertretung noch interessanter macht.

Es ist offensichtlich, dass diese Art der ‚Versuchung' vornehmlich von einem männlichen Blick ausgeht und an diesen gerichtet ist. Zugleich erfordert sie die Aktivität des weiblichen Blicks um die Dynamik überhaupt erst in Gang zu setzen. Durch den gewährten und zugleich verbotenen Blick auf den (weiblichen) Körper wird dem (heterosexuell männlichen) Begehren ein imaginärer Raum eröffnet (vgl. ausführlich und differenziert Eiblmayr 1996, Zimmermann 2006). Auch wenn sich die Blickverbote in historischer Perspektive verschoben haben, spielt das ‚Spiel' mit dem Blicktabu in der gesellschaftlichen Bildpraxis nach wie vor eine wichtige Rolle. Der weibliche Körper hat nicht aufgehört, Objekt voyeristischer Augenlust zu sein.

In bildtheoretischer Perspektive lässt sich abschließend noch einmal die allgemeine Frage aufwerfen, welche *Ansichten* Körper in einem flächigen Bild, spezifischer noch, in einer Fotografie ermöglichen und erzeugen.

Bei der in Bildern materialisierten Darstellung von Körpern haben wir es zunächst mit einer Transformation der räumlichen Dimension von Körpern auf eine Fläche zu tun. Mit Hilfe perspektivischer und anderer Gestaltungsmittel können zwar Raumeigenschaften und andere dingliche Besonderheiten auch im Bild dargestellt werden. In der Bildfläche, die von einer spezifischen Rahmung fest umrissen ist, entsteht jedoch gegenüber einer im Handlungsraum gegebenen Situation ein neuer Kontext der Körperwahrnehmung, der einen eigenen, nämlich *sehenden Zugang*, konstituiert. Im Bild gehen andere sinnliche Eigenschaften einer aktualen Handlungssituation verloren, wie etwa die unmittelbare räumliche Erfahrung, Gerüche, Töne und vieles mehr. Durch die Fokussierung auf das *Sehen* eines fixierten und gerahmten Situation mit unzähligen Verweisen auf ihre zeitlichen wie räumlichen Bezüge bleibt die materiell-gegenständliche Dimension von Körpern präsent und zugänglich, ohne dass sie schlicht *abgebildet* würde. Vielmehr wird im Bild ein eigener Sinn konstituiert, der eine Transformation der materiellen Gegenständlichkeit von beweglichen und sich bewegenden Körpern in eine fixierte Bildfläche zur Grundlage hat. Mit Körpern in bestimmten Situationen verbundene *Vorstellungen* werden gerahmt und fixiert. Das Bild wird zu einer materialisierten Ausdrucksgestalt von Vorstellungen, die es gleichzeitig – nun selbst zum materiellen Gegenstand geworden – mitgestaltet.

Die bildliche Fixierung und die damit einhergehende Sichtbarkeit von Vorstellungen hat jedoch auch Grenzen, über die hinaus sich in nur schwer bestimmbarer Weise rein imaginäre Vorstellungswelten öffnen. Die Grenze zwischen im Bild fixierten *und* freigesetzten Vorstellungen ist allgemein kaum festzulegen. Vielmehr gewinnen Bilder ihren Reiz gerade aus dem Spiel mit dieser Grenze, indem sie Mehrdeutigkeit und Ambivalenz, das Sowohl-als-auch, Bestimmtes und Unbestimmte oder gar Unbestimmbares zu ihrem Thema machen. Das regt wiederum die Vorstellungstätigkeit an. Bilder können Vorstellungen in einer bestimmten Anschauung fixieren ebenso wie sie einen potentiell unbegrenzten Imaginationsraum öffnen.

Körper – Medium – Blick – Bild

„Bald nachdem wir sehen können, wird uns bewusst, dass man auch uns sehen kann. Der Blick des anderen verbindet sich mit dem unsrigen und macht es erst so ganz glaubwürdig, dass wir Teil der sichtbaren Welt sind." (John Berger 1974/2000: 9)

Der Konstitution sozialer Wirklichkeiten ist eine körperliche Dimension eingeschrieben – das ist mittlerweile auch in der Soziologie unbestritten.[89] Wir interagieren mit und durch unsere Körper in nahezu allen sozialen Situationen, auf jeden fall in jenen, die auf face-to-face Beziehungen angewiesen sind. Körper *zeigen* ‚etwas', das sich als Bedeutung über Prozesse der Symbolisierung formt und in wechselseitige Orientierungen eingeht. Über ein Sich-Zeigen und Den-Anderen-Sehen entwickelt der Körper in aktualen Situationen präsentativ-bildlichen Charakter. In der Regel bleibt dies unterhalb der aktuellen Aufmerksamkeitsschwelle und wird erst bei Irritationen oder gar Störungen wahrgenommen.

Im soziologischen Kontext haben vor allem die Arbeiten von Erving Goffman gezeigt, wie in wechselseitigen körperlichen Bezugnahmen Bedeutungen entstehen. Goffman hat dies im Hinblick auf die interaktive Konstruktion von Geschlechterbeziehungen auch im Detail herausgearbeitet (Goffman 1981). In spezifischen Formen der Unterscheidung zwischen Männern und Frauen in körperbezogenen Darstellungen und Attributionen wird das Geschlechterverhältnis hervorgebracht, ohne dass dies von den Beteiligten bewusst wahrgenommen wird. Vielmehr wird in alltäglichen Interaktionszusammenhängen dem Körper eine ‚natürliche Ausdrucksgestalt', zugeschrieben. Die Unterscheidung und Konstitution der Geschlechter vollzieht sich in einem Prozess der Naturalisierung symbolischer Bedeutungen, in dem die

---

89 Vgl. exemplarisch Villa 2000; Jäger 2004; Gugutzer 2004; Schroer 2005.

Bildhaftigkeit des Körpers eine wesentliche Rolle spielt.[90] Auf der Basis der Goffman'schen Überlegungen zur Ikonizität des Körpers in sozialen Situationen sowie dessen Darstellung in ‚flachen' Bildern, welche einen eigenen Bilder-Rahmen schaffen, lässt sich die soziale Relevanz von Symbolisierungsprozessen am und mit dem Körper in einem ersten Schritt theoretisch bestimmen.[91]

Die Frage, in welcher Weise und in welchen Bezügen Bedeutungen am und mit dem Körper entstehen, wird auch im Kontext Feministischer Theorien diskutiert. Der Zusammenhang zwischen Darstellungen und Wahrnehmungen einer Körpergestalt, die aus spezifischen Diskursen[92] hervorgehenden, und leiblichen Prozessen des Spürens, Empfindens und Fühlens, ist Kernpunkt dieser kontrovers geführten Debatten (vgl. exemplarisch Feministische Studien 1993). Damit ist die grundlegende Frage verbunden, ob die Bedeutungsbildung in der Wahrnehmung einer Körpergestalt als ein rein konstruktiver Prozess in interaktiven und/oder diskursiven Zusammenhängen zu verstehen ist, in dem Bedeutung in Bezug auf andere Bedeutungen in zirkulären und sich wiederholenden Vorgängen entsteht und damit Körper auch als Materialität erst geschaffen werden (Butler 1991, 1995; z.T. auch Lindemann 1992, 2001)? Oder ob – und wenn ja in welcher Weise – sich die Bedeutungsbildung auf eine leibliche Dimension bezieht in der Weise, dass diese die diskursive Hervorbringung von Bedeutungen anstößt, ohne je symbolisch gänzlich verfügbar zu werden (Landweer 2002). In Frage steht mithin die theoretische Bestimmung des Verhältnisses zwischen leiblichen Prozessen und Prozessen der Symbolbildung. Die Arbeiten von Helmut Plessner, Maurice Merleau-Ponty und Hermann Schmitz sind in diesem Diskussionszusammenhang zentral geworden, weil sie – wenn auch in unterschiedlicher Weise – die leibliche Dimension als einen wesentlichen Bezugspunkt für die symbolische

---

90 Auf diesen Zusammenhang haben bereits die Arbeiten von Mary Douglas (insbesondere 1974) hingewiesen. Und er bildet die Grundlage des *doing gender* Ansatzes, der sich auf der Basis ethnomethodologischer Studien entwickelt hat (Garfinkel 1967; West/Zimmerman 1991; Kessler/Mc Kenna 1978; Gildemeister/Wetterer 1992; Lindemann 1993, 2005; Hirschauer 1989, 1993; u.a.).

91 Ich habe hierfür Goffman gewählt, weil sich auf Basis seiner Überlegungen das Verhältnis zwischen aktuell situativen Darstellungen, in flachen Bildern fixierten Darstellungen und ihren jeweiligen Wirklichkeitsbezügen soziologisch differenzierter betrachten lässt, als dies mit bildtheoretischen Ansätzen in der Regel möglich ist. Hinsichtlich der Bedeutung des Körpers in sozialen Ordnungen könnten weitere soziologische Theorien, vor allem jene von Elias, Foucault und Bourdieu herangezogen werden. Darin sind ebenfalls Anknüpfungspunkte für die Frage der Bildlichkeit von Körpern und ihrer Bedeutung für Sozialität und soziale Ordnungen enthalten, allerdings nicht systematisch als Körper-Bildtheorien ausgearbeitet. Eine grundlagentheoretisch angelegte Verbindung von körpersoziologischen und bildtheoretischen Ansätzen wäre ein noch ausstehendes lohnendes Unterfangen.

92 Der Diskursbegriff bezieht sich in diesem Argumentationszusammenhang auf die Arbeiten von Foucault, der unter Diskurs die machtbasierte und praktische Hervorbringung von Bedeutungen in einem Netz von Kategorien und Denkweisen versteht.

Erzeugung von Bedeutungen in den Vordergrund gerückt und philosophisch neu zu fassen versucht haben. Daran schließen die leibphänomenologischen Überlegungen von Gesa Lindemann und Hilge Landweer an, die ich hier exemplarisch für ein inzwischen weit ausdifferenziertes theoretisches Argumentationsfeld einführe.

In der Perspektive von Helmut Plessner (1965) ist mit der leiblichen Dimension ein unhintergehbares *Hier-und-Jetzt* verbunden, von dem aus sich *zentrische* Bezüge zur Umwelt entwickeln.[93] Der menschliche Umweltbezug ist jedoch nicht ein ausschließlich leiblicher, sondern gleichermaßen und mit letzterem verschränkt ein *exzentrischer* in der Weise, dass Körper in ihrer Abgrenzung und ihrem Verhältnis zur Umwelt reflexiv wahrgenommen werden. Für Merleau-Ponty (1966) ist mit der leiblichen Dimension, ebenfalls ausgehend von einem Hier-und-Jetzt, ein *In-die-Welt-gesetzt-Sein* verbunden, von dem aus sich Bezüge zu Anderen, zu sich selbst, zu Dingen und Verhältnissen als ein spezifisches *Zur-Welt-Sein* in einer nicht begrenzten Vielfalt und Verschränkung von Symbolisierungsprozessen entwickeln. Hermann Schmitz systematisiert das passive In-die-Welt-gesetzt-Sein als *leiblich-affektive Betroffenheit*. Sie geht als genuine, nie gänzlich verfügbare und steuerbare den sozialen Konstruktionsprozessen voraus.

Über Goffman hinausgehend konzipieren diese Ansätze soziale Interaktionen als leiblich fundierte, womit sich Bedeutungen im Zusammenhang mit Körpern nicht erst in Darstellungsprozessen als *Vollzugswirklichkeit* herstellen. Vielmehr gehen leiblich fundierte Körperbilder als bereits stabilisierte Gestaltwahrnehmungen in soziale Interaktionen ein. In einer solchen Perspektive ist der Körper nicht vornehmlich ein Mittel oder Medium unter anderen, mit dem ein sozialer Darstellungszusammenhang gestaltet wird, sondern die mit ihm verbundene leibliche Dimension wird zu dessen zentralem Bezugspunkt.

Welche Fragen und Konsequenzen für potentielle Bedeutungsdimensionen bezüglich der Darstellung von Körpern in Bildern ergeben sich aus diesen Argumentationszusammenhängen? Sind mit Körpern (zeichenhafte) Bedeutungen im Rahmen einer symbolisch-diskursiven Ordnung verbunden, an denen ‚ablesbar' wird, mit welchen Absichten und Orientierungen sich jemand von welcher sozialen Position aus in Beziehung zu Anderen und seiner Umwelt setzt? In welcher Weise wird an Gestik, Körperhaltungen und vielen anderen ‚naturalisierten' Accessoires erkennbar (gemacht), als welches Geschlecht sich jemand darstellt und sich dadurch – auch nicht notwendigerweise bewusst – auf Andere und die Umwelt bezieht? Inwiefern lässt sich dies auf viele andere soziale Positionierungen übertragen, die anhand von Körperzeichen vornehmlich in Zuschreibungs- und Zuweisungsprozessen vorgenommen werden – wie etwa ethnische Zugehörigkeiten über Haar- und Hautfarbe, Alters- und Generationszuweisungen sowie eine Vielzahl körperlich fundierter Muster der sozialen Erscheinung (Habitus).

93 Alfred Schütz bezeichnet dies als den ‚Nullpunkt', von dem aus sich die grundlegenden zeitlichen wie räumlichen Orientierungen und Weltverhältnisse bilden.

Mit Goffman ist anzunehmen, dass die Wahrnehmung und das ‚Lesen' dieser Zeichen in Bildern in ähnlicher Weise geschieht wie in aktualen Situationen. Wenn der Körper aber nicht vornehmlich als Zeichen(geber), sondern im Zusammenhang mit leiblich fundierten Symbolisierungsprozessen verstanden wird, öffnen sich weitere Bedeutungsdimensionen im Zusammenhang mit Körperdarstellungen in Bildern, die unter Umständen schwerer fassbar, damit aber nicht weniger relevant sind. In dieser Perspektive entstehen Körper als wahrgenommene Gestalt immer mit Bezug auf ein leibliches Eingebundensein in eine *Situation* im weitesten Sinne. Mit der bildlichen Darstellung und Wahrnehmung von Körpern wäre appräsentativ immer auch eine leibliche Positionalität – sei es in Form von sensorischen Empfindungen oder leiblich-affektiven Zuständen – verbunden. Leibliche Positionalitäten wären sowohl innerbildlich als Teil einer Darstellung sowie in allen Formen der Bezugnahme auf Bilder in ihren Produktions- wie Gebrauchszusammenhängen präsent. Man kann annehmen, dass die Bezugnahme auf Bilder generell auch als leiblicher Vorgang erfolgt, der – in der Perspektive von Boehm – *Wirkungen* entfaltet.

Dieses Verhältnis methodisch zu erschließen stößt auf die Schwierigkeit, leiblich fundierte Beziehungen zwischen einem Bild, dem was es zeigt und den Betrachtern nie direkt erfassen zu können. Sie sind letztlich nur als ein unbestimmbarer Horizont der jeweils manifest sichtbaren Gestalt zugänglich – und bleiben damit immer hypothetisch. In der Perspektive von Boehm geht die leibliche Dimension als *Grundierung* in bildliche Darstellungen ein, von der sich Körpergestalten, einzelne Gesten, Mimiken, Bewegungen auch in nicht-propositionalen Sinnbezügen abheben. In der Perspektive von Merleau-Ponty verschränken sich im leiblich fundierten *Blick* Sehen, Gestaltbildung und Symbolisierung. Im *leiblichen Sehen* verbindet sich die Wahrnehmung der Welt durch das Auge und die Entstehung von Bildern in der geistigen Imagination. Dieser Prozess vollzieht sich sowohl bei der Herstellung eines Bildes als auch in der Wahrnehmung eines bereits fixierten Bildes.

Hans Belting entwirft diesen Zusammenhang zwar ohne die von Plessner eingeführte Unterscheidung zwischen Körper und Leib, aber auf einer ähnlich konzipierten zwischen *Sein* und *Erscheinung*. Belting zufolge ist mit Körperbildern vor allem die kulturstiftende anthropologische Frage verbunden, wie existentielle Dimensionen des Mensch-Seins darstellend fassbar gemacht werden können. Mit der Darstellung und dem Blick nicht nur *auf*, sondern auch *in* Körper ist ihm zufolge die Suche nach dem menschlichen Sein verbunden. Das Sein erscheine vor allem in Form von ‚inneren' wie ‚äußeren' Bildern, ohne die es stofflich nicht fassbar wäre. Dadurch werden Körper in jenen sozialen Prozessen, in denen grundlegende Fragen nach Leben und Tod symbolisch gestaltet werden, zu einem zentralen Medium der Darstellung. Sie lassen sich auch, so Belting, in den neuen medialen Darstellungen und Hervorbringungen von Körpern etwa als Cyborgs oder Klone auffinden. Der Körper ist ihm zufolge ein *Ort der Bilder*, an dem sich spezifische historischsoziale Verhältnisse mit Bezug auf existentielle Grundfragen symbolisch gestalten. Dem Blick fällt dabei auch bei Belting eine zentrale Rolle zu, denn im Blick überkreuzen sich die verschiedenen mit der Darstellung von Körpern verbundenen Bedeutungsbezüge. Ein wesentlicher Aspekt dabei ist, dass die in Bildern fixierten Blicke durch die blickenden BetrachterInnen reanimiert werden, womit eine verlebendigte Blickbeziehung zwischen Bild und BetrachterIn entsteht. In solchen Prozessen der Animation werden Bilder zu einem ‚lebendigen Gegenüber', mithin eine eigenständige Instanz im Prozess der Entstehung von Bedeutungs- und Sinnbezügen.

Für einen methodischen Zugang ist es nicht entscheidend, alle diese Dimension als analytisch potentiell verfügbare in jeder Art von Bildern aufzusuchen. Vielmehr sind sie als potentielle und prinzipiell offene Horizonte zu verstehen, die die Bildentstehung im Blicken und unsere jeweilige Positionalität als körper-leibliche Subjekte im Bezug auf konkrete Bilder mit konstituiert. Die folgende Darstellung verschiedener konzeptioneller Überlegungen zu den mit Körperdarstellungen verbundenen Bedeutungsdimensionen soll Anhaltspunkte dafür schaffen zu verstehen, in welcher Weise sich diese herstellen und wie sie methodisch zugänglich gemacht werden können.

Die Bildhaftigkeit des Körpers in sozialen Situationen und in Bilder-Rahmen

Für Erving Goffman sind konkrete soziale Situatione bekanntlich der Ausgangspunkt zur Untersuchung „des ganzen gesellschaftlichen Lebens". Denn „die meiste Arbeit dieser Welt [wird] in sozialen Situationen verrichtet" (Goffman 1981: 28). Soziale Situationen gründen auf face-to-face-Beziehungen, also auf der Interaktion zwischen anwesenden Personen.[94] In sozialen Situationen wird in einem ‚mikro-ökologischen' Geschehen soziale Ordnung *inszeniert*, und damit nicht nur permanent bestätigt, sondern auch hervorgebracht.

Die Struktur der Interaktion in aktualen sozialen Situationen besteht darin, dass sich die Anwesenden in ihren Darstellungen gegenseitig über ihre „soziale Identität, über Stimmung, Absichten, Erwartungen, den Stand der Beziehungen" (Goffman 1981: 10), über Handlungsorientierungen, soziale Positionierungen u.v.m., ‚informieren'. Dies geschieht mehr oder auch weniger bewusst und nicht allein über sprachliche Mittel, sondern auch und vor allem durch körpergebundene *Darstellungen*, die bei der Entstehung von *sozialen Porträts* eine wesentliche Rolle spielen. „Soziale Situationen interessieren uns

94 Wie George Herbert Mead, Alfred Schütz und viele andere Theoretiker dieser Tradition geht auch Goffman davon aus, dass face-to-face Beziehungen, so wie sie Cooley als Konzept des *looking glass self* entwickelt hat, Grundlage auch für die nicht mehr an die Anwesenheit von konkreten Personen gebundenen abstrakteren *Wir* bzw. *Wir-Sie* Beziehungen bleiben (vgl. exemplarisch Schütz/ Luckmann 1979).

deswegen, weil vor allem sie den Individuen die Möglichkeit bieten, mit Hilfe ihres Gesichts, ihres Körpers und kleinerer verfügbarer Materialien soziale Porträts von sich selbst zu entwerfen." (Goffman 1981: 28)

Die an den Körper gebundenen Darstellungen in der Interaktion sind mithin *Anzeichen*[95] für Stimmungen, Absichten, Orientierungen, soziale Positionen, die die Interagierenden in der jeweiligen Beziehung zueinander einnehmen. Darstellungen sind zugleich eingebettet in *Rituale*[96] und *Zeremonien*,[97] in denen sie die jeweiligen Vorstellungen davon, um was für eine Situation es sich gerade handelt, aufrufen. Sie übernehmen symbolische Funktionen bezüglich der *Art der Interaktion*. Während Darstellungen jeweils ein *soziales Porträt* der Darstellenden hervorbringen, bilden Rituale und Zeremonien den *Rahmen* der Darstellungen.[98] In jeder sozialen Situation wird mit den jeweiligen Darstellungen *angezeigt*, durch welchen *Rahmen* diese strukturiert wird oder werden soll und in welcher Weise sich die Darstellenden zu einem Rahmen positionieren. Damit entscheidet sich, ob es sich um eine Liebesszene, eine politische Debatte oder eine Einkaufssituation handelt oder handeln soll, und ob die beteiligten Darstellenden sich an der Inaktierung eines bestimmten Rahmens – es können auch mehrere ineinander greifende sein – beteiligen oder diese zurückweisen. Goffmans Theatermetapher verwendend könnte man sagen, dass die Interagierenden während der Interaktion nicht nur ihre Rollen und wie sie diese anlegen wollen, sondern auch das aufzuführende Stück verhandeln und seinen spezifischen Plot im Laufe der Interaktion entwickeln. Entscheidend für soziale Situationen ist allerdings, dass dies nicht explizit, sondern im Interaktionsprozess in weiten Teilen implizit geschieht. Denn die Stücke, also die *Rahmen* werden als geteilte Orientierungen und Strukturierung der gegenseitigen Erwartungen in den einzelnen Situationen

---

95 Goffman verwendet in diesem Zusammenhang den Begriff *Anzeichen* und *signifizieren* durchaus im Sinne von Susanne Langer. Zur Erinnerung: In ihrer Terminologie zeigen *Anzeichen* Objekte oder einen gegenwärtigen, gewesenen oder zu erwartenden Sachverhalt an, der nicht oder nicht vollständig anwesend ist, mit den Anzeichen jedoch als Bedeutungspaar in der Wahrnehmung eines Subjektes unmittelbar verbunden ist. Nicht zuletzt fungieren Anzeichen als Handlungsaufforderung und -orientierung. Im Unterschied dazu beziehen sich *Symbole* auf die Vorstellung von Objekten oder Sachverhalten.

96 Rituale sind Goffman zufolge „einzelne feste Elemente einer Zeremonie", welche sich „als eine Folge von gewohnheitsmäßigen, konventionellen Handlungen, durch welche der eine dem anderen Achtung erweist", definieren lassen (Goffman 1981: 8).

97 Zeremonien erfüllen zwei Aufgaben, „nämlich die Bestätigung fundamentaler sozialer Verhältnisse und die Darstellung elementarer Lehren über den Menschen und die Welt" (Goffman 1981: 7). Rituale und Zeremonien verleihen unserem alltäglichen Leben ebenso wie herausgehobenen Situationen im persönlichen (Statusübergänge, besondere Ereignisse, etc.) und/oder gesellschaftlichen Leben (öffentliche Fernseh-Diskussionen, Wahlkämpfe, Staatsfeiern, u.v.m.) in mehr oder weniger verdichteten Formen Gestalt.

98 Zum Rahmen-Konzept und die verschiedenen Formen und Modifikationen von Rahmen vgl. Goffman 1980.

nicht jeweils gänzlich neu oder gar bewusst entworfen. Vielmehr beziehen sich die Interagierenden größtenteils habituell auf im gesellschaftlichen Repertoire bereits vorhandene Rahmen. Diese müssen allerdings in konkreten Situationen darstellend inaktiert werden, um strukturierend wirksam zu werden, und nicht zuletzt auch um im gesellschaftlichen Repertoire erhalten zu bleiben. Insgesamt sind Rituale und Zeremonien Goffman zufolge fundamentale Prozesse der Symbolisierung, in denen soziales und gesellschaftliches Leben Gestalt annimmt.[99] „Ritual und Zeremonie sind Arten des Porträtierens. Sie machen unseren Sinnen fassbar, was sonst vielleicht stillschweigend in der Struktur des sozialen Lebens verborgen bliebe." (Goffman 1981: 45)

Im Rahmen dieser Goffman'schen Gesamtargumentation soll der Frage nachgegangen werden, welche Rolle der Körper in einem so konzipierten sozialen Geschehen spielt. In face-to-face Situationen interagieren Darstellende unter anderem *sehend* miteinander, nicht zuletzt auch dann, wenn sie sich nicht sprechend, berührend oder gar riechend aufeinander beziehen.[100] Diese Interaktionsform ist sogar typisch für die meisten öffentlichen Situationen und potentiell nicht minder bedeutsam in ‚stillen' oder ‚schweigsamen' privaten. Der Körper ist in face-to-face Situationen immer gegenwärtig und erweist sich als ein wesentliches Mittel der Darstellung. Mimik, Gestik, Körperhaltung, Größe, Körperbau, Hautfarbe, Positionierungen im Raum und zueinander, Blicke, sichtbare Geschlechtsmerkmale u.a.m. werden zusammen mit am Körper befindlichen *Accessoires* (Kleidung, Lippenstift, Schmuck, Uhren, u.v.m.) zu Mitteln der Darstellung und des Entwurfs eines sozialen Porträts. Da es sich um körpergebundene oder am Körper befindliche Mittel handelt, werden die *An/Zeichen* als natürliche wahrgenommen. Es entsteht, so Goffman, der Eindruck eines *natürlichen Ausdrucksverhaltens*. Dieser Eindruck ist so stark, dass sogar die nichtkörperlichen Bestandteile der Darstellung naturalisiert werden in der Weise, dass sie zu Anzeichen für die jeweilige ‚Natur'

99 Dies auch im Sinne von Langer wie vieler anderer, nicht zuletzt soziologischer Theoretiker, die auf Symboltheorien aufbauen oder darauf rekurrieren. Durkheim wäre hier zu nennen ebenso wie Bourdieu, Schütz und die von ihnen jeweils begründeten Traditionen soziologischer Theoriebildung.

100 Dass die Interagierenden auch mit ihren Stimmen sich selbst und die Anderen hörend in eine körpergebundene symbolische Interaktion eintreten, ist in der Soziologie seit George Herbert Mead bereits eine Selbstverständlichkeit. Bei Mead spielt auch die Sichtbarkeit von Gesten als Element der symbolischen Interaktion eine wesentliche Rolle. Gesten sind seiner Auffassung nach eine wesentliche Phase im Prozess der Entwicklung von Sprache. Letztere ist – weil sie nicht nur eine gegenseitige Kontrolle über die Äußerungen des jeweils Anderen, sondern auch eine (reflexive) Kontrolle der eigenen Äußerungen ermöglicht – der gestischen Kommunikation überlegen. Durch die damit begründete Zentrierung auf Sprache als der für die Konstitution von Sozialität entscheidenden symbolischen Form hat die Geste in der Soziologie theoretisch an Gewicht verloren. Erst im Zuge des Auflebens von Performativitätstheorien ist die Geste als wesentliches Element sozialer Interaktion wieder in den Fokus theoretischer Überlegungen gerückt (vgl. exemplarisch Gebauer/Wulf 1998).

des Körpers werden.[101] Der Körper wird gar zu einer „wahren Ausdrucksmaschine“ etwa von „Absicht, Gefühl, Beziehungen, Kenntnissen, Gesundheitszustand, sozialer Schicht“ (Goffman 1981: 32) – Geschlecht, Begehren, Alter, u.a.m. könnte man hinzufügen. Dies alles nehmen wir nicht nur als *natürlichen Ausdruck* wahr, vielmehr suchen wir in der alltäglichen Interaktion nach „Informationen über Eigenschaften des Objektes, die dieses *dauerhaft, allgemein gültig* und in seiner *elementaren Struktur* bezeichnen: kurz, Informationen über seine ‚essentielle Natur‘“ (Goffman 1981: 33). Aus dieser Suche gehen *essentielle Zeichen* hervor, die wesentlichen Eigenschaften von Objekten scheinbar unabhängig von unserer Wahrnehmung erkennen lassen.

Die Wirksamkeit der *Lehre vom natürlichen Ausdruck* in alltäglichen Interaktionen sowie die Überzeugung, dass es *essentielle Zeichen* gäbe, wird Goffman zufolge in der interaktiven Herstellung der Geschlechtszugehörigkeit besonders deutlich. „Weiblichkeit und Männlichkeit sind gewissermaßen Prototypen des essentiellen Ausdrucks – also etwas, das in jeder sozialen Situation mühelos vermittelt werden kann, und doch zugleich etwas, das die elementarste Charakterisierung eines Menschen abgibt“ (Goffman 1981: 34). Die *Lehre vom natürlichen Ausdruck* verschleiere wiederum, dass es sich hierbei um soziale Porträts, um eine von Männern und Frauen gleichermaßen geteilte „Bereitschaft zum Porträtieren“ handelt.

Goffman geht also keineswegs davon aus, dass wir es beim Ausdrucksverhalten mittels des Körpers mit ‚natürlichen‘ Vorgängen zu tun haben. Vielmehr nimmt er an, dass das Ausdrucksgeschehen Ergebnis von Symbolisierungsprozessen ist, die sich in Bezug auf Vorstellungen von *Natur* als dauerhafte stabilisieren. Das Ausdrucksverhalten ist „vorwiegend nicht instinktiv angelegt, sondern sozial gelernt und sozial geprägt“ (Goffman 1981: 35).

Für meinen Argumentationszusammenhang wichtig ist, dass Goffman den scheinbar *natürlichen Ausdruck* als ein *ikonisches Phänomen* mit expressiven Zügen, die von den Interagierenden nicht vollständig kontrolliert werden können, versteht. Das *wie* der Darstellung wird gegenüber der Frage, *was* ein An/Zeichen jeweils bedeutet, entscheidender.

---

101 Im *doing gender* Ansatz ist dieser Aspekt detailliert ausgearbeitet und im Hinblick auf viele gesellschaftliche Bereiche, wie etwa die vergeschlechtlichende und damit zugleich naturalisierende Wirkung von Berufen, Räumen, sozialen Hierarchien, auch empirisch gezeigt worden (siehe exemplarisch Hirschauer 1989, 1993; Lindemann 1993; Gildemeister/Wetterer 1992; Wetterer 1995, 2002). In diesem Zusammenhang hat Stefan Hirschauer bereits mit Bezug auf den Goffman'schen Darstellungsbegriff auf die Bildhaftigkeit sozialer Interaktionen hingewiesen: „Mit dem Darstellungsbegriff lässt sich zusätzlich zur Sprachförmigkeit sozialer Wirklichkeit ihre Bildförmigkeit hervorkehren. Die soziale Ordnung wird auch gezeigt, d.h. in Darstellungen vollzogen, die Teilnehmern eine Wirklichkeit vor Augen führen, in deren Kontext eine Darstellung selbst ‚accountable‘ ist. Die Wirklichkeit (z.B. das Geschlecht einer Person) wird in ihnen ‚gelesen‘, was nicht heißt, dass sie in Darstellungen ‚abgebildet‘ würde. Mit ‚Bildern‘ sollen dabei […] die körperlichen Anschauungsbilder der Alltagswirklichkeit, in die Teilnehmer nicht nur mental, sondern sinnlich und praktisch involviert sind, [gemeint sein].“ (Hirschauer 1989: 104)

„Ikonozität ist überall anzutreffen, und zwar weil sie entsprechend eingesetzt wird. Statt dass wir lediglich die Ausdrucksformen des Objekts erhalten, gibt das Objekt sie uns bereitwillig und liefert sie uns in Form von Ritualisierungen durch Symbole. (Doch man kann sagen, dass dieses Zeichen-Geben selber unbeabsichtigte Ausdrucksqualitäten hat; denn anscheinend ist es nicht möglich, eine Botschaft zu übermitteln, ohne dass der Übermittler und der Übermittlungsvorgang selbst blindlings ihre Spur auf dem Übermittelten hinterlassen.)“ (Goffman 1981: 34)

Damit beschreibt Goffman Körperdarstellungen als einen medialen Vorgang, bei dem die ‚Botschaft‘ nicht zuletzt davon gespeist wird, *wie* der übermittelnde Körper im Übermittlungsvorgang etwas ausdrückt. Gleichzeitig ‚verschwindet‘ der mediale Charakter der Darstellung in dem Moment, in dem die Darstellung als etwas Natürliches wahrgenommen wird, „als ob sie [...] wie Temperatur und Puls zum Wesen des Menschen gehörten und daher keiner sozialen oder historischen Analyse bedürften“ (Goffman 1981: 18).

Goffman konkretisiert diesen Zusammenhang am Beispiel der Konfigurationen, in denen sich Männer und Frauen als Angehörige zweier verschiedener Geschlechtsklassen in einer asymmetrischen Relation darstellen. Die „natürlichen Ausdrucksweisen der Geschlechter“ entstehen ihm zufolge aus der

„Bereitschaft der Individuen, *eine Version des Bildes* von sich und ihren Beziehungen in gewissen strategischen Augenblicken zu *porträtieren* – also eine funktionale Übereinkunft, sich füreinander *mittels gestischer Bilder* von der angeblichen Realität ihrer Beziehung und der angeblichen Art ihrer menschlichen Natur darzustellen, und dem anderen ebenfalls eine solche Darstellung zu ermöglichen.“ (Goffman 1981: 36, Hervorhebungen R.B.)

Für Goffman ist also lediglich die Fähigkeit, Bilder von sich selbst zu erzeugen und jene von anderen zu deuten Bestandteil unserer menschlichen Natur, nicht aber die Bilder selbst. Darüber hinaus liefere diese Fähigkeit „womöglich ein sehr schwaches Bild von der Gesamtbeziehung zwischen den Geschlechtern“ (ebd.). Denn in den Interaktionsritualen werden lediglich einzelne Elemente der Wirklichkeit verwendet, mit denen die Darstellungen gestaltet werden, während andere ausgeblendet bleiben. Dadurch entsteht jeweils ein spezifisches, aber kein umfassendes Bild der Wirklichkeit.

„Zwischen den Sozialstrukturen und dem, was bei bestimmten Anlässen des rituellen Ausdrucksverhaltens geschieht, besteht also nur eine lockere Verbindung. Dies erkennen wir auch, sobald wir das abstrakte Ordnungsgefälle betrachten, das sich in sozialen Situationen meist herstellt. Die Beteiligten zeigen sich zum Beispiel oft in einer hierarchischen Rangordnung, die sich nach irgendeiner sichtbaren Eigenschaft richtet – Aussehen, Größe, erhöhter Standort, Nähe zum Mittelpunkt, Sorgfalt in der Kleidung, zeitweiliger Vortritt usw. –, und diese Unterschiede erinnern an die unterschiedliche soziale Stellung der Betreffenden, während der unterschiedliche soziale Abstand zwischen den verschiedenen sozialen Stellungen sowie die spezifische Art dieser Stellungen dem Auge verborgen bleiben.“ (Goffman 1981: 16)

Der selektive Bezug auf ‚etwas' als nicht vollständig Anwesendes ist bereits eine Spezifik aktualer sozialer Situationen mit ihren strukturierten und strukturierenden Darstellungsprozessen in gesellschaftlich gerahmten Ritualen und Zeremonien. Dieser selektive Bezug wird Goffman zufolge in Bildern lediglich gesteigert.

Werden diese Überlegungen gestalttheoretisch interpretiert – Goffman spricht zwar immer wieder von Gestalt und gestalten als Aktivität, führt den Zusammenhang aber nicht systematisch aus – so sind Darstellungen spezifische Gestaltungsprozesse, im Zuge derer aus einer unendlichen Zahl von Eigenschaften von Objekten oder Sachverhalten die für die Darstellenden in der jeweiligen Situation relevanten Elemente zu einer Gestalt verbunden und damit letztlich auch in einen imaginären Zusammenhang versetzt werden. Der bedeutungskonstituierende Zusammenhang zwischen Darstellung und Dargestelltem im Hinblick auf die Relevanz für die jeweils Agierenden ist mithin ähnlich konzipiert wie bei Susanne Langer.

Die grundlegende Frage, ob es *Wirklichkeit* auch jenseits selektiv auf sie Bezug nehmender Gestaltungsprozesse mittels Darstellungen in symbolisch geformten und gesellschaftlich gerahmten Ritualen und Zeremonien *gibt*, ob und wie sie als Entität erfassbar wäre, lässt Goffman ontologisch und erkenntnistheoretisch ausdrücklich offen (Goffman 1981: 35).[102] Dennoch geht er von einer Differenz zwischen dem ‚Gesamt' der Wirklichkeit und ihrer rituell darstellenden Inszenierung aus. Denn Darstellungen, Rituale und Zeremonien beziehen sich Goffman zufolge selektiv auf eine anderweitig gestaltete Wirklichkeit, werden von dieser aber nicht determiniert und können auch kein Abbild dieser sein. Vielmehr wird in Darstellungen, Ritualen und Zeremonien Wirklichkeit auch genuin hervorgebracht. In Bezug auf die Geschlechter und ihre Beziehungen etwa gewinnen Wirklichkeitskonstruktionen aus den Darstellungsprozessen ihre Substanz. Die porträtierende Darstellung der Geschlechter und ihrer Beziehungen zueinander sind Goffman zufolge nämlich „mehr als nur Abbild, Symbol oder rituelle Bestätigung der sozialen Hierarchie". Denn, „solche Ausdrucksformen konstituieren zum großen Teil erst die Hierarchie; sie sind Schatten *und* Substanz zugleich." (Goffman 1981: 29) „Das Ausdrucksverhalten der Geschlechter ist alles andere als bloße ‚Schau'; aber ein erheblicher Teil der gesellschaftlichen Substanz ist in seiner Inszenierung enthalten." (Goffman 1981: 40) Damit betont Goffman den performativen Charakter von Darstellungen ohne die Differenz zwischen Darstellung und Wirklichkeit aufzugeben.

102 Goffman unterscheidet nicht systematisch zwischen *Wirklichkeit* und *Realität*. Wenn klarer wäre, ob er mit *Wirklichkeit* eine gestaltete *Realität* versteht und mit letzterer den unendlichen Horizont des Geschehens, vor dem sich *Wirklichkeit* erst hervorhebt, wäre seine Argumentation an vielen Stellen klarer. In der Regel meint er gestaltete Wirklichkeiten, bezieht sich an anderen aber immer wieder auch auf *Realität* im hier eingeführten Sinn.

Den bisherigen Argumentationsgang zusammenfassend lässt sich festhalten, dass soziale Ordnung in sozialen Situationen nicht zuletzt über ikonische Darstellungsformen sichtbar *inszeniert* und zugleich als ‚gesellschaftliche Substanz‘ hervorgebracht wird. In rituelle und zeremonielle Symbolisierungsprozesse eingebettete Darstellungen sind jedoch nicht gleichzusetzen mit der gesamten Wirklichkeit. Dennoch sind szenische, situative Darstellungen für Wirklichkeit konstitutiv. Der Körper spielt dabei sowohl als Anzeichen wie als Symbol eine wichtige Rolle, weil er im Rahmen eines *natürlichen Ausdrucksverhaltens* wahrgenommen wird.[103] Er trägt wesentlich zur gegenseitigen Orientierung der Interagierenden bei, auch und gerade weil die als ‚natürlich‘ wahrgenommenen Ausdrucksvorgänge, die von den Beteiligten nicht gänzlich kontrolliert werden können (Mimik, Gestik, Körperhaltung), das Interaktionsgeschehen wesentlich mitgestalten. Körperliches Ausdrucksverhalten nimmt dabei symbolisch präsentative Formen an und fungiert in Interaktionssituationen *als Bild*.

Wenn, wie Goffman gezeigt hat, in aktualen sozialen Situationen die Bildhaftigkeit des Körpers eine so wesentliche Rolle spielt, welchen Zusammenhang und Unterschied gibt es dann zwischen Darstellungen in aktualen sozialen Situationen und Darstellungen in und mit Bildern im engeren Sinne? Dieser Frage ist Goffman in seiner empirisch-theoretischen Untersuchung zur Darstellung von Geschlechtern in Reklamebildern nachgegangen. Mit Bildern im engeren Sinne meint Goffman die „ganze Kategorie der statischen zweidimensionalen Abbildungen“ (Goffman 1981: 51f), fokussiert seine Überlegungen auf Fotografien und schließlich auf die Spezifik von Fotografien im Rahmen des ‚kommerziellen Realismus‘ in der Werbung.

Es sei vorausgeschickt, dass für Goffman die Bilder-Frage wesentlich eine Rahmenfrage ist. Mit diesem Zugang diskutiert er eine Reihe von gesellschaftlich geformten Rahmen, in denen Fotografien auf soziale Situationen und schließlich auch auf gesellschaftliche Wirklichkeit in unterschiedlicher Weise Bezug nehmen. Diese Relationen sind für Goffman ähnlich ‚lose‘ und zugleich – von der Seite der Bilder aus betrachtet – ähnlich performativ wie das Verhältnis zwischen körpergebundenen Darstellungen in aktualen Interaktionssituationen und gesellschaftlicher Wirklichkeit. Denn die jeweiligen Bilder-Rahmen erzeugen eine Verbindung und zugleich eine Differenz zwischen *Bild* und *Wirklichkeit*.

Darstellungen, Rituale, Zeremonien unterscheiden sich von ihren Bildern und verschieben sich in ihren Bildern durch die jeweils spezifischen Bilder-Rahmen. In einem Bild verändern sich die Zwecke der Darstellung. Eine Darstellung in einer aktualen Situation hat – wie oben argumentiert – den Zweck, die InteraktionspartnerInnen jeweils durch ein soziales Porträt voneinander zu informieren und damit aufeinander bezogene Interaktionen und Handlungen

103 Diese Wahrnehmung hat sich in den westlichen Kulturen erst seit der Aufklärung und insbesondere seit der Entwicklung von Biologie und Anthropologie als Wissenschaften im 19. Jahrhundert entwickelt (siehe Laqueur 1992).

innerhalb eines mit der Darstellung inaktierten Rahmens möglich zu machen. Eine Fotografie einer solchen Situation – sagen wir die Fotografie einer Begrüßungsszene – hat dagegen in der Regel nicht diese Funktion, sondern jene, ein *Bild* einer solchen Situation hervorzubringen. Ein solches Bild wird wiederum in der Regel in anderen Interaktions- und Handlungszusammenhängen als in der im Bild dargestellten relevant, etwa als Erinnerungsfoto, Beleg-Foto, Selbstpräsentationsfoto, Publicity-Foto, u.v.m. Mit den Bilder-Rahmen entstehen auch genuin neue Darstellungsformen wie etwa die *Pose*, in bestimmten Szenen angeordnete *soziale Arrangements*, ein spezifischer *Blick* zur Kamera, bestimmte Gruppenaufstellungen, Porträts, Aktmodelle, u.a.m.

„Bei privaten oder öffentlichen Porträtaufnahmen können die Personen durch die Art der Abbildung in eine ganz andere Beziehung zu dem, was sie darstellen, gesetzt werden. [...] Dieses Posieren ist aber eine bloße ‚Darstellung', es ist völlig losgelöst von dem tatsächlichen Ablauf, in dem die Originalhandlungen erfolgen könnten. [...] Was wir vor uns haben, sind also keine wirklichen Handlungen, sondern fotografische Dokumente von Emblemen." (Goffman 1981: 77)

Eine im sozialen und gesellschaftlichen Leben vollzogene Symbolisierung wird noch einmal symbolisch *als Bild* gestaltet.[104] Die dabei leitenden Vorstellungen etwa davon, was ein ‚ausdrucksstarkes Bild' bzw. „was die richtige Konvention für die ‚Darstellung' [z.B. eines Berufes, R.B.] ist" (Goffman 1981: 78), machen die Fotografie trotz ihres ausschließlich inszenierten Charakters zu einem Dokument jener Elemente und Gestalten, mit denen soziale Figurationen emblematisch dargestellt werden. Sie machen sie aber auch zu einem Dokument der Differenz zwischen der „Beschaffenheit der nichtposierenden Welt" und ihrer fotografischen Darstellung (Goffman 1981: 79).

Und dennoch gibt es, so Goffman, eine „Übertragung der offenkundigen Beschaffenheit der Welt auf das einzelne Foto. Denn der Umsetzungs-Code für die Darstellung der Realität in Bildern – also der fotografische Rahmen – wäre kein Code, gäbe es nicht ein bestimmtes, systematisch aufrechterhaltenes Verhältnis zwischen der Umsetzung und dem, was umgesetzt wird." (Goffman 1981: 79) Goffman nennt Illustrationsfotos, Beleg-Fotos und die fotografische Dokumentation von symbolischen Praktiken – zum Beispiel den Ring-Tausch bei Eheschließungen – als Rahmen-Beispiele für eine Übertragung, durch welche eine Handlung in einer spezifischen sozialen Situation im Bild erkennbar wird. Mit der Übertragung entstehen zugleich auch jene Aspekte und Elemente, welche die Differenz zwischen Bild und Wirklichkeit markieren.

---

104 Auf die zahlreichen detaillierten Unterscheidungen von Goffman zum Beispiel zwischen privaten und öffentlichen Bildern, zwischen Sujet und Modell, zwischen ‚Schnappschüssen' als ungestellte Bilder und inszenierten Bildern, u.v.m. gehe ich nicht im Detail ein, u.a. weil diese Überlegungen meines Erachtens noch explorativen Charakter haben und inzwischen theoretische Konzepte zu Medien und Genres von Bildern, insbesondere von Fotografien, in systematischerer Form vorliegen. Zu Fotografie siehe detaillierter das folgende Kapitel.

In Fotografien sind neben den *szenischen Elementen*, die in Analogie oder aber in Differenz zu aktualen Szenen als ‚reale' oder aber dem fotografischen Rahmen geschuldete wahrgenommen werden, auch ihre mediale Charakteristik als *Porträt* oder *Szenenbild* ebenso zu erkennen wie fotografische Konventionen. In eine andere Terminologie übersetzt heißt das, dass Goffman die mediale Seite der Übertragung von ‚etwas' in ein Bild in ähnlicher Weise versteht wie dies in den neueren bildtheoretischen Ansätzen ausgearbeitet worden ist. Das Bild lässt sowohl etwas aus der Welt außerhalb des Bildes erkennen wie es zugleich sich selbst als Medium und damit die Differenz zwischen Dargestelltem und Darstellung zu erkennen gibt.

Bezüglich der theoretisch unterschiedlichen Positionen das Verhältnis von Dargestelltem und Darstellung betreffend scheint Goffman an dieser Stelle seiner Argumentation die Übertragung zwischen Wirklichkeit und Bild vor allem als zeichentheoretisch zu erfassenden Vorgang zu verstehen. Die Übertragung geschieht mittels konventionalisierter Codes, welche auch als solche verstanden werden. Damit wäre aber nicht erklärt, wieso die Interagierenden trotz der Offensichtlichkeit der konventionellen Struktur der Darstellungen und ihrer Übertragung in Bilder bereit sind, diese als *natürliches Ausdrucksverhalten* wahrzunehmen und von der Existenz ebenso wie der Konstanz *essentieller Zeichen* auszugehen.[105] In den Ausführungen zu den Ergebnissen seiner Untersuchung zur Darstellung der Geschlechter in der Werbung entwirft Goffman, wie wir sehen werden, eine komplexere Vorstellung von Übertragungsprozessen zwischen Wirklichkeit – Bild – Wirklichkeit. In diesem Zusammenhang zeigt er, in welcher Weise soziale Porträts und szenische Elemente aus nicht bildbezogenen aktualen Interaktionssituationen in Werbebilder selektiv eingehen und dadurch neu gestaltet werden.

Reklame-Designer nehmen als Produzenten von Werbebildern eine Reduktion auf stereotype Szenen vor, bei denen die Betrachter den Handlungsverlauf, also das Davor und Danach, ebenfalls ‚sehen', weil mit dem statischen Bild ein prototypischer Handlungs- oder Interaktionszusammenhang als Vorstellung hervorgerufen wird. Damit wird ein Wiedererkennungseffekt der dargestellten Aktivitäten und Handlungen erzeugt, denn Reklamebilder sollten auch ohne textliche Unterstützung Geschichten erzählen können (Goffman 1981: 116). Übertragungen mit Hilfe solcher Strategien funktionieren jedoch nicht nur in eine Richtung, nämlich von Darstellungselementen und -mustern aus aktualen sozialen Situationen in Bilder. Bilder übertragen umgekehrt Darstellungsprinzipien auch in aktuale soziale Situationen, indem etwa die bildlich erzeugten Posen, Ideale und Phantasien in aktualen Situationen nachgeahmt werden (Goffman 1981: 88). Wir haben es bei Reklamebildern also nicht mit einem Abbildverhältnis zwischen Wirklichkeit und Bild zu tun, sondern mit einem Verhältnis zwischen zwei Wirklichkeiten, in dem wechselseitige Übertragungen von beiden Seiten aus stattfinden. Die konventionalisierte

105 Auf diesen Aspekt hat Gesa Lindemann (1994) aufmerksam gemacht.

Zeichenhaftigkeit von Darstellungen ist dabei ein zwar wesentlicher Übertragungsmodus. Goffman zeigt jedoch, dass neben dieser Übertragung bei der Bildproduktion ganz eigene rituelle Prozesse ablaufen, wie etwa das Posieren, die Bildung von Idealen, welche schließlich die Spezifik der jeweiligen Bilder-Rahmen hervorbringen. „Kurz, zwischen kommerziell gestellten und lebenden Szenen gibt es nahezu jede Art der Übertragung und jede Art des Unterschieds. Auch sind die Verhältnisse in keiner Weise festgelegt." (Goffman 1981: 328)

Für die wechselseitigen Prozesse der Übertragung zwischen Bild und aktualer Wirklichkeit sind vor allem ähnliche Prinzipien der Erzeugung von Bedeutung entscheidend.

„Nun behaupte ich, dass die Aufgabe des Reklame-Designers, nämlich den Wert seines Produkts dramatisch darzustellen, nicht unähnlich der Aufgabe der Gesellschaft ist, wenn sie ihre sozialen Situationen mit zeremoniellen und rituellen Zeichen ausstattet, die eine Orientierung der Beteiligten aneinander ermöglichen. Beide nutzen die beschränkten ‚visuellen' Mittel, die in sozialen Situationen verfügbar sind, um eine Geschichte zu erzählen. Beide setzen ansonsten undurchschaubare Vorgänge in leicht verständliche Formen um. Und beide bedienen sich der gleichen elementaren Mittel: Absichtsbekundung, mikro-ökologische Aufzeichnung sozialer Strukturen, anerkannte Typisierung und gestische Externalisierung innerer Reaktionen." (Goffman 1981: 116)

Die allgemeinen Prinzipien der Darstellung lassen noch eine weitere Verbindung zwischen Bild und Wirklichkeit entstehen. Indem eine Darstellung im Bild als Darstellung erkannt wird, setzten sich Betrachter ihr gegenüber wiederum in ein Darstellungsverhältnis. So entsteht eine neue soziale Situation, und zwar eine zwischen einem Bild und einer BetrachterIn.

„Die auf Standfotos sichtbaren Figuren – ob einsam oder nicht – wenden sich implizit an uns, die Betrachter, und beziehen uns dadurch, dass sie uns etwas von ihrer Welt sehen lassen, in diese mit ein; und damit schaffen sie effektiv eine soziale Situation." (Goffman 1981: 117)

Wenn die hoch stilisierten Reklamebilder ihrerseits mit ihren Betrachtern eine soziale Situation schaffen, dann sind sie wiederum „womöglich etwas Realeres […], als wir annehmen wollten" (ebd.). Die in Reklame-Bildern dargestellte ‚Scheinwelt' ist mit Betrachtern aus der aktualen Welt qua einer sozialen Beziehung verbunden, in der nicht mehr ganz klar ist, wer wessen Bild ist: das Reklame-Bild ein Bild aktualer sozialer Situationen oder umgekehrt, der/die BetrachterIn und ihre aktuale soziale Situation ein Bild der Reklame-Wirklichkeit.

Trotz der in diesem Zusammenhang explizit argumentierten Performativität von Bildern hält Goffman letztlich nicht nur an der Differenz zwischen Wirklichkeit und Bild fest, sondern auch in gewisser Weise am Primat der Wirklichkeit, auf die sich Bilder im engeren Sinne beziehen. In seiner Schlussfolgerung aus seiner empirischen Untersuchung wirft er die Frage des Verhältnisses zwischen Wirklichkeit und Bild noch einmal auf und beantwortet sie schließlich mit seinem Konzept der Hyper-Ritualisierung.

„Was ist also unter dem Gesichtspunkt des Rituals der Unterschied zwischen den in der Reklame abgebildeten Szenen und den Szenen des wirklichen Lebens? Eine Antwort wäre: die ‚Hyper-Ritualisierung'. Die Standardisierung, Übertreibung und Vereinfachung, wie sie für Rituale im allgemeinen typisch ist, finden wir in kommerziellen Reklameposen in erhöhtem Maße wieder [...]." (Goffman 1981: 327)

Reklamebilder – und möglicherweise auch Bilder generell – sind dieser Logik folgend eng mit den Symbolisierungsprozessen in aktualen sozialen Situationen verbunden und unterscheiden sich zugleich von ihnen durch ihre spezifischen Rahmen und Formen der Hyper-Ritualisierung. Hyper-Ritualisierung heißt in diesem Zusammenhang, eine nochmalige symbolische Verdichtung einer bereits symbolisch gestalteten Wirklichkeit zu einer Bild-Wirklichkeit, die wiederum in den performativen Prozessen der Hervorbringung sozialer Wirklichkeit in aktualen Darstellungsprozessen eine wesentliche Rolle spielt.[106]

Zusammenfassend kann man den von Goffman dargestellten Zusammenhang wie folgt formulieren: Die Darstellung sozialer Porträts in Form präsentativer Symbolisierung – also in Form von *Bildern* im Sinne von *am* und *mit* dem Körper symbolisch gestalteter Vorstellungen über unsere sozialen Beziehungen ebenso wie über unsere ‚menschliche Natur' – sind ein wesentlicher Bestandteil der Struktur sozialer Interaktion. Movens der Darstellung ist für Goffman das Entwerfen sozialer Porträts, mit der sich die Interagierenden gegenseitig über ihre Absichten, Zustände, Orientierungen mehr oder weniger kontrolliert und absichtlich informieren. Akteure und Situationen erscheinen ‚als etwas' – zum Beispiel in spezifischen Rollen, aber auch mit spezifischen Gesten, Mimiken, etc. –, jenseits dessen es zwar eine andere Realität geben mag, welche jedoch nur über die Darstellung zugänglich wird. Sozialität und soziale Ordnung entstehen mithin in Prozessen der *Darstellung* im Rahmen von Ritualen und Zeremonien. Pointiert könnte man schlussfolgern, dass sich soziale Ordnung in aktualen sozialen Interaktionen sichtbar zeigen muss, um wirksam zu sein und Wirklichkeit zu werden.

Körpergebundene Darstellungen nehmen zum einen in signifikativen Funktionen bezüglich der unmittelbaren Handlungsorientierung bildhafte Form an. Zum anderen erzeugen sie als präsentativ-symbolische Form Orientierungen über die *Art der Interaktion* mit ihren Rahmen sowie mit Bezug auf das ‚Ganze' des menschlichen Lebens, welches als solches nie erfasst werden kann. Körperliche Darstellungen werden zugleich als ‚natürliche' wahrgenommen. Die Naturalisierung von Ausdrucksweisen über Darstellungen gelingt umso mehr, als die Beziehungen – etwa zwischen ‚Geschlecht' und

106 Zur Weiterentwicklung der Goffman'schen Überlegungen bezüglich der Funktionsweisen von Werbung siehe Willems/Kautt 2003.

,Verhalten' – als *sichtbare* Evidenz jenseits sprachlich-argumentativer oder intentional handelnder Bezugnahmen und damit jenseits begründungsbedürftiger Relationen hergestellt werden kann.[107]

Die Formen ritualisierter Ausdrucksdarstellungen in aktualen sozialen Situationen, die als ,natürliche' wahrgenommen werden, werden auch in die Bildproduktion wie Bildwahrnehmung übertragen. Darstellungen in Bilder-Rahmen erfolgen nach den gleichen symbolischen Gestaltungsprinzipien wie Darstellungen in aktualen Situationen, sind jedoch keine Kopie der letzteren. Vielmehr greifen sie einzelne Elemente aus der Darstellung in aktualen Situation auf, operieren mit diesen, setzen sie jeweils in spezifischer Weise in ein bildliches Verhältnis zueinander und schaffen damit eine eigene, hyperritualisierte, präsentativ-symbolische Bild-Wirklichkeit, die wiederum über die Betrachter in aktuale soziale Situationen übertragen wird. Bilder im engeren Sinne werden quasi zu ,Interaktionspartnern' in sozialen Situationen, welche sich in Bezug auf fixierte Bilder in spezifischer Weise gestalten.

Die Differenz zwischen Bild und aktualer Wirklichkeit löst sich damit nicht auf. Vielmehr bleibt es bei einer *Übertragung*, die von beiden Seiten ausgehen und nach beiden Seiten wirksam werden kann. Durch die Übertragung von situativen Darstellungen in einen spezifischen Bilder-Rahmen kann sich der Bedeutungszusammenhang, in dem sie als Anzeichen oder Symbol fungieren, verschieben. Und dennoch ,verstehen' wir Darstellungen in Bildern nur im Rückgriff auf Bedeutungsbezüge, die in aktualen sozialen Situationen entstanden sind. Gleichzeitig schaffen Bilder eigene Bedeutungsbezüge, die ihrerseits auf aktuale soziale Situationen übertragen werden.

Mit diesem Argumentationszusammenhang bietet der Goffman'sche Ansatz eine Vorstellung davon, in welcher Weise Darstellungen an den körperlichen Ausdruck gebunden sind, durch den auch ,innere Zustände' wie Stimmungen, Emotionen u.a.m. sichtbar werden. Und er zeigt, wie Darstellungen aufgrund ihrer signifikativen ebenso wie symbolischen Funktionen ikonische Formen annehmen. Damit liegt ein soziologischer Ansatz vor, mit dem hinsichtlich der ikonischen Dimension von Darstellungen in sozialen Situationen wie in Bildern an die Konzeption von Susanne Langer zur Hervorbringung von Bedeutungen in präsentativ-symbolischen Bedeutungsformen angeschlossen werden kann. Obwohl Goffman den Gestaltbegriff nicht systematisch einführt, legt seine Argumentation zur selektiven Bezugnahme zwischen

107 Diesen Aspekt haben Jürgen Raab und Hans-Georg Soeffner explizit herausgearbeitet und theoretisch mit Plessner und Gehlen weiterentwickelt. „In konkreten Interaktionssituationen erkennen, deuten und verstehen wir den anderen also weniger aus dem von uns seinem Handeln zugeschriebenen ,subjektiv gemeinten Sinn' als aus seinem Anblick. Genauer, aus der sinnhaften Verknüpfung von Details seiner Körperbilder, die je für sich als Hinweise genommen und dann zu einem geschlossenen Sinngebilde geformt werden, in welchem sich [...] objektive Formungen und zweckrationale Intentionen unauflöslich mit nicht kontrollierbaren Ausdrucksmomenten überkreuzen." (Raab und Soeffner 2005: 178)

Wirklichkeit, Darstellung und Bild eine gestalttheoretische Interpretation nahe. In dieser Perspektive hätten wir es bei Darstellungen in aktualen Situationen und in Bildern im engeren Sinne gleichermaßen mit Gestaltbildungsprozessen zu tun, die sich nur dadurch voneinander unterscheiden, dass sie sich jeweils in spezifischer Weise, d.h. in spezifischen *Rahmen* in einer *spezifischen symbolischen Form* auf Wirklichkeit oder Realität *als Bild* beziehen. Die Art der Differenz ist wiederum Teil der Gestalt- und Symbolbildung. In anderen Worten, nicht nur die Darstellung in aktualen Situationen sowie in Bilder-Rahmen, sondern auch das Verhältnis von Darstellung, Bild und Wirklichkeit ist ein gestalthaftes und symbolisch geformtes.

Methodologisch gewendet bedeutet dies, dass körpergebundene Darstellungen in Bildern im engeren Sinne in ihrem jeweils spezifischen bild- *und* nicht-bildbezogenen interaktiven Darstellungszusammenhang interpretiert werden müssen. Dabei können sie als Anzeichen von Zuständen oder Sachverhalten *und* als symbolische Elemente der rituellen und zeremoniellen Gestaltung von Situationen verstanden werden. Eine spezifische Mimik, Gestik, Körperhaltung, Positionierung im Raum, etc. gewinnt zum einen erst im Zusammenhang der Darstellung eines sozialen Porträts in einem szenisch ritualisierten oder zeremoniellen Arrangement eine spezifische Bedeutung. Die in diesem Zusammenhang gewonnene Bedeutung kann sich wiederum in einer (momenthaften) Darstellung dieser Interaktion und sozialen Situation in einem Bild verschieben und muss entsprechend im Hinblick auf den jeweiligen bildlichen *Rahmen*, der auch das jeweilige Medium einschließt, interpretiert werden.

Goffman weist auch auf einen weiteren Bedeutungshorizont der Symbolisierungsprozesse. In Darstellungen, Ritualen und Zeremonien gestalten sich auch meist implizit bleibende Vorstellungen über das ‚Ganze' des menschlichen Lebens und seiner sozialen Ordnung, etwa in Form essentialisierender Auffassungen bezüglich der ‚Natur' der Geschlechter. Methodisch gewendet sind diese vor allem aus der Latenz der bildlichen Sinnbezüge zu erschließen, indem ein in Alltagsgewissheiten verankertes *wiederkennendes Sehen* kontingent oder gar ausgesetzt wird.

Leibliche Bezüge symbolisch gestalteter Körperbilder

Körper-leibliche Prozesse und ihre Bedeutung für die subjektive wie intersubjektive Konstitution und Konstruktion sozialer Wirklichkeit werden sowohl in phänomenologisch-soziologischen Theoriefeldern[108] wie auch in der interdisziplinären feministischen Geschlechtertheorie und -forschung[109] in verschie-

108 Vgl. in Bezug auf Biographie und Körper/Leib Alheit et.al. 1999; Abraham 2002; Jäger 2004; Gugutzer 2004.

109 Vgl. exemplarisch Lindemann 1993; Landweer 1994; Stoller/Vetter 1997; nicht zuletzt auch Butler 1995.

dener Weise zu erfassen versucht. Damit verbunden ist die Frage, wie körperleibliches Erleben in soziale Konstruktionsprozesse eingeht und ob es für diese sogar eine konstitutive Grundlage darstellt. Dem liegt die Annahme zugrunde, dass ein leiblich zentriertes Erleben eines *Hier-und-Jetzt* einen unhintergehbaren Bezugspunkt von Symbolisierungsprozessen bildet, in denen sich Selbstverhältnisse, Bezüge zu Anderen und auf die jeweilige Umwelt in einer je spezifischen räumlichen wie zeitlichen Perspektivität symbolisch gestalten. Symbolische Gestaltungsprozesse gehen von der Unmittelbarkeit des Hier-und-Jetzt aus und lösen sich zugleich von ihr ab. Eine Involviertheit in soziale Prozesse aus einer leiblich zentrierten Subjektposition ebenso wie eine elementare Wahrnehmung der Mitgegenwärtigkeit anderer Subjekte und deren leiblicher Zentrierung löst sich in Symbolisierungsprozessen nicht auf und bleibt als Grundlage von Intersubjektivität bestehen. Mit den Arbeiten von Helmut Plessner, Maurice Merleau-Ponty sowie in jüngerer Zeit von Hermann Schmitz sind unterschiedliche phänomenologische Konzepte zum Verhältnis leiblicher Zentrierung und symbolischer Gestaltung entstanden, auf deren Spezifik hier nicht im Detail eingegangen werden kann. Es werden lediglich Kernelemente eingeführt, um anhand der konzeptionellen Argumentationen von Gesa Lindemann und Hilge Landweer zu Prozessen der Bedeutungsbildung im Verhältnis von Körper, Leib und Geschlecht diskutieren zu können, welche Konsequenzen sich daraus jeweils für ein theoretisches Verständnis der mit bildlichen Körperdarstellungen verbundenen leiblichen Prozesse ergeben. Anschließend wird das sich auf Maurice Merleau-Ponty beziehende Verständnis der *leiblichen Grundierung* von Bildprozessen von Gottfried Boehm dargestellt, mit dem eine Trennung zwischen Bildobjekt und interpretierendem Subjekt, und damit die Vorstellung, dass Bilder eine bestimmte Botschaft zu einem Subjekt ‚übermitteln', tendentiell aufgelöst wird.

Körper und Leib sind Plessner zufolge zwei unterschiedliche Positionalitäten im Verhältnis zur Umwelt. Mit dem leiblichen Umweltbezug ist eine unhintergehbare raum-zeitlich fixierte *zentrische Positionalität* verbunden. „Der Leib bildet in der Beziehung zur Umwelt einen nicht-relativierbaren Mittelpunkt des Hier-Jetzt, auf den diese [die Umwelt, R.B.] konzentrisch bezogen ist." (Lindemann 1994: 80) Gleichzeitig können Menschen über ihr Bewusstsein aus dieser Positionalität heraustreten und sich selbst als Körper in Relation zu anderen Dingen und Körpern aus einer Außenperspektive wahrnehmen. Der Körper vertritt in dieser Unterscheidung begrifflich die Seite der *exzentrischen Positionalität* in der Weise, dass er als *Ding unter Dingen* nicht für eine absolute, sondern raumzeitlich ebenso wie kulturell relative Beziehung zur Umwelt steht. Die sich von der Umwelt abgrenzende Körpergestalt kann sich in exzentrischer Perspektive über symbolische Prozesse in verschiedener Weise herstellen. Die exzentrische Position ist jedoch zugleich verschränkt mit der zentrischen, in der sich die Grenze zur Umwelt nicht über das Bewusstsein, sondern als auf den Leib bezogene unmittelbar herstellt. Der Mensch ist „in seinem Leib und zugleich außer ihm" (ebd.). Menschen interagieren einerseits als in spezifischer Weise von außen sichtbare und reflexiv zugänglich gestaltete Körper und sind zugleich leiblich aus einer jeweils bestimmten raum-zeitlichen Position auf sich selbst, auf Andere und die (Um)Welt bezogen. Ihre Involviertheit in Situationen und Szenen stellt sich mithin sowohl körperlich als auch leiblich her. Der Aspekt der leiblichen Zentrierung ist jedoch nur über Bewusstseinsvorgänge aus einer exzentrischen Position zugänglich und kann niemals rein als solche erschlossen werden. Die Unterscheidung zwischen *Körper* und *Leib* ist vor allem eine begriffliche.

Die in dieser Vorstellung noch enthaltene Dualität von zentriertem Leib-Sein und über reflexive Bezugnahmen einen Körper zu haben, wird in der Konzeption von Maurice Merleau-Ponty weiter aufgelöst. In seiner Vorstellung *überkreuzen* sich in der leiblichen Wahrnehmung der Welt Sinneseindrücke mit Bewusstseinsvorgängen in einer Weise, dass sie in ihrer Verflochtenheit auch analytisch nicht mehr sinnvoll voneinander zu unterscheiden sind. Über den Leib stellt sich ein *Zur-Welt-Sein* her, in welchem körperliche Sinneswahrnehmungen und Bewusstseinsvorgänge in Gestaltbildungsprozessen unauflöslich verflochten sind. „Der Leib ist sozusagen der natürliche Umschlagplatz von Geist und Materie. Indem Geist sich inkarniert im Leib, ist Welt dem Leib erschlossen.“ (Good 1998: 79)

Leiblichkeit konstituiert sich – und das ist an der Konzeption von Merleau-Ponty entscheidend – nicht in der Innerlichkeit des Subjektes, welches sich über nur ihm zugängliche Empfindungen oder Bewusstseinsakte der Welt zuwendet. Vielmehr geht Leiblichkeit genuin aus dem Weltbezug hervor und ist damit immer schon eingebettet in Intersubjektivität. Mit dem leiblichen Erleben der Welt vollzieht sich zugleich eine Verankerung des Subjektes in der Welt. Leibliches Zur-Welt-Sein entsteht im *Zwischenbereich* zwischen einem Subjekt, Anderen und der Welt sowie in der *Überkreuzung* von sinnlichen Wahrnehmungen und geistigen Symbolisierungsprozessen.

Auf dieser Basis unterscheidet Merleau-Ponty dennoch zwischen einem unmittelbaren, vorprädikativen leiblichen und einem vermittelten, begrifflichen Zur-Welt-Sein, was am Beispiel seiner Überlegungen zur Erotik als einem unhintergehbar leiblichen Phänomen deutlich wird. „Es gibt ein erotisches ‚Verstehen‘, das von anderer Art ist als das Verstehen des Verstandes; der Verstand versteht, indem er eine Erfahrung unter einer Idee erfaßt, der Begierde aber eignet ein Verstehen, das ‚blindlings‘ Körper mit Körper verbindet.“ (Merleau-Ponty 1966: 188) Dies wirft wiederum die Frage auf, in welcher Weise leibliches und begriffliches Verstehen grundsätzlich aufeinander bezogen sind.

Hermann Schmitz arbeitet auf der Basis u.a. von Merleau-Ponty die konstitutionelle Relevanz der Leiblichkeit für ein unhintergehbar an ein empfindendes und fühlendes Subjekt gebundenes Weltverhältnis weiter aus. Schmitz bestimmt Leiblichkeit als ein vom Subjekt ganzheitlich erlebtes Spüren und Fühlen, das sich nicht aus einzelnen Sinneswahrnehmungen ‚zusammensetzt‘.

„Der Begriff des Leibes bezeichnet den erlebten und gespürten Körper, das, was […] ganzheitlich, das heißt ohne Zuhilfenahme einzelner Sinnesorgane oder der Hände, erfahren wird. […] ‚Körper' ist der reduzierte, der vergegenständlichte, seiner Subjektivität entkleidete Leib. […] Zum Körper gehören das äußerlich beobachtbare Verhalten und der gestische Ausdruck ebenso wie medizinische Daten, kurz das, was man an sich selbst oder an anderen optisch, taktil oder akustisch wahrnehmen kann." (Landweer 2007: 21f)

Der leibliche Weltbezug entsteht weiters nicht erst über eine bewusste Zuwendung auf spezifische Gegenstände. Vielmehr wird ein Geschehen über sich einstellende Empfindungen und Gefühle auch ohne absichtliche Aufmerksamkeitsfokussierung leiblich spürbar. Leiblichkeit meint in diesem Zusammenhang ein gespürtes *In-Situationen-gesetzt-Sein*, welches Handlungs- oder Bewegungsintentionen vorausgeht. Dieser Aspekt wird von Schmitz als *leiblich-affektive Betroffenheit* bestimmt, die insofern unhintergehbar ist, als die „Beteiligten immer schon passiv in einer Weise in das soziale Feld eingebunden sind, die von den parallel ablaufenden Artikulationsprozessen – seien sie präsentativer oder diskursiver Art – unterschieden werden muss." (Landweer 1994: 108) Die leibliche Involviertheit in Situationen entzieht sich also einer Steuerung des Geschehens über Absichten, Interaktions- oder Handlungsstrategien, und sie entzieht sich in gewisser Weise auch den ‚parallel' ablaufenden konstruktiven Symbolisierungsprozessen. Damit ist wiederum die Frage aufgeworfen, in welcher Weise leibliche Involviertheit und Symbolisierungsprozesse aufeinander bezogen sind.

Am Beispiel der Konzepte von Hilge Landweer und Gesa Lindemann, die sich beide auf die Frage nach der körper-leiblichen Konstitution respektive Konstruktion von männlichem und weiblichem Geschlecht beziehen, soll gezeigt werden, dass auch aus phänomenologischer Perspektive der Zusammenhang zwischen Körper und Leib unterschiedlich konzipiert werden kann. Daraus ergeben sich wiederum unterschiedliche methodologische Herausforderungen und Zugänge hinsichtlich leiblicher Dimensionen in bildlichen Körperdarstellungen.

In der an Susanne Langer anschließenden Konzeption von Hilge Landweer ist leiblich-affektive Betroffenheit eine Voraussetzung jeglicher Symboltätigkeit. Leibliche Affektivität ‚treibt' zu Symbolisierungsprozessen in unterschiedlichsten Formen, bleibt aber von diesen als Phänomen *sui generis* unterschieden.

„Leibliche Affektivität kann dargestellt, präsentiert, demonstriert werden und ist insofern symbolisch. Selbstverständlich kann man die Entstehung von Gefühlen und deren Ausdruck auf soziale Situationen zurückführen. Leiblich-affektive Betroffenheit ist aber dennoch ein Phänomen sui generis, das als *Voraussetzung* für Symbolisierungsprozesse eingeht in die ‚Herstellung' von Sozialität." (Landweer 1994: 108f, Hervorhebung R.B.)

Weiters entsteht Landweer zufolge eine spezifische Verflechtung zwischen leiblich-affektiver Betroffenheit und Gestaltwahrnehmung im Rahmen symbolischer Formen. Das, was wir als Körpergestalt – etwa in Bezug auf das Geschlecht – wahrnehmen, ist bezogen auf eine leibliche Affektivität – etwa das Begehren –, und dieser Zusammenhang wird in einer symbolischen Form ‚interpretiert' (Landweer 1994: 108). Die leiblich-affektive Betroffenheit bleibt dabei ein unhintergehbarer Bezugspunkt der Gestaltbildung, allerdings nicht in der Weise, dass erstere letztere ‚naturalistisch' bestimmen würde. Vielmehr sind die symbolischen ‚Antwortmöglichkeiten' auf leibliche Empfindungen und Emotionen hoch variabel.

Vor diesem Hintergrund stellt sich die Frage, welche Rolle die körperleibliche Dimension bei bildlichen Darstellungen insgesamt und insbesondere bei Körperdarstellungen spielt. Denn in Bildern haben wir zunächst lediglich die in Symbolisierungsprozessen geformten Körpergestalten vor uns, welche, laut Landweer, zwar sichtbar, ihrer Leiblichkeit aber auch entkleidet sein können. In welcher Weise ist also leibliche Affektivität an bildlichen Symbolisierungsprozessen überhaupt beteiligt und vor allem, wie kann sie in Interpretationsprozessen zugänglich gemacht werden? Umgekehrt kann auch gefragt werden: Unter welchen *bildlichen* Bedingungen können Körperdarstellungen mit leiblichen Empfindungen und Gefühlen verbunden sein? Diese Fragen müssen und können meines Erachtens nicht allgemein beantwortet werden. Vielmehr bedürfen sie einer Konkretisierung anhand bestimmter Bilder. Allgemein kann lediglich davon ausgegangen werden, dass Bilder auch aus körper-leiblichen Prozessen hervorgehen und in der Lage sind, körper-leibliche Prozesse bei Betrachtern auszulösen und mit ihnen eine ‚lebendige' Verbindung einzugehen. Im Fall von Bildern, die ‚begehrende Blicke' auslösen ist dies in der Regel evident, obgleich sich die Bedingungen, unter denen leibliches Begehren durch Bilder ausgelöst wird, vermutlich nicht verallgmeinern lassen. Sie bleiben auch in kulturell verallgemeinerten Formen in hohem Maße an das jeweilige bilderzeugende Subjekt gebunden, und zwar sowohl auf der Seite der Produktion wie der Betrachtung von Bildern. Gleichermaßen ist auch vorstellbar, dass bildliche Körperdarstellungen auch so ‚verdinglicht' sein können, dass ihr leiblicher Bezug unter Umständen nicht mehr zugänglich ist.

Im Unterschied zu Landweer argumentiert Lindemann, dass die leibliche Dimension ihrerseits *Resultat* von Symbolisierungsprozessen ist. In ihrer Konzeption ist der Leib allein über die Wahrnehmung einer Körpergestalt im Rahmen einer symbolischen Ordnung zugänglich und letztlich auch durch diese konstruiert. In ihrer Konzeption wird das leibliche Erleben letztlich im Rahmen einer symbolischen Ordnung strukturiert. Bezogen auf die Geschlechterdifferenz bedeutet dies, dass die diskursiv erzeugte, prinzipiell variable Form der Unterscheidung von männlichen und weiblichen Körpern der Wahrnehmung der jeweiligen Körpergestalt vorausgeht und die Wahrnehmung von Körpern in ihrer Zeichenhaftigkeit überhaupt erst möglich macht. „Einerseits trägt ein Körper die historische Form der Differenz als seine Bedeutung. Da er aber andererseits ohne diesen Bedeutungszusammenhang gar nicht als geschlechtlich bestimmter wahrzunehmen wäre, bildet die Form der Unterscheidung zugleich ein historisches Apriori der Wahrnehmung von Körper als Geschlechtskörper.“ (Lindemann 1994: 88)

Die Zeichen- und Symbolhaftigkeit der Körpergestalt strukturiert schließlich nicht nur die Wahrnehmung, sondern auch das leibliche Erleben in der Weise, dass wir empfinden, was der Körper in seiner jeweiligen symbolischen Gestalt an leiblichem Empfinden ‚fordert‘, um als Körper in einer ‚richtigen‘ Gestalt wahrgenommen werden zu können. Wir lernen, so Lindemann, entsprechend unserer Körpergestalten und der damit verbundenen symbolischen Differenzsetzungen, als Männer oder Frauen zu *fühlen*. Durch die Unmittelbarkeit, Unhintergehbarkeit und Dauerhaftigkeit des leiblich Gespürten wird die symbolische Formung körper-leiblicher Prozesse als solche jedoch nicht mehr wahrgenommen. Vielmehr entsteht durch die leibliche Fundierung der Geschlechtszugehörigkeit als *gespürtes Geschlecht* eine leibliche Evidenz des Mann- oder Frau-Seins, die für die meisten Gesellschaftsmitglieder unhinterfragt und dauerhaft wirksam bleibt.[110] Damit kann Lindemann die Stabilität von Geschlechterkonstruktionen erklären, welche ihr zufolge nicht darauf angewiesen ist, jeweils situativ neu hervorgebracht zu werden. Mit ihrer Argumentation kann sie jedoch nicht mehr systematisch erklären, wie es zu den spezifischen Gestaltbildungen in Bezug auf den Körper kommt. Diese muss sie als (historische) Konvention voraussetzen.

Aus der Perspektive von Lindemann läge es nahe, in Bezug auf bildliche Körperdarstellungen der diskursiven Erzeugung spezifischer Körpergestalten mit ihren zeichenhaften Bedeutungen nachzugehen und darüber ihre möglichen Rückwirkungen auf leibliches Erleben zu erschließen. Über diesen Ansatz wäre etwa zu untersuchen, wie sich unterschiedliche bildliche Körpergestaltungen auf das leibliche Erleben auswirken.

Die unterschiedlichen grundlagentheoretischen Antworten von Landweer und Lindemann hinsichtlich der Bedeutung der leiblichen Dimension im Verhältnis zur Wahrnehmung von Körpergestalten im Rahmen der symbolischen Ordnung der Zweigeschlechtlichkeit, muss in meinem Argumentationszusammenhang nicht in dem Sinne entschieden werden, dass entweder leibliche Prozesse oder Prozesse der Symbolisierung als ‚Henne‘ oder ‚Ei‘ bestimmt werden. Es reicht aus, von einem engen Verflechtungszusammenhang zwischen leiblichen Prozessen und der Gestaltwahrnehmung von Körpern im Rahmen präsentativer oder diskursiver Formen der Symbolisierung auszugehen. Damit kann festgehalten werden, dass sich mit einer Körper–Leib Perspektive eine Dimension öffnet, in der bildliche Symbolisierungen mit und durch den Körper weit reichender erfasst werden können, als dies allein über Körperkonzepte möglich ist.

---

110 Nur im Falle transsexueller Transformationen wird sie zunächst fraglich und restrukturiert sich erst in langen und mühevollen Prozessen.

Gottfried Boehm unternimmt einen solchen Versuch und geht mit Merleau-Ponty und auch ähnlich wie Landweer davon aus, dass menschliche Aktivität am *Kreuzungspunkt* zwischen leiblicher Zentriertheit und symbolischen Gestaltungsprozessen liegt, das leiblich Gespürte in seiner Unmittelbarkeit und situativen Spezifik jedoch durch keine Form der Symbolbildung gänzlich fassbar oder darstellbar gemacht werden kann. Die leibliche Dimension bleibt als das prinzipiell Unbestimmte und Undarstellbare eine nicht versiegende Quelle der Darstellung. Auch das Sehen vollzieht sich in leiblichen Prozessen des *In-der-Welt-Seins*. In dieser Vorstellung löst sich die Gegenüberstellung von blickenden Subjekten und erblickten Bild-Objekten auf.

„Vor allem versuchte er [Merleau-Ponty, R.B.] zu denken, was dem naiven Bewußtsein in unumstößlicher Weise festzustehen scheint: dass der Sehende sich nicht gegenüber der Realität aufbaut, sondern sein Tun in ihr vollzieht, das Auge gleichsam deren Spielräume durchquert, von ihnen umfasst wird. Das Sehen verliert seine konstruktive Statik und technische Abstraktheit, – gewinnt die ihm eigentümliche Prozessualität zurück, seine Einbindung in den Körper, dessen Augen sehen.“ (Boehm 1994: 19)

Sehen ist dieser Vorstellung nach eine körper-leibliche Bezugnahme auf die Welt, in der sich der Blick als Aktivität und die Darbietung eines Anblickes überkreuzen.

„Ein Anblick ist nicht einfach diese oder jene Beobachtung, er ergibt sich nicht, wenn wir unsere Augen lediglich spazieren führen, ihrer schweifenden Neugier Genüge tun. Einen Anblick gewinnen wir vielmehr dann, wenn wir das Sichtbare so zurechtrücken, dass es ‚sich‘ *zeigt*, sich uns ‚darbietet‘. Damit ist zugleich auch gesagt, dass wir uns sehend dazu in ein angemessenes Verhältnis versetzen. Wir bringen uns so ins Spiel, dass sich eine Sache aufschliesst, indem sie sich auf uns hinordnet.“ (Boehm 2007: 100)

In der Argumentation von Boehm stellt die Spannung zwischen aktivem Erblicken und sich dem Blick Darbietendem als ein für das Bild grundlegendes Kontrastphänomen dar, welches sich in der *Interaktion* zwischen Bild und Betrachter vollzieht.

„Das Bild sehen heißt, diesen Kontrast betrachtend zu vollziehen, seine Bewegungsimpulse, sein visuelles Potential zu aktivieren. Das Bild ist weder die bloße Konstruktion, noch das private Gefühl, das es auslösen mag (seine psychologischen Folgen im Betrachter). Das Bild ist sinnlicher Prozess, die Interaktion selbst, deren Spielraum von Bildgröße, Farbfolge, Beleuchtung etc. bedingt wird.“ (Boehm 1995: 37)

Das eröffnet die Möglichkeit, den mit Bildern potentiell verbundenen leiblichen Aspekten in einer selbstreflexiven Zuwendung zu unserer eigenen leiblich-affektiven Wahrnehmung, ‚nachzuspüren‘, uns gleichsam beim Sehen auch körper-leiblich wahrzunehmen. Dabei gilt es davon auszugehen, dass diese Wahrnehmungen nicht notwendigerweise rein subjektive sind, auch wenn sie unhintergehbar von einem Subjekt ausgehen, sondern *zwischen* einem Bild und einer BetrachterIn entstehen und kulturell hoch codiert sein können. Wenn im Erblicken eines Bildes durch dessen Anblick unbändige Freude, Abscheu, Scham, Schaudern oder Ähnliches entsteht, ist dies nicht als eine unzulässige ‚subjektive Reaktion', die einer analytischen Haltung nicht angemessen wäre, beiseite zu schieben. Vielmehr sind die leiblichen Wahrnehmungen als Bestandteil der Bedeutungsentstehung zwischen Bildern und Betrachtern in den Interpretationsprozess insofern mit einzubeziehen, als sie – soweit möglich – zunächst bewusst wahrgenommen und dokumentiert werden. Dies ermöglicht auch, dass sie nicht unbesehen unterhalb der Bewusstseinsschwelle den gesamten Interpretationsprozess leiten. Die dokumentierten Wahrnehmungen können wiederum methodisch kontrolliert in die Entwicklung von Hypothesen zur Wirkung von Bildern in den Interpretationsprozess eingehen. Dass dies an methodische Grenzen stößt, sei unbestritten. Über praktisch ausgeführte reflexive Prozesse kann sich aber eine differenziertere Wahrnehmung der eigenen körper-leiblichen Bezugnahme auf Bilder entwickeln. Dazu gehört eine Beobachtung ‚blinder Flecken' und idiosynkratischer Wahrnehmungspräferenzen. Potentiell ist damit auch eine zunehmende Bereitschaft verbunden, andere Wahrnehmungen als gleichermaßen adäquate anzuerkennen und nicht auf abschließbaren Interpretationen zu beharren. Zugleich gibt die methodische Vorgehensweise die Interpretationen nicht beliebigem Relativismus anheim.

Abgesehen von ihren Unterschieden in der Konzeption des Verhältnisses von Körper und Leib wirken sich leibphänomenologische Perspektiven auf die Interpretation von Gesten, Mimik und anderen körperlichen Ausdrucksformen aus. Letztere sind in dieser Sichtweise nicht allein als isolierbare Anzeichen bestimmter Absichten, Stimmungen, also als situative Externalisierung ‚innerer Zustände' zu verstehen. Sie sind vielmehr eingebunden in einen leiblichen Bezug zur Welt, der Boehm zufolge überhaupt erst den Horizont gestisch bestimmbarer Ausdrucksgestalten bildet. Damit geht das deiktische Potential von körperlichen Ausdrucksformen über ihre signifikativen Funktionen hinaus. Im Körper-Leib-Verhältnis werden sie vielmehr zu einer *Figur*, die sich von einem (leiblichen) *Grund* abhebt und deren Bedeutung sich nur über diesen Kontrast herstellt. Bezogen auf die Geschlechterkonstruktion könnte man sagen, dass ‚weibliche' respektive ‚männliche' Gesten den *Zusammenhang* von Körper(gestalt) und leiblichem Empfinden *symbolisieren*.

Der Körper als ‚Ort der Bilder'

Hans Belting formuliert die Grundfrage nach der Konstitution von Bedeutung und Sinn durch Bilder vor allem als Frage nach der Rolle des Körpers in der Entstehung von ‚inneren' wie von ‚äußeren' Bildern. Dabei unterscheidet er nicht prinzipiell zwischen der materiellen Produktion und Betrachtung von

Bildern. Bilder entstehen sowohl durch die Transformation einer Wahrnehmung in ein Bild im Akt der Herstellung eines materiellen Bildes, wie auch im Akt der Betrachtung. Als zunächst ganz allgemeine Antwort auf die Frage „Was oder wo ist also das Bild? Auf dem Bildträger oder erst im Betrachter?“ (Belting 2007: 59) geht Belting davon aus, dass der Körper der *Ort der Bilder* ist. Der Körper ist ihm zufolge „ein lebendes Medium“ und „ein Ort für die Projektion und den Empfang von Bildern“ (Belting 2007: 53). Um zu verstehen, wie Belting die Rolle des Körpers im Zusammenhang von Bild – Medium – Körper – Blick konzipiert, soll zunächst geklärt werden, was er unter *Bild* und *Medium* versteht, bevor auf den Körper als Medium und schließlich auf Beltings Konzeption des *Blicks* näher eingegangen wird.

Für Belting sind Bilder, ähnlich wie bei Langer, Resultate von Symbolisierungsprozessen, in denen etwas Abwesendem Präsenz oder etwas prinzipiell Unsichtbarem Sichtbarkeit verliehen wird. Dabei kann es sich um Vorstellungen, Träume, Visionen, Erinnerungen, um die ersten Höhlenzeichnungen, Gemälde, digitale Fotografien bis hin zu Videoaufnahmen ebenso wie um alle Arten von Artefakten (Mumien, Grabmale, Masken, Wappen, Münzen), und eben auch um Körper, die zu Bildern werden sobald sie etwas Abwesendes symbolisch *re*-präsentieren oder dessen Präsenz in der Sichtbarkeit erzeugen, handeln. Ein Bild ist eine „symbolische Einheit“, die Menschen „innerhalb ihrer visuellen Aktivität“ als innere oder äußere Bilder isolieren (Belting 2001: 11).

Die Unterscheidung zwischen Bild und Nicht-Bild entsteht ebenfalls in symbolischen Prozessen, in denen auch die Grenze zum Nicht-Bild in einem *inneren Bildgedächtnis* sowie in der *Bildphantasie* als *symbolische Rahmeneinheit* hergestellt wird (Belting 2001: 31). Mit dem *inneren Bildgedächtnis* und den *Bildphantasien* meint Belting keineswegs rein psychologische oder gar physiologische, respektive neuronale Prozesse, sondern eine anthropologisch notwendige, kulturell und sozial höchst variable symbolische Gestaltung des *Imaginären.*[111] „Ein ‚Bild‘ [...] entsteht als das Resultat einer persönlichen und kollektiven Symbolisierung. Alles, was in den Blick oder vor das innere Auge tritt, lässt sich auf diese Weise zu einem Bild klären oder in ein Bild verwandeln.“ (Belting 2001: 11)

Bilder unterscheiden sich von Nicht-Bildern nicht zuletzt über die verschiedenen *Medien*, in denen sie in Erscheinung treten. „Das Medium spielt in dieser Frage schon deshalb eine Schlüsselrolle, weil es uns einen Begriff liefert, um das Bild an der Wand nicht mit einem Ding zu verwechseln.“ (Belting 2001: 31) Medien sind Belting zufolge zunächst die materiellen Bildträger, welche den Bildern zu ihrer Sichtbarkeit verhelfen. Sie sind, als Produkte sozialen Handelns, mit technologischen Entwicklungen verbunden, insbesondere mit der historischen Variabilität der Techniken die angewendet wurden und werden, um sichtbare Bilder im weitesten Sinne zu erzeugen. Medien ent-

111 Belting bezieht sich im Wesentlichen auf das Konzept des *Imaginären*, wie es von dem Anthropologen Marc Augé als Verhältnis zwischen subjektivem und kollektivem Imaginären entwickelt worden ist.

falten in ihrer jeweiligen Spezifik (Gemälde, Skulpturen, Fotografien, Videofilme) ebenfalls symbolische Bedeutungen, die sich mit dem Bild verbinden. Dennoch ist das Bild auf andere Weise anwesend als das Medium, kann sich gar von diesem lösen.[112] Das Medium kann sich entweder ‚verbergen' und damit das Bild transparent werden lassen in der Weise, wie es auch Boehm und Wiesing mit dem ‚Fensterblick' beschrieben haben. In dieser Einstellung wird direkt ‚auf etwas' gesehen, ohne den Bildträger als Medium – das ‚Fenster' mit seiner Rahmung – wahrzunehmen. Das Bild kann aber auch auf sich selbst als Medium verweisen. Dann wird das Bild opak, weil das Medium die Aufmerksamkeit auf sich zieht und nicht mehr durch es ‚hindurchgesehen' werden kann. „So erstreckt sich seine [des Bildes, R.B.] Ambivalenz von Anwesenheit und Abwesenheit selbst auf das Medium, in dem es erzeugt wird: in Wahrheit erzeugt es der Betrachter in sich selbst" (Belting 2001: 30).

Vor diesem Hintergrund entwickelt Belting seine Ausführungen dazu, in welcher Weise der Körper in der Relation von Bild und Medium relevant, ja selbst zum Medium von Bildern wird. Zur Herstellung von Bildern sind körperliche Tätigkeiten, angefangen vom Sehen bis zum Gebrauch von Händen oder anderen Körperteilen, notwendig. Der Körper ist auch an der Wahrnehmung von Bildern *als Bilder* beteiligt, etwa durch Unterscheidungen zwischen Nähe, Ferne, Fläche, Raum, ‚sprechenden' oder ‚stummen' Dingen, bewegten oder unbewegten u.v.m. „Wir sehen mit dem ganzen Körper und setzen ihn als Medium mit allen Sinnen ein" (Belting 2007: 53). Belting bezieht sich hier auf synästhetische Phänomene und argumentiert, dass die Bildproduktion wie die Bildbetrachtung nicht auf das Sehen als sinnlichen ‚Kanal' reduziert werden kann. Die Herstellung wie die Betrachtung von Bildern speise sich aus verschiedenen Sinneswahrnehmungen. „Das Zusammenspiel der Sinne, unter welchen auch der Tastsinn nicht unerwähnt bleiben darf, regiert auf eine schwer durchschaubare Weise unsere Wahrnehmung der Welt. Aber auch in unserer angeborenen Fähigkeit zur Symbolisierung kommen alle Sinne zum Einsatz" (Belting 2007: 54). Alle Sinne zusammen münden „in einer Synthese, in der das Bild als ‚Gestalt' erst entsteht" (Belting 2001: 58). In anderen Worten, die durch unsere Körper hervorgebrachten verschiedenen Sinneswahrnehmungen fungieren in synästhetischer Weise als Medium der Entstehung physisch greifbarer äußerer wie immaterieller innerer Bilder. Auch die „Bilder der Erinnerung und der Phantasie entstehen im eigenen Körper wie in einem lebenden Trägermedium" (Belting 2001: 13). Bilder können darüber hinaus vom Körper Besitz ergreifen, wie etwa in magischen Ritualen, in Inkarnationserlebnissen oder im Traum.

Körper sind jedoch nicht nur über die Prozesse sinnlicher Wahrnehmung und Gestaltung oder durch die Aktivitäten des (Unter)Bewusstseins mit Bildern verbunden. Körper sind nicht nur Vermittler zwischen Welt, Kosmos,

112 In welcher Weise die Spezifik des Mediums in die Bedeutungszusammenhänge eines Bildes eingeht, wird im nächsten theoretischen Kapitel am Beispiel der Fotografie ausführlicher diskutiert.

Himmelreich oder anderen Abwesenheiten und inneren wie äußeren Bildern. Vielmehr wird der Körper auch zum Medium in einer Weise, dass ‚an ihm' ein Bild entsteht, er selbst zum Bild wird. Nicht zuletzt deshalb ist der Körper Belting zufolge der *Ort der Bilder* (Belting 2001: 57).

Im Verständnis von Belting sind Medien und deren Geschichte im Zusammenhang mit Bildern, Körpern und Blicken wesentliche Grundlagen kultureller und gesellschaftlicher Entwicklungen. Die „Bilderfrage"[113] wird aus seiner Perspektive zu einer sozialanthropologischen im Zusammenhang mit spezifischen historischen und sozio-kulturellen Prozessen.[114] Aus dieser Perspektive wird der Körper vor allem ein *Ort* und *Medium* für *Menschenbilder* im Sinne der Erzeugung und Darstellung von grundlegenden Vorstellungen vom Mensch-Sein. Belting zeigt dies in materialen Analysen von Körperdarstellungen in verschiedenen Epochen und Kulturen im Zusammenhang mit Veränderungen im Menschenbild. Die Beziehung zwischen Menschen- und Körperbild als Vorstellungs- wie als Darstellungszusammenhang sei allerdings immer prekär gewesen und Versuchungen ausgesetzt, die Bindung des Menschen(bildes) an den Körper aufzulösen.[115] Der Körper- und Menschenbezug in der Bildproduktion könne trotz der „Krisen der Repräsentation" aber (noch) nicht aufgelöst werden. „Trotz aller Apparate, mit denen wir heute Bilder aussenden und speichern, ist allein der Mensch der Ort, an dem Bilder in einem lebendigen Sinne (also ephemer, schwer kontrollierbar usw.) empfangen und gedeutet werden" (Belting 2001: 57).

Entscheidend ist für Belting in diesem Zusammenhang das Verhältnis von *Sein* und *Schein*. Das nicht zuletzt bildliche Eindringen in den Körper ist immer auch dadurch motiviert gewesen, den „Kern des Seins", also das, was den Menschen ausmacht, zu finden (Belting 2001: 89). Mit dem Scheitern dieses Unterfangens ist die Darstellung des menschlichen *Seins* auf die Darstellung

113 So der Titel des von Belting 2007 herausgegebenen Sammelbandes.

114 Für meinen Zusammenhang ist der von Belting entwickelte anthropologische Pfad nicht entscheidend, auch wenn er in seiner Argumentation bezüglich der Bedeutung des Körpers in Prozessen der bildlichen Symbolisierung eine zentrale Rolle spielt. Obwohl die Frage, ob und in welcher Weise Bilder anthropologische Bedeutungen und Funktionen annehmen, offen gelassen wird, schließen Beltings Überlegungen zur Bedeutung des Körpers in der Bildproduktion wie auch in der Bildwahrnehmung wesentliche Aspekte auf.

115 In einer gegenwartsbezogenen Argumentation konstatiert Belting, dass dieser Zusammenhang in besonderer Weise in Frage steht. Ausgelöst durch die Virtualisierung von Körpern in der digitalen Bilderwelt ebenso wie durch die Veränderung des Körperbildes im Zuge der Entwicklungen in der Biotechnologie sowie philosophischen Debatten zum Posthumanen, sei das Verhältnis zwischen Körper und Mensch in eine neuerliche Krise geraten. Der Cyber-Space bediene „Wünsche nach einer Transzendenz hinter dem Raum der Körper" (Belting 2001: 39). Das digitale Bild bleibe dennoch an Körper gebunden, wenn auch nicht durch das was mit dem Bild dargestellt wird, sondern durch den Betrachter (Belting 2001: 40; aus soziologischer Perspektive und empirisch fundiert siehe exemplarisch Funken 20005).

einer *Erscheinung* angewiesen geblieben. Der menschliche Körper ist, so Belting, die Art und Weise, in der der Mensch *erscheint*. Das *Sein* des Menschen ist also mit der *Erscheinung* seines Körpers in dessen Darstellung unauflöslich verbunden. In der Bildgeschichte liegt diesbezüglich eine unendliche Vielfalt vor, deren Gemeinsamkeit Belting darin sieht, dass die Menschendarstellung mit der Körperdarstellung immer aufs Engste verbunden gewesen ist. Von Körperdarstellungen sind auch die Bilder vom *Menschen* und die Vorstellungen von seinem *Sein* ‚ablesbar', und die Krise des einen ist mit der Krise des anderen verbunden (Belting 2001: 87-113).

„Jede Menschendarstellung, als Körperdarstellung, ist der Erscheinung abgewonnen. Sie handelt von einem Sein, das sie allein im Schein darstellen kann. Sie zeigt, was der Mensch *ist*, in einem Bilde, in dem sie ihn erscheinen lässt. Und das Bild wiederum tut dies im Substitut eines Körpers, den es so inszeniert, dass dieser die gewünschte Evidenz liefert. Der Mensch ist so, wie er im Körper erscheint. Der Körper ist selbst ein Bild, noch bevor er in Bildern nachgebildet wird. Die Abbildung ist nicht das, was sie zu sein behauptet, nämlich *Reproduktion* des Körpers. Sie ist in Wahrheit *Produktion* eines Körperbildes, das schon in der Selbstdarstellung des Körpers vorgegeben ist. Das *Dreieck Mensch-Körper-Bild* ist nicht auflösbar, wenn man nicht alle drei Bezugsgrößen verlieren will." (Belting 2001: 89)[116]

In der Konzeption von Belting wird – ähnlich wie bei Goffman – der Körper *als Körper* zu einem Bild. Der Körper nimmt sowohl in der Welt aktualen Geschehens als auch im Bild bildlichen Charakter an. Er stellt etwas dar, was ohne ihn nicht sichtbar wäre. Das *Sein* – oder das Leben, der Mensch oder der Tod – muss ‚aufgeführt', also dargestellt werden, damit es überhaupt *ist*. Das Maskenspiel und alle Arten von Schauspiel, Ritual und andere Aufführungen inklusive der dabei verwendeten (Ver)Kleidung sind für Belting Beleg dafür, dass auch der lebendige Körper als medialer Träger zum Bild wird.

„Die Geschichte der Menschendarstellung ist Körperdarstellung gewesen, wobei dem Körper als Träger eines sozialen Wesens ein Rollenspiel zufiel. Darin liegt auch der Widerspruch von Sein und Schein, der sich nicht nur zwischen Körper und Rolle, sondern am Körper selbst wieder finden lässt. In einer scharfsinnigen Analyse hat Hanna[sic!] Arendt diesen rein körperlichen Befund aufgedeckt. *To be alive means to be possessed by an urge toward self-display. Living things make their appearance like actors on a stage set for them.*" (Belting 2001: 89)[117]

116 In phänomenologischen Begriffen würde das etwas weniger pathetisch heißen, dass die ‚Dinge', und also auch ‚der Mensch', nur in ihrer Erscheinung zugänglich sind. In den Überlegungen von Boehm heißt dies etwa, dass erst in der Materialität des Bildes sichtbar wird, wie etwas ‚als etwas' erscheint, dass es letztlich aber um die Verbindung dessen was sichtbar erscheint mit dem Unsichtbaren und Unbestimmbaren geht.

117 Belting zitiert Hannah Arendt (1978) The life of the mind, New York, S. 26ff

Beltings Überlegungen zum Zusammenhang von Körper, Medium und Bild führen zur Frage, wie die von ihm eingeführten verschiedenen Aspekte, unter denen der Körper als *Ort der Bilder* fungiert, zusammenhängen. Dabei handelt es sich, *zusammengefasst*

- um synästhetische Sinneswahrnehmungen, die in der Erzeugung von Bildern eine wichtige Rolle spielen;
- um symbolische Prozesse mit Bezug auf die Gestaltung eines kollektiven wie individuellen ‚Imaginären', in denen erst etwas zum Bild wird;
- um die historische Variabilität des Körpers als Medium (von der Totenmaske zum Cyborg) und schließlich
- um die anthropologische Verbindung zwischen Körper- und Menschenbildern.

In dieser Perspektive gerät bei Belting der *Blick* als Verbindung zwischen Körper, Medium und Bild, d.h. als jene ‚Instanz', in der sich Körper und Medien zum *Bild* verbinden, in den Fokus seiner Überlegungen (Belting 2005, 2006, 2007).

Blickverhältnisse in und mit Bildern

Georg Simmel hat sich in seinem „Exkurs über die Soziologie der Sinne" (1992) als einer der wenigen Soziologen mit Blicken im sozialen Geschehen beschäftigt, ohne allerdings ein konsistentes Konzept dazu entwickelt zu haben. Seine Überlegungen vermitteln dennoch eine Vorstellungen davon, in welch grundlegender Weise Blicke in sozialen Beziehungen auch aus soziologischer Perspektive relevant sind.

Gegenseitige sinnliche Wahrnehmung – sei es im Sehen, Hören oder Riechen – lässt Simmel zufolge eine spezifische soziale Wechselbeziehung entstehen. Die Blickbeziehung ist dabei eine besondere Weise der gegenseitigen Wahrnehmung. „Unter den einzelnen Sinnesorganen ist das Auge auf eine völlig einzigartige soziologische Leistung angelegt: auf die Verknüpfung und Wechselwirkung der Individuen, die in dem gegenseitigen Sich-Anblicken liegt. Vielleicht ist dies die unmittelbarste und reinste Wechselbeziehung, die überhaupt besteht." (Simmel 1992: 723)

Diese Wechselbeziehung besteht jedoch nur im aktualen Geschehen des Sich-Anblickens. Die dadurch entstehende Einheit bleibt an die Funktion im Geschehen gebunden und „kristallisiert zu keinerlei objektivem Gebilde" (ebd.). Eine weitere Besonderheit dieser Beziehung besteht Simmel folgend darin, dass wir mit dem Blick, mit dem wir den anderen aufnehmen, zugleich uns selbst offenbaren. „Man kann nicht durch das Auge nehmen, ohne zugleich zu geben [...] Der Mensch ist für den Anderen keineswegs schon ganz da, wenn dieser ihn ansieht, sondern erst, wenn er auch jenen ansieht." (Simmel 1992: 724) Das mache die Blickbeziehung zur „vollkommensten Gegenseitigkeit im ganzen Bereich menschlicher Beziehungen" (ebd.). Entsprechend müssen wir uns, wenn wir nicht ‚erkannt' werden wollen – wie etwa in Scham erzeugenden Situationen –, einem direkten Blickwechsel – etwa durch das Senken der Augen – entziehen.

Das *Objekt* des Blickes ist vor allem die „Ausdrucksbedeutung des Antlitzes" (Simmel 1992: 725). Im Gesicht sind nicht nur aktuelle Stimmungen und Absichten zu erkennen. Es ist vielmehr „das Symbol all dessen, was das Individuum als die Voraussetzung seines Lebens mitgebracht hat, in ihm ist abgelagert, was von seiner Vergangenheit in den Grund seines Lebens hinabgestiegen und zu beharrenden Zügen in ihm geworden ist. [...] Das Gesicht bewirkt, dass der Mensch schon aus seinem Anblick, nicht erst aus seinem Handeln verstanden wird." (Simmel 1992: 725)

Wenn das sich gegenseitige Erblicken an ein aktuales Geschehen gebunden ist, in dem sich die Blickenden wechselseitig erkennen und zugleich offenbaren, was geschieht mit diesen Blicken, wenn sie in Bildern fixiert werden? In welche Blickbeziehungen versetzen sich Bildbetrachter zu den Bildblicken? Durch die bisherigen Ausführungen wurde bereits deutlich, dass der Blick bei der Entstehung von Bildern in verschiedener Weise relevant wird. In der sozialen Bildpraxis stellt sich über den Blick eine Verbindung zwischen Bild und Betrachter her. Mit dem körpergebundenen Blick ist zugleich eine leibliche Bezugnahme zwischen Blickendem und Erblicktem verbunden. Und schließlich gehen mit der Entwicklung spezifischer Blicke, die terminologisch auch als *gaze* oder *glance* beschrieben werden können, soziokulturelle Prozesse des Sehens einher. Diese Aspekte werden hier nur kursorisch eingeführt. Es soll lediglich der Horizont möglicher Bedeutungsdimensionen im Hinblick auf konkrete Analysen von Blickbeziehungen innerhalb von Bildern wie zwischen Bildern und ihren BetrachterInnen aufgespannt werden, ohne diese Zusammenhänge theoretisch-systematisch auszuarbeiten.[118]

Belting zufolge ist der „Blicktausch mit Bildern" (Belting 2007: 67) einerseits unhintergehbar mit dem Körper verbunden und zugleich eine Leistung der Imagination. „Da der körperliche Blick lebendig und real ist, stellt er sich den toten oder fiktiven Gegenblick ebenso lebendig und real vor. [...] In einem solchen Blicktausch vergessen wir das Medium der Darstellung und übertragen unseren Blick auf ein fiktives Gegenüber oder auf ein fiktives Objekt." (Belting 2007: 66f) Wir stellen uns in Bildern fixierte Blicke als leben-

118 Hierzu wäre es notwendig, die blicktheoretischen Arbeiten von Maurice Merleau-Ponty im Zusammenhang mit seiner wahrnehmungs- und leibtheoretischen Philosophie (1966, 1986/2004, 1961/2003) sowie weitere blicktheoretische Konzepten wie etwa von Bal (1946/2004), Bryson (1983), Lacan (1994a, 1994b) und die in dessen Folge weiter entwickelten Arbeiten (Silverman 1996; Hirsch 1997/2000; Kadi 1999; Blümle/von der Heiden 2005) heranzuziehen. Um diesen jeweils gerecht werden zu können, wäre eine vergleichende Darstellung dieser Ansätze unter dem Aspekt ihrer soziologischen Relevanz notwendig. Ein solches Unterfangen würde die Gewichtungen in meiner Gesamtargumentation in eine grundlagentheoretische Richtung verschieben und vom Vorhaben einer Einführung theoretisch-methodologisch relevanter Aspekte der Bildinterpretation zunächst wieder wegführen.

dige vor und Reanimieren sie dadurch. Diese „Blickpraxis, ob wir sie in Malerei oder Fotografie antreffen, ist eine Domäne der Imagination, denn wir animieren solche Medien, um mit dem Blick in sie einzudringen und sie mit Leben, mit unserem Leben, auszustatten." (Belting 2006: 143) Die Verlebendigung von Bildern über den Blick bezieht sich sowohl auf das dargestellte Blickgeschehen im Bild, als auch auf den betrachtenden Blicktausch mit dem Bild. Blickbeziehungen mit Bildern sind also nur über eine die Bilder verlebendigende Vorstellung zugänglich. Zugleich bleiben die von uns als Betrachterinnen ausgehenden Blicke an unsere körper-leibliche Situation, von der die Vorstellungstätigkeit ausgeht, gebunden. Der Blick bleibt letztlich „weder im Körper noch im Bild-Artefakt, sondern agiert flüchtig und frei im Zwischenfeld." (Belting 2006: 122)

In dieser Perspektive handelt es sich, im Unterschied zu Goffman, nicht nur um eine *Übertragung* von Blickbeziehungen aus sozialen Situationen in Bilder, sondern auch um die Herstellung eines spezifischen Verhältnisses zu einem Bildgegenstand, welches in einem leiblich fundierten Blick gründet. In diesem Blickverhältnis werden die Dinge im Sehen dem Blick so nachgeformt, dass sie darin *erscheinen* können. Blicke richten sich nicht nur auf die äußere Gestalt von Dingen, erst recht nicht von Körpern, vielmehr ‚dringen sie ein', versuchen, die Dinge ‚so wie sie sind' zu erfassen und zur Erscheinung zu bringen.

Diese Prozesse sind in soziale, biographische, kulturelle und historische Kontexte eingebettet. Das, was im Blick zur Erscheinung gebracht werden kann, ist an Blickerfahrungen, Blickkonventionen, (Glaubens-) Überzeugungen und (wissenschaftlich) festgelegte Kriterien darüber gebunden, unter welchen Bedingungen etwas als sichtbare Evidenz eines Phänomens wahrgenommen werden kann oder darf. Nicht alles was sichtbar ist, kann oder darf gesehen werden. Umgekehrt ermöglichen Bilder auch Dinge, Sachverhalte, Zusammenhänge zu ‚sehen', die aktuell oder auch prinzipiell nicht sichtbar sind. Insgesamt ist das Erscheinen der Dinge im Blick an Blick- und Wissensordnungen verschiedener Art gebunden (vgl. grundlegend Geimer 2002; Waldenfels 1994).

Um die über Blickbeziehungen unmittelbar entstehende Wechselbeziehung (Simmel) zwischen konkreten, körperleiblichen Individuen und den sozialen Blickordnungen, in denen diese Beziehungen eine spezifische Gestalt annehmen, analytisch zu unterscheiden, werden in Blicktheorien die im Englischen angelegte Unterscheidung zwischen *look* und *gaze* eingeführt. Blickverhältnisse sind dieser Vorstellung nach durch die von Simmel beschriebene Unmittelbarkeit des sich gegenseitig Wahrnehmens im Prozess des *looking* bestimmt und zugleich durch einen kulturell spezifisch geformten *gaze*, der sich gleichsam wie ein *Schirm* (Lacan) zwischen die sich wechselseitig Wahrnehmenden sowie zwischen die Wahrnehmenden und alle Dinge ihrer Umwelt – so auch Bilder – schiebt. Dadurch strukturiert sich das Blickverhältnis in spezifischer Weise – etwa als familiales, liebendes, erkennendes, etc. In dieser Weise ist es überhaupt möglich, in Bildern soziale Beziehungen über die dargestellten Blicke und den mit ihnen verbundenen körperleiblichen Bezügen zu erkennen – etwa eine Personenkonstellation als Familie, obwohl wir nicht wissen, ob es sich um eine solche handelt.

Zusammenfassend lässt sich festhalten, dass sich die bildliche Darstellung von Körpern und ihren Beziehungen zueinander und zu ihrer Umwelt kulturell zu einem Feld entwickelt, in dem soziale Beziehungen nicht nur repräsentiert, sondern auch performativ gestaltet werden. Körper fungieren auch in Bildern als Medien der Darstellung, nachdem sie bereits in aktualen Situationen bildförmigen Charakter angenommen haben. Körperdarstellungen bringen Unsichtbares in Erscheinung und verleihen diesem eine Gestalt. Die symbolische Gestaltbildung über Körper vollzieht sich in körper-leiblichen Bezugnahmen auf sich selbst, auf Andere, auf Dinge und die Umwelt auch unabhängig von bewussten Vorgängen. Körper-leibliche Bezugnahmen finden auch in einem passiven *In-ein-Feld-gesetzt-Sein* statt. Bildliche Darstellungen von Körpern, die unsere Umwelt zunehmend bevölkern, entfalten in einer leiblichen Dimension eine Wirkung, auch wenn wir unsere Aufmerksamkeit nicht bewusst auf sie richten. Nicht zuletzt ist es im Hinblick auf die Allgegenwärtigkeit von Bildern wichtig, deren auch leiblich fundierten Wirkungen nachzugehen. Generell gilt es, den Anteil von Bildern an der Gestaltung sozialer Beziehungen besser zu verstehen als dies bisher geschehen ist.

Methodologisch gewendet bedeutet dies, dass Bilder auch hinsichtlich ihrer leiblich-affektiven Bezüge interpretiert werden können, und zwar sowohl was ihre Herstellung als auch ihre Entstehung im Prozess der Betrachtung betrifft. Auch wenn die leibliche Dimension in ihrer Erfassbarkeit deutlich an methodische Grenzen stößt erscheint es mir wichtig, von leiblichen und emotionalen Bezügen in der Entstehung von Bildern auszugehen. Dies nicht zuletzt, um Bilder nicht auf kognitive Aspekte – etwa ihre Funktion in auf Rationalität basierenden Prozessen der Wissensgenerierung und -strukturierung, der Typenbildung, oder Repräsentation – zu reduzieren und damit den Aspekt ihrer leiblich-affektiven *Wirkung* (Boehm) zu übersehen. In welcher Weise ein jeweils spezifisches Bild leiblich-affektive Prozesse bei dessen Betrachtung in Gang setzt, kann dabei ebenso eine empirische Frage bleiben wie jene, ob und wenn ja, in welchem kontextuellen Zusammenhang diese Dimension für die Entstehung jeweiliger Bildbedeutungen relevant oder gar zentral wird. Methodisch gesehen gilt es lediglich, subjektgebundene leiblich-affektive Bezugnahmen auf die jeweils zu analysierenden Bilder festzuhalten, um die eigene Positionalität in den weiteren Interpretationsprozessen reflexiv zugänglich zu halten.

Der Fokus auf Blickbeziehungen spielt dabei insofern eine wesentliche Rolle, als sich über Blicke sowohl eine ‚sehende‘ Unmittelbarkeit als auch eine über soziale Blickordnungen strukturierte Vermitteltheit einstellt. Körperdarstellungen können in geistigen wie leiblichen Bezugnahmen auf sie ‚reanimativ‘ in eine sehende Unmittelbarkeit verlebendigt werden und sind zugleich als An/Zeichen für leibliche Zustände, Absichten, Handlungsorientierungen immer auch in symbolische Bedeutungszusammenhänge verwoben. Was Körper in Bildern jeweils (indexikalisch) anzeigen und in welcher Weise sie in einem symbolischen Gestaltungszusammenhang Bedeutungen erzeugen, gilt es mit der Interpretation von Körperdarstellungen herauszufinden.

Bildinterpretation III: Bildbiographien – Biographiebilder in einem privaten Fotoalbum

Vor etwa zwanzig Jahren stieß ich im Rahmen eines Ausstellungsprojektes auf eine größere Anzahl privater Fotoalben, die im Zusammenhang mit lebensgeschichtlichen Interviews gesammelt worden waren. Eines dieser Fotoalben wurde vom Interviewpartner während des Gespräches hervorgeholt, teilweise kommentiert und dann wieder weglegt um weiterzuerzählen. Von diesem Album – insbesondere von einer Foto-Bildcollage inmitten des Albums, deren Bedeutung sich mir nicht auf Anhieb erschloss – ging eine Irritation aus, die mich nach langer Zeit der Beschäftigung mit anderen Themen zu ihm zurückkehren ließ. Im Zuge des Ausstellungsprojektes war deutlich geworden, dass Fotoalben nicht lediglich als Illustration einer Biographie oder Familiengeschichte zu betrachten sind, sondern als Materialbestand, der einen eigenständigen analytischen Zugang verdient. Die Fotografien schienen ein Medium zu sein, von dem ausgehend genuine biographische Konstruktionsprozesse mit expliziten wie impliziten Bezügen zur Familien- und Gesellschaftsgeschichte stattgefunden hatten. Es entstand die Frage, inwiefern in und mit diesem und anderen Fotoalben eine im Verhältnis zu biographischen Erzählungen und lokalhistorischen Dokumenten ähnliche, eine ganz andere oder vielleicht auch gar keine Geschichte erzählt wird. Schließlich ging es auch um die Frage, in welcher Beziehung verschiedene biographische Materialien zueinander und nicht zuletzt zum jeweiligen gelebten Leben der Interviewten stehen.

Der im folgenden zu interpretierende Bild-Text-Gegenstand ist die Reprographie eines Fotoalbums, welches im Zuge der Vorbereitung der erwähnten Ausstellung in nicht sehr professioneller Weise erstellt worden war. Das Original steht mir nicht mehr zur Verfügung. Genau genommen sind es Abzüge der reprographierten Albumseiten und einzelner Fotografien, die die Interpretationsgrundlage bilden. Weiters liegt ein biographisch-narratives Interview der Person vor, die dieses Album gestaltet hat.

Das Album wurde in verschiedenen Gruppenkontexten zunächst unabhängig vom Interview interpretiert, ohne dass die InterpretInnen[119] das Interview kannten. Die Möglichkeiten und Grenzen der Interpretation von Bild-Gegenständen unabhängig von anderen, vornehmlich im Medium der Sprache erzeugten Datengrundlagen, ließen sich so ausloten. Die Frage wurde leitend, was sich in einem Fotoalbum oder in einzelnen Fotografien im Verhältnis zu einer biographischen Erzählung zeigt oder auch nicht zeigt und zeigen kann.

Beschreibung des Fotoalbums

Als Grundlage für die Interpretation wird das Album zunächst hinsichtlich seiner formalen und thematischen Gestaltung beschrieben. Um die Gesamtgestalt nicht aus dem Auge zu verlieren, nimmt die Beschreibung nicht alle zu beobachtenden Details auf. Letztere werden in eigenen Analyseschritten entsprechend ihrer Relevanz für die jeweils zu interpretierende Einheit zunächst ebenfalls beschreibend wahrgenommen, bevor sie hinsichtlich ihrer Bedeutungs- und Sinnbezüge interpretiert werden.

Die beschreibende Erfassung des Albums als spezifischem Bild-Text-Gegenstand orientiert sich an folgenden Detailfragen:

- Wie ist das Album gerahmt? Wie ist die erste und letzte Albumseite thematisch und bildlich gestaltet?
- Welche Konventionen und Besonderheiten sind in der formalen Gestaltung erkennbar – z.B. graphische Anordnungen von einem oder mehreren Fotos auf einer Albumseite, mit oder ohne Beschriftungen und kommentierende Texte, mit oder ohne andere Materialien wie Postkarten, Eintrittskarten, Fahrkarten u.v.m.
- An welchen Stellen treten Änderungen in der formalen Gestaltung auf?
- Welche Art von Ereignissen und Situationen sind zu sehen? Welche thematischen Fokussierungen sind mit Blick auf das gesamte Album erkennbar? Ist eine temporale und/oder thematische Sequenzierung feststellbar? Gibt es zeitliche oder themenbezogene Verdichtungen etwa in der Darstellung von Lebensphasen, (familien-) biographischen oder historischen Wendepunkten, von Urlauben, Reisen, Festen, Freunden, u.v.m.?
- Sind ‚Lücken' in Bezug zu dem, was aufgrund der Strukturierung des Albums erwartet werden könnte, offenkundig? Was fehlt ganz im Verhältnis zu dem, was man in einem thematisch spezifizierten privaten Fotoalbum erwarten könnte?

---

119 Dieses Album wurde in Teilen wie auch als Ganzes in zahlreichen Seminarzusammenhängen als empirisches Beispiel verwendet. Viele Studierende und KollegInnen, denen allen ich an dieser Stelle danken möchte, waren an Interpretationsprozessen beteiligt.

- Was ist bezüglich der medialen Gestalt des Albums zu erkennen? Inwiefern folgt die Strukturierung bestimmten Konventionen zur Herstellung eines Fotoalbums? Was ist im Verhältnis dazu spezifisch?

Beim Album von Klaus Büttner – so der anonymisierte Name des Interviewpartners, der uns sein Album zur Verfügung stellte und seiner Veröffentlichung zustimmte – handelt es sich um ein übliches Fotoalbum in der

Größe von etwa 30x20 cm, in dem 22 Blätter durch eine Schnur in einem festen Einband gebunden sind. Über den Einband kann nichts weiter gesagt werden, denn er wurde nicht mit reprographiert.[120] Die Albumblätter sind aus schwarzem Karton, dazwischen sind jeweils weiße, gemusterte transparente dünne Folien eingebunden. Zur Fixierung der Fotos wurden Fotoecken verwendet, zur Beschriftung ein weißer Fotostift. Es wurden ausschließlich schwarz-weiß Fotos unterschiedlicher Größe, mit gezackten sowie glatten Rändern verwendet. Der mit den schwarzen Albumblättern und den weiß-transparenten Zwischenfolien vorgegebene schwarz-weiß Grundkontrast bleibt im gesamten Album bestimmend. Die Vorder- und Rückseite jedes Albumblattes ist mit Fotos versehen, die zum Teil beschriftet und textlich kommentiert sind. Es sind alle 45 Seiten in die Gestaltung des Albums einbezogen worden.[121]

Insgesamt ist das Album weitgehend lebenschronologisch mit Fokussierungen verschiedener Lebensbereiche angelegt. Die aus der Fremdperspektive erkennbaren Ordnungsmuster werden auf den letzten fünf Albumseiten undeutlicher.

Auf der ersten Albumseite ist ein kleines Portrait (ca. 4,5 x 7 cm) einer leicht lächelnden älteren Frau zu sehen. Es ist in der Mitte der Albumseite platziert und zieht als einziges Foto die Aufmerksamkeit auf sich. Das Foto scheint nicht fest fixiert zu sein, denn man kann es umdrehen und auf die Rückseite schauen. Dort entdeckt man folgende Beschriftung: „Papas Omi, die Mutter seiner Mutti." Weiterhin fallen auf dieser Seite zwei Stellen auf, an denen vermutlich Fotoecken festgeklebt waren und später entfernt wurden. Wahrscheinlich hat sich hier einmal ein größeres Foto befunden, das durch das kleine der älteren Frau ausgetauscht worden ist.

Hinsichtlich der Gestaltungsprinzipien sowie der Auswahl der Fotos folgt das Album bis zur 12. Seite auf den ersten Blick den Konventionen eines Familienalbums. Es beginnt mit Babyfotos und zeigt verschiedene Stationen des Aufwachsens im Kontext familiärer, betrieblicher, freundschaftlicher lokaler Beziehungen.

Bei genauerem Hinsehen fallen formale wie thematische Besonderheiten auf. Die zweite Albumseite, auf der Babyfotos sowie ein etwa dreijähriges Kind, das schon laufen kann, zu sehen sind, ist nicht beschriftet. Die Anordnung bezieht die Hoch- und Querformate der einzelnen Fotos mit ein. Auch wenn die einzelnen Fotos nicht ganz gerade befestigt sind, ist eine Gestaltungsabsicht erkennbar. Dieses Gestaltungsprinzip, nämlich Fotografien unter Berücksichtigung ihrer formalen Charakteristik (groß/klein,

---

120 Ich gehe allerdings nicht davon aus, dass entsprechende Kenntnis die Gesamtinterpretation wesentlich verändern würde.

121 Um die Bezugnahme auf die jeweilige/n Albumseite/n zu erleichtern, habe ich die Seiten von 1 - 45 durchnummeriert und gebe im folgenden jeweils die Albumseite an, auf die sich die Beschreibung und später auch die Interpretation bezieht.

Hoch-/Querformat) in einer gewissen graphisch orientierten Platzierung anzuordnen, ohne dabei allzu viel Akkuratesse walten zu lassen, setzt sich im ganzen Album fort.

Die mit weißem Fotostift handschriftlich hinzugefügten Beschriftungen beginnen erst auf der dritten Albumseite. Jahreszahlen werden durch Unterstreichungen und/oder durch ihre Platzierung auf der Albumseite, zum Teil in titelgebender Funktion, hervorgehoben. Einzelne Fotos werden mit Texten, die im Verhältnis zu den Fotos relativ viel Raum auf der Albumseite einnehmen, kommentiert. An ihnen fällt sowohl der Schriftzug als auch die Semantik auf, die es später zu interpretieren gilt, ebenso wie die Beobachtung, dass nahezu alle Kommentare und zum Teil auch die ‚Titel' mit einem Punkt abschließen. Diese Art der Beschriftung ist von der 3. bis zur 11. und von der 13. bis zur 27. Albumseite zu sehen und lässt verschiedene formale Gestaltungseinheiten im Album erkennen.

Die Fotos im ersten Teil des Albums (A2 - A11) beziehen sich insgesamt auf einen Zeitraum von 1936 bis 1957 und zeigen sehr wahrscheinlich die gleiche männliche Person in verschiedenen Altersphasen: als Baby und ca. dreijähriges Kind (A2 - 4), als fünf- bis zwölf-jährigen ‚Jungen' (A5), als vierzehnjährigen Jugendlichen im Kontext einer Statuspassage (Einsegnung bzw. Konfirmation) (A6) und als sechzehn- bis ca. zwanzigjährigen Jugendlichen und jungen Erwachsenen in betrieblichen, familialen und freundschaftlichen Kontexten (A7 - 11).

In dieser lebenschronologisch angelegten Ordnung der Fotografien mit thematischen Fokussierungen auf bestimmte Lebensbereiche und eine Statuspassage, sind wiederum zwei Besonderheiten zu beobachten. Die sonst klare zeitliche Zuordnung und Markierung wird auf der 5. Albumseite (‚1941') irritiert. Hier sind Fotos aus verschiedenen Jahren zu sehen. Das rechte Foto in dieser Reihe ist mit Sicherheit später aufgenommen worden als das erste und zweite. Damit wird der schriftlich fixierte zeitliche Rahmen bildlich gesprengt.

Desweiteren fällt mit Bezug auf die lebenschronologische Anordnung auf, dass lediglich auf der 6. Albumseite ein Foto zu sehen ist, welches den Jugendlichen zusammen mit einer älteren männlichen Person, die als ‚Vater' bezeichnet ist, zeigt, wohingegen mehrere Fotos mit einer als ‚Mutter' bezeichneten Frau auf den Albumseiten mit den Babyfotos zu sehen sind. In dieser Perspektive fällt auch auf, dass die auf der ersten Albumseite als ‚Omi' eingeführte ältere Frau erst auf einem Foto auf der 11. Albumseite wieder zu sehen ist.

Den bisher weitgehend lebenschronologisch angelegten Phasierungen und thematischen Verdichtungen der ersten elf Albumseiten folgt eine Seite, auf der Fotos jetzt ganz ohne Beschriftungen und Kommentare – im Unterschied zu bisher auch aus verschiedenen Lebensbereichen und -phasen – zu sehen sind. Dies sieht wie eine bild-thematische Verdichtung aus, die aus der zeitlichen Chronologie nun gänzlich heraustritt, und die es im nächsten

Analyseschritt zu interpretieren gilt. Auch im Verhältnis zu den darauf folgenden sechzehn Albumseiten, auf denen wieder ein Lebensabschnitt in chronologischer wie thematischer Perspektive zu sehen ist, wird die Bedeutung dieser Seite für die Gesamtgestaltung des Albums zu klären sein.

Die längste, nämlich sechzehn Albumseiten umfassende Passage des Albums (A13 - A28) bezieht sich auf eine Militärzeit, deren Beginn mit 1956 markiert ist. Der zeitliche Rückgriff – auf einer der vorherigen Albumseiten war bereits ein Foto mit der Jahreszahl 1957 beschriftet zu sehen – legt nahe, dass es sich bei dieser Passage, neben der lebenschronologischen Darstellungsordnung, auch wieder um eine thematische Verdichtung handelt. Das zeitliche Ende dieser Phase wird nicht markiert.

Gerahmt ist dieser Teil des Albums durch ein Mannschaftsfoto am Beginn und am Ende. Das erste Mannschaftsfoto ist beschriftet, jenes am Ende dieser Passage unbeschriftet. Dazwischen sind zum größten Teil beschriftete, zum Teil auch kommentierte Fotos von verschiedenen Ereignissen während der Militärzeit zu sehen. Die Beschriftungen sind in diesem Teil des Albums weitgehend als Bezeichnung der Situationskontexte angelegt, aus denen die Fotos stammen. Die graphische Art der Beschriftung bleibt unverändert.

Als Kontrast zu dieser Art der Gestaltung fallen zwei Seiten dieser Passage ins Auge: Auf der 26. Albumseite sind – ohne ersichtlichen Bezug zu den bisherigen Fotos aus der Militärzeit – drei nahezu die gesamte Seite füllende Fotos von einem männlichen Piloten in einem Flugzeug in unterschiedlichen Posen zu sehen. Diese Fotos tauchen zum Teil als Fragmente in der darauf folgenden Collage wieder auf. Die Collage ist formal gesehen das auffälligste Element im ganzen Fotoalbum und wird in einer Segmentanalyse einer detaillierten Interpretation unterzogen. Sie macht jedoch jetzt schon deutlich, dass wir es hier auch mit der Gestaltung eines ‚Bildes', und nicht nur mit einer (zum Teil beschrifteten und textlich kommentierten) Anordnung von Fotografien zu tun haben.

Nach dieser im Album den meisten Platz einnehmenden Präsentation einer Lebensphase ist wiederum eine in formal ähnlich strukturierter Weise wie die vor der Militärzeit gestaltete Albumseite (A12) zu sehen (A29). Fotos aus verschiedenen Lebenskontexten sind unkommentiert zusammengestellt. Ein Foto von der Albumseite 12 links oben wiederholt sich auf der Seite A29 rechts oben. Eine Interpretation der Bedeutung dieser zwei Albumseiten hinsichtlich ihrer internen Rahmungsfunktion sowie für die thematische Gestaltung des gesamten Albums erscheint aufgrund ihrer formalen Besonderheit im Verhältnis zu den anderen Albumseiten sowie ihrer sequentiellen Positionierung zwischen verschiedenen Lebensphasen und thematischen Verdichtungen viel versprechend und wird im nächsten Analyseschritt vorgenommen.

Die Albumseite 30 führt mit Hochzeitsfotos einen neuen Lebensabschnitt in die Darstellung ein, der bis zum Ende des Albums gar nicht mehr beschriftet und kommentiert ist. Es sind thematische Schwerpunkte erkennbar, die in der zeitlichen Chronologie jedoch nicht mehr eindeutig zuordenbar sind. Im Zyklus der mit Hochzeitsfotografien gestalteten Seiten befindet sich eine Seite mit einem Foto, welches eine Gruppe von Männern beim ‚Bierabend‘ sowie eine Sportmannschaft (A32) zeigt. Von dieser Seite sind zwei Fotos entfernt worden, erkennbar dadurch, dass zwei durch Fotoecken markierte Plätze leer sind. Vier Albumseiten sind vorwiegend mit Urlaubsfotos gestaltet, die durch die auf Seite 38 anschließenden Hochzeitsfotos sequenziell mit der Hochzeit in Beziehung gesetzt sind. Es bleibt jedoch unklar, ob es sich um die Hochzeitsreise handelt, oder ob Fotos aus verschiedenen Urlauben zu sehen sind.

Die danach folgenden Albumseiten sind in der sequentiellen Abfolge thematisch nicht mehr klar strukturiert. Einer Albumseite mit Fotos aus einem festlichen Kontext (A39) folgt eine auf der wiederum Fotos aus verschiedenen Lebensphasen und Lebensbereichen zu sehen sind (A40). Diese Albumseite ähnelt in der formalen Gestaltung denjenigen vor und nach der Militärzeit. Im Unterschied zu den Albumseiten 12 und 29, die thematisch-sequentiell gesehen zwischen jeweils zwei Lebensphasen platziert sind und damit möglicherweise biographische Übergänge oder gar Wendepunkte darstellen, ist hier auf Anhieb aus der sequentiellen Position im Verhältnis zu den Seiten davor oder danach keine klare Funktion erkennbar. Denn dieser Seite folgt eine mit Fotos von einem Fest, vor einem Haus und ein nicht näher bestimmbares Gruppenfoto. Daran schließt eine Albumseite mit Fotos wiederum aus einem festlichen Zusammenhang an, gefolgt von einer Seite, auf der Fotos aus der Militärzeit wie auch vermutlich aus einem privaten Kontext zu sehen sind. Auch hier zeigt ein leerer Platz mit Fotoecken an, dass ein (kleines) Foto entnommen worden ist. Auf der letzten Seite dieser Albumpassage und der vorletzten des gesamten Albums sind Fotos von zwei Paaren in einem außerhäuslichen Kontext, vermutlich wiederum mit Bezug zu einem festlichen Anlass, zu sehen. Thematisch gesehen bilden Fotos im Zusammenhang mit einer Hochzeit und von festlichen Anlässen in diesem Teil des Albums einen Schwerpunkt. Es bleibt zu interpretieren, wieso die Beschriftung und Kommentierung sowie die bisherige, nach außen hin relativ klare, lebenschronologisch-thematische Anordnung nicht fortgesetzt worden ist.

Auf der letzten Albumseite ist ein Portrait eines älteren Mannes zu sehen. Der Abzug ist ein Hochformat. Seine Höhe ragt über die Höhe der Albumseite hinaus. Es wurde wahrscheinlich deswegen quer ins Album eingefügt und füllt dadurch nahezu die gesamte Albumseite. Im Verhältnis zum Portrait der älteren Frau auf der ersten Seite des Albums wird nahe gelegt, dass es sich bei diesen Personen, die das gesamte Album rahmen, um die Großeltern des/r Albumgestalter/s handelt. Die unterschiedliche Größe der Abzüge könnte jedoch auch darauf verweisen, dass es Aufnahmen aus verschiedenen Zeiten sind und dadurch die Altersrelation dieser beiden Personen zueinander nicht eindeutig bestimmbar ist. Dies wird noch zu interpretieren sein.

Wichtig bleibt noch zu erwähnen, dass drei Fotos lose im Album lagen. Auf einem ist ein Halbportrait eines Mannes in Uniform zu sehen, auf dem zweiten drei „Jungmänner“ in betont lässigen Posen. Auf dem dritten schließlich sind zwei Männer zu sehen, ein älterer in zivil in einem Fauteuil sitzend, ein jüngerer in SS-Uniform auf dessen Lehne. Aus den Reprographien ist nicht mehr rekonstruierbar, an welcher Stelle bzw. zwischen welchen Albumseiten diese losen Fotos lagen. Es ist also nicht rekonstruierbar, ob es eine – wenn auch nur ‚lose‘ – sequentiell-thematische Einbettung dieser Einzelfotografien gegeben hat. Die Platzierung eines der losen Fotos lässt sich lediglich aus dem Interview rekonstruieren. Seine Zuordnung zu einer bestimmten Stelle des Albums wird deshalb erst im letzten Analyseschritt, in dem das Interview als zusätzliches Material miteinbezogen wird, interpretiert.

Zusammenfassend kann bezüglich der thematischen Strukturierung des Albums folgendes festgehalten werden. Das Album wird durch zwei Portraitfotos, einer älteren Frau und eines älteren Mannes, pointiert gerahmt. Dazwischen sind, grob gesehen, drei thematisch fokussierte und durch spezifische Gestaltungsmittel unterscheidbare Teile identifizierbar:

- eine lebenschronologisch-thematisch angelegte Darstellung mit Fotos als Baby, aus der Kindheit, Jugend und dem jungen Erwachsenenalter, die sich auf verschiedene Lebensbereiche beziehen (Familie, Ausbildung, Freunde, lokale Kontexte);
- drei Albumseiten, auf denen die lebenschronologisch-thematische Ordnung unterbrochen wurde und Fotos aus verschiedenen Lebensphasen und -bereichen zusammengestellt worden sind; zwei dieser Seiten (Albumseite 12 und 29) stehen zwischen jeweils zwei Lebensphasen;
- eine durch die Länge sowie die formale Besonderheit der Collage hervorgehobene Darstellung der Militärzeit; und schließlich
- die Darstellung von Lebensbezügen im Zusammenhang mit der Hochzeit und der Zeit danach, fokussiert auf festliche Anlässe.

Die Gestaltung des Albums folgt im Großen und Ganzen gängigen Konventionen privater (Familien-)Alben (Hartewig 1994). Dennoch sind auch Besonderheiten erkennbar, denen in den folgenden Interpretationen nachgegangen werden soll.

Interpretation der formalen und thematischen Gestalt des Albums

Die mediale Gestalt des Albums

Das Album, in dem eine bestimmte Anzahl von Seiten in einem festen Einband durch eine Schnur gebunden sind, legt in Bezug auf die Abfolge der Seiten eine sequentielle Ordnung sowohl bei der Gestaltung als auch beim Ansehen nahe. Prinzipiell könnte die Schnur zwar gelöst und Seiten herausgenommen oder hinzugefügt werden. Dies würde jedoch nur geschehen, wenn ein spezifischer Anlass die Entfernung, Hinzufügung oder eine Neuordnung der sequentiellen Abfolge erfordern würde. Vermutlich würde eine solche Veränderung Spuren hinterlassen, die – zumindest annäherungsweise – sichtbar wären und interpretiert werden könnten. Die Gestaltung der einzelnen Seiten muss dagegen nicht notwendigerweise sequentiell organisiert sein. Auch wenn die Buchform eine Lese-Blickfolge der einzelnen Fotos nahe legt, können einzelne Albumseiten auch bildlich gestaltet werden, ohne jedoch selbst ein ‚Bild' im engeren Sinne zu werden.[122] Das schließt natürlich nicht aus, dass die Fotos auch, entsprechend der ‚Lesefolge', sequentiell-narrativ angeordnet sein können. Es gilt, die jeweilige Anordnung in ihren potentiellen Bedeutungsbezügen zu interpretieren und nicht von vornherein von einer bestimmten Wahrnehmungsfolge auszugehen.

Auch wenn über den Einband nichts weiter gesagt werden kann,[123] kann aus der Art des Fotoalbums geschlossen werden, dass es sich um einen Gegenstand handelt, der zu einer längeren Aufbewahrung und Fixierung von Fotografien angelegt ist – im Unterschied etwa zu Steckalben, bei denen Fotos jederzeit herausgenommen, an anderer Stelle hineingelegt und ihre Reihenfolge verändert werden kann. Der Albumproduzent (es sei vorweggenommen, dass es sich um einen Mann handelt) hat sich an dieser medialen Spezifik orientiert und sich mit der Verwendung von Fotoecken, die sich nicht entfernen lassen ohne sichtbare Spuren zu hinterlassen, auf eine Fixierung von Fotografien in einer auf längere Sicht angelegten Anordnung eingelassen. Thematische und gestalterische Zusammenhänge

122 Die Fotos schaffen zwar untereinander Bezüge, ergeben aber – trotz des festen Rahmens – kein Gesamtbild, so wie Bilder in einer Ausstellung an einer Wand kein ‚Bild' ergeben, auch wenn sie sich aufeinander beziehen.

123 Daraus wären Lesarten bezüglich der Höhe der monetären Investition (teuer/nicht teuer) oder aber Präferenzen für die Art der Gestaltung bezüglich (symbolhaltiger) spezifischer Muster, Formen, Farben, etc. zu entwickeln. Das Fehlen dieser Lesarten gefährdet meiner Ansicht nach die Gesamtinterpretation des Albums nicht. Das heißt, im Analyseprozess kann auch mit Unzulänglichkeiten und Unvollkommenheiten umgegangen werden – ein Sachverhalt, mit der sich empirische Praxis auch in Bezug auf andere Datengrundlagen immer wieder konfrontiert sieht.

können daher zum einen aus der sequentiellen Abfolge der einzelnen Seiten und zum anderen aus der Anordnung von Fotografien und anderen Materialien auf einer Albumseite rekonstruiert werden.

Eine weitere Strukturierung, die von den Albumseiten ausgeht, ist ihre Größenbegrenzung. Damit wird ein Rahmen abgesteckt, was auf einer Seite Platz hat. Fotoabzüge, die bezüglich ihrer Größe über diesen Rahmen hinausragen, würden vermutlich alleine deswegen aus der Sammlung ausgeschlossen und z.B. eher in einem Bilderrahmen als einzelnes Foto verwendet. Die Seitengrenzen sind jedoch kein Rahmen, durch den das, was auf der Seite dargestellt ist, zu einem ‚Bild' werden würde – mit Ausnahme der Album-Seite, auf der die Collage gestaltet wurde. Die Albumseiten sind also vorwiegend mediale Träger, die prinzipiell eine kontingente Anordnung von Fotografien und anderen Materialien zulassen und damit zu Gestaltungsprozessen bezüglich der Anordnung auf jeder Seite herausfordern. Inwiefern diese Anordnung an inneren Bildern und Vorstellungen orientiert ist, ohne selbst ein Bild im engeren Sinne zu sein, bleibt noch zu klären. Auf jeden Fall können die Albumseiten – wie im Fall der Collage – potentiell auch zu einem medialen Träger von Bildern im engeren Sinne werden.

Den vom Album ausgehenden schwarz-weißen Grundkontrast hat der Albumproduzent aufgenommen, indem er zur Beschriftung weißen Fotostift verwendet hat. Die Beschriftung hört an einer Stelle im Album aufhört. Daraus lässt sich schließen, dass zumindest die Beschriftungen und die Kommentare von einer Person in einem umgrenzten Zeitraum vorgenommen worden sind. Vermutlich hat die gleiche Person die beschrifteten Teile auch in ihrer Anordnung gestaltet. In der Art der Anordnung der Fotografien im ganzen Album sind keine auffallenden formalen Veränderungen erkennbar. Dies lässt wiederum vermuten, dass möglicherweise das ganze Album von einer Person angelegt worden ist.

Das Album besteht ausschließlich aus schwarz-weiß Fotos, obwohl hinsichtlich der Zeit, in der viele der verwendeten Fotografien aufgenommen worden sind (50er und 60er Jahre), auch Farbfotografien nicht nur bereits üblich waren, sondern auch mit Vorliebe verwendet wurden. Es kann nur spekuliert werden, ob der schwarz-weiß Kontrast vom Albumproduzenten intendiert war. Im Ergebnis verleiht er dem Album einen Charakter, aus einer Zeit zu stammen, in der es noch keine Farbfotografie gab. In der visuellen Dimension ist das Album dadurch in eine historische Zeit versetzt, die den dargestellten Situationsbezügen vorausging. In diesem Album verweisen lediglich die Fotoränder (gezackt/nicht gezackt) sowie die Größe der Abzüge (Anfangs kleiner, später immer größer) auf die Zeiträume ihrer Entstehung.

Mit der Verwendung eines weißen Fotostiftes zur Beschriftung und Kommentierung hat der Albumproduzent auf das zugegriffen, was in der Konvention der Gestaltung eines Fotoalbums als dazugehörig betrachtet werden kann. Diesbezüglich ist er keine eigenen Wege gegangen. Seine persönlichen oder individuellen Gestaltungsintentionen hat er – mit Ausnahme der Collage – nicht auf einen unkonventionellen Umgang mit dem Medium, sondern auf die auffallenden Kommentare gerichtet.

Insgesamt kann man also sagen, dass der Albumproduzent das Medium in der Weise nutzt, wie es die Konvention der Gestaltung eines Fotoalbums, sei es als Familienalbum oder als eigenbiographisches Album, vorsieht.[124] Das Medium selbst wäre jedoch auch prinzipiell offen für andere thematische Fokussierungen (z.B. Urlaubsalbum, Freundschaftsalbum, Kindheitsalbum, u.v.m.). Womit die Seiten des Albums gestaltet werden und welche Gesamtgestalt das Fotoalbum dadurch gewinnt, ist vom Medium selbst nicht vorgegeben. Im folgenden soll nun interpretiert werden, welche thematische Gestalt dieses spezifische Fotoalbum annimmt.

Thematische Rahmung

Die Rahmung des Albums durch die Gestaltung der ersten und letzten Seite mit Fotos einer älteren Frau und eines älteren Mannes sowie die Beschriftung auf der Rückseite des ersten Fotos lässt Rückschlüsse auf die Intention[125] bei der Anlage des Albums zu.

Albumseite 1 – Vor- und Rückseite

Albumseite 45

Die zunächst verwirrende Bezeichnung „Papas Omi, die Mutti seiner Mutti.“ lässt darauf schließen, dass sie aus der Perspektive und mit Bezug auf den „Papa“ formuliert worden ist, der die ältere Frau als „Omi“ bezeichnet und gleich anschließend erklärt, dass es sich um die Mutter seiner Mutter handelt. Hieraus lässt sich wiederum vermuten, dass das Album an eine nachfolgende Generation adressiert ist, also als Familienalbum angelegt wurde, um einen mehrere Generationen übergreifenden Familienzusammenhang durch die bildliche Zugänglichkeit von bereits nicht mehr Le-

124 Läge der Fokus der Interpretation auf der kulturgeschichtlichen Rekonstruktion verschiedener Typen von Fotoalben, wären Analysen des jeweiligen Genres nahe liegend. Serien der verschiedenen Albumtypen müssten in miteinander kontrastierend verglichen werden, um ihre jeweilige Spezifik herauszuarbeiten. Hier wird jedoch ein fallrekonstruktiver Ansatz verfolgt und der Frage nach der Typologie verschiedener Alben und ihrer jeweiligen medialen Spezifik nicht weiter nachgegangen.

125 Intention wird hier im Sinne von impliziter Orientierung gebraucht, nicht unbedingt im Sinne einer bewussten Absicht oder eines Handlungsentwurfes.

benden, aber für den Generationszusammenhang zentralen Personen, herstellen zu können (Hirsch 2002). Möglicherweise ist diese Gestaltungsintention auch erst nachträglich mit dem Austausch eines Fotos auf der ersten Seite eingeführt worden. Auf jeden Fall muss der Generationenzusammenhang textlich erklärt werden, weil nicht davon ausgegangen werden kann, dass die ältere Frau von der/n nachfolgenden Generation(en) eindeutig zugeordnet werden kann. Es ist noch offen, welche Rolle Fotos der älteren Frau im gesamten Album spielen, und es ist ebenfalls noch offen, ob das Album oder Teile davon von jener Person, die durch eine Bezeichnung als „Papa“ eingeführt ist, angelegt worden ist. Die Art der Bezeichnung könnte, ähnlich wie das Portrait der älteren Frau, lediglich als Bezugspunkt für den Generationenzusammenhang relevant sein. Dies wird sich in der weiteren Gestaltung des Albums erweisen.

Thematisch wichtig erscheint, dass bezüglich der Gesamtrahmung das Bild einer Frau und eines Mannes scheinbar aus einer ähnlichen Generationszugehörigkeit zu sehen ist. Die Beschriftung des ersten Fotos legt aus Betrachterperspektive einen *familialen Blick*[126] nahe und erhärtet die Vermutung, dass es sich um Großvater und Großmutter handelt. Offen ist, ob dies auch ein Ehepaar ist oder Großeltern mütterlicher- und väterlicherseits. Unklar ist auch, ob die Fotos im annähernd gleichen Zeitraum aufgenommen wurden, also ob die beiden Personen in der Altersrelation zueinander tatsächlich der gleichen Generation angehören. Dennoch entsteht mit dem familialen Blick der Eindruck, dass zumindest symbolisch eine den Familienzusammenhang rahmende und diesen unter Umständen auch erst herstellende Großelterngeneration relevant gesetzt wird.

Soweit erkennbar, beziehen sich die im Album verwendeten Fotos auf einen historischen Zeitraum von Mitte der 30er bis Ende der 60er oder Anfang der 70er Jahre. Diese Zeitspanne von ca. 30 - 40 Jahren ist für die Gestaltung eines mehrgenerationellen Familienalbums relativ kurz. Das legt nahe, dass die Konstruktion des Familienalbums vornehmlich von einer/m Angehörigen einer Generation ausgeht, auch wenn sie durch Angehörige einer ‚Großelterngeneration‘ gerahmt ist. Neben der als „Papa“ bezeichneten Person könnte es auch dessen Ehefrau, oder beide oder eine dritte Person aus dem näheren Familienumfeld sein, die das Album gestaltet haben oder an dessen Gestaltung beteiligt waren. Auf jeden Fall wird der Generationenzusammenhang über die in diesem Zeitraum lebenden und dafür relevanten Personen dargestellt und nicht im Rückgriff auf Fotografien aus einer Zeit davor oder danach.

126 Zum Konzept des *familialen Blicks* siehe Hirsch (2002) und das folgende Kapitel.

Thematische Gesamtgestalt

Beginn eines neuen Lebens, Kindheit und Übergang in die Adoleszenz

Mit den ersten drei Seiten wird über die Babyfotos ein neues Leben eingeführt. Dies könnte hinsichtlich der Rahmung und Relevanzsetzung durch eine ‚Großmutter' weiterhin als Darstellung eines Generationenzusammenhangs angelegt sein. Diese Seiten sind konventionell gestaltet. Die Fotos selbst entsprechen den Erwartungen von Fotografien aus der Babyphase einer Person in einer bestimmten Zeit, hier den 30er Jahren. Sie sind aus der Fremdperspektive in eine historische ‚Normalität' einordenbar, ohne dass sie zu einer detaillierten Interpretation herausfordern würden.[127] Lediglich die Absenz einer oder mehrerer männlichen/r Person/en einer Eltern- oder Großelterngeneration fällt auf. Die Gründe dafür können in diesem Stadium der Interpretation noch hoch kontingent sein.[128]

Dagegen fallen die hinzugefügten ‚Kommentare umso mehr auf. Drei der Kommentare sind aus der Perspektive der späteren Gewordenheit geschrieben, nehmen diese vorweg und verlegen ihren Anfang in die frühe Kindheit („Ich träumte damals schon von einem Wagen."; „Mi tat etwas für meine Berühmtheit"; „In meiner Jugend lernte ich schon mich auf Bänke herum zu drücken.") Mit ‚Mi' wird, neben der als ‚Mutter' bezeichneten Frau, eine weitere erwachsene weibliche Figur sichtbar, die das Baby auf dem Arm hält. Die grammatikalische Wendung ‚In meiner Jugend lernte ich schon mich auf Bänke herum zu drücken' verweist entweder darauf, dass die Grammatik nicht ganz sicher beherrscht und/oder, dass die Beschriftung an dialektalen grammatischen Formen orientiert ist. Beides verweist auf eine Milieuzugehörigkeit, in der ein ‚korrekter' Sprachgebrauch bei einer schriftlichen Fixierung keine sehr hohe Relevanz hat.

Im Unterschied zu diesen Kommentaren bezieht sich ein Kommentar („Mutter nahm mich öfter auf den Arm") unmittelbar auf etwas, was im Foto zu sehen ist, auch wenn seine konnotativen Bezüge ebenfalls auf eine

---

127 Da es hier nicht um die historische Spezifik und Kontextualisierung etwa des Genres von Babyfotografien, noch um spezifische Aspekte des Aufwachsens in einer bestimmten Zeit geht, werden – aus Gründen der Darstellungsökonomie – diese Fotos nicht im Detail beschrieben und analysiert.

128 Die Kontingenz der Verfügbarkeit von Fotografien bezüglich Personen, Phasen, Kontexten bestimmt die thematische Gestaltung wesentlich mit. Aber auch aus kontingent verfügbaren Fotografien werden durch deren Anordnung und Beschriftung thematische Bezüge hergestellt, die erkennbar und rekonstruierbar sind. Lediglich die Rekonstruktion eines ‚faktischen' Lebens- und Erfahrungszusammenhangs stößt hier deutlich an Grenzen. Die Indexikalität von Fotografien ermöglicht wiederum, Aspekte einzelner Situationen und unter Umständen auch von Situationszusammenhängen, die einer sprachlichen Artikulation in ihrer Nachträglichkeit nicht mehr verfügbar wären, rekonstruieren zu können.

Perspektive der Nachträglichkeit verweisen. Denn auch dieser Kommentar folgt dem angelegten Duktus der (Selbst-)Ironisierung und kann dadurch in verschiedener Weise gelesen werden: als lustig-vertraute Neckerei; Koketterie mit der Beziehung zur Mutter; als ironisierende Beschreibung einer nicht unproblematischen Beziehung, die zu viel Ernst enthält, als dass sie im Hinblick auf die spätere Gewordenheit explizit für Dritte kommentiert werden könnte. Aber auch die Lesart einer reinen Konstatierung dessen, was die Mutter damals tat, ist nicht ganz auszuschließen, obwohl sie im Kontext der anderen Kommentare eher unwahrscheinlich ist.

Auf jeden Fall fällt auf, dass nur dieser Kommentar sich – wenn auch ironisch – auf etwas bezieht, was auf dem Foto zu sehen ist. Die anderen nehmen auf etwas Bezug, was in den Fotos gar nicht erkennbar ist, sondern schaffen durch den nahezu ausschließlichen Bezug auf Nicht-Sichtbares einen eigenen Interpretationsrahmen, welcher nicht unmittelbar von den Fotos ausgeht, sondern von der biographischen Perspektive, mit der sich der Albumgestalter den Fotos zuwendet.

Durch die Beschriftung und Kommentare wird die Aufmerksamkeit weniger auf eine mit den Fotos auch für die nachkommenden Generationen zu vergegenwärtigende Vergangenheit gelenkt. Vielmehr scheint die Vergangenheit durch die Texte auf eine schon interpretierte Zukunft hin abgeschlossen zu werden. Die starke bildliche Präsenz der Texte entbindet davon, die Fotos im genaueren Hinsehen ‚zum Leben zu erwecken'. Die Texte könnten in diesem Fall dazu dienen, das, was mit den Fotos aus der Vergangenheit (bildlich) vorstellig werden könnte, in einem sprachlichen Interpretationsrahmen zu fixieren oder es damit gar in Schach zu halten. Sie könnten, trotz der Ironie, auch auf eine nicht notwendigerweise bewusste Intention verweisen, nachvollziehbare biographische Verknüpfungen, vielleicht sogar die Kohärenz einer Entwicklung zu präsentieren, die bis in die Kindheit oder gar bis zur Geburt zurückverfolgt werden kann. In diesem Fall scheint dies die bildliche Darbietung durch die Fotografien nicht alleine leisten zu können und muss von auch visuell deutlich hervorgehobenen Kommentaren hergestellt werden.

Auf jeden Fall wird fraglich, ob die Intention, ein Familienalbum für die nachfolgende(n) Generation(en) zu gestalten, die Gesamtgestalt des Albums bestimmt. Es erscheint jetzt auch sehr unwahrscheinlich, dass die Ehefrau die Familiengeschichte ihres Mannes, oder jemand anderes das Album gestaltet hat. Vielmehr weisen die Kommentare darauf, dass es sich beim Albumgestalter um die Person handelt, die hier als Baby und Kleinkind eingeführt wird. Um die Darstellung zu erleichtern sei hier bereits die aus der Gesamtanalyse hervorgehende Evidenz vorweggenommen, dass es sich um Klaus Büttner handelt.

Der Selbstbezug der Kommentare deutet auch an, dass möglicherweise die Intention, ein Familienalbum für die nachkommenden Generationen zu gestalten, überlagert ist von einem Prozess der eigenbiographischen Thematisierung. Möglicherweise hängt dies auch damit zusammen, dass aus einem vormaligen Album, welches vornehmlich auf die Biographie des dargestellten Babys, Kindes und jungen Mannes bezogen war, durch den Austausch des ersten Fotos und die Rahmung mit dem letzten ein Familienalbum gemacht werden sollte. Diese Frage muss zunächst offen bleiben.

Auf der 5. Albumseite wird eine gegenüber der bisherigen sequentiellen wie thematischen Anordnung auffällige Zusammenstellung und Gestaltung sichtbar.

Hier sind Einzelfotos von Klaus Büttner als Junge erstmals in einer Reihe zusammengestellt, ohne dass – wie bisher – auch weitere Personen sichtbar wären. Durch die Beschriftung ist die Seite auf 1941 als zeitlichen Rahmen fokussiert, obwohl die Fotos aufgrund der erkennbaren Altersunterschiede nicht aus dem gleichen Jahr stammen können. Auf dem rechten Foto ist ein Junge zu sehen, der deutlich älter erscheint als der auf den ersten beiden. Offen bleibt, ob mit der Beschriftung lediglich das erste Foto zeitlich markiert worden ist, oder ob die Beschriftung als Titel für die gesamte Seite zu lesen ist. Im ersten Fall stellt sich die Frage, wieso die Betitelung mit Jahreszahlen bei den anderen beiden Fotos nicht fortgesetzt worden ist; im zweiten, inwiefern alle drei Fotos für den Albumgestalter in den zeitlichen Rahmen von 1941 gehören könnten. Denkbar wäre schließlich auch, dass mit der Anordnung in einer Reihe eine Entwicklung dargestellt wird, deren Beginn mit 1941 markiert wird.

Unabhängig von den Kommentaren sind bildlich hier drei Jungen in unterschiedlichem Alter, in unterschiedlichen Aufnahmeposen (Ganzkörperbild, Portrait) und mit unterschiedlichem Ausdruckspotential zu sehen.

Das Bild links zeigt einen lächelnden Jungen in Kurzen Hosen vor einer Hecke, der vor der Kamera relativ locker posiert. Sein Kopf und Oberkörper ist ganz leicht nach links gedreht, das linke[129] Knie leicht angewinkelt. Dadurch wirkt die Pose nicht steif, auch wenn die Arme am Körper anliegen. Der Blick ist auf die Kamera gerichtet, die Augen blinzeln leicht gegen die Sonne, die von rechts oben den ganzen Jungen in Licht taucht. Er trägt kurze (Leder-?)Hosen mit etwas verrutschten Hosenträgern, ein helles oder weißes Hemd und geschlossene dunkle Sandalen mit vermutlich weißen Socken. Ohne den kommentierenden Text sehen wir einen freundlichen Jungen in einer sommerlich-alltäglichen Situation, der sich anscheinend gerne fotografieren lässt. Die Kleidung, vor allem die Schuhe und Socken, könnte auf einen besonderen Foto-Anlass verweisen. Sie wirkt allerdings, ebenso wie die Pose, nicht so durchkonstruiert, dass die Alltäglichkeit aus dem Foto verschwunden wäre und ein spezifischer Aufnahmekontext, der auch nur entfernt mit Militär, Krieg oder Soldat-Sein zu tun hätte, erkennbar wäre. Erst mit Blick auf dem Kommentar – „Der Soldat war mir schon angeboren." – kann mit Bezug auf die Handhaltung mit einiger Mühe eine Soldatenstellung erkannt werden. Sonst findet der Kommentar keine bildliche Entsprechung.

Im mittleren Bild, einem Portrait, fällt zunächst das Gesicht des Jungen auf. Durch den schräg nach links oben gerichteten Blick, den geschlossenen Mund und das zurückgezogene Kinn wirkt es leicht schmollend, aber nicht böse. Der Blick ist direkt in die Kamera bzw. auf den/die FotografIn gerichtet. Auch hier scheint es ein – wenn auch irritiertes – Einverständnis mit dem Fotografiert-Werden zu geben. Die nach rechts gedrehte Körperhaltung, der nach links gewendete Kopf, die hergerichtete Frisur, die Kameraposition, von schräg oben links nach unten gerichtet, weisen auf eine inszenierte Fotosituation. Der Gesichtsausdruck und der unter dem Hosenträgerbund eingeklemmte rechte Hemdkragen nehmen der Pose allerdings die Strenge. Im Zusammenhang mit dem Kommentar – „Die Hosenträger erfreuten sich einer besonderen Beliebtheit bei Oma." – ist durchaus eine Situation vorstellbar, in der der Junge dem Wunsch einer anderen Person – vermutlich der Oma –, sich fotografieren zu lassen, zwar etwas widerwillig, aber doch auch wohlwollend nachkommt. Hier ist eine Verbindung zwischen Kommentartext und Bild

129 *Links* und *rechts* wird aus der Betrachterperspektive beschrieben.

herstellbar in der Weise, dass der Kommentar auf den Gesichtsausdruck im Foto bezogen werden kann und dadurch zu einem ironischen wird und umgekehrt, dass der wohlwollend-widerständige Ausdruck im Foto durch den mit einer Andeutung spielenden Kommentar verstärkt wird. Foto und Kommentar sind hier aufeinander bezogen und gleichermaßen an der Bedeutungsgebung beteiligt.

Der Gesichtsausdruck im dritten Bild rechts unterscheidet sich erheblich von jenen der ersten beiden Fotos. Während wir dort noch ein kindliches Gesicht sehen, das trotz ,Schmollhaltung' auf dem mittleren offen wirkt, ist auf dem dritten ein neuer Zug zu beobachten. In dieser Aufnahme ist die kindliche Unbekümmertheit der ersten beiden Aufnahmen nicht mehr zu sehen, trotzdem es sich noch deutlich um ein Kindergesicht handelt. Der ,Zwang' steht Klaus Büttner in gewisser Weise hier ,ins Gesicht' geschrieben. Trotz des Lächelns bleibt es distanziert, zurückhaltend, vielleicht auch ironisch oder gar dissoziiert.

Dies wird noch deutlicher, wenn wir uns die beiden Gesichtshälften unabhängig voneinander ansehen.

In der rechten Gesichtshälfte wirkt Blick und Mund trotz Lächeln hart. Das Gesicht erscheint insgesamt ,alt', wobei das Alter schwer zu bestimmen ist. Es könnte zwischen neun und zwölf liegen, der Aufnahmezeitpunkt also irgendwo zwischen 1945 und 1948.

Durch die Reihung der drei Fotos wird eine Veränderung sichtbar, welche nicht ausschließlich in die Normalität der Wandlungen eines Gesichtes im Zuge des Aufwachsens eingeordnet werden kann. Der Kontrast zu den vorhergehenden Gesichtern wirft vielmehr die Frage auf, was Klaus

Büttner in der Zeit zwischen 1941 und dem Aufnahmezeitpunkt der dritten Fotografie erlebt haben könnte, und ob sich ihm diese Erlebnisse ‚ins Gesicht' geschrieben haben. Dadurch, dass die Fotografie in der Reihe von Fotos unter dem Titel ‚1941' aufgenommen worden ist stellt sich auch die Frage, welchen Bezug es möglicherweise zu diesem Jahr hat.

Ob und wie aus diesem Gesicht eine Veränderung rekonstruiert werden kann, die mit spezifischen biographischen Erlebnissen zusammenhängt, soll hier lediglich als Frage formuliert werden. Allgemeiner stellt sich die Frage, ob aus Gesichtern überhaupt Erlebniszusammenhänge rekonstruierbar sind, d.h. ob und wenn ja, in welcher Weise ein gelebtes Leben auch im Gesichtsausdruck und insgesamt im und am Körper Spuren hinterlässt, die wiederum in Fotografien in spezifischer Weise sichtbar werden und denen interpretativ nachgegangen werden kann. Die Interpretation eines Gesichtes und einer körperlichen Ausdrucksgestalt erfordert allerdings besondere Sorgfalt, um nicht in ein falsches Fahrwasser von Zuschreibungsprozessen aufgrund physiognomischer Merkmale zu geraten. Welchen Zusammenhang es zwischen der hier sichtbaren Veränderung des Gesichtes und biographischen Erlebniszusammenhängen geben könnte, wird erst in Verbindung mit einem biographischen Interview deutlich werden. Hier wird zunächst den thematischen Besonderheiten in der Gestaltung dieser Bildbiographie mit Bezug auf die Gesamtstruktur des Fotoalbums weiter nachgegangen.

Die auch auf dieser Seite in Relation zu den Fotos auffälligen Kommentare – „Der Soldat war mir schon angeboren."; „Die Hosenträger erfreuten sich einer besonderen Beliebtheit bei Oma."; „Man zwang mich damals schon zum Lächeln." – fordern zu weiteren Interpretationen heraus. Die Kommentare bezeichnen bzw. versprachlichen auch hier nicht in erster Linie das, was auf den Fotos zu sehen ist, oder etwas, das beim Ansehen als Erinnerung an eine bestimmte Situation oder Zeit vorstellig wird, sondern deklarieren das Sichtbare (ironisch) zu Vorboten späterer biographischer Entwicklungen. Das ‚Soldat-Sein' wird als ‚angeboren' eingeführt und damit als schicksalhaft dargestellt. Mit dem Text unter dem rechten Foto wird ein ‚schon damals' – also in der Kindheit – beginnender ‚Zwang zum Lächeln' und damit ein Motiv des ‚gute Miene zum bösen Spiel Machens' bzw. das eines unterworfenen Widerstandes – ‚eigentlich hatte ich keine Lust zu lächeln' – unterlegt. Beide Kommentare können auch als gesamtbiographische Evaluationen (Schütze 1984) gelesen werden. Lediglich der mittlere Kommentar, der die ‚Oma' in ihrer Bedeutung hervorhebt, bezieht sich scheinbar unmittelbar auf den Zeitraum der Aufnahme. In Verbindung mit dem Gesichtsausdruck wird aber auch dieser Kommentar zu einem ironischen, also zu einem aus einer distanten Perspektive artikulierten. Die Selbstthematisierung erfolgt demnach auch hier, jetzt fokussiert auf die bildliche Präsentation als ‚Junge' aus der Perspektive der späteren Gewordenheit. Auch wenn erneut ironische Untertöne deutlich zu erkennen sind, wird die mögliche ‚Schicksalhaftigkeit' späterer

Entwicklungen zum Thema. Die Ironie verweist darauf, dass für Klaus Büttner die Frage der eigenen Gewordenheit eine ist, mit der ironisch gespielt, die aber zum Zeitpunkt, zu dem die Kommentare verfasst wurden, nicht wirklich beantwortet werden kann.

Beziehen wir – wiederum aus Gründen der Ökonomisierung der Darstellung der Analyse eine Evidenz vorwegnehmend – eine Großstadt in Deutschland als den wahrscheinlichsten geographisch-lokalen Kontext dieser Aufnahmen in die Interpretation mit ein, ist mit der Beschriftung „1941“ ein zeitlicher Bezug zum Nationalsozialismus und Zweiten Weltkrieg gegeben. In Verbindung mit dem Kommentar zum ersten Foto dieser Reihe, dass der Soldat schon ‚angeboren‘ war, könnte auch eine biographische Verbindung zu Krieg und Nationalsozialismus als relevantes Thema in die Gestaltung dieser Seite eingegangen sein. Im Laufe der Interpretation wird sich erweisen, ob die Frage der Schicksalhaftigkeit der eigenen Entwicklung in Bezug auf das ‚Soldat-Sein‘ mit dem Thema Nationalsozialismus und/oder Krieg verbunden ist.

Auf der nächsten Albumseite fällt auf, dass hier zum ersten Mal eine als „Vater, Mutter + Sohn“ bezeichnete Konstellation zu sehen ist.

Hier sind Fotos im Zusammenhang mit der „Einsegnung“ – gemeint ist eine Konfirmation – als ein herausgehobenes Ereignis zusammengestellt. Zu sehen sind wieder drei in einer Reihe nebeneinander angeordnete Fotos jeweils versehen mit Bildunterschriften. Auf dem linken Foto ist ein älterer Mann, eine Frau im mittleren Erwachsenenalter, Klaus Büttner als Jugendlicher und ein kleines Mädchen zu sehen. Dabei fällt auf, dass der als ‚Vater‘ bezeichnete Mann um Einiges älter ist als die als ‚Mutter‘ bezeichnete

Frau. Interpretationsbedürftig ist auch, dass das kleine Mädchen im Arm des Mannes in die Bezeichnung nicht mit einbezogen ist. Es bleibt offen, welche (familiäre) Beziehung es mit Klaus Büttner verbindet.

Da diese Konstellation im gesamten Album nicht mehr auftaucht, wurde sie in verschiedenen Interpretationszusammenhängen in Segmentanalysen genauer analysiert. Um die Gesamtdarstellung der Albuminterpretation zu vereinfachen sei hier das Ergebnis einer später erfolgten Segmentanalyse dieses Bildes als Exkurs eingeführt.

Exkurs: Ergebnisse der Segmentanalyse des Fotos „Vater, Mutter + Sohn“

Verfolgen wir die Blicke der dargestellten Personen,

ihre an der Stellung der Füße erkennbare Positionierung zueinander,

und schließlich ihren jeweiligen Körperkontakt, fällt auf, dass die Frau und der Jugendliche eine eigene Einheit bilden. Der ältere Mann ist durch seine räumlich etwas zurückgesetzte und seitlich gedrehte Position mit dem kleinen Mädchen auf dem Arm davon abgesetzt und wird nahezu zur ‚Randfigur'. Mit seinem auf die Frau gerichteten Blick bleibt er jedoch Teil der Konstellation. Damit verleiht er der ganzen Szene sogar eine Klammer, nachdem sie durch die distanten Körperhaltungen zwischen ihm und dem Jugendlichen sowie durch das altersmäßig nicht eindeutig zuordenbare Mädchen – ist sie seine Tochter oder Enkelin? – geöffnet worden ist. Der *familiale Blick* (Hirsch 2002) lässt uns in diesem Foto dennoch eine Familie erkennen. Bei genauerem Hinsehen tut sich jedoch bezüglich der Blicke und der Körperhaltungen die Frage auf, wer hier mit wem wie zusammengehört.

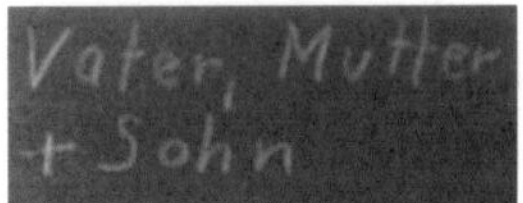

Der Text scheint diese Frage zunächst zu klären, denn unter dem Foto steht ja eindeutig „Vater, Mutter + Sohn". Wozu also die Fragen? Lesen wir den Text bildlich, fällt allerdings auf, dass „Vater, Mutter" sich in einer Zeile befinden und das Plus mit dem „Sohn" in einer zweiten. Als Text-Bild gesehen bilden dadurch „Vater, Mutter" eine Einheit und der Sohn eine andere. Eine Bezeichnung für das kleine Mädchen fehlt ganz, es wird textlich in die Familienkonstellation nicht mit aufgenommen.

Klar ist dagegen, dass auf dem Foto der Jugendliche im Mittelpunkt steht. Man sieht, dass es um ihn geht bei diesem allein schon durch die Kleidung angezeigten zeremoniellen Anlass, der vermutlich von einer/m professionellen FotografIn bildlich in Szene gesetzt worden ist. Möglicherweise geht die Konstruktion dieser Familienkonstellation auch von der FotografIn aus.[130] Auf jeden Fall wurde das Foto im Zusammenhang der Darstellung einer institutionalisierten Statuspassage, bei der die Eltern eine wesentliche Rolle spielen, in das Fotoalbum aufgenommen und als Familienkonstellation bezeichnet. Die Sichtweise als ‚Familie' wird demnach von Klaus Büttner nicht nur nicht zurückgewiesen, sondern durch die Beschriftung verstärkt.

Nehmen wir diese Perspektive ein, fällt auf, dass es sich bei dem als ‚Vater' bezeichneten Mann auf diesem Foto um die gleiche Person handelt wie auf dem letzten großen Foto im Fotoalbum. Im Zusammenhang mit dem Altersunterschied zwischen ‚Vater' und ‚Mutter' auf dieser Albumseite wird die Generationenkonstellation insgesamt fraglich. Desweiteren sind dies die einzigen zwei Fotos im gesamten Album, auf denen der als Vater bezeichnete Mann zu sehen ist. Das wirft wiederum die Frage nach seiner Rolle oder Bedeutung für die Darstellung eines Familienzusammenhangs in und mit diesem Album auf.

Aus weiteren Bilddetails auch aus dem Bildhintergrund ließen sich noch mehr Hinweise auf den lokalen, zeitlichen und sozialen Kontext der Szene gewinnen. Sie werden hier jedoch nicht weiter verfolgt, weil es mir in diesem Zusammenhang vor allem um die Personenkonstellation geht.

Im Hinblick auf die gesamte Albumseite soll noch festgehalten werden, dass auf allen drei Fotos Klaus Büttner im Zentrum steht. Das mittlere, auf welchem er alleine zu sehen ist, wird durch das linke Familienfoto und das rechte, auf dem er mit seiner Mutter vor der Kamera posiert, quasi eingerahmt. Es ist offen, ob es bei der gleichen Gelegenheit aufgenommen worden ist. Klaus Büttner trägt hier einen helleren Anzug mit Fliege, während

130 Diese Frage kann nur gestellt, anhand des Fotos alleine aber nicht beantwortet werden.

er auf dem linken und rechten Foto mit dunklem Anzug und Krawatte zu sehen ist. Auch der expressive Ausdruck unterscheidet sich im mittleren Foto von den anderen beiden. Während er auf dem linken und vor allem dem rechten Foto in einer stolzen Pose zu sehen ist, wirkt er auf dem mittleren etwas verloren. Der Kommentar unter diesem Foto „Fliege! War mir ein Groll." könnte gar als nachträgliche Erklärung des für die Darstellung dieses Anlasses nicht ganz geglückten Ausdrucks gelesen werden.[131] Auf jeden Fall ist hier ein feierlicher Anlass mit drei Fotos dargestellt, bei deren näherer Betrachtung auch Irritationen bezüglich der Familienkonstellation sowie der Ausdrucksgestalt von Klaus Büttner zwischen Stolz und Verlorenheit auftreten.

Die nächsten sechs Albumseiten setzen die Lebenschronologie mit Fotos aus der Jugendzeit, von Betriebsfahrten und Betriebsfesten sowie von Situationen aus der Wohnumgebung (Freunde, Nachbarn, Familie) fort. Eine detaillierte Interpretation jedes dieser Fotos würde viel über den sozialen Kontext dieser Biographie erschließen können.[132] Da es hier nicht vornehmlich um die Rekonstruktion dieser Lebensgeschichte und ihrer sozialen Kontexte geht, sondern um eine exemplarische Darstellung der methodischen Analyse eines Fotoalbums, wird dies nicht weiter fortgesetzt. Wichtig erscheint mir lediglich festzuhalten, dass auf der 8. Albumseite mit dem großen Gruppenfoto eines Betriebsfestes die Zugehörigkeit zu einem größeren Kollektiv thematisch wird. Dafür spricht auch, dass drei Albumseiten mit Fotos aus betrieblichen Kontexten gestaltet sind und damit dieser Lebenszusammenhang im Kontext der biographisch angelegten Darstellung Bedeutung erhält.

In Bezug auf den gesamten ersten Teil des Albums kann *zusammenfassend* festgehalten werden, dass auf zehn Albumseiten – also in etwa einem viertel des gesamten Albums – ein Lebensanfang, die Kindheit, Jugend und frühe Adoleszenz von 1936 bis 1957 in familialen, betrieblichen, freundschaftlichen und lokalen Kontexten dargestellt wird. Bezüglich des familialen Kontextes bleibt die Frage klärungsbedürftig, wieso in dieser lebenschronologisch angelegten Selbstpräsentation lediglich ein Foto mit einer als ‚Vater' bezeichneten Person zu sehen ist. Hinsichtlich der Frage, ob dieses Album als Familienalbum für nachfolgende Generationen gestaltet worden ist, bleibt auch klärungsbedürftig, wieso der familiale Zusammenhang gegenüber anderen thematischen Verdichtungen – etwa dem betrieblichen Kontext – verhältnismäßig undeutlich bleibt. Offen ist auch,

131 Dies verweist darauf, dass Fotos etwas zeigen können, was im Augenblick ihrer Aufnahme nicht intendiert war oder dieser Intention gar zuwiderläuft. Es ist also auch bei einer Pose nicht gänzlich kontrollierbar, welcher Ausdruck sich darin manifestiert bzw. welcher Eindruck bei Betrachtern entstehen kann.

132 Diesbezüglich sind Fotografien ein reichhaltiges Material, das durch seine Indexikalität detaillierte Kontextdaten von bestimmten Situationen enthält.

welche Bedeutung(en) mit der thematischen Verdichtung in der Präsentation der drei Jungenfotos unterschiedlichen Alters mit Bezug zur Jahresangabe ‚1941‘ verbunden sind.

Übergang von der Adoleszenz zum Erwachsenenleben

Der lebenschronologisch angelegten Darstellung der ersten Lebensphasen folgt die 12. Albumseite, die einen deutlichen Wechsel in der formalen wie thematischen Gestaltung erkennen lässt.

Auf dieser nun gar nicht beschrifteten und kommentierten Seite werden Fotos aus dem Babyalter, der Jugendzeit und im Vorgriff auch aus dem Erwachsenenalter innerhalb einer Albumseite bildlich miteinander in Beziehung gesetzt. Die Anordnung wirkt zunächst zwar zufällig, eher durch die Formate als durch thematische Bezüge bestimmt. Schiefe Kanten einiger der fixierten Fotos lassen auf eine gewisse Hast oder gar Unruhe beim Fixieren in den stark sichtbaren Fotoecken schließen. Dies weist nicht auf eine überlegte und durchkonstruierte Gestaltungsabsicht. Dennoch entstehen im Hinsehen aus der Anordnung thematische Bezüge.

Das Foto des Kleinkindes auf dem Arm einer Frau besetzt die Mitte und wirkt durch den nahezu gleichen Abstand der angrenzenden Fotos von diesen eingerahmt. Aus dem vorhergehenden Kontext ist klar, dass es sich um Klaus Büttner und die als ‚Mi‘ bezeichnete Frau von der 4. Albumseite handelt. Rechts und links davon ist Klaus Büttner als ‚Halbstarker‘ in ausgeprägt männlichen Posen zu sehen. In der unteren Fotoreihe befinden sich

Fotos aus unterschiedlichen Lebensphasen und Lebenskontexten: links Klaus Büttner im Kreis von Freunden vor einem Hauseingang in freundschaftlicher Umarmung posierend, rechts eine Gruppe von vier Männern beim Kartenspielen. Das mittlere Foto entstammt aus einer später sichtbaren Reihe von Urlaubsfotos und zeigt Klaus Büttner als bereits erwachsenen Mann in einer ebenfalls männlichen Pose.

Die Seite wirkt durch diese Zusammenstellung wie eine vorgreifende Bilanzierung des bisherigen Lebens. Sollten wir es hier mit einer Überlagerung verschiedener (männlicher) Selbstbilder im Übergang von der Adoleszenz ins Erwachsenenalter zu tun haben? Könnte diese Bilanzierung gar in Bezug auf eine biographische Frage vorgenommen worden sein? In diesem Zusammenhang würde wiederum auffallen, dass hier eine weibliche und keine männliche oder gar väterliche Figur auftaucht, die als Bezugspunkt für eine adoleszente Thematisierung des eigenen ‚Geworden-Seins' dienen könnte. Auf jeden Fall ist die Selbstdarstellung als Mann in der Überlappung verschiedener Bilder (‚Halbstarker', ‚Kumpel', ‚Urlauber', ‚Freund',) durch die Bildanordnung auf das ‚Babyfoto' bezogen. Damit wird eine zeitliche Perspektive eingeführt und die Sehweise nahe gelegt, dass aus dem kleinen Kind im Arm einer Frau ein ‚richtiger Mann' geworden ist. Nach dieser thematischen Verdichtung wird auf den nächsten sechzehn Albumseiten in der Lebenschronologie fortgefahren.

Die Darstellung der Militärzeit als herausgehobene Lebensphase

Im Verhältnis zur gelebten Zeit und damit auch zu den vorhergehenden und nachfolgenden Lebensphasen nimmt die Darstellung der Militärzeit im Album den größten Raum ein. Die Fotos werden jetzt wieder chronologisch-thematisch, nun eher akkurat und in klaren graphischen Gliederungen angeordnet, und erneut mit zum Teil benennenden, zum Teil betont ‚witzigen' und (selbst)ironisierenden Kommentaren versehen.

Die Rahmung dieser Albumpassage durch zwei Mannschaftsfotos lässt die Einbettung des eigenen Lebens in ein größeres Kollektiv thematisch werden. Dazwischen sind zu Beginn Fotos aus dem militärischen Geschehen im engeren Sinne („Vereidigung", „Ausmarsch", „Wacheschieben") zu sehen. Zunehmend werden die Albumseiten mit Fotos aus der Freizeit während des Militärdienstes gestaltet (eine Helgolandfahrt, Urlaub bei der ‚Omi', „Auf Liebespfaden in Kaufbeuren, als „Landstreicher" und „Cowboy", „beim Tänzelfest in Bayern"). Die Zusammenstellung vermittelt den Eindruck, dass die Militärzeit zum einen durch Disziplin im Kollektiv bestimmt war, andererseits aber auch ihre vergnüglichen Seiten hatte.

Gegenüber dieser thematischen Ordnung tritt auf der 27. Albumseite mit den ‚Pilotenfotos', die nicht beschriftet und kommentiert sind, wieder ein Wechsel ein. Klaus Büttner ist hier in verschiedenen Posen – ohne und mit Sauerstoffmaske – in unterschiedlichen Größenrelationen im Cockpit eines Flugzeuges sitzend zu sehen.

Diese Fotos könnten noch zum ‚vergnüglichen' Teil der Militärzeit gehören. Durch die unmittelbar folgende Collage, bei der Fragmente aus diesen und anderen Fotos verwendet worden sind, wird der Eindruck eines selbstbewussten Piloten im Kontext einer recht positiv und auch als ‚locker' dargestellten Militärzeit jedoch irritiert. Die Collage weckt eher Konnotationen von Fragmentierung wenn nicht gar Zerstörung. Zugleich entsteht der Eindruck einer hohen Identifikation mit einem militärischen Symbol, dem Kreuz der 1956 neu gegründeten deutschen Bundeswehr. Dies ist im bisherigen Kontext des Albums überraschend und fordert zu einer detaillierten Interpretation heraus. Sie erfolgt im nächsten Analyseschritt, um hier der thematischen Gestalt des gesamten Albums weiter folgen zu können.

An dieser Stelle sei lediglich festgehalten, dass die Collage einen Kontrapunkt bildet zur Darstellung einer ‚normalen' Militärzeit, bezüglich der in den bisher gezeigten Fotos wenig Außergewöhnliches zu erkennen war. Der Umfang dieser Albumpassage weist auf eine besondere biographische Bedeutung dieser Zeit. Die Collage lässt gar vermuten, dass sie mit einem biographischen Wendepunkt verbunden ist, dem nicht mehr allein durch die Auswahl und lebenschronologisch-thematische Anordnung ‚typischer' Fotografien Ausdruck verliehen werden kann. Diesen Bedeutungsdimensionen gilt es in der Detailanalyse der Collage sowie in der Analyse des Interviews nachzugehen.

Übergang Militär – Heirat und Privatleben

Die an die Militärzeit anschließende 30. Albumseite ist wiederum sehr ähnlich gestaltet wie die 12. vor der Militärzeit: es sind Fotos aus verschiedenen Lebensphasen und Lebensbereichen auf einer Albumseite zu sehen.

In der sequentiellen Struktur des Albums übernehmen diese beiden Seiten Rahmungsfunktion für die Militärzeit und sind thematisch als Übergänge zwischen verschiedenen Lebensphasen zu interpretieren. Die Militärzeit wird so zu einem herausgehobenen Thema, das sich offenbar nicht ohne Übergangsrahmung rein chronologisch mit den vorherigen und nachfolgenden verbinden lässt.

Die obere Reihe von Fotos hebt Klaus Büttner als Einzelfigur hervor. Das rechte Foto findet hier erneut Verwendung, nachdem ein Abzug bereits auf der Seite vor der Militärphase zu sehen war. Die untere Reihe zeigt Klaus Büttner von Männern umgeben in einer Wohnumgebung und im Betrieb. Eine Thematisierung seiner Männlichkeit könnte sich hier fortsetzen, jetzt wieder in einem nicht-militärischen Zusammenhang. Im Vergleich zur Albumseite vor der Militärzeit fällt auf, dass hier kein weiblicher Bezugspunkt für die Selbstthematisierung eingeführt ist. Dennoch ist es eine verdichtete Darstellung in verschiedenen männlichen Posen und Lebensbereichen. Die Thematisierung männlicher Positionen vor, während und nach dem Militär könnte sich durch alle diese Albumseiten durchziehen.

In dieser Perspektive fällt auf, dass die Selbstpräsentation als ‚Halbstarker' mit der als ‚Soldat' in Spannung gerät. Als ‚Halbstarker' präsentiert sich Klaus Büttner als Teil einer Protestkultur, die die Figur des männlichen

Rebellen, der seine Vitalität und Individualität gegen tradierte Zwänge und Konventionen behauptet, zum Symbol erhoben hat. Als ‚Soldat' zeigt er sich dagegen eingebunden in eine kollektive Tradition. Die Mannschaftsbilder am Beginn und am Ende der Militärzeit stehen im deutlichen Kontrast zum (Selbst)Bild des ‚halbstarken Einzelgängers' in einen ausdrücklich nichtmilitärischen, ‚undisziplinierten' Lebenszusammenhang. Das durch die bildliche Verdichtung vor und nach der Militärzeit sichtbare Spannungspotential zwischen verschiedenen männlichen Selbstbildern lässt sich scheinbar nicht auflösen in die Sukzession einer zeitlichen Abfolge, die narrativ in der Selbstbeschreibung mittels eines nachvollziehbaren Werdegangs ‚normalisiert' werden könnte – etwa durch eine Sinnfigur wie ‚als Jugendlicher war ich noch rebellisch, beim Militär bin ich dann ‚vernünftig', ‚diszipliniert', ‚erwachsen' geworden. Vielmehr scheinen sich die Selbstbilder zu überlappen und damit die Spannung zwischen Anpassung an (familiale und militärische) Traditionen und (ironischer) Widerständigkeit als Strukturierungsprinzip aufrecht zu erhalten.

Die beiden Albumseiten vor und nach der Militärzeit verweisen auf Gestaltungsprozesse von Statusübergängen, für die keine institutionalisierte Bildform – wie etwa in den Fotografien der ‚Einsegnung' – zur Verfügung stehen. Diesen womöglich biographisch noch viel wichtigeren Übergängen muss mit anderen Mitteln symbolisch Ausdruck verliehen werden. Damit wird auch deutlich, dass die mögliche Intention, ein Familienalbum in Form einer ‚Normalbiographie im Generationenzusammenhang' für die nachkommenden Kinder anzulegen, in einen Prozess der selbstvergewissernden Darstellung der Militärzeit sowie sich überlappender und möglicherweise auch in Spannung befindlicher männlicher Selbstbilder übergegangen ist, die mit der Collage eines Ausdrucksmittels bedarf, welches im konventionellen Repertoire eines Familienalbums nicht angelegt ist. Auch die Durchbrechung der Chronologie mit den Seiten vor und nach der Militärzeit weisen darauf hin.

Hochzeit und danach

Die anschließenden Albumseiten werden auf den ersten Blick wieder konventionell gestaltet, jetzt allerdings durchgehend ohne Kommentare. Das könnte darauf verweisen, dass dieser Teil des Albums zu einem anderen Zeitpunkt erstellt wurde als die vorhergehenden. Es könnte aber auch darauf verweisen, dass diese Fotos aus Sicht des Albumgestalters nicht mehr kommentierungsbedürftig sind. Diese Frage muss, ebenso wie die auf der 33. und 44. Albumseite sichtbaren ‚Lücken', ohne zusätzliche Informationen bezüglich der Prozesse der Erstellung und des Gebrauchs des Albums offen bleiben.[133]

133 Das verweist darauf, dass aus einem vorliegenden Bild-Text-Gegenstand zwar Hinweise auf seinen Produktions- und Gebrauchsprozess zu entnehmen sind, dabei aber Fragen offen bleiben, die nur zu klären sind, wenn zusätzliche In-

Thematisch gesehen bilden Fotos von der Hochzeit und vermutlich auch von Flitterwochen in einer Berglandschaft sowie von festlichen Anlässen, auf denen Klaus Büttner mit seiner Frau und anderen Paaren zu sehen ist, den Schwerpunkt. Dabei fällt auf, dass jetzt zunehmend Albumseiten mit Fotos aus verschiedenen Lebensbereichen gestaltet worden sind. Auf der 35. Albumseite ist ein Foto von Klaus Büttner in Soldatenuniform zu sehen, das sicherlich aus der Militärzeit vor der Hochzeit stammt. Auf der 38. Albumseite, auf der noch Fotos aus dem Bergurlaub zu sehen sind, ist auch ein Foto von vier jungen Männern mit zwei Autos zu sehen. Ein weiterer Abzug von diesem Foto wird auf der 41. Albumseite erneut verwendet. Desweiteren ist ein Foto aus einer Kneipensituation zu sehen. Die 41. Albumseite ist wiederum sehr ähnlich gestaltet wie die 12. und 29., mit Fotos aus gänzlich verschiedenen Lebenszeitphasen und -bereichen: Klaus Büttner als Schuljunge mit Schultüte rechts oben; als zum Teil in Anzug posierender junger Mann links oben und links unten; unter Freunden oben Mitte und als ‚Halbstarker' unter Freunden mit Autos unten Mitte und rechts. Die Mitte besetzt – ähnlich wie auf der 12. Albumseite – das Foto einer Frau. Hier handelt es sich allerdings nicht um eine ‚mütterliche' Figur, sondern um eine junge, Fahrrad fahrende Frau – vermutlich die Ehefrau von Klaus Büttner. Auch auf der 43. Albumseite sind Fotos aus verschiedenen Lebensbereichen zusammengestellt: von einem Fest; einer Gruppe von dreiundzwanzig Männern, die nicht näher bestimmt werden kann; von drei sich durch die Arme auf den Schultern der anderen als Freunde darstellenden Männern vor einem Wohnhaus. Schließlich sind auf der 44. Albumseite Fotos von Klaus Büttner in Soldatenuniform, von einem Zeppelin und von Klaus Büttner als junger ‚Halbstarker' zu sehen. Hier wird die Darstellung verschiedener männlicher Posen oder gar Selbstbilder wiederum auf einer Albumseite zusammengeführt.

Insgesamt wird in diesem zwar auf einen Lebensabschnitt bezogenen Teil des Albums die Lebenschronologie immer wieder verlassen, so dass nicht mehr klar ist, ob die lebenschronologische Anordnung noch eine Rolle spielt. Möglicherweise verweist dies darauf, dass das Leben von Klaus Büttner aus seiner Perspektive nach der Hochzeit nicht mehr als durch bestimmte Statuspassagen und thematische Verdichtungen bestimmte Lebenschronologie dargestellt werden kann, sondern als eines, in dem sich verschiedene Lebensbereiche in chronologisch unbestimmter Weise überlappen.

Der Abschluss des Albums mit dem größten Abzug eines Fotos des älteren Mannes, der auf der 5. Albumseite als ‚Vater' bezeichnet wurde und der im weiteren Verlauf dann nicht mehr zu sehen war, verweist darauf,

formationen zum Produktionsprozess vorliegen. Sollte es um eine detaillierte Rekonstruktion der Produktions- und Gebrauchsgeschichte eines Bild-Text-Gegenstandes gehen, müssten diesbezüglich – zum Beispiel über Gespräche oder andere Recherchen – zusätzliche Kontextdaten erhoben werden.

dass die Gestaltung der Selbstpräsentation im letzten Teil des Albums sich nicht vollständig in die Kontingenz situativer Gelegenheiten für Fotoaufnahmen aufgelöst hat. Eine allgemeine Gestaltungsintention ist vermutlich nicht ganz aufgegeben worden. Wie wir im Exkurs zur Detailanalyse des einzigen Fotos, auf dem eine Familienkonstellation zu sehen ist, gesehen haben, sind mit dieser Person Fragen nach den konkreten Familienbeziehungen verbunden. Thematisch gesehen wird das Album zwar durch Fotos eines älteren Mannes und einer älteren Frau, also symbolisch durch eine Großelterngeneration, gerahmt. Die Fraglichkeit der tatsächlichen Generationszugehörigkeit sowie das Wissen darum, dass es sich bei dieser Person nicht um einen Großvater, sondern um einen Vater handelt, lassen die Familienbeziehungen insgesamt – nicht zuletzt durch ihre spärliche Repräsentation durch relativ wenige Fotografien im gesamten Album – als biographisch interpretationsbedürftiges Thema erscheinen. Nicht zuletzt auch in Bezug auf eine mögliche Intention, ein Familienalbum für eine nachfolgende Generation zu gestalten, stellt sich die Frage, wie die konkreten Familienbeziehungen mit der Selbstthematisierung als Mann in der Spannung zwischen ‚Halbstarker' und in eine militärische Tradition eingebundener ‚Soldat' zusammenhängen könnten.

Bevor dieser Frage in einer Gesamtinterpretation des Albums weiter nachgegangen wird, soll im folgenden eine Segmentanalyse der Collage vorgestellt werden. Sie ermöglicht, latente Bedeutungen und Sinngehalte zu rekonstruieren, die sich unter Umständen einer sprachlichen Artikulation entziehen.

Segmentanalyse einer Collage

Um den Aufbau der Collage als Gesamtbild einschließlich ihrer latenten Thematisierungen aus dem Zusammenhang seiner Elemente erschließen zu können, zeige und interpretiere ich sukzessive Segment für Segment. Die Identifizierung einzelner Segmente und die Reihenfolge ihrer Interpretation beruht auf der Dokumentation meines Wahrnehmungsprozesses sowie einer ersten formalen Beschreibung des Bildaufbaus bezüglich seiner ikonischen, also das Bild erzeugenden, Elemente.[134]

134 Die Reihenfolge, in der die einzelnen Segmente interpretiert werden, ist für die Gesamtinterpretation nicht entscheidend. Dies wurde in mehreren Interpretationsdurchgängen, bei denen die Segmente in jeweils unterschiedlichen Reihenfolgen interpretiert wurden, erprobt. Lediglich der Detaillierungsgrad in Bezug auf die Interpretation der einzelnen Segmente fiel unterschiedlich aus, je nachdem, welches Segment als erstes interpretiert wurde. Die Bildung der Segmente folgte in der Regel der formalen Struktur der Collage mit dem Kreuz als Rahmen und den symmetrisch angeordneten vier Elementen. Im Wahrnehmungsprozess wurden die Elemente in unterschiedlicher Reihenfolge und in unterschiedlichen Kombinationen und Beziehungen zum Kreuz als Rahmen gesehen. Eine auf Grundlage dieser Unterschiede in den Wahrnehmungsprozessen vorgenommene Segmentbildung führte nicht zu grundlegend unterschiedlichen Interpretationen.

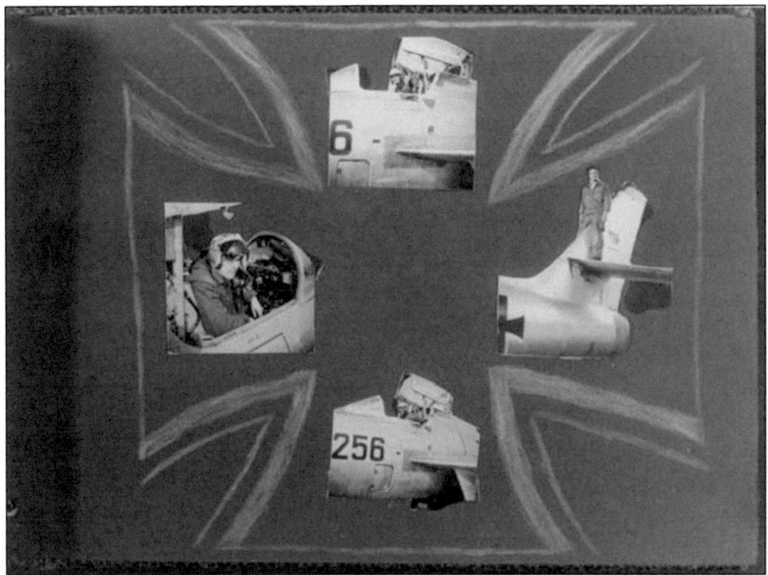

An diesem Bild fiel mir – wie den meisten, mit denen ich es interpretiert habe – zunächst das mit Fotostift sorgfältig gezeichnete Kreuz auf. Anschließend wanderte mein Blick zum Fotofragment auf der linken Seite, vielleicht weil die dargestellte Person dort am deutlichsten zu sehen ist. Danach bewegte sich mein Blick nach rechts, vielleicht weil dieses Fragment sich in der Motivwahl von den anderen unterscheidet. Schließlich sah ich das obere und das untere Fragment, bevor ich mir, zum Gesamtbild zurückkehrend, aus Allem einen Reim zu machen versuchte.

Segment 1

Zu sehen ist ein mit weißem Stift auf schwarzem Grund per Hand gemaltes Kreuz, das als Militärkreuz – konkret als Symbol der 1956 neu gegründeten deutschen Bundeswehr – identifizierbar ist. In der Form knüpft das Kreuz an das Eiserne Kreuz an, welches sich wiederum an das Kreuz des Deutschen Ritterordens anlehnte und ab 1813 als Auszeichnung und Tapferkeitsmedaille verliehen wurde. Die 1956 neu gegründete deutsche Bundeswehr verwendete das Kreuz in leicht abgewandelter Form als Hoheitszeichen.

Die Interpretation der Symbolik dieses Kreuzes ließe sich weit ausdehnen. Ich will mich hier auf einige wenige Lesarten beschränken. Symbolisch gesehen sind Kreuze in abendländisch-christlichen Kontexten mit der Sphäre des Heiligen verbunden. Dieses konkrete Kreuz ist jedoch ein Symbol für Militär, also Krieg und Gewalt. In einer langzeit-historischen

Perspektive ist mit dem Bezug zum Kreuz des Deutschen Ritterordens die Legitimierung von Krieg und Gewalt in einem religiösen Kontext verbunden. In der Perspektive des 20. Jahrhunderts werden mit diesem Kreuz eine militärische Tradition und ihre Brüche thematisch. In diesem Zusammenhang symbolisiert es Kontinuität über die Anknüpfung an eine lange historische Tradition, die an die Zeit vor dem Nationalsozialismus anschließt und diesen historischen Bruch gleichzeitig einschließt. Welche Funktion hat es allerdings in diesem Bild?

Klaus Büttner hat einiges Geschick und einige Mühe darauf verwendet, dieses Kreuz zu malen. Daraus ist keine Distanzierung gegenüber seiner Symbolik erkennbar. Vielmehr gewinnt sie durch die bildliche Rahmungsfunktion für die gesamte Collage zentrale Bedeutung. Es könnte thematisch um Militär, Gewalt, Krieg und seine Legitimität in einem weitläufigen historischen Zusammenhang gehen. Die Frage stellt sich, was genau innerhalb dieses Rahmens bildlich thematisiert wird.

Segment 2

In diesem Segment ist ein Mann in einem offenen Cockpit eines Flugzeuges – welcher Art ist noch offen – zu sehen. Der Ausschnitt rückt den Mann ins Zentrum der Aufmerksamkeit – um ihn und seinen Sitz im Flugzeug soll es offenbar gehen. Er ist angeschnallt und trägt einen Helm. Dies verweist auf eine Situation entweder kurz vor dem Start oder kurz nach der Landung. Der Mann wendet sein Gesicht der Kamera im Halbprofil zu. Das Gesicht zeigt einen entspannten, mit dem leichten Lächeln zufrieden wirkenden Ausdruck. Der Blick schräg nach unten signalisiert zusammen mit der Kopf- und Armhaltung eine betont lässige Pose. Obwohl der Mann vermutlich weiß, dass er fotografiert wird – darauf verweist die Ruhigstellung des Körpers in der Pose – muss er nicht direkt in die Kamera blicken, um sich in Szene zu setzen. Möglicherweise wird seine Aufmerksamkeit auch von etwas oder jemandem schräg unter ihm, und nicht von der Kamera bzw. dem Fotografen, der in seiner Position für den Mann dennoch präsent sein muss, angezogen.

Die Linie der Cockpitbegrenzung weist auf die Kameraposition, die gegenüber dem Mann erhöht seitlich hinter dem Cockpit – etwa auf einem Tragflügel – platziert sein muss. Damit ist klar, dass es sich nicht um einen ‚Schnappschuss' vom Boden aus handeln kann, sondern um eine vorbereitete Fotoszene.

In der Bildfläche verläuft die Begrenzung des Cockpits von links unten in einer aufsteigenden Linie nach rechts. Dies signalisiert eher ein ‚Abheben' als ein ‚Landen'. Mit dieser Blickrichtung aus BetrachterInnenperspektive öffnet sich der Innenraum des Cockpits als einer, in den ‚eingestiegen‘ werden kann. Potentiell wird damit ein Blick nahe gelegt, der von der Faszination der Beherrschung der Schaltflächen des Cockpits in der Position des Piloten gespeist wird. Damit werden die BetrachterInnen ins Bild hineingezogen. Gleichzeitig ist dieser Platz durch die Figur des Mannes, der den Innenraum füllt, bereits ‚besetzt‘.

In der Flächenverteilung nimmt der Mann in etwa den gleichen Raum ein wie das Cockpit. Mit der sichtbaren Außenwand des Cockpits und den sichtbaren Teilen seines Daches verschieben sich allerdings die Relationen. Die ‚Maschine‘ nimmt mehr Raum ein. Der Hintergrund bleibt als ‚Graufläche‘ unbestimmt. Hier ist lediglich ein zunächst nur schwer zuordenbarer Schatten bzw. eine unspezifische dunkle Fläche zu sehen.

Schließlich fällt anhand der Konturen des Segments auf, dass es sich um einen Ausschnitt, also ein Fragment eines größeren Bildes handeln muss. Die Kanten deuten an, dass die rechte Bildseite, die vermutlich mehr vom Flugzeug zeigen würde, fehlt. Durch diesen Ausschnitt erhält die Figur des Mannes in der Bildfläche mehr Gewicht.

Wenn wir die Beobachtungen und Interpretationsansätze zu diesem Segment in ihrer bildthematischen Bedeutung zusammenfassen, könnte es hier um die (selbst)zufriedene Inszenierung eines männlichen Piloten als jemanden, der eine komplexe Maschine beherrscht, gehen. Sollte die Beherrschung der Maschine das Thema sein, könnten wir erwarten, im folgenden Segment eine Situation kurz vor dem Start mit geschlossenem Cockpit zu sehen, oder während eines Fluges, bei dem der Mann an den Schalthebeln hantiert. Sollte es ums Fliegen gehen, würden wir ein Segment erwarten, das ein Flugzeug in der Luft zeigt. Sollte es jedoch primär um eine inszenierte Selbstdarstellung gehen, wird in jedem Element der Mann mit Blick zum Fotografen im Fokus der Aufmerksamkeit stehen.

Denken wir mögliche Kontexte dazu, könnte es sich um ein Werbephoto für eine Pilotenausbildung handeln. Irritierend daran wäre allerdings das ausgeschnittene Fragment, wenn das Bild nicht im nächsten Segment einen unmittelbaren Anschluss erkennen lässt.

Segment 3

Zu sehen ist hier der Heckteil eines Flugzeuges, auf dem ein Mann aufrecht steht. Er hat die Heckflosse zwischen die Beine genommen und sich darauf ‚rittlings‘ posiert. Auch hier handelt es sich um ein aus einem Foto ausgeschnittenes Bildfragment, welches allerdings nicht unmittelbar an das vorhergehende anschließt. Bei der Person könnte es sich zwar um den gleichen Mann handeln. Jetzt ist allerdings sein ganzer Körper zu sehen, bis auf den Teil des Beines, der hinter der Heckflosse ‚verschwindet‘.

Es kann thematisch durchaus um die körperliche Beherrschung einer Maschine, konkret eines Flugzeuges, gehen. Im Verhältnis zum ersten Fragment verändert sich allerdings das Größenverhältnis zwischen ‚Maschine' und ‚Mann'. In der Bildfläche nimmt das Flugzeug jetzt viel mehr Raum ein und wird damit als Teil der Inszenierung wichtiger.

Bei genauem Hinsehen fällt auch auf, dass der Mann nicht die Uniform eines Piloten trägt. Die vielen Taschen an Hose und Jacke weisen eher auf einen Arbeitsanzug. Die Frage taucht auf, in welcher Position sich der Mann als Beherrscher des Flugzeuges darstellen will oder kann.

Auch hier wird eine entspannt lässige Haltung eingenommen, der Blick wiederum nicht direkt auf die Kamera gerichtet, sondern – soweit erkennbar – in die Ferne. Es geht also nicht um eine Interaktionsbeziehung mit dem Fotografen, sondern um einen über die Fotosituation hinausweisenden Blick.

Zu sehen ist jetzt eine Kennzeichnung mit einem spezifischen Kreuz, welches das Flugzeug als Militärflugzeug – genauer, als einen Jagdbomber der deutschen Bundeswehr – erkennbar macht. Damit ist das Thema Krieg, Angriff und Verteidigung, Gewalt und Gegengewalt bildlich eingeführt.

Fraglich bleibt, in welcher Beziehung das erste und zweite Segment im Gesamtbild stehen könnten. Von der Perspektive der Aufnahme muss es sich um Ausschnitte aus zwei verschiedenen Fotografien handeln. Wir haben es also nicht mit einer einzelnen Fotografie zu tun, sondern mit einer Zusammenstellung von Fragmenten aus mindestens zwei verschiedenen Fotografien. Oben und seitlich an der Heckflosse sind Fotoecken zu sehen. Damit wird unwahrscheinlich, dass es sich um ein Werbefoto für eine Pilotenausbildung in der Bundeswehr handelt.

Segment 4

Der Fragmentcharakter der Fotoausschnitte wiederholt sich im nächsten Segment und wird damit zum Strukturprinzip des Bildes. Möglicherweise geht es – lantent – um Fragmentierung. Zu sehen ist hier wieder ein Mann im Cockpit mit offenem Verdeck. Er zeigt sich allerdings nicht mit einer Tätigkeit im Flugzeug beschäftigt. Vielmehr ist sein Blick jetzt – soweit erkennbar – auf die Kamera und den Fotografen gerichtet. Dieses wie die anderen Fotos sind demnach Aufnahmen einer Selbstdarstellung und kein Schnappschuss ‚mitten aus einem Geschehen'. Der Mann möchte in dieser Positur gesehen und abgebildet werden.

Hier ist allerdings der Mann – trotzdem der Ausschnitt wieder auf ihn fokussiert ist – im Verhältnis zu den sichtbaren Maschinenteilen noch viel kleiner als in den vorigen Segmenten. Das Flugzeug nimmt in der Bildfläche immer mehr Raum ein. Mit der kennzeichnenden Zahl wird es als ein Bestimmtes, von anderen unterscheidbares gezeigt.

Segment 5

In diesem Segment wird der Mann im Verhältnis zum Flugzeug schließlich noch kleiner und ist kaum noch zu erkennen. Da er nicht mehr das dominante Element des Fotofragments ist, rückt das Flugzeug mit seiner identifizierenden Kennzeichnung immer stärker in den Vordergrund – es wirkt mächtiger als in den bisherigen Ausschnitten. Bei genauem Hinsehen ist auch zu erkennen, dass der Mann eine Gesichtsmaske trägt. Sein Körper wird immer mehr Teil des Flugzeuges. Die winkende Geste hält allerdings die Beziehung zur Welt außerhalb des Flugzeuges und des Bildes aufrecht, und damit die Intention der Selbstdarstellung. Auch hier wird das Cockpit nicht geschlossen um loszufliegen – die Maschine bleibt am Boden.

Gesamtbild

Die Collage wurde aus ausgeschnittenen Fragmenten von verschiedenen Aufnahmen, auf denen ein ähnliches Motiv aus unterschiedlichen Perspektiven und Weiten aufgenommen worden ist, zusammengestellt. Klaus Büttner hat sich die Mühe gemacht, mit Ausschnitten aus verschiedenen Fotos eine Collage zu gestalten, also zu verdichten.

Das gezeichnete Militärkreuz hält als symbolisch aufgeladener Rahmen die Fotofragmente zusammen. Ohne diesen Rahmen würden sie kein *Bild* ergeben. Die Mitte des Bildes bleibt leer. Die auf die Mitte spitz zulaufenden Kanten des Kreuzes rahmen die Fragmente zwar ein, wirken aber auch als ‚Einschnitte', so als ob das Kreuz die Bildgesamtheit zerschnitten und diese fragmentiert hätte. Blickt man von der Bildmitte auf die inneren Spitzen des Kreuzes, wirken sie fast wie bedrohliche Pfeile, die auf die Mitte gerichtet sind und auf sie ‚zielen'.[135] Das Kreuz ist einerseits der Rahmen, in dem die Fragmente zusammengehalten werden. Gleichzeitig wirkt es ‚einschneidend', sogar ‚zerstückelnd' und bedrohlich. Die Spannung zwischen ‚Zusammenhalt' und bedrohlicher Fragmentierung verleiht der Collage eine Dramatik, die nicht von den einzelnen Elementen, sondern von deren Anordnung im Kreuz und dessen Zeichnung ausgeht. Beziehen wird diese Sichtweise auf die Symbolik des Kreuzes als Zeichen für militärische Tradition und geheiligte Kriege, könnte in der Collage eine Spannung zwischen einer ‚zusammenhaltenden' und gleichzeitig ‚zerstückelnden' Tradition enthalten sein.

Mit Blick auf die Elemente wird in der Gesamtsicht eine weitere, zunächst undramatisch wirkende Spannung sichtbar. Die durch die Wiederholung nahezu apodiktisch wirkende Selbstdarstellung als Pilot, die mit der Position *im* offenen Cockpit eines Flugzeug inszeniert wird, dabei aber nur Kopf und Oberkörper sichtbar werden lässt, wird konterkarriert durch die in Ganzkörperaufnahme sichtbare Figur auf der Heckflosse. Deren Bekleidung und Position *auf* dem Flugzeug lässt fraglich werden, ob es sich um die gleiche Person handelt, und wenn ja, ob sich diese konsistent in der Rolle des Piloten darstellen kann oder will. Zumindest bleibt offen, in welcher/n Position/en Macht über bzw. die Beherrschung des Flugzeuges inszeniert wird.

Daraus lässt sich als latentes Thematisierungspotential das Zusammenhalten von Fragmenten innerhalb eines symbolisch stark aufgeladenen Rahmens ausmachen. Mit den Fragmenten innerhalb des Rahmens könnte die Beherrschung eines Flugzeuges in einer selbstdarstellerischen Pose das bestimmende Thema sein. Das Flugzeug erhält im Blickverlauf der Elemente immer stärkeres Gewicht, womit möglicherweise eine thematische Verschiebung von der Präsentation der Person auf die Präsenz und Macht der Maschine verbunden ist. Auch die Collage ist auf die Präsentation von Klaus Büttner in verschiedenen männlichen Posen und Positionen fokussiert. Diese sind möglicherweise zugleich Gegenstand von Fragmentierung sowie Teil eines starken symbolischen Rahmens.

Bevor ich zur Frage komme, wie das alles mit dem Leben von Klaus Büttner verbunden ist, möchte ich die Ergebnisse der bisherigen Album- und Segmentanalyse zusammenfassen.

135 Diesen Hinweis verdanke ich Lena Inowlocki.

Zusammenfassung der Album- und Segmentanalysen

Aus der bisherigen Analyse können wir Hypothesen zu thematischen Sinnbezügen in Verbindung mit den formalen Gestaltungsmitteln zunächst ohne weiteres Hintergrundwissen formulieren. Damit kommen wir der Frage näher, was alleine aus einem Album zu ersehen ist und wo möglicherweise – sowohl hinsichtlich der internen Bedeutungs- und Sinnzusammenhänge als auch bezüglich der Verweise auf eine im Album nicht sichtbare Lebenswirklichkeit – die Grenzen seiner Aufschlüsselung liegen.

Das Album wird durch die Rahmung mit Fotos von Personen, die der Großeltern- und Elterngeneration angehören, und insbesondere mit der Beschriftung auf der Rückseite des ersten Fotos, potentiell zu einem Familienalbum. Die Rahmung legt zunächst nahe, dass wir es mit der Struktur eines mehrgenerationellen Familienalbums zu tun haben. Die Analyse zeigt allerdings, dass das Album auf die Präsentation einer Lebensgeschichte, nämlich der von Klaus Büttner, fokussiert ist. Sollte es vornehmlich darum gegangen sein, einen Familienzusammenhang über das Album herzustellen, wäre die Lebensgeschichte von Klaus Büttner dessen zentraler Bezugspunkt und ließe eine Fortsetzung in weiteren Familienalben erwarten. Wahrscheinlicher ist jedoch, dass mit der Gestaltung des Albums eher ein Prozess der biographischen Selbstvergewisserung verbunden ist, der gegenüber der Intention der Sichtbarmachung eines mehrgenerationellen Familienzusammenhangs dominiert. Offen bleibt, ob die Rahmung als ‚Familienalbum' erst in einer zweiten oder mehreren nachfolgenden Bearbeitungen entstanden ist, oder ob sich eine anfängliche Intention, ein Familienalbum zu gestalten, während der Herstellung quasi ‚unter der Hand' in einen Prozess der Selbstthematisierung verwandelt hat.

Auf jeden Fall ist das Album weitgehend lebenschronologisch mit thematischen Verdichtungen angelegt. Es werden verschiedene Lebensphasen mit Fokus auf bestimmte Lebensbereiche sowie Statusübergänge sichtbar. Durch die lebensgeschichtliche Ordnung kann das Album als ein visuelles Narrativ der Biographie von Klaus Büttner betrachtet werden. Es ist bis einschließlich der Militärzeit auch mit den Kommentaren als eine Art Werdegang angelegt. Die Beschriftungen stellen einen Interpretationsrahmen für die Fotos her, in dem aus einer nachträglichen Perspektive Zusammenhänge hergestellt werden, die in den Fotos selbst nicht sichtbar sind.

Die Lebensphasen nach der Militärzeit bleiben unkommentiert. Es ist offen, ob dies damit zusammenhängt, dass dieser Teil des Albums später gestaltet wurde und diese Phase der Zuwendung keine Beschriftungen und Kommentare mehr evoziert hat. Denkbar wäre aber auch, dass lediglich die frühen Lebensphasen einschließlich der Militärzeit zu einer Beschriftung und textlichen Kommentierung von Besonderheiten herausgefordert haben, während sich das Leben nach der Militärzeit als ein in eine Normalität der 60er und 70er Jahre eingeordnetes und – abgesehen von der Hochzeit – nicht mehr durch herausragende Ereignisse oder Phasen bestimmtes darstellt.

In thematischer Hinsicht fallen drei Aspekte auf. Die Darstellung des Familienhintergrundes fällt insgesamt recht spärlich aus und wirft bezüglich der Familienkonstellation Fragen auf. Demgegenüber sehen wir eine vergleichsweise extensive Darstellung der Militärzeit, die in Form einer Collage dramatisiert wird. Hier könnte es symbolisch um Fragmentierung und Zusammenhalt in einem von Krieg und Gewalt geprägten militärischen Zusammenhang gehen, aber auch um die Beherrschung oder nicht Beherrschung eines Flugzeuges, um Fliegen oder am Boden bleiben. Und schließlich fällt auf, dass in den als Statuspassage gestalteten Albumseiten vor und nach der Militärzeit die Selbstpräsentation in männlichen Posen, einmal mit und einmal ohne Bezug zu einer Frau, zum Thema wird.

Setzen wir die Fragen aufwerfende Gestaltung der Familienkonstellation und des Generationenzusammenhangs mit der Militärzeit als herausgehobenem Thema in Beziehung, bleibt zu interpretieren, wie diese die Struktur des Albums bestimmenden Aspekte zusammengehören könnten. Alleine aus den zentralen Bestandteilen und der Strukturierung des Albums lässt sich ein thematischer Zusammenhang zwischen Familienkontext und Militär vermuten, der – wie wir sehen werden – ins Zentrum von Klaus Büttners Biographie einschließlich ihres generationellen und gesellschaftshistorischen Kontextes führt. Um diesen Zusammenhang konkret aufschlüsseln zu können, sind wir allerdings auf die Analyse der in einem biographischen Interview erzählten Lebensgeschichte von Klaus Büttner angewiesen.

Kontrastierung mit einem biographischen Interview

Das vorliegende Interview wurde weitgehend narrativ-biographisch (Schütze 1983, Rosenthal 2005) mit einem lokalhistorischen Fokus geführt, und nach den Prinzipien und Methoden biographischer Fallrekonstruktionen (Rosenthal 1995, 2005; vgl. auch Breckner 2005) ausgewertet. Im folgenden werden ergebnisorientiert zunächst die an den biographischen Daten orientierte Erlebnischronologie und anschließend die thematische Struktur der Eingangserzählung sowie spezifischer Erlebniszusammenhänge, die im Nachfrageteil detailliert erzählt wurden, dargestellt. Wichtige Aspekte aus dem Gespräch über das Fotoalbum, welches ebenfalls im Nachfrageteil des Interviews stattfand, werden im Anschluss ergänzt.

Klaus Büttner wurde 1936 in einer ehemals sozialdemokratisch geprägten Genossenschaftssiedlung in einer deutschen Großstadt unehelich geboren. Seine Mutter war bei seiner Geburt sechzehn Jahre alt, sein Vater achtzehn. Letzterer ‚verschwand' noch vor Klaus Büttners Geburt aus der Siedlung. Trotz Nachfragen erfuhr Klaus Büttner erst nach dem Krieg, wer sein leiblicher Vater war. Er wuchs weitgehend bei seiner im sozialdemokratischen Milieu verankerten Großmutter mütterlicherseits zusammen mit zwei Schwestern seiner Mutter (‚Mi' von der 2. Albumseite ist eine dieser Schwestern), in einem „Drei-Mädel-Haus", wie er es nennt, auf. Diese Familienkonstellation, das Geheimnis um seinen leiblichen Vater und vor allem die Kriegssituation in dieser Stadt waren wichtige Erlebniszusammenhänge in der Kindheit von Klaus Büttner. 1943 wurde er zusammen mit seiner Großmutter nach Niederschlesien evakuiert, von wo sie 1944 wieder in die Siedlung zurückkehrten. Dort erlebte Klaus Büttner die Bombardierungen der Stadt, die Kapitulation und den Einzug der sowjetischen Armee als etwa neunjähriger Junge. Er wurde zum Teil unmittelbar, zum Teil vermittelt durch Erzählungen Anderer Zeuge vom Abschuss eines Fallschirmjägers, von Vergewaltigungen, Tieffliegerangriffen, tödlichen Unfällen, schwieriger Essensbeschaffung, von Plünderungen, Demütigungen u.a.m. Es ist anzunehmen, dass Erlebnisse aus der Zeit vor und nach Kriegsende die Lebensgeschichte von Klaus Büttner – und allgemeiner gesehen auch für die Lebensgeschichten von Angehörigen der Generationen, die den Krieg und die Nachkriegszeit als Kinder erlebt haben (Rosenthal 1994, 1997; Breckner 1990) – nachhaltig beeinflusst haben. Offen ist noch, in welch spezifischer Weise diese Erlebnisse in der Biographie von Klaus Büttner relevant geworden sind.

Die Mutter heiratete nach dem Krieg einen älteren Mann, den Klaus Büttner in einer der Bildunterschriften als ‚Vater' bezeichnet. Klaus Büttner lebte weiterhin bei seiner Großmutter, wurde noch während der Schulzeit 1946 Mitglied bei den Falken, der sozialdemokratischen Kinder- und Jugendorganisation, und absolvierte 1951-1954 eine Lehre als Maschinenschlosser. Das Leben hatte sich mit der Großmutter als zentraler Bezugsperson vermutlich normalisiert; Klaus Büttner war über sie im sozialdemokratisch geprägten Siedlungskontext integriert. Die Frage nach dem leiblichen Vater hatte ihre Relevanz jedoch nicht verloren. 1955, im Alter von neunzehn Jahren, erfuhr Klaus Büttner, wer der leibliche Vater war und nahm mit Hilfe des Roten Kreuzes die Suche nach ihm auf. Das war ein Jahr bevor er sich freiwillig sechs Jahre zum Militärdienst verpflichten ließ, obwohl er zu den so genannten *Weißen Jahrgängen*[136] gehörte. Aus dem Interview geht nicht hervor, was Klaus Büttner damals mit dieser Entscheidung verband. Er stellt sie lediglich aus seiner nachträglichen Sicht dar, in der die Suche nach seinem Vater und seine eigene Verpflichtung zum Militär verbunden sind.

„Wie ich ausgelernt hatte, war ich noch'n Jahr in x-Stadt, und dann bin ich zur Luftwaffe gegangen [...] da kam das Militärische meines Vaters mit durch, ja. nu haben sie mir immer gesagt, weil ich ja unehelich war, ja, der is gefallen, und

136 Die Jahrgänge von 1929 bis 1937 waren von der Militärpflicht enthoben, weil sie für den Militärdienst in der Wehrmacht während der NS-Zeit noch zu jung und bei der Gründung der Bundeswehr 1956 dafür schon zu alt waren.

ich hab gedrängelt so lange, bis ich wusste, was Sache is, und dann hab ich ne Fahndung rausgegeben, ne bundesweite Fahndung, hab ich gebraucht, sage und schreibe, ja das will ich gleich mal vorausschicken, dreißig Jahre. das letzte Jahr hab ich ihn gefunden". (Interview Büttner 1986)[137]

Nach drei Jahren Militärzeit befand sich Klaus Büttner erneut in einer Entscheidungssituation. Sein Wunsch, Pilot zu werden, war nicht in Erfüllung gegangen. Er hatte den Druckkammertest als Voraussetzung für eine Pilotenausbildung nicht bestanden hatte und musste sich mit einer Ausbildung zum Flugzeugmechaniker auf einer US-Luftwaffenbasis zufrieden geben. Als seine Großmutter ernsthaft erkrankte entschied er sich, den Militärdienst vorzeitig zu quittieren und zu ihr zurückzukehren. Klaus Büttner wechselte in einen zivilen Beruf, heiratete, begann eine Karriere im SPD-Milieu als Parteikassier einer Ortseinheit und als Betriebsrat. Damit war er in den sozialdemokratisch geprägten Lebenskontext zurückgekehrt und hatte einen für seine Generation in den 60er und 70er Jahren typischen Lebensverlauf etabliert. Nach zwölf Jahren Ehe kam 1972 eine Tochter zur Welt, die Oma war inzwischen verstorben. Klaus Büttners Mutter starb 1976 sechsundfünfzigjährig infolge einer Thrombose nach einer Operation, der Stiefvater etwa fünf Jahre später.

Der leibliche Vater trat 1985 erstmals als konkrete Person in Klaus Büttners Leben, nachdem der Suchauftrag über das Rote Kreuz schließlich doch noch Erfolg hatte. Klaus Büttner war ihm zum Zeitpunkt des Interviews zweimal begegnet und hatte dessen Lebensgeschichte erfahren. Der leibliche Vater hatte sich noch vor der Geburt von Klaus Büttner bei der Leibstandarte Adolf Hitler beworben und war aufgenommen worden. Das zog seinen Ausschluss aus dem sozialdemokratischen Milieu der Siedlung, in dem der Vater des Vaters, Klaus Büttners Großvater, ebenfalls fest verankert gewesen war, nach sich. Nach dem Krieg hatte der leibliche Vater seine Identität geändert und war deshalb für den Sohn nicht mehr auffindbar.[138] Bei ihren ersten Begegnungen erzählte der leibliche Vater viel von seinen Kriegserlebnissen, wie er an der Ostfront ‚davongekommen' war und wie er sich nach dem Krieg entlastet hatte.

137 Bei den Interviewzitaten handelt es sich um Transkriptionen der gesprochenen Sprache in einen Schrifttext auf der Basis linguistischer Regeln. Unter Aussetzung grammatikalischer Korrektheit wird versucht, die mündliche Sprechweise erkennbar zu halten. Bezüglich der verwendeten Transkriptionszeichen siehe Rosenthal 1995. Hier nur in Kürze die Wichtigsten: Komma – kurzes Absetzen; Punkt – Pause unter einer Sekunde; (2) – Pause in Sekunden; = – schneller Anschluss; Überlappung in der Partiturschreibweise – gleichzeitiges Sprechen; [...] – Auslassung oder Ergänzung; (   ) – unverständlich; ((   )) Kommentare der Transkribierer zu Geräuschen, Situation, Veränderungen.

138 Der leibliche Vater hatte vermutlich nach einer Verjährungsfrist seinen ursprünglichen Namen wieder angenommen, so dass er schließlich gefunden werden konnte.

Im Zusammenhang dieser Gespräche schenkte er Klaus Büttner das Foto, welches ihn in seiner Leibstandarte-Uniform zusammen mit seinem Vater, also Klaus Büttners Großvater väterlicherseits, zeigt.

Klaus Büttner berichtete Details aus den Gesprächen mit seinem leiblichen Vater, als dieses Foto beim Durchblättern des Fotoalbums zum Vorschein kam. Dazu jedoch später.

Bevor die Strukturierung der Eingangserzählung im Hinblick darauf analysiert wird, welche thematischen Relevanzen Klaus Büttner in Bezug auf seine Lebensgeschichte zum Zeitpunkt des Interviews präsentierte, soll hier zusammengefasst werden, welche biographischen Konfliktpotentiale, Orientierungen und Wendepunkte aus der Chronologie der Ereignisse und Erlebnisse zu erkennen sind. Anzunehmen ist, dass die Unehelichkeit von Klaus Büttner in einer relativ geschlossenen Siedlungsgesellschaft für ihn die Frage nach seinem leiblichen Vater virulent werden ließ. Mit ihr ist zugleich eine historische Konfliktsituation in einem sozialdemokratischen Milieu während der NS-Zeit verbunden. Der leibliche Vater hatte sich, wie viele seiner Generation, von den politischen Orientierungen der Elterngeneration abgewandt und dem Nationalsozialismus mit der Konsequenz zugewandt, sich von den Eltern und ihrem Milieu zu trennen (Rosenthal 1986). Die Verbindung von Klaus Büttners Mutter zu diesem Mann wurde von ihrer Familie vermutlich nicht gebilligt. Klaus Büttners Großvater väterlicherseits, ebenfalls Sozialdemokrat, war als Polizist vom Dienst suspendiert worden weil er sich geweigert hatte, in die NSDAP einzutreten. Er starb vermutlich noch vor dem Krieg im Alter von 45 Jahren. Für Klaus Büttner war dieser Konflikt nicht mehr zugänglich; er wurde vielmehr zu einem sorgsam gehüteten Geheimnis, welches auch nach dem Krieg von der Familie und innerhalb der Siedlung aufrechterhalten worden war. Damit verbunden war ein in seiner unausgesprochenen Latenz ungreifbarer, aber dennoch spürbarer politischer Orientierungskonflikt zwischen den Großeltern und seinem Vater. Die Rolle der Mutter in diesem Zusammenhang bleibt unklar.

Die zum Teil dramatischen Kriegs- und Nachkriegserlebnisse sind vermutlich ein weiterer wichtiger biographischer Erlebniszusammenhang. Möglicherweise spielt die Absenz einer männlichen Bezugsperson auch hier eine Rolle. Auf jeden Fall war Klaus Büttner als Kind Erlebnissen in unmittelbarem Zusammenhang mit dem Kriegsgeschehen sowie dessen Folgen in der Nachkriegszeit ausgesetzt, die ihn sehr wahrscheinlich überforderten, wenn nicht gar traumatisierten. Vor diesem Hintergrund enthält die Entscheidung, sich im Alter von zwanzig Jahren mit dem Wunsch, Pilot zu werden, freiwillig zur Luftwaffe zu melden, mehrere Facetten, die es weiter zu interpretieren gilt.

Auch wenn Klaus Büttners Sicht, das ‚Militärische' von seinem Vater ‚geerbt' zu haben, nicht gefolgt wird, kann seine Entscheidung, sich freiwillig zur Luftwaffe zu melden, als ein biographischer Wendepunkt, der mit der Suche nach seinem leiblichen Vater in Verbindung stand, interpretiert werden. Klaus Büttner trat aus dem das soziale wie politische Siedlungsleben bestimmenden sozialdemokratischen Milieu heraus und begab sich im Gründungsjahr der deutschen Bundeswehr in einen sozialen Kontext, der zum Teil von restaurativen Tendenzen nicht zuletzt hinsichtlich der Wiederherstellung von Traditionsbezügen zur deutschen Wehrmacht und zum Nationalsozialismus ebenso geprägt war (Hamburger Institut für Sozialforschung 2001[2]) wie von dem Wiederaufbau durch die US-amerikanische Armee. Er begab sich also in einen von konträren gesellschaftspolitischen Intentionen und Haltungen bestimmten Kontext. Nach der frühzeitigen Rückkehr zur Großmutter wurde eine Orientierung an einem nicht-militärischen sozialdemokratischen Siedlungskontext für die weitere Lebensgestaltung wieder bestimmend. Durch die Begegnung mit seinem leiblichen Vater wurde er sechsundzwanzig Jahre später erneut mit der Spannung zwischen den verschiedenen politischen Orientierungen in der NS-Vergangenheit konfrontiert. Aus den biographischen Daten wird mithin deutlich, dass in Klaus Büttners Lebensgeschichte der Nationalsozialismus und die damit zusammenhängenden Konflikte in einem sozialdemokratischen Milieu ihre Nachwirkungen hatten.

Nach der Militärzeit nahm Klaus Büttners Leben mit seinem Wechsel in einen zivilen Beruf und kontinuierlicher Berufstätigkeit, mit der Heirat und der Geburt einer Tochter, wieder einen ‚normalbiographischen' Verlauf an, aus dem anhand der biographischen Daten nicht mehr manifest hervorgeht, in welcher Weise die politischen und familialen Konfliktpotentiale innerhalb seines Herkunftsmilieus, und vor allem seine Kriegs- und Nachkriegserlebnisse, bedeutsam geblieben waren.

In welcher Weise erzählt Klaus Büttner diese Geschichte in einem narrativ-biographischen Interview 1986 im Alter von fünfzig Jahren? Welche Themen werden relevant und in welcher Weise gestalten sie sich zu einem thematischen Feld?[139] Welche Erlebniszusammenhänge werden durch die Erzählung rekonstruierbar? In welcher Weise nahm Klaus Büttner während des Interviews Bezug auf das Album bzw. auf einzelne Fotos? Und schließlich, welche Verbindungen und Unterschiede in der biographischen Strukturierung sind im Vergleich zum Fotoalbum erkennbar?

---

139 Zur Gestaltung biographischer Erzählungen, die in thematischen Verknüpfungen ein thematisches Feld hervorbringen, siehe Rosenthal 1995 und 2005.

Das Interview war zum einen durch die Kontaktaufnahme während eines SPD-Sommerfestes in der Siedlung, bei dem die unabhängige Projektgruppe um Interviewpartner für das besagte Ausstellungsprojekt[140] warb, gerahmt. Zum anderen wurde in der Eingangsfrage nach persönlichen Erlebnissen in der Siedlung sowie nach der ganzen Lebensgeschichte gefragt. Diese Rahmung implizierte einen lokalhistorischen wie biographischen Fokus. Herr Büttner organisierte seine Darstellung im Wesentlichen orientiert an seiner Lebensgeschichte und baute darin ausführlichere Hintergrundbeschreibungen zum Siedlungskontext ein. Die Haupterzählung[141] beginnt er mit seiner Geburt in der Siedlung 1936, gefolgt von einer ausführlicheren Beschreibung der landschaftlichen Umgebung in der ‚damaligen Zeit‘. Anschließend fährt Klaus Büttner fort Erlebnisse während des Krieges zu erzählen. Diese beziehen sich in einer Mischung aus Selbst- und Fremderlebtem im Wesentlichen auf eine Flakstellung und Panzersperre der SS, den Abschuss eines britischen Fallschirmjägers von dieser Flakstellung aus, auf die Bombardierungen der Siedlung und die Einnahme der Flakstellung durch die russische Armee. Die anschließende Darstellung von Erlebnissen in der Nachkriegszeit ist deutlicher an Eigenerlebtem orientiert und bezieht sich auf die ‚Bandenbildung‘ im Zusammenhang mit der schwierigen Essensbeschaffung sowie auf Vergewaltigungen von Frauen in der Siedlung durch Soldaten der sowjetischen Armee. Diese Ereignisse werden nicht erzählend in ihrer situativen Konkretheit aus der Perspektive dargestellt, wie Klaus Büttner sie möglicherweise erlebt hat. Vielmehr werden die Handlungen der ‚jüngeren Frauen‘ mit Hinweis auf den damaligen Mangel an elementaren Versorgungsgütern argumentativ aus einer heutigen ‚Erwachsenenperspektive‘ legitimiert. Die Art der Darstellung legt nahe, dass Klaus Büttner zumindest partiell Zeuge dieser Vorgänge geworden war. Es bleibt offen, inwiefern seine Mutter und/oder Tanten in welcher Weise davon betroffen waren.

In der bisherigen Präsentation fällt auf, dass Klaus Büttner die Ereignisse zunächst aus der Perspektive der ‚eigenen Leute‘ darstellt, also der gegen die Russische Armee in der Flakstellung Kämpfenden, deren Handeln mit der Wut über die Bombardierungen als nachvollziehbar dargestellt wird. Im Zusammenhang mit den Vergewaltigungen werden die ‚eigenen Leute‘ dagegen als ‚Nazis‘ bezeichnet, die die Verstecke der Frauen

---

140 Ziel der Ausstellung war es, die Lokalgeschichte einer Genossenschaftssiedlung von den 20er Jahren bis in die 70er Jahre zu rekonstruieren und sie anhand der Lebensgeschichten von jeweils zwei Männern und zwei Frauen aus drei Generationen darzustellen. Von spezifischem Interesse war es nachzuzeichnen, wie das sozialdemokratische Milieu in den 30er Jahren nationalsozialistisch geworden war und wie in den 50er Jahren der sozialdemokratische Konsens unter Ausblendung der Involviertheit in die NS-Zeit wieder hergestellt wurde.

141 Zu den Prinzipien des narrativ-biographischen Interviews und ihrer Auswertung siehe exemplarisch Schütze 1983 und Rosenthal 2005.

verraten hätten, und als „ganz schlimme Leute“ evaluiert. Damit deutet sich eine Ambivalenz bezüglich verschiedener Perspektiven auf Ereignisse am Ende des Krieges an, die auch an anderen Textstellen immer wieder zu erkennen ist.

Nach diesen Sequenzen fährt Klaus Büttner mit der Thematisierung seiner Schulzeit fort. Jetzt werden einzelne Orte und soziale Siedlungskontexte ausführlich beschrieben und als „wiederum ne schöne Zeit, die man auch miterlebt hat“ evaluiert. In dieser Strukturierung der Darstellung wird erkennbar, dass Klaus Büttner eine Balance zwischen ‚schlimmen‘ und ‚schönen‘ Erlebnissen herzustellen versucht.

Im Weiteren berichtet Klaus Büttner über seine Lehre als Maschinenschlosser sowie seine freiwillige Verpflichtung zur Luftwaffe gleich im Anschluss an die Lehre. Diese Berichte bleiben sehr kurz, denn die Erwähnung der Luftwaffe zieht die bereits zitierte Evaluation „da kam des Militärische meines Vaters mit durch“ nach sich und lässt anschließend den Vater zum Thema werden. Für Klaus Büttner ist anscheinend seine freiwillige Meldung zur Luftwaffe mit der Geschichte seines Vaters in seiner gegenwärtigen Sicht auf seine Lebensgeschichte eng verbunden. Die Meldung des Vaters zur Leibstandarte Adolf Hitler (LAH) stellt er als eine ‚Jugendsünde‘ im Konflikt mit den Eltern dar. Auch seine uneheliche Geburt, und dass seine Mutter zu jung war, ihn großzuziehen, wird mit deren Alter legitimierend erklärt. Die Familiensituation wird schließlich mit der Hervorhebung der Präsenz und Stärke der sozialdemokratischen Großmutter dennoch als stabil dargestellt.

Nach einem ersten Anlauf seitens Klaus Büttner die Eingangserzählung zu beenden fragt die Interviewerin, wie es bei ihm weiterging und er fährt fort, weitgehend berichtend und beschreibend über die Zeit bei der Luftwaffe, seine Rückkehr in die Siedlung, seinen beruflichen Branchenwechsel und von seiner Parteiarbeit zu sprechen. In der Darstellung der Zeit bei der Luftwaffe wird sein Wunsch, Düsenpilot zu werden („ich wollte zum Fliegerischen“), sein zweimaliges Scheitern am Unterdrucktest, seine Ausbildung zum Düsenflugzeugmechaniker in einer technischen Schule und die Sicherheit verschiedener Düsenjagdbomber zum Thema. Klaus Büttner beendet diese Sequenz mit der Argumentation: *„ich bin nicht für irgendwelche Kriegsmittel oder was, aber zumindest sind das Maschinen, die viel der Aufklärung dienen und äh … vom Fliegen her, sicher sind und ausgereift.“*

In der anschließenden Argumentation, warum er frühzeitig vom ‚Bund‘ wiederkam wird die Krankheit der Großmutter als Begründung angeführt. Klaus Büttner wäre gerne noch geblieben, um die weiteren Ausbildungsangebote nutzen und eventuell sogar Offizier werden zu können. Er habe keine Chance zur Mittleren Reife gehabt, weil die Großmutter sehr arm gewesen sei. Sie hatte nur eine kleine Rente, weil ihr Mann während des Nationalsozialismus als Polizist vom Dienst suspendiert worden war, nachdem er sich geweigert hatte der NSDAP beizutreten. Klaus Büttner evaluiert: „man hat diese Leute tatsächlich voll an die Wand gedrückt". Dies führt ihn zu einer Beschreibung dessen was er „auch mitgemacht habe", nämlich wie Sozialdemokraten in der Siedlung abgeholt und im Restaurantkeller gefoltert wurden. Er erzählt die möglicherweise selbst erlebte Situation allerdings nicht weiter, sondern argumentiert, dass die SA ein „ganz ketzerisches Volk" gewesen sei, von denen viele nach dem Krieg sogar prämiiert wurden. Er hätte gerne „jemand auf die Fresse gehauen", wenn er dazu nicht zu jung gewesen wäre.

Schließlich fährt er fort mit seinem Lebensbericht. Seine Oma habe ihn nach seiner Rückkehr vom Militär mit offenen Armen empfangen, zwei Jahre später hat er geheiratet. Das habe die Großmutter noch erlebte, aber nicht mehr die Geburt der Tochter. Klaus Büttner berichtet von seiner beruflichen Entwicklung, einem weiteren Branchenwechsel nach fünfzehn Jahren aus Gesundheitsgründen und seiner Gewerkschafts-, Betriebsrats- und Parteiarbeit.

Danach nimmt er einen neuen Anlauf, die Eingangserzählung zu beenden. Nachdem die Interviewerin lediglich fragt, ob es noch etwas Wichtiges gäbe, was er noch nicht erzählt habe, kommt er auf seine Kriegs- und Nachkriegserlebnisse zurück, von denen er ohne Zwischenfragen nahezu noch einmal so lange erzählt (12 Seiten) wie die bisherige Präsentation (14 Seiten) gedauert hat. Diese von einer Mischung aus Argumentationen, Beschreibungen und Erzählungen bestimmten Darstellungen sind gerahmt durch Evaluationen wie „des war ne schlimme Zeit, möchte ich nicht wiedererleben"; „im Grunde genommen warn des alles nur so Überlebenssachen" oder „da war noch Kampf, des war noch Kampf". Kurz bevor Klaus Büttner den zweiten Teil der Eingangserzählung deutlich beendet, beschreibt er die Vergnügungen in einem Siedlungslokal. Danach deklariert er, dass ihm nichts mehr Wichtiges einfalle.

Im Hinblick auf die Struktur der Eingangserzählung fällt auf, dass diese durch den Bezug zu Erlebnissen aus der Kriegs- und Nachkriegszeit nicht nur thematisch gerahmt wird, sondern letztere nehmen auch den meisten Raum ein. Diese Erlebnisse werden vorwiegend als „Überlebenssachen" und „schlimme Zeit" evaluiert. Dazwischen werden dezidiert auch „schöne Zeiten" dargestellt, die vermutlich die Funktion haben, eine Balance zu den ‚schlimmen' herzustellen, um sie – aus heutiger Perspektive – erträglicher zu gestalten. In einer biographischen Gesamtevaluation (Schütze) am Ende der Haupterzählung wird dies explizit thematisiert: *„Diese Gedanken, diese ganzen Sachen, die kommen immer auf eins, und eigenartig ist, man will auch gar nichts Schlechtes sehen, ja? Man schiebt das Schlechte einfach beiseite, und denkt oft viel mehr an des Positive zurück."* Das thematische Feld, in dem sich die biographische Darstellung strukturiert, könnte wie folgt zusammengefasst werden: ‚Schlimme Erlebnisse drängen sich immer wieder auf, obwohl ich versuche sie wegzuschieben und an das Positive zu denken.'

Obwohl Klaus Büttner viele Erlebnisse mit ‚Schwierigem‘ angesprochen hat, sind die konkreten Erinnerungen an das ‚Schlechte‘ dennoch in der Latenz und zum Teil auch gänzlich ausgespart geblieben – so z.B. Erinnerungsbestandteile an die ‚wilden‘ Vergewaltigungen. Der Beginn der biographischen Präsentation mit Kriegs- und Nachkriegserlebnissen und die Ausführlichkeit ihrer Thematisierung in der Haupterzählung verweist darauf, dass sich die Relevanz dieser Erlebnisse für die Biographie trotz der Bemühung, an das Positive zu denken, nicht umgehen lässt.

Aufgrund der in der biographischen Darstellung erkennbaren Relevanz der Kriegs- und Nachkriegserlebnisse soll nun anhand einiger Passagen aus dem Interviewtext der Frage nachgegangen werden, wie Klaus Büttner sie zum Zeitpunkt des Geschehens möglicherweise erlebt hat und mit welcher Perspektive er sich ihnen zum Zeitpunkt des Interviews zuwendet.

Aufschlussreich ist etwa die Darstellung der Ereignisse im Zusammenhang mit einer Flakstellung der SS in unmittelbarer Umgebung der Siedlung.

„des war vor, also da warn wir noch nicht, äh von, Russen hier irgendwie, überrollt sondern da hat der Volkssturm Panzer- ähsperren aufgebaut=und ich als kleiner Junge Großmutter hatte mich wiedergeholt aus Niederschlesien, (am) Rückweg und, diese Panzersperren [gesehen]. denn kam der Russe, denn heulten hier über [der Siedlung], ging hier diese Stalinorgel, haben die aufgebaut im X-Gelände da wo des Flakgelände war. des war schon einkassiert alles, da hatten die schon, praktisch alles was da war gefangen genommen. da standen noch die ganzen Batterien der Scheinwerfer, ja die praktisch, in ihren Fadenkreuzen haben die äh diese Flugzeuge (abge-) ((schnell gesprochen)) und es wurden auch welche abgeschossen. und ein Fallschirmjäger kann ich mich erinnern es war n Engländer, der is dann in der A-straße hinterm Friedhof, runtergekommen aber den hatten se äh, dummerweise oder aber auch nich ne, aus Wut wie des so im Krieg is, den hatten se schon in der Luft hatten se in der Luft hatten se'n schon erschossen, nich, praktisch (I1: hm, I2: hm hm) mit MG oder äh wie auch immer mit 'ner Schnellfeuerwaffe, jedenfalls hatten se den schon vorher ( ) (I1: hm)“

Klaus Büttner stellt die Flakstellung zunächst aus der Perspektive dar, dass diese die Siedlung gegen die ‚Russen‘ verteidigte und schließlich eingenommen wurde. Beim Bericht, dass Flugzeuge von Scheinwerfern „ins Fadenkreuz“ genommen und auch abgeschossen wurden, bricht er kurz ab und fährt fort vom Abschuss eines britischen Fallschirmjägers durch die SS zu erzählen. Hier schieben sich vermutlich verschiedene Ereignisse ineinander, die thematisch für Klaus Büttner zusammengehören: der Beschuss von Flugzeugen von einer Flakstellung aus, der Abschuss eines Fallschirmjägers und die Einnahme der Flakstellung durch die sowjetische Armee. Die Zuordnung der Ereignisse zu ‚Freund‘ oder ‚Feind‘ scheint aus unterschiedlichen Perspektiven zu erfolgen, gestaltet sich im Erleben aber nicht deutlich. Der Abschuss von Flugzeugen und eines Fallschirmjägers bildet möglicherweise einen von den Kriegsparteien unabhängigen

Erlebniszusammenhang. Dieser wird allerdings als solcher nicht detailliert erzählt. Möglicherweise sind damit verbundene Erlebnisgehalte – etwa eine Faszination, dass die mit den Fadenkreuzen anvisierten Flugzeuge auch getroffen wurden, oder gar eine Faszination beim Zerbersten und Absturz der Flugzeuge – aus der Sicht eines Erwachsenen nicht mehr opportun. Möglicherweise ist es aber auch eine von diesen Ereignissen ausgehende Bedrohung, oder aber eine Ambivalenz zwischen Bedrohung und Faszination, die nicht in einer Geschichte artikulierbar ist. Auf jeden Fall scheint die Bewertung des Abschusses eines englischen Fallschirmjägers Klaus Büttner zunächst schwer zu fallen („dummerweise oder auch nicht").

Dass Klaus Büttner als Kind die Realität des Krieges vor allem bezüglich Geschehnissen ‚in der Luft' erinnert und er diese auch als Faszinosum wahrnahm, wird in folgender Textstelle deutlich:

„und dann haben se mich einmal, wo Bombenangriff war, haben se mich vergessen. ich noch auf dem Balkon gestanden und seh, seh wie die Weihnachtsbäume runterkommen, war herrlich anzusehen, ja, bunt in allen schillernden Farben, und Magnesium, aber es war alles taghell erleuchtet."

In einer weiteren Erinnerung, die in der zweiten Hälfte der Haupterzählung detailliert erzählt wird, geht es wieder um einen Luftangriff. Jetzt tauchen Militärflugzeuge allerdings als Tod bringende Objekte auf. Darüber hinaus hat sich die ‚Freund-Feind' Konstellation umgekehrt.

„ich hatte ein Freund, und zwar des waren zwei Abteilungen: Weißrussen und später kamen die Mongolen. und dieser, ein mongolischer Offizier, der hörte n Radar (   ), warn diese Flugzeuge, diese Doppeldecker. Die haben immer oben aus den Doppeldeckern haben die immer geschossen und haben alles gemacht, war waren ganz primitive Kisten gewesen, ja, so, hat man aber schon gehört, tock tock tock tock, kamen die an, ja. in Höhe B-Straße etwa, höher als die Häuser da sind, ja, und der geht raus, nich, aus dem Y-Haus praktisch, aus diesem Rundbogen, geht raus, und steht hier zwischen den Bäumen, ja so kurz davor. (I: hmm) und da schmeißt der von oben ne Granate raus. und fetzt dem beide Beine weg. (I: hmm) und ich stehe in dem Torbogen drinnen, da war hier neben dem Torbogen dem großen, waren so ne Ausschnitte, runde Torbögen, des hab ich genau gesehen. (I: hmm) des war schlimm, des hab ich, des werd ich nie ver- des vergesse ich heut noch nich. und den haben se nachher, wann war denn das, war das in den fünfziger Jahren, muss in den fünfziger Jahren gewesen sein, so lange war dieses Kreuz da vorne. des war nämlich einer von den, äh Mongolen, der war gleichzeitig dann nachher Kommandant, da. und man sagt immer, den Mongolen das Schlimmste nach, stimmt nicht! des warn grade erst diejenigen, die sich sch- normal verhalten haben, ja? die haben die Kinder beschenkt, die waren kinderlieb, des konnte man sich nich vorstellen. also ich war jedenfalls dem sein Freund und ich ging dem auch nicht von der Seite. Gottseidank, dass ich an dem Tag, irgendwie hat mich ein anderer da abgelenkt nich wahr, hat mich gerufen, weiß ich, da aufm Arm gehabt und hat mich auf die Mauer ge-

setzt, da drin in dem Torbogen, und . sonst wär ich sicher- sonst wäre ich heute nich hier, nich. kann sein, nich, des wäre Pech gewesen. aber, wie gesagt, und den haben se ausgegraben und überführt, auf den, ans russische Ehrenmal. hier am [Ortsbezeichnung]. haben sie den hingebracht ((leise)) war'n hoher Offizier gewesen, schade, da hab ich noch Wochen hab ich bitterlich geheult. obwohl des im Grunde genommen, man hatte uns ja schon als kleine Kinder immer eingeredas, des sind unsere Feinde, und die sind barbarisch und Kindern reißen sie sofort die Zunge raus, ja? (I: hmm) so haben die hier immer gesagt"

Militärflugzeuge stellen in dieser Erinnerung eine Macht dar, die über Leben und Tod entscheidet. Die unmittelbare Zeugenschaft, wie seinem neu gewonnenen Freund die Beine ‚weggefetzt' worden waren und er daraufhin starb, waren für den damals neunjährigen sicher ein Schock. Der Tod des mongolischen Offiziers bedeutete vermutlich auch den Verlust einer männlichen, wenn nicht gar väterlichen Bezugsperson. Es ist anzunehmen, dass dieses Erlebnis – auch in Verbindung mit anderen, in denen Klaus Büttner zerberstende Körper sah[142] – seine Spuren hinterlassen hat.

Während die ‚Freund-Feind' Schematisierung in den Erzählungen zur Flakstellung und zum Abschuss von Flugzeugen und eines Fallschirmjägers nicht eindeutig vorgenommen wird, positioniert sich Klaus Büttner hier deutlich gegen die Ideologie der Nazis und deren Darstellung vom ‚Feind'. Die Einnahme der Siedlung durch die sowjetische Armee hatte es vermutlich möglich gemacht, eine wahrscheinlich von der Großmutter übernommene Distanz oder gar Gegnerschaft zum Nationalsozialismus jetzt auch nach außen sichtbar werden zu lassen. Die Abgrenzung gegenüber den als Nazis wahrgenommenen ‚eigenen Leuten' hatte es Klaus Büttner vermutlich überhaupt möglich gemacht, Freundschaft mit einem mongolischen Offizier zu schließen, obwohl er die ‚wilden Vergewaltigungen' durch sowjetische Soldaten miterlebt hatte.

„also der Russe kam hier rein [in die Siedlung] und dann ging des hier los, die wilde Vergewaltigung, ja, des hörte auch nich auf nich nur bei dem Einmarsch sondern, ((räuspert sich)) es fanden immer noch obwohl der Russe schon hier war, fanden weiterhin Kämpfe statt, in den Straßen überall, tauchten auf einmal Hitlerjungs auf, (I: hm) vielleicht vierzehn Jahre alt fünfzehn Jahre alt, (I: hm) die habn denn gelegen in der E-Straße hab ich gesehn, ich war neun Jahre alt muss ich (I: hm) dazu (   ) sagen zu dem Zeitpunkt ja, (I: hm, hm) =aber, mit neun Jahren nimmt man-, behält man sich des dummerweise des hab ich mir das war so'n: äh schlimmer Anblick zumal ich mir gesagt hab das hätte ja an und für sich dein Spielkamerad sein können, ja, nich? Sein Gewehr seine K98 die lag da nebenan, ja? die Panzerfaust die war am andern Ende, nich? (I: hm hm) zerbeult, so, und wie gesagt, und diese Russen hatten dann ihre, Kommandatur, hat-

142 An anderer Stelle erzählt er, wie die ‚Russen' mit Handgranaten im Siedlungsteich ‚fischten'. Aus versehen wurde eine Granate ins Wasser geworfen, als sich noch ein Soldat darin befand.

ten se in die Schule verlegt, hier in die [Siedlungs]schule, und von da aus starteten sie ihre (I: hm hm) Unternehmen, sie gingen in die Keller, suchten nach jungen Frauen, meistens wurden die versteckt. aber dann waren, die PGs, die lieben, Parteigenossen praktisch die Nazis die haben sich denn beigemacht und haben denn die Verstecke verraten um sich lieb Kind zu machen, alle die vorher Heil Hitler geschrien haben, habn se geru- haben se jetzt die Faust geballt"

Klaus Büttner nimmt bei der Darstellung der Vergewaltigungen keine Schuldzuweisung gegenüber den russischen Soldaten vor, sondern legitimiert deren Handeln implizit durch die von HJ-Jungen aufrecht erhaltenen Kämpfe in der Siedlung. Er klagt vielmehr die ehemaligen ‚Parteigenossen', die die Verstecke der Frauen verraten hätten, an. Dennoch haben sich Szenen im Zusammenhang mit Vergewaltigungen als ‚schlimm' eingeprägt, wie an anderer Stelle deutlich wird.

„jetz kamen auch die Russenzüge wieder durch, dieses Spiel war noch nich zu Ende, jetzt sind die ((I räuspert sich)) Russenzüge hier durchgekommen ausgehungert wie die Burschen sind, kein Wodka keine Frauen, haben se den Zug hier angehalten und sind wieder in die Siedlung, ham hier unten wo heut des Jugendheim is, da war [Name] drin n Lebensmittelgeschäft, und in diesem (I: hm) Lebensmittelgeschäft |da haben sich alles was an Trinkbarem war hatten sie sich rausgeholt habn sich erst ein' angesoffen ((schnell gesprochen)) und denn sind se los, nach Frauen wieder suchen, ja? (I: hm hm) also es war ganz schlimm ((Papagei pfeift)) und wie gesagt (um nach'm) äh wie das denn war der Zusammenbruch und die haben hier, äh Stellung bezogen, äh 45, ((Papagei spricht unverständlich im Hintergrund)) dann haben sie Leute ((das is mein Papagei, I: aha)) ähm dann sind sie in Bunker, ja? und haben sich da die jungen Frauen, rausgeholt, und die haben sie denn mitgeschleppt, in die Schule und die wurden denn da, |vergewaltigt nich in den Zimmern da ((leise)) |da warn verschiedene Leute bei ((leise))"

Die leise Sprechweise und konkrete Darstellung weist darauf, dass Klaus Büttner vermutlich eigene Erinnerungen mit dieser Situation verbindet. In welchem Stadium der Geschehnisse er unmittelbarer Zeuge davon war, oder ob er spätere Schilderungen davon gehört hat, bleibt offen. Die Erzählung bricht hier ab und Klaus Büttner fährt fort mit seiner Argumentation, warum sich Frauen später freiwillig einen Soldaten als Freund suchten.

Bei den Erzählungen von Erlebnissen am Ende des Krieges bleibt die chronologische Abfolge von Ereignissen und damit die *Aufschichtung von Erlebnissen* (Schütze) weitgehend unklar. Dies weist darauf, dass es für Klaus Büttner ein Erlebniszusammenhang geblieben sein könnte, der sich nicht narrativ als Sukzession von Ereignissen in einem für ihn und andere verstehbaren Sinnzusammenhang darstellen lässt. Vielmehr handelt es sich um assoziativ vorstellig werdende Erlebnisfragmente, die erst durch argumentative Rahmungen aus heutiger Perspektive in einen nachvollziehbaren Ereigniszusammenhang eingebettet werden können. Aber auch diese

Rahmungen bleiben ambivalent und weisen darauf, dass Klaus Büttner vermutlich bereits zum Zeitpunkt des Erlebens mit kontrastiven ‚Freund-Feind' Schematisierungen konfrontiert war und zum Zeitpunkt des Interviews die darin angelegte Widersprüchlichkeit zwischen verschiedenen Identifikationen nicht auflösen konnte.

Bevor ich zu einer Gesamtinterpretation komme, in welcher Weise die aus dem Interview rekonstruierbaren Erlebnisgehalte und Perspektiven, mit denen sich Klaus Büttner der Gestaltung seiner Lebensgeschichte zuwendet, im Fotoalbum sichtbar werden bzw. umgekehrt, was durch die Analyse des Fotoalbums in Verbindung mit der Analyse eines biographischen Interviews gewonnen werden kann, soll hier noch dargestellt werden, in welcher Weise das Fotoalbum im Interview eine Rolle spielte.

Auf Nachfrage der Interviewerin zu einem späteren Zeitpunkt im Interview erläuterte Klaus Büttner seine Familienverhältnisse detaillierter als bisher. Er betonte erneut, dass er bei seiner Großmutter aufgewachsen war und bei ihr auch blieb nachdem die Mutter nach dem Krieg geheiratet und aus der Siedlung weggezogen war. Aus dieser Ehe waren zwei Halbschwestern hervorgegangen – eine davon ist im „Vater, Mutter+Sohn" Foto zu sehen. Bezüglich seines Stiefvaters detaillierte Klaus Büttner: *„Der war mir nachher, wo Großmutter nich mehr war, auch ein guter Stiefvater. ich möchte sagen, des war mein Vater. ja? will ich einfach mal behaupten, der war gut, der Otto Sattler*[143] *war in Ordnung."*

Anschließend wird über den Tod der Mutter und des Stiefvaters berichtet sowie über das Verhältnis zu den Halbschwestern, den Schwägern und der Krankheit einer Halbschwester mit der Evaluation: *„an und für sich, unsere familiären Dinger sind die sind an und für sich sehr ordentlich alle."* Diese Darstellungsweise deutet darauf hin, dass sich Klaus Büttner immer wieder mit der Unkonventionalität seiner Familienverhältnisse, insbesondere seiner unehelichen Geburt, konfrontiert sah und deren ‚Ordnung' bis heute – vermutlich auch sich selbst gegenüber – ‚behauptet' werden muss.

An dieser Stelle erinnert sich Klaus Büttner daran, dass er Fotos von einer Nachbarin aus seiner Schulzeit bekommen hat, mit denen er allerdings nichts anfangen könne. Daraufhin fragt die Interviewerin, ob er selbst Fotos von sich habe. Klaus Büttner bejaht – „ich hab welche, ja. schöne Dinger" – und geht das Fotoalbum holen. Er schlägt es auf und kommentiert *„hier des war er, der Büttner. ja Bundesrepublik Deutschland. United States Airforce. da hab ich mein' Lehrgang gemacht nachher als Düsenflugzeugmechaniker."* Es kann angenommen werden, dass Klaus Büttner entweder die Seite mit den ‚Pilotenfotos' oder gar die Seite mit der Collage aufgeschlagen hatte, also das Album nicht von vorne durchblätterte. Daraufhin folgt eine längere Erzählung und Argumentation darüber, dass er bei der Luftwaffe weit gekommen war, aber keine einsitzigen Ma-

143 Anonymisierter Name

schinen fliegen durfte. Er durfte lediglich Instrumentenflüge mit jemand anderem zusammen fliegen. Er konnte fliegen, bekam aber seinen Pilotenschein nicht. Dann argumentiert er weiter

„IP: bei bei Hitler war des anders. wenn man ne Maschine fliegen konnte. die, die haben n paar Flugstunden gemacht (.... Versorgungs- und jetzt aber laden und dann geht's los), ja?
I: kannten sie da einen.
IP: des war'n, das hat mir alles, Vadder vermittelt, er hat mir immer gesagt was da war, sagt er ‚was so weit warst du?', sagt er ‚Mann da wärste bei uns Jagdflieger geworden. schwör ich dir, sei froh Junge' sagt er, ‚vielleicht hätten se dich irgendwo über den Kirchen abgeschossen'. nich=is so, hat er recht"

Hier übernimmt Klaus Büttner die Perspektive seines mit dem Nationalsozialismus identifizierten leiblichen Vaters und distanziert ihn – oder sich – zugleich von dieser Perspektive mit dem Nachsatz, dass er froh sein könne, kein Jagdflieger geworden zu sein. Danach wendet sich Klaus Büttner vom Album ab, zeigt auf Urkunden und meint, dass das Tonband ausgeschaltet werden könne. Die Interviewerin bittet darum es weiterlaufen zu lassen, damit weitere Beschreibungen von Fotografien aufgenommen und später zugeordnet werden können.

Aus einer kurz darauf folgenden Passage wird deutlich, dass Herr Büttner das Album begonnen hatte bald nachdem er von der Bundeswehr zurückgekehrt war.

„IP: ich hab so meine Bemerkungen immer runter geschrieben da nich des
I: mh. wann haben Sie die, reingeschrieben?
IP: äh die hab ich alle gemacht nich wahr, äh wie ich vom Bund wiederkam. hab ich mir mal die Mühe gemacht (und) hab mir mal des Ganze da vorgenommen, mal die ganzen Bilder raus(suchen) und dann hab ich das mal sortiert (also). äh. nach. nach Alter, ja."

Der Zeitpunkt, an dem die Gestaltung des Fotoalbums begonnen wurde, unterstreicht die Annahme, dass es sich um einen biographischen Wendepunkt handelte, bei dem ‚das Ganze' ‚sortiert' werden musste. Zu diesem Zeitpunkt war Herr Büttner noch nicht verheiratet und seine Tochter kam erst dreizehn Jahre später zur Welt. Vor diesem Hintergrund ist anzunehmen, dass Herr Büttner das Album zunächst für sich gestaltete und erst später der Versuch unternommen wurde, ein ‚Familienalbum' daraus zu machen. Dies würde auch erklären, wieso das kleine Foto der Großmutter auf der ersten Seite nur lose befestigt wurde und auf der Rückseite mit „Papas Omi, die Mutti seiner Mutti" beschriftet wurde. Es ist anzunehmen, dass ein ursprünglich auf dieser Seite platziertes Foto entfernt wurde um eine neue Rahmung herzustellen. Dies würde auch erklären, wieso die Kommentare der Fotografien aus der Zeit nach dem Militär gänzlich ausgeblieben sind. Dieser Gestaltungszusammenhang war vermutlich nicht mehr vordringlich an der Selbstvergewisserung bezüglich der eigenen Biographie orientiert.

Aus der heutigen Perspektive eines ‚geordneten' Lebens erscheinen Klaus Büttner die nicht chronologisch gestalteten Albumseiten, insbesondere jene vor der Militärzeit, etwas ‚durcheinander'. Bei der Betrachtung der Albumseite 12 sagt er:

„IP: des is'n bisschen durcheinander gekommen, das ist die ‚Mi'. da bin ich hier am [X-Platz] übrigens, [...] typischer Halbstarker, ja (1) da war kein Weib vor mir sicher furchtbar. war schön=war schön=schön ((leise)) ((lachen))
I: waren Sie berühmt berüchtigt.
IP: ja. des war in X-Ort, direkt an der Isar, ja, ein eiskaltes Wasser, ganz schlimm (1) da hat mich mein Kumpel aufgenommen. da war ich beim Bund ja. des is 56 und zwar da fing das an und für sich an, ist n bisschen durcheinander gekommen des hätt' ich n bisschen nach da ordnen müssen die paar Bilder da, aber is nich so schlimm"

Die Assoziationen zum ‚Bund' und die nachfolgenden Seiten im Album ziehen eine längere Erzählpassage zu den Ausbildnern in der Bundeswehr nach sich, in der die Ambivalenz gegenüber deren Verwicklung in den Nationalsozialismus und der eigenen ‚schönen Zeit' bei der Bundeswehr wieder zum Ausdruck kommt.

Beim Weiterblättern stößt Klaus Büttner schließlich auf das Foto seines Vaters in SS-Uniform.

„IP: ou ne ganz schlimme Sache hab ich da drinnen. sehn se ne ganz schlimme Sache hab ich da drinnen. der is mein Vater.
I: der linke vermutlich
IP: richtig.
IP: mh. und der rechte is das Ihr Großvater?
IP: des is des is, des is praktisch sein Vater. (hm) nich (hm). [...]
I: haben Sie das Photo jetzt von ihrem Vater gekriegt?
IP: hab ich jetzt erst gekriegt ja, hat er mir geschickt, der hat mir n Original geschickt, und das wollte er wieder haben. [Herr B. hat eine Reprographie anfertigen lassen, R.B.] der war Oberscharführer, also, äh Kompaniechef ja. (hm) und. seine Truppe seine Leute die der unter sich hatte (1) ja (2) die kommen heute noch zu ihm. Ja aber keine Kameradschaftstreffen, sondern das sind alles gestandene Sozialdemokraten. ((betont)) und zwar das sind die mit denen er abgehauen is."

Im Weiteren gibt Klaus Büttner die Erzählungen seines Vaters, wie er sich nach Estland ‚durchgeschlagen' habe und nach dem Krieg schließlich ‚rehabilitiert' worden sei, wieder. Diese Darstellungen sind davon geleitet, den Vater als ‚geläutert' zu präsentieren. Das macht es Klaus Büttner möglich, seinen leiblichen Vater in sein Leben aufzunehmen, obwohl er beim Anblick dessen SS-Uniform immer noch erschrickt. Dennoch wollte er einen Abzug von diesem Foto haben, das er ‚lose' ins Album gelegt hat.

Gesamtinterpretation

Am Ende der Analysen von Fotoalbum und biographischem Interview sollen die eingangs aufgeworfenen Fragen noch einmal aufgegriffen werden. In welcher Weise wird eine Lebensgeschichte in der in einem Album gestalteten Anordnung und Abfolge von Fotografien *sichtbar*? Inwieweit unterscheidet sich diese biographische Gestaltung – und um eine solche handelt es sich offensichtlich im vorliegenden Album – von jener im Medium eines lebensgeschichtlichen Interviews? Was lässt sich aus der Zusammenführung dieser verschiedenen Gestaltungsprozesse erkennen? Diese Fragen werden zunächst im Hinblick auf den rekonstruierten Fall beantwortet. Abschließend möchte ich davon ausgehend einige allgemeine Überlegungen formulieren, welche im nächsten Kapitel aus theoretischer Perspektive im Hinblick auf das Medium Fotografie weiter ausgearbeitet werden.

Fotoalbum und Interview bringen in diesem Fall nicht wesentlich unterschiedliche Sichtweisen in Bezug auf eine bildliche oder verbalsprachliche Gestaltung einer Biographie in unterschiedlichen lebensgeschichtlichen Phasen (ca. 1959 und 1986) hervor. Vielmehr zeigen Fotoalbum und Interview gleichermaßen die Relevanz aufeinander bezogener Aspekte *eines* biographischen Zusammenhangs. Im vorliegenden Fall werden Interpretationen des Fotoalbums in Verbindung mit dem Interview nicht nur plausibler, sondern können auch mit konkreten Erlebniszusammenhängen in Verbindung gebracht werden.

Im Album wird buchstäblich *sichtbar*, welche Themen zum Zeitpunkt der ersten biographisch bilanzierenden Sichtung und anordnenden Gestaltung dieser Fotogeschichte relevant waren: die eigene Gewordenheit; Familien- und Generationenbeziehungen; verschiedene, sich überlappende Männlichkeitskonstruktionen in einem politischen Spannungsfeld; Flugzeuge und Pilot-Sein in einem militärischen Kontext. Hypothetisch lässt sich eine Problematik der Einbettung in einen mit Militär verbundenen und durch diesen zugleich brüchig gewordenen Generationszusammenhang erkennen. Das Album zeigt auch den Versuch, einen kohärenten Familienrahmen herzustellen. Paradoxer Weise lässt gerade dieser Versuch Unklarheiten im Familienzusammenhang – wer gehört zu wem – sichtbar werden. In der Collage zeigt sich schließlich eine Spannung zwischen fragmentierender Zerstörung und ordnender Rahmung.

Mit dem Interviewtext, in dem Kriegserlebnisse einen breiten Raum einnehmen, lassen sich Hypothesen bezüglich der biographischen Bedeutung der im Fotoalbum sichtbar gewordenen thematischen Bezüge bestätigen: die fraglichen Familien- und Generationszusammenhänge in Verbindung mit brüchigen und widersprüchlichen Tradierungsprozessen sowie eine Ambivalenz zwischen Faszination und Bedrohung in Verbindung mit Flugzeugen – um nur die wesentlichsten zu nennen. Vor allem die zunächst rein bildlich rekonstruierbaren Bedeutungsbezüge der Collage können auf der Basis des Interviews in Verbindung mit konkreten Erlebniszusammenhängen gesehen werden. Insbesondere die Erlebnisse von Klaus Büttner als Neunjähriger am Ende des Krieges, von Flugzeugen als Faszinosum wie als Instrument der Zerstörung sind mögliche – wenn auch keineswegs bewusste – Bezugspunkte des Ausdruckspotentials der Collage. Im Prozess ihrer Herstellung könnte sogar eine bildliche Reanimation der erlebten Flugzeugszenen stattgefunden haben, in der der ‚zerschnittene'/‚zerborstene' Flugzeugkörper in einem ‚starken Rahmen' unter Kontrolle gebracht und seine todbringende Macht ‚besiegt' wird. Klaus Büttner hat mit seinen Körperhaltungen und Platzierungen in der Collage motivisch Kontrolle über das Flugzeug inszenieren können. Nur die Größenverschiebung zwischen ihm und dem Flugzeug und die Fragmenthaftigkeit der Ausschnitte lassen erahnen, dass die demonstrierte Macht brüchig ist. So gesehen wird die biographische Bedeutung der Kriegserlebnisse in ihrem emotionalen und präsentativen Gehalt in der Collage buchstäblich sichtbar. Ohne das Interview wüssten wird allerdings nicht, was Klaus Büttner konkret erlebt hat. Es bliebe weitgehend hypothetisch, ob sich die Collage, und wenn ja in welcher Weise, auf konkrete Erlebniszusammenhänge bezieht. In Verbindung mit dem Interview kann auch die Hypothese vertreten werden, dass die Collage nicht zuletzt mit dem Scheitern einer Pilotenkarriere thematisch verknüpft sein könnte. Möglicherweise hat dieser Wendepunkt gar Klaus Büttners Beschäftigung mit seinem bisherigen Leben initiiert und die Anlage des Fotoalbums in Gang gesetzt.

Im Fotoalbum werden die von Klaus Büttner durchlebten Statuspassagen wie auch ein wichtiger biographischer Wendepunkt, die Rückkehr vom Militär, deutlicher als im Interview. Die Gestaltung der Übergänge zwischen den Lebensphasen mit Fotos aus verschiedenen Zeiten auf einer Albumseite zeigt zugleich, dass sich im Fall von Klaus Büttner – und vermutlich auch allgemein – Selbstbilder überlappen und in ihrer Unterschiedlichkeit und Widersprüchlichkeit gleichzeitig präsent sein können. Ein Selbsterleben in der Koinzidenz von Verschiedenem und Widersprüchlichen kann sprachlich nicht so ohne weiteres artikuliert werden – es sei denn in argumentativen Konstruktionen etwa in Bezug auf die eigene Entwicklung in der Sukzession eines ‚Werdeganges', wie das mit den Bildunterschriften im Album ja auch geschieht. Im Interview erfahren wir wiederum sehr viel mehr über den Verlauf der Lebensgeschichte nach der

Militärzeit. Im Fotoalbum sind diese Lebensphasen zwar auch präsent, aber thematisch nicht mehr so klar gestaltet wie die Zeit bis zur Rückkehr vom Militär. Das Fotoalbum zeigt wiederum die Einbettung dieser Biographie in die 50er und 60er Jahre deutlicher als dies im Interview zum Vorschein kommt. Aus der Fremdperspektive sehen wir im Album für diese Zeit ‚prototypisch' gestaltete Lebenszusammenhänge.

Die Tatsache, dass sich die strukturbildenden biographischen Themen in den zwei weit auseinander liegenden Phasen der Konstruktion einer ‚Geschichte' nicht wesentlich unterscheiden, lässt folgern, dass sich die gesamtbiographische Sicht (Schütze) im Fall von Klaus Büttner über einen sehr langen Zeitraum und wichtige lebensgeschichtliche Entwicklungen hinweg – Heirat, Familiengründung, Berufstätigkeit, politisches Engagement – nicht grundlegend verändert hat. Dies spricht wiederum dafür, dass die Erlebnisse am Kriegsende und die Abwesenheit eines geheimnisumwitterten leiblichen Vaters während der Kindheit und Adoleszenz, auf die sich die gesamtbiographische Konstruktion im wesentlichen bezieht, den Gestaltungsfokus dieser Biographie nachhaltig bestimmt haben. Spezifische Erlebnisgehalte wie jene am Ende des Krieges und die Relevanz der Familienkonstellation – insbesondere des leiblichen Vaters als ‚Phantom' – lassen sich aber erst auf der Basis des Interviewtextes konkret rekonstruieren.[144]

Auch hinsichtlich der Frage der Konstruktion einer Biographie in unterschiedlichen *Medien* ergänzen sich in diesem Fall die Interpretationsergebnisse aus Fotoalbum und Interview. Wesentliche Elemente dieser Biographie lassen sich mit den zunächst unabhängig voneinander entwickelten Interpretationen des Fotoalbums und des biographischen Interviews jeweils schärfer konturieren. Eine Re-Indexikalisierung der Fotografien, d.h. ihre eindeutige Zuordnung zu spezifischen Aufnahmesituationen und Kontexten sowie eine Rekonstruktion des Entstehungsprozesses des Albums, ist zwar auf sprachliche Erläuterungen angewiesen. Aus der spezifischen Gestaltungsstruktur des Albums lassen sich dennoch – wie dieser Fall zeigt – auch ohne unmittelbaren Bezug zum Interview oder andere biographische Informationen plausible Hypothesen über relevante thematische Bezüge und Kontexte entwickeln. Dies spricht dafür, medial verschiedene biographische Materialien zunächst in ihrem eigenen Bedeutungs- und Entstehungszusammenhang mit dafür jeweils adäquaten Methoden zu analysieren und sie erst in einem weiteren Schritt zusammenzuführen. Wären Wissensbestände aus dem einen Bestand direkt in die Interpretation des

144 Mit diesem Ergebnis lassen sich auch weiterführende Hypothesen zu potentiell generationsbildenden Erlebniszusammenhängen entwickeln. Dieser aus dem Fall zu gewinnenden theoretischen Verallgemeinerungsmöglichkeit kann hier nicht weiter nachgegangen werden. Dazu wären systematische Vergleiche mit anderen Fällen erforderlich (siehe exemplarisch Rosenthal 1997, spezifisch zu dieser Generation auch Breckner 1990).

anderen geflossen, hätte dies womöglich den Interpretationsraum schon früh eingeschränkt. Mit einer getrennten Interpretation kann auch der sich aus den verschiedenen Materialien und Medien ergebende *Zusammenhang* als Verhältnis von Gemeinsamkeit und Differenz erst deutlich bestimmt werden.

Diese Überlegungen wären mit kontrastierenden Vergleichen zu ganz anders gestalteten Fotoalben in Verbindung mit anderen Materialen, wie zum Beispiel Autobiographien, weiterzuentwickeln. An dieser Stelle möchte ich lediglich von diesem Fall ausgehend einige allgemeine Aspekte festhalten.

Bildbiographie und (Familien-)Bild

Das Album von Klaus Büttner ist auf den ersten Blick konventionell angelegt. Eine Auswahl von Fotos wurde zusammengestellt, um seinen ‚Werdegang' von seiner Geburt bis ins Erwachsenenalter hinein zu zeigen. An seinem Beispiel wird zugleich deutlich, dass dies kein habitualisierter Prozess ist, der ausschließlich bestimmten Konventionen folgt. Klaus Büttner hat vielmehr durch spezifische Mittel, durch die Auswahl und Zusammenstellung der Fotos, durch Beschriftungen und Kommentare sowie die Collage seine Bild-Geschichte auch genuin gestaltet. Er hat also nicht nur nahezu ‚mechanisch' Erinnerungen ‚abgelegt', sondern versucht, eine Ordnung für sein Leben im Kontext eines Familienzusammenhangs zu schaffen. Damit hat er einen Betrachtungsrahmen für sich selbst wie für andere festgelegt. Wir haben es also mit der Konstruktion einer biographischen Ordnung zu tun, die nachträglich gestaltend hergestellt wird.

Die Auswahl der Fotos bezieht sich auf erlebte Situationen und Lebensphasen, bleibt aber in Bezug auf das ‚ganze Leben' insofern auch kontingent, als sie gebunden ist an das vorhandene fotografische Material. Doch selbst angesichts dieser Kontingenz finden biographisch relevante Thematisierungen statt. Die Kontingenz der Verfügbarkeit von Fotografien bedeutet also nicht, dass wir es bei ihrer Anordnung nur mit einem zusammenhanglosen Puzzle zu tun hätten. Vielmehr werden Bezüge hergestellt, auch wenn sie brüchig bleiben. Aus der sichtbaren Anordnung können auch nicht sichtbare Bezüge rekonstruiert werden, ohne gewaltsam eine Geschichte zu konstruieren, wo sich nichts als Geschichte darbietet. Im Fall von Klaus Büttner hat sich gezeigt, dass es ihm in einem Akt der Selbstvergewisserung darum ging, im Album Bezüge zwischen verschiedenen Erlebniszusammenhängen und Lebensphasen herzustellen. Das Fotoalbum bot ihm als Medium die Möglichkeit, sein Leben als sichtbares zu gestalten. Insbesondere mit der Collage konnte ‚etwas' gestaltet werden, das bis zum Akt der Bilderzeugung sehr wahrscheinlich noch keine symbolische Form gefunden hatte und sich einer sprachlichen Artikulation entzieht.

Generell bestätigt sich in diesem Fallbeispiel, dass in Fotoalben, die als Bildbiographien angelegt sind, sowohl die ‚mythische' Sicht auf das Leben der Protagonisten – also die Perspektive, in der sie sich und ihre sozialen Bezüge sehen möchten –, als auch die Brüchigkeit der vorgenommenen Konstruktionen sichtbar wird (Hirsch 2002). Momentaufnahmen von Einzelerlebnissen werden zu einem Zusammenhang gestaltet, dessen fragmentarischer Charakter umso sichtbarer wird, je stärker versucht wird, ihm eine auf normativen Konventionen basierende kohärente Ordnung zu verleihen. In diesem Spannungsverhältnis wird die historisch und gesellschaftlich bestimmte Ausprägung von Biographien und Familienvorstellungen ebenso sichtbar wie deren jeweilige Besonderheiten, die eine ganz eigene Geschichte erzählen. Bildbiographien zeigen Sehweisen auf das Leben und Familien- wie Generationenzusammenhänge von allen an ihrer Produktion Beteiligten: jene der Dargestellten, der Fotografen, derjenigen, die ein (Familien)Album gestalten und nicht zuletzt der BetrachterInnen, die das Dargestellte ‚als etwas' Bestimmtes sehen. Private Fotoalben enthalten mithin Hinweisen auf die Vorstellungen, die sich die an ihrer Produktion Beteiligten von der eigenen oder anderer Lebens- und Familiengeschichte buchstäblich ‚machen'. Zugleich verweisen sie auf aktuale Situationen, die in den Fotos und ihren Anordnungen indexikalische wie symbolische Spuren hinterlassen haben und sich von der bewussten Gestaltungsabsicht nicht gänzlich kontrollieren lassen. Wir sehen in Fotoalben also auch etwas von einem gelebten Leben jenseits der damit verbundenen Gestaltungsabsichten. In ‚alltäglichen' Fotografien ist mithin ein Potential enthalten, Erlebnisgehalte, Aspekte von Situationen und Zusammenhängen sichtbar werden zu lassen. Fotos sind indexikalische *Spuren* einer Lebenswirklichkeit, die zum Teil erst durch die Situation des Fotografierens oder mittels der Existenz von Fotografien geschaffen wird. Sie sind jedoch kein Abbild einer Lebenswirklichkeit, die alleine von ihnen aus rekonstruierbar wäre. Dennoch entsteht in einem Gestaltungs- und Gebrauchszusammenhang von Fotografien im Rahmen eines biographisch angelegten Fotoalbums aus einzelnen Momenten ein bildliches Narrativ, mit dem sich *zeigend* ein Sinn- und Bedeutungszusammenhang mit Bezug auf Erlebtes herstellt.

Fotografien stehen als Medium für die Möglichkeit, Vergangenes auch in seinen körperlichen Bezügen *bildlich* zu fixieren und es der späteren Betrachtung zugänglich zu machen. Damit werden Familienzusammenhänge über mehrere Generationen über Bilder von Personen und ihre Anordnungen auch als körperliche Verhältnisse von Nähe und Distanz, Berührungen, szenischen Konstellationen, Anwesenheiten und Abwesenheiten gestiftet. Familien- wie gesellschaftliche Themen werden sichtbar, die gerade in Generationszusammenhängen Virulenz entfalten.

Fotografie als Bildakt

„Kameras sind Schachteln für den Transport von Erscheinungen. […] Sind diese Erscheinungen, die von der Kamera transportiert werden, eine Gestaltung, ein von Menschen gemachter Artefakt, oder sind sie – wie der Fußabdruck im Sand – eine natürliche *Spur, die ein Vorübergehender zurückgelassen hat?" (John Berger 1982/2000, 92)*

Der Fotografie wird in der alltäglichen wie in der wissenschaftlichen Praxis ein besonderes Wirklichkeitsverhältnis zugeschrieben. Im Zentrum der Theoretisierung der Fotografie als Medium steht die seit dem 20. Jahrhundert vorwiegend kritisch formulierte und kontrovers diskutierte Frage, ob und wenn ja, in welch legitimer oder nicht legitimer Weise die Fotografie ihren Status unter den Bildern als *das* Medium der Repräsentation der Wirklichkeit einnimmt.[145] In Frage steht auch, ob sich der Charakter der analogen Fotografie als ein Aufzeichnungsmedium mit der digitalen Technik auflöst oder lediglich transformiert. Der Einsatz von Fotografie in sozialwissenschaftlichen Forschungszusammenhängen[146] und von bildgebenden Verfahren in den Naturwissenschaften und der Medizin spricht dafür, dass die technische Erzeugung von Bildern ihre Funktion der Repräsentation und Fixierung einer sonst flüchtigen oder nicht sichtbaren Wirklichkeit nicht eingebüßt habt und auch in absehbarer Zeit nicht einbüßen wird.[147]

---

145 Vgl. exemplarisch Berg 2001 sowie die von Kemp (1999) herausgegebene vierbändige *Theorie der Fotografie*, die grundlegende Texte zur Fotografie aus dem Zeitraum von 1839 bis 1995 umfasst. Der vierte von Amelunxen (2000) zusammengestellte Band enthält die zwischen 1980 und 1995 entwickelten zentralen Ansätze und Positionen, die auch noch in den aktuellen Debatten zur Theorie der Fotografie eine wichtige Rolle spielen.

146 Vgl. im Überblick exemplarisch Becker 1986; Harper 2000; Richter 1989; anwendungsbezogen Ball/Smith 1992; Teckenberg 1982; Kolb 2008.

147 In den letzten zehn Jahren sind weitere grundlegende Publikationen erschienen, etwa die Zusammenstellung von Geimer 2002 und seine einfüh-

Mit dem Einzug der Fotografie in die Kunst und in die Werbung, wo sie als (digitale) Bilder um- und neu gestaltet werden, hat sich die Auffassung von Fotografie auch im Alltagsbewusstsein verändert. Sie gilt nicht mehr als unhinterfragte Garantie einer durch die Sichtbarkeit verbürgten empirischen Wirklichkeit oder gar Wahrheit. Dennoch werden Fotos im alltäglichen Gebrauch dafür eingesetzt, etwas aus einem aktualen Geschehen aufzuzeichnen, damit es einer späteren Betrachtung zugänglich wird. Die digitale Technik ermöglicht zwar auch eine spätere Bearbeitung der Aufnahmen. In welchem Ausmaß dies aber praktisch geschieht, ist empirisch eine noch offene Frage. Insgesamt ist davon auszugehen, dass die neue Aufnahmetechnik, die Speicherungs- und Bearbeitungsmöglichkeiten, nicht zuletzt auch die neuen Gebrauchsweisen von Fotografien im Internet, den alltäglichen Umgang mit ihnen verändern. Es ist zum Beispiel zu erwarten, dass in der Zusammenstellung und Gestaltung einer immer größer werdenden Anzahl von Fotografien neue Praktiken entstehen. Möglicherweise werden künftig die im 19. Jahrhundert als bürgerliche Repräsentationspraxis entstandenen (Hartewig 1994) und sich allmählich in alle Gesellschaftsschichten verbreitenden (Bourdieu 1981) Fotografien anderen Formen der anschaulichen Darstellung und Tradierung von Personen, Familien und ihren Lebenssituationen weichen. Und dennoch werden Fotoalben – unter Umständen gerade weil sie zur Rarität werden – aus der sozialen Praxis nicht einfach verschwinden. Inwiefern sich durch diese Entwicklungen der Status von Fotografien im Verhältnis zu anderen Bild-Medien grundsätzlich verändert, bleibt abzuwarten und vor allem noch zu untersuchen.[148]

Im folgenden werden anhand des fototheoretischen Konzeptes von Philippe Dubois (1998) spezifische Aspekte im Wirklichkeitsverhältnis von Fotografien vorgestellt. Dubois versteht die Fotografie als eine *Spur eines fotografischen Aktes* und rückt ihre Indexikalität sowie ihr spezifisches Verhältnis zu Raum und Zeit ins Zentrum ihrer Bestimmung. Mit seinen Überlegungen kann die mediale Besonderheit von Fotografien sehr konturiert dargestellt werden, und sie lassen sich sowohl auf private ‚Knipserfotografien' (Starl 1995, Weinlich 1990) wie auch auf Profifotografien beziehen. Insofern stellt das Konzept von Dubois eine wesentliche Grundlage für einen methodologisch-methodisch reflektierten Umgang mit Fotografien bereit. Im Unterschied zu seiner Intention, die Fotografie epis-

rende Übersicht 2009 sowie die von Wolf 2002, 2003 herausgegebenen Bände. Das weist darauf, dass das Thema Fotografie in der praktischen Anwendung ebenso wie in theoretischen Debatten weiterlebt, obwohl die analoge Technik und alles was mit ihr verbunden ist scheinbar der Vergangenheit angehört.

148 Dieser Frage wird im folgenden allerdings nicht nachgegangen. Um zu befriedigenden Antworten zu kommen müssten dafür eigene Forschungskonzepte ausgearbeitet werden. Hier öffnet sich ein weites sozialwissenschaftliches Forschungsfeld.

temologisch als ganz eigenes Bildphänomen zu bestimmen, zielt meine Argumentation allerdings darauf, die Fotografie trotz aller Unterschiede zu anderen Arten von Bildern als ein – wenn auch medial spezifisches – Bild zu behandeln. Auf der Basis der theoretisch-empirischen Untersuchungen von Marianne Hirsch (2002) ist es auch möglich zu zeigen, in welcher Weise Fotografien in sozialen Gebrauchszusammenhängen, insbesondere im Prozess der Entstehung von Selbstbildern und Familienbeziehungen über Generationen hinweg, Bildstatus erlangen und eine wesentliche Rolle spielen.

Im historischen Rückblick wird deutlich, dass sich die theoretischen Auffassungen zur Fotografie in den letzten einhundertfünfzig Jahren grundlegend verändert haben. Dubois identifiziert drei historische Phasen, in denen distinkte Konzepte und Auffassungen zum Realitäts- und Wirklichkeitsverhältnis von Fotografien bestimmend waren.[149] Sie lassen sich anhand der jeweils unterschiedlichen Antworten auf die Frage, „welche spezifische Beziehung zwischen dem äußeren Referenten und der von diesem Medium erzeugten Botschaft existiert" (Dubois 1998: 29), voneinander unterscheiden. Die von Dubois miteinander verglichenen, mit ihrer historischen Entstehungszeit und -geschichte verbundenen Positionen sind bis heute relevant geblieben. Blickt man nicht nur auf die Foto-Theoriedebatten, sondern bezieht auch die in der Alltagswirklichkeit praktisch wirksamen Auffassungen mit ein, kann man davon ausgehen, dass wir es heute mit mehreren parallel existierenden Vorstellungen zum Verhältnis von Fotografie und Wirklichkeit zu tun haben.

Im ersten Drittel des 19. Jahrhunderts wurde die Fotografie als perfekte Imitation der Wirklichkeit betrachtet. Es dominierte ein Verständnis der Ähnlichkeitsbeziehung zwischen Fotografie und Wirklichkeit, der die Fähigkeit innewohne, etwas wahrheitsgetreu wiederzugeben. „Die erste dieser Positionen sieht im Foto eine mimetische Reproduktion des Wirklichen. Wirklichkeitstreue: Die Begriffe der Treue und der Wirklichkeit, der Wahrheit und Authentizität überschneiden und überlagern sich in dieser Perspektive ziemlich genau." (Dubois 1998: 56) Im Zuge der Entwicklung der empirischen Wissenschaften im 19. Jahrhundert wurde die Fotografie gar als ‚objektives Analogon' der Wirklichkeit verwendet mit der Begründung, dass sie in der Lage sei, ohne die intervenierende Hand des Malers ein Abbild der Wirklichkeit hervorzubringen. Sie gestatte es, ein Bild „automatisch, objektiv und beinahe auf natürlichem Weg (einzig nach den Gesetzen der Optik und der Chemie) entstehen zu lassen, ohne dass die Hand des Künstlers direkt eingreift." (Dubois 1998: 31)

Fotografie wurde zur ‚Dienerin' des Gedächtnisses; die Repräsentation der empirischen Gegenständlichkeit der Welt in die Fotografie verlagert. Damit war eine Trennung zwischen Fotografie und Kunst, zwischen der

149 Vergleichbar unterscheidet auch Berg (2001) drei konzeptionelle Phasen der Theoriebildung. In William Henry Fox Talbot, Walter Benjamin und Roland Barthes sieht er deren wichtigste Vorreiter und Repräsentanten.

wissenschaftlich orientierten Reproduktion des Wirklichen und der auf Imagination und Einbildungskraft beruhenden Malerei verbunden. „Der Fotografie fällt die dokumentarische Funktion, die Referenz, das Konkrete und das Inhaltliche zu; der Malerei die formale Innovation, die Kunst und das Imaginäre." (Dubois 1998: 36) Diese Auffassung reicht Dubois zufolge bis ins 20. Jahrhundert, in dem eine zweite, in mehr oder weniger scharfer Abgrenzung dazu entstand.

Im 20. Jahrhundert wird das Realitätsprinzip der Fotografie als ein auf verschiedenen, nicht zuletzt sozialen, Codes basierender Realitäts*effekt* dekonstruiert. Die Fotografie erschien nicht mehr als ein ‚neutrales Abbild' einer empirischen Wirklichkeit, sondern – ähnlich wie die Sprache – als kulturell codiertes „Werkzeug zur Transposition, Analyse, Interpretation und sogar Transformation des Wirklichen" (Dubois 1998: 30). Jetzt rückte die Beobachtung in den Vordergrund, dass Blickwinkel, Entfernung der Kamera vom aufzunehmenden Objekt, Belichtungszeit, Tiefenschärfe, Bildränder, Farben oder Schwarzweisskontraste und insgesamt die Zweidimensionalität sowie der Ausschluss taktiler, olfaktorischer, auditiver und anderer Sinneswahrnehmungen eine entscheidende Differenz zwischen Fotografie und Wirklichkeit erzeugen. Diese Sichtweise stellte den Spiegelstatus, Dokumentcharakter und die Ähnlichkeitsbeziehung zwischen Fotografie und Wirklichkeit grundlegend in Frage. Der prinzipielle Zweifel am Wirklichkeitsbezug der Fotografie manifestierte sich in der Entwicklung neuer Theorien zur Fotografie etwa bei Arnheim (1991) und Kracauer (1985, 1990) ebenso wie in späteren Untersuchungen zu ihrem ideologischen Charakter (Bourdieu 1981) und in zahlreichen Reflexionen zur Anwendung von Fotografien in der anthropologischen Forschung (exemplarisch Theyne 1989). „In allen diesen Fällen handelt es sich um Texte, die gegen den Diskurs der Mimesis und der Transparenz polemisieren und betonen, dass das Foto hochgradig codiert ist (und zwar in allen möglichen Hinsichten: technisch, kulturell, soziologisch, ästhetisch usw.)." (Dubois 1998: 41)

Der Realitätsbezug wurde dennoch nicht gänzlich aufgegeben, sondern vom Referenten auf den Code verschoben. In dieser Perspektive stellt die Codierung den Bezug zur Realität her, und nicht der auf dem Foto erscheinende Referent, also das ‚Abgelichtete'. Die künstlerische Fotografie beanspruchte sogar, durch die Art und Weise des Fotografierens eine nichtempirische ‚Wahrheit' zeigen und damit über jene hinausgehen zu können. „Durch seine Künstlichkeit wird das Foto zu einem wahren Foto, das zu seiner eigenen inneren Realität vordringt. Die Fiktion führt zur Realität und sogar über sie hinaus." (Dubois 1998: 46) Der Wirklichkeitsbezug der Fotografie verschob sich – wenn man in der Terminologie von Susanne Langer argumentiert – vom Anzeigen von Objekten/Sachverhalten auf die Darstellung der *Vorstellungen* von diesen im Medium der Bildlichkeit und wurde grundlegend symbolisch, während ihr die Anzeichenfunktion zunehmend abgesprochen wurde. Und dennoch:

„Dem fotografischen Bild haftet trotz allem etwas Singuläres an, das es von den anderen Repräsentationsweisen unterscheidet: Ein unhintergehbares Gefühl der Wirklichkeit, das man nicht los wird, obwohl man um alle Codes weiß, die im Spiel sind und sich in der Herstellung vollziehen." (Dubois 1998: 30)

Die Hartnäckigkeit, mit der Fotografie als besondere Repräsentationsweise von Wirklichkeit wahrgenommen wird, führte wiederum zu einer theoretischen Diskussion, in der die Indexikalität der Fotografie und schließlich auch ihre mimetische und auratische Kraft (Benjamin) zurückgeholt wurde, ohne ihre codifizierten Funktionen zu übersehen oder gar zu leugnen.[150]

Diesen in den letzten Jahrzehnten aufgelebten Argumentationszusammenhang, in dem die Fotografie in nicht mehr ‚naiver' Weise als „Spur eines Wirklichen" konzipiert wird, stellt Dubois mit Bezug auf die *Kleine Geschichte der Photographie* von Walter Benjamin, die theoretische Konzeption der Fotografie von Roland Barthes in *Die helle Kammer* sowie die Peirce'schen Unterscheidungen zwischen Index, Ikon und Symbol dar.

Walter Benjamin erkennt, bezogen auf die erste Phase der Fotografie bis etwa zur Mitte des 19. Jahrhunderts, eine von ihr ausgehende mimetische Kraft, welche in der Folgezeit durch die zunehmende Entwicklung der Fotografie zum Medium einer bürgerlichen Repräsentationskultur und schließlich zur industriellen Massenware verloren geht. Er konzipiert den mimetischen Wirklichkeitsbezug der frühen Fotografie als Aura aus der Perspektive und in Abgrenzung zu späteren Entwicklungen. In einer gesellschaftlich in besonderer Weise überformten – und seiner Auffassung nach auch deformierten – fotografischen Praxis in der zweiten Hälfte des 19. Jahrhunderts findet, so Benjamin, eine ‚peinliche und erdrückende' Anverwandlung der Fotografie an die Portraitmalerei in der zweiten Hälfte des 19. Jahrhunderts statt. Die Existenz singulärer Subjekte ist nicht mehr in ihrem ‚so sein' sichtbar, sondern gänzlich einer nach ideologischen Prinzipien gestalteten fotografischen Situation untergeordnet. Im 20. Jahrhundert fällt der Fotografie schließlich nur noch die Aufgabe zu, die nicht sichtbaren, weil funktionalen und abstrakten Grundzüge der Moderne mit dekonstruktiven fotografischen Mitteln – etwa der Montage – nicht nur anschaulich zugänglich zu machen, sondern auch eine Perspektive zu deren Überwindung zu entwickeln (Berg 2001). Benjamin hielt zwar, so Berg, am utopischen Rückbezug auf ein mimetisches und auratisches Verhältnis zur Wirklichkeit als Aufgabe der Kunst und als Möglichkeit zur Überwindung von Entfremdungserscheinungen in der Moderne fest. Die Fotografie bezog er allerdings nicht mehr in diese Aufgabe ein. Sie diene jetzt viel-

150 Auch im soziologischen Kontext ist bereits auf den ästhetischen Charakter von Dokumentarfotografien hingewiesen worden (Becker 1986), der ihren Wirklichkeitsbezug in die subjektive Vorstellungswelt des Fotografen einrückt.

mehr dazu, die in der Kunst entwickelten kritischen wie utopischen Sichtweisen massenmedial zu verbreiten, auch wenn die auratische Dimension der Kunst dabei verloren gehe.[151]

Die Aura ist in Benjamins Vorstellung keineswegs Kennzeichen der Fotografie per se, sondern entfaltet sich nur in bestimmten Fotografien von bestimmten professionellen Fotografen, in einer begrenzten historischen Phase. Sie liegt zwar in der ‚Kunst' des Photographen begründet, lässt über diese aber etwas sichtbar werden, das sich nicht in Kunst erschöpft.

„Bei der Photographie [...] begegnet man etwas Neuem und Sonderbarem; in jenem Fischweib aus New Haven, das mit so lässiger, verführerischer Scham zu Boden blickt, bleibt etwas, was im Zeugnis für die Kunst des Photographen Hill nicht aufgeht, etwas, was nicht zum Schweigen zu bringen ist, ungebärdig nach dem Namen derer verlangend, die da gelebt hat, die auch hier noch wirklich ist und niemals gänzlich in die ‚Kunst' wird eingehen wollen." (Benjamin 1977: 49)

„Aller Kunstfertigkeit des Photographen und aller Planmäßigkeit in der Haltung seines Modells zum Trotz fühlt der Beschauer unwiderstehlich den Zwang, in solchem Bild das winzige Fünkchen Zufall, Hier und Jetzt, zu suchen, mit dem die Wirklichkeit den Bildcharakter gleichsam durchgesengt hat, die unscheinbare Stelle zu finden, in welcher, im Sosein jener längstvergessenen Minute das Künftige noch heut und so beredt nistet, dass wir, rückblickend, es entdecken können." (Benjamin 1977: 50)

In dieser Sichtweise ermöglichen ‚gelungene' Fotografien die Singularität einer Existenz momenthaft in einem spezifischen Zeitverhältnis des ‚Hier-Jetzt' als auf Künftiges verweisende Vergangenheit wahrzunehmen. Die Wahrnehmung geht im wesentlichen vom blickenden Subjekt aus, seinem „ungebärdigen" und „unwiderstehlichen Zwang, in solchem Bild" etwas zu suchen.

Roland Barthes haben in seiner nach-semiologischen Beschäftigung mit der Fotografie in *Die helle Kammer* (Barthes 1989) ähnliche Aspekte beschäftigt: die unauflösliche Verbindung des Referenten mit der Fotografie; deren Zufälligkeit und Kontingenz, die dennoch eine Existenz zu beglaubigen in der Lage ist und gar zum Medium ihrer Reanimation werden kann; und schließlich das durch die Fotografie geschaffene spezifische Zeitverhältnis in Verbindung mit der an das Subjekt gebundenen Betrachtung. Für Barthes sind die *photographischen Referenten* eine notwendigerweise *reale Sache*, ohne die es keine Fotografie gäbe. Darin sieht er

151 Berg zufolge lässt sich die historische Einschätzung Benjamins nicht halten. Er argumentiert, dass die analoge Fotografie angesichts der Entwicklung einer neuen digitalen Technologie ihre auratische Kraft in der Kunst zurückgewonnen hat und vertritt sogar die These, dass der für die Frühphase beschriebene auratische Charakter der Fotografie im privaten Gebrauch, also in den Knipser-Bildern und Fotoalben, überlebt habe.

auch den wesentlichen Unterschied zwischen Fotografie, Malerei und Diskurs. „Die Malerei kann wohl eine Realität fingieren, ohne sie gesehen zu haben. Der Diskurs fügt Zeichen aneinander, die gewiß Referenten haben, aber diese Referenten können ‚Chimären' sein, und meist sind sie es auch. Anders als bei diesen Imitationen läßt sich in der PHOTOGRAPHIE nicht leugnen, dass *die Sache dagewesen ist.*" (Barthes 1989: 87) Eine weitere, inzwischen viel zitierte Bestimmung, nämlich die Verbindung zur Vergangenheit, führt Barthes schließlich zum *Wesen der Fotografie*.

„Hier gibt es eine Verbindung aus zweierlei: aus Realität und Vergangenheit. Und da diese Einschränkung nur hier existiert, muss man sie als das Wesen, den Sinngehalt (noema) der PHOTOGRAPHIE ansehen. Worauf ich mich in einer Photographie intentional richte [...], ist weder die KUNST noch die KOMMUNIKATION, sondern die REFERENZ, die das Grundprinzip der PHOTOGRAPHIE darstellt. Der Name des Noemas der PHOTOGRAPHIE sei also: ‚*Es ist so gewesen*' oder auch: das UNVERÄNDERLICHE." (Ebd.)

Die spezifische Referentialität der Fotografie ist Barthes zufolge von ihrer jeweiligen Botschaft strikt zu trennen. Letztere entsteht erst in Verbindung mit den Codes, die bei der Herstellung sowie der Betrachtung einer Fotografie zum Zuge kommen.

Dubois argumentiert noch entschiedener für eine strikte Trennung zwischen der indexikalischen Referentialität der Fotografie und ihrer Botschaft, die er auf der Basis der Peirce'schen Unterscheidungen zwischen Index, Ikon und Symbol[152] begründet. Ihm zufolge wird es dadurch theoretisch möglich, die Fotografie als *Spur eines Aktes* zu konzipieren, in dem die spezifische Referentialität zwischen dem ‚Abgelichteten' und der Fotografie konstitutiv zum Tragen kommt, ohne die Indexikalität mit der jeweiligen Botschaft der Fotografie, ihrem Sinn, zu vermischen oder gar zu verwechseln. Denn die spezifische Referentialität entsteht lediglich im

152 Als *Index* bezeichnet Peirce jene *Zeichen*, die mit ihrem Referenten in einer unmittelbaren physischen oder kausalen Beziehung stehen, wie der Rauch mit dem Feuer, der Blitz mit dem Donner, der Fingerabdruck mit einer bestimmten Person, etc. Ein *Zeichen* wird erst in einer Bedeutungsrelation indexikalisch. Der Rauch kann zum Zeichen für Feuer werden, aber auch umgekehrt. In der Terminologie von Langer wären dies *Anzeichen*, die ihre Bedeutungsfunktion erst in einer Relation zu einem Subjekt im weitesten Sinne entfalten. Ein *Ikon* setzt im Unterschied zum Index bei Peirce nicht die Existenz eines Objektes voraus. Es wird lediglich durch eine Ähnlichkeitsbeziehung zu einem Objekt zum Zeichen. Ikons können auch in Bezug auf mentale Objekte eine Bedeutungsfunktion annehmen. In der Terminologie von Langer hätten wir es hier bereits mit einem Symbol zu tun, weil sich dies im wesentlichen auf die Vorstellung von einem Objekt und nicht auf die materielle Existenz eines Objektes bezieht. *Symbole* sind bei Peirce dagegen durch konventionalisierte Regeln und Systeme erzeugte sprachliche Zeichen. In diesem Verständnis kann eine Fotografie als Index, als Ikon und als diskursiv codifiziertes Symbol fungieren (Dubois 1998: 65f).

Bruchteil einer Sekunde, in der das von den in diesem Augenblick gegenwärtigen Objekten ausgehende Licht auf das Negativ trifft. Davor und danach strukturieren die *Codes* die Vorgänge bei der Aufnahme der Fotografie, bei deren Entwicklung und schließlich bei ihrer Betrachtung. Alle diese Vorgänge zusammen bezeichnet Dubois als *fotografischen Akt*. Das Spezifische der Fotografie ist Dubois zufolge zwar in ihrem indexikalischen Charakter, also ihrer physikalischen und kausalen Verbindung mit ihrem Referenten zu suchen. Das sagt aber nichts über ihre Botschaft, also die mit ihr verbundenen Sinnzusammenhänge aus. Letztere entstehen erst in der Pragmatik von Bildakten bei der Herstellung, Entwicklung und Betrachtung von Fotografien. Zusammenfassend hält Dubois fest: „Das Fotobild ist unauflöslich mit seiner *referentiellen Erfahrung* verknüpft, mit dem Akt, der es hervorbringt. Seine primäre Realität sagt nichts aus und bestätigt nur eine Existenz. Das Foto ist in erster Linie ein Index. Erst in zweiter Linie kann es ähnlich werden (Ikon) und einen Sinn erhalten (Symbol).“ (Dubois 1998: 57, Hervorhebung R.B.)

Die konzeptionelle Ausarbeitung der Pragmatik des *fotografischen Bildaktes*[153] in Bezug auf die spezifische referentielle Situation der Fotografie bilden das Zentrum der Fototheorie von Dubois, welche im folgenden genauer dargestellt wird.

> „Es wird darum gehen, dieses Fotografische als eine Kategorie zu denken, die nicht vorrangig ästhetisch, semiotisch oder historisch ist, sondern von vornherein und grundlegend epistemisch, also eine absolut singuläre Kategorie des Denkens, die in einen spezifischen Bezug zu den Zeichen, zur Zeit, zum Raum, zum Wirklichen, zum Subjekt, zum Sein und zum Tun einführt.“ (Dubois 1998: 62)

Bevor der Argumentation von Dubois näher gefolgt wird sei festgehalten, welche Fragen vor dem Hintergrund der hier in aller Kürze umrissenen Entwicklung verschiedener theoretischer Auffassungen von Fotografie und ihrem Verhältnis zu Wirklichkeit im Rahmen einer Methodologie und Methode zur Interpretation von Fotografien zu klären sind. In welcher Weise entsteht durch die spezifische Referentialität der Fotografie ein spezifischer Wirklichkeitsbezug? In welcher Weise hängen symbolische Bedeutungsbezüge mit dem *indexikalischen* Wirklichkeitsverhältnis von Fotografien zusammen und wie sind sie aufeinander bezogen? Welche spezifischen Sinnbezüge entstehen durch den Gebrauch von Fotografien in *sozialen* Zusammenhängen?

---

153 Die Analogie zur Konzeption des Sprechaktes bei Austin und folgend Habermas ist meines Erachtens zunächst lediglich eine sprachliche, weil Dubois den Bildakt nicht explizit als performativ wirklichkeitskonstituierenden konzipiert. Inwiefern seine Konzeption des *fotografischen Aktes*, die sich im Kern auf den indexikalischen Charakter von Fotografien bezieht, zu einer dem Sprech-Akt vergleichbaren Konzeption führt, bliebe zu prüfen.

Fotografie als materialisierte Spur fotografischer Akte

Für die theoretischen Überlegungen von Philippe Dubois zum spezifischen Charakter der Fotografie ist entscheidend, dass er die Fotografie nicht nur als ein Produkt, ein fertiges Bild mit einer Mitteilung versteht. Vielmehr *vollzieht* sie sich in Akten der Produktion, Rezeption und Betrachtung. Sie ist eine spezifische und prozesshafte *Bilderfahrung*, ein *Bild-Akt*, in den Subjekte unhintergehbar eingebunden sind.

„Wenn in der Fotografie eine unwiderstehliche, lebendige Kraft steckt, wenn in ihr etwas steckt, was mir absolut schwerwiegend erscheint, und nur darauf möchte dieses Buch insistieren, dann dies: *mit der Fotografie ist es uns nicht mehr möglich, das Bild außerhalb des Aktes zu denken, der es generiert.* Das Foto ist nicht nur ein Bild (das Produkt einer Technik und einer Aktion, das Resultat eines Tuns und eines Könnens, eine Gestalt aus Papier, die man einfach als ein in sich geschlossenes, endliches Objekt betrachtet), es ist zunächst einmal auch ein richtiggehender ikonischer *Akt*, ein Bild, wenn man so will, aber ein *arbeitendes* Bild, etwas, das man nicht denken kann, ohne seine *Umstände* zu berücksichtigen, ohne das *Spiel*, das es belebt, mitzudenken, ohne es buchstäblich *nachzuvollziehen*: es ist etwas, das zugleich und konsubstantiell ein *Bild-Akt*, ein Bild und ein Akt (image-acte) ist, wobei sich von selbst versteht, dass sich dieser Akt nicht banal auf die bloße Geste der eigentlichen *Produktion* des Bildes (die Geste des Aufnehmens) beschränkt, sondern auch den Akt der *Rezeption* und der *Betrachtung* des Bildes einschließt." (Dubois 1998: 19)

Charakteristisch für die Fotografie ist, dass sich der *fotografische Akt* in allen seinen Phasen im Kern auf die spezifische referentielle Situation der Fotografie bezieht. Dadurch unterscheidet sie sich von allen anderen Bildmedien, nämlich als indexikalische Spur fungieren und sich zugleich in verschiedenen Akten als Bild vollziehen zu können. Eine Fotografie ist zunächst ein *Lichtabdruck*, eine auf einem flachen Träger festgehaltene Spur von ‚Lichtvariationen', die von Objekten ausgegangen sind, welche sich im Fokus der Kamera befunden haben. Diese physikalische Verbindung zwischen der Fotografie und ihrem Referenten ermöglicht es, dass die Fotografie zu einem indexikalischen Zeichen im Peirce'schen Sinne wird.[154] Darauf bauen drei zentrale Eigenschaften der Fotografie auf, nämlich ihre im Negativ fixierte Singularität, ihre Beweiskraft und ihre denotative und deiktische Funktion.

---

154 Hier wird deutlich, dass sich die von Dubois entwickelten theoretischen Vorstellungen ausschließlich auf die analoge Fotografie beziehen. Inwiefern diese Überlegungen auf die digitale Fotografie übertragbar sind, müsste im Detail untersucht werden. Noch kann man meines Erachtens davon ausgehen, dass der Glaube an eine Indexikalität zwischen Fotografie und ihren Referenten auch bei digitalen Fotografien weiter wirksam ist, auch wenn sich das physikalische Verhältnis zwischen Referent und Trägermedium grundlegend verändert hat.

Der physikalische Lichtabdruck im Negativ ist in mehrfacher Hinsicht *einmalig*. Der Lichtabdruck geht immer von *bestimmten* Objekten aus. Da es nie zwei gänzlich identische Objekte gibt, verweist er auf die Einmaligkeit eines bestimmten Referenten. „Die (fotografische) Spur [...] bezeichnet in erster Linie ein Objekt oder ein besonderes Lebewesen in seiner ganzen Individualität." (Dubois 1998: 73) Zum anderen wird mit dem Lichtabdruck ein Augenblick mehr oder weniger zufällig fixiert, der sich so niemals wiederholen wird. Diese Singularität wird Dubois zufolge metonymisch auch auf alle Abzüge von einem Negativ übertragen. „Die Fotografie als solche ist in ihrem Prinzip – Abdruck, Negativ, Polaroid, Daguerrotypie usw. – immer *notwendig* singulär. Darin liegt die erste und vermutlich eine der wichtigsten theoretischen Konsequenzen, die Gegenstand dieser Kategorie der Indizes ist." (Dubois 1998: 74) Nur aufgrund dieser Eigenschaft kann die (analoge) Fotografie als Beweis dienen. Denn ein Foto kann immer nur auf „die Existenz des Objektes verweisen, dem es sich verdankt" (Dubois 1998: 75). Die mögliche Täuschung durch manipulativ veränderte Fotoabzüge, aber auch durch ihre Kontingenz in Bezug auf einen Ausschnitt eines Geschehens sowie einen singulären Augenblick, hat zwar ihren Beweischarakter juristisch und historiographisch immer zweifelhaft erscheinen lassen. Dieser Zweifel hat aber nicht dazu geführt, dass sie ihren Status als beweiskräftige Spur von etwas Existierendem gänzlich eingebüßt hätte.[155] Mit der indizierenden Verwendung von Passfotos etwa wird der referentielle Zeugniswert der Fotografie selbst in ihrer digitalisierten Form nicht prinzipiell in Frage gestellt, auch wenn sie im Zweifelsfall durch andere biometrische Formen des Abdrucks – etwa den Fingerabdruck – zu einer eindeutigen Identifizierung einer Person ergänzungsbedürftig erscheint.

Schließlich kommt der Fotografie eine deiktische Funktion zu, indem sie auf etwas hinweist. Sie ist zwar in erster Linie Beglaubigung der Präsenz von etwas Dagewesenem (Barthes), aber sie lenkt auch den Blick auf *etwas*, sie *zeigt auf*. Ihr Noema ist, so Dubois, nicht nur ‚es-ist-gewesen',

155 Im historischen Zusammenhang ist die Funktion der Zeugenschaft von Fotografien, etwa als Beweis der Existenz der Verbrechen im zweiten Weltkrieges und von Konzentrationslagern, hoch relevant und zugleich immer auch von verschiedenen Seiten angefochten worden. Als *Spur* dessen, was geschehen ist, spielt sie trotz allem eine wesentliche Rolle (vgl. Brink 1998, Bredekamp 2004, Didi-Huberman 2006). Angestoßen durch die erste vom Hamburger Institut für Sozialforschung gezeigte „Wehrmachtsausstellung" wird die Frage der Bewertung von Fotografien als ‚beweiskräftige' historische Dokumente in den Geschichtswissenschaften lebhaft diskutiert, ohne dass es hier zu abschließenden Einschätzungen gekommen wäre. Diese Diskussionen machen nur dann Sinn, wenn der Fotografie prinzipiell die Möglichkeit zugesprochen wird, die Existenz von Objekten im Augenblick ihrer Ablichtung beglaubigen zu können. In Frage steht lediglich, wie die Manipulierbarkeit dieses Potentials sowohl auf technischer wie auch auf der Ebene der Bedeutungsgebung einzuschätzen ist.

sondern auch ‚*so*-ist-es-gewesen'. „Die Indexspur wirkt naturgemäß als Beweis, aber ihre dynamische Wirkung besteht darin, dass sie bezeichnet. Sie zeigt auf […], sie ist ein Fingerzeig – und auch in diesem Sinne ein Index." (Dubois 1998: 76)

Auch diese indexikalische Funktion von Fotografien bleibt allerdings – ebenso wie der Abdruck, die Spur – zunächst ‚sinnlos'. Sie gewinnen erst in einer Äußerungssituation – Langer würde sagen, in einer vollständigen Bedeutungsstruktur – Sinn. „Ihre Semantik ist eine Funktion ihrer Pragmatik. Ihre einzige Bedeutung besteht sozusagen darin, dass sie ihren singulären Bezug zu einer bestimmten referentiellen Situation indizieren, diesen unterstreichen und aufzeigen. […] Ihre Bedeutung entsteht nur dadurch, dass sie bezeichnen." (Dubois 1998: 79)

Als Beweis und in ihrer deiktischen Funktion ‚kontaminiert' die Fotografie ihre physikalische Indexikalität, weil sie über jene hinausgeht. Die Indexikalität als ‚sinnloser', rein physikalischer Abdruck einer Existenz, wird mit der prinzipiell ebenfalls an sich ‚sinnlosen' Beweis- und Bezeichnungsfunktion – denn es ist immer fraglich, was genau mit einer Fotografie bewiesen oder bezeichnet wird – dennoch bedeutungsgeladen erscheinen.[156] Der Charakter der Indexikalität setze sich, so Dubois, durch.

Daraus lassen sich auch zahllose Verwendungsweisen der Fotografie, etwa ihre Reliquien- und Fetischwerte, erklären. Dubois führt die spezifischen Gebrauchsweisen der Fotografie auf ihren spezifischen referentiellen Charakter, ihr indexikalisches Potential, zurück. Dies kommt jedoch nur in *pragmatischen Zusammenhängen* – also im Akt des Aufnehmens, der Herstellung und Betrachtung – zum Tragen, in denen das jeweils agierende Subjekt eine entscheidende Rolle spielt. Als allgemeine Konsequenz einer solchen Perspektive hebt Dubois hervor: „Die allgemeine Wirkung des indexikalischen Bildes, das durch seine Entstehung mit der Einmaligkeit einer referentiellen Situation verbunden ist und diese Situation nachweist und bezeichnet, besteht darin, dass es das Subjekt selbst voll und ganz in die Erfahrung, in das Erlebnis des fotografischen Prozesses einbezieht." (Dubois 1998: 82) Dies geschieht in dreifacher Weise: als FotografIn im Akt des Aufnehmens und ggf. auch im Akt der Entwicklung und der Produktion von Abzügen, als RezipientIn im Akt der Betrachtung und schließlich auch als jene, die fotografiert werden. Für Dubois ist damit eine unhintergehbare ‚Einschreibung' des Subjektes in den fotografischen Akt verbunden, womit er sich einer Konzeption der Bedeutungsstrukturierung nähert, die der Langer'schen Konzeption einer mindestens drei Komponenten umfassenden Bedeutungsstruktur nicht unähnlich ist. Für Dubois konstituiert sich der Sinn einer Fotografie im Rahmen der Pragmatik foto-

156 Die Eigenschaft der Fotografie, aufzuzeigen und damit die Aufmerksamkeit auf bestimmte Objekte zu lenken, hat sich die Werbung längst zunutze gemacht und darauf bezogene „Codes der zeigenden und exhibitionistischen Anordnung eines Produktes" (Dubois 1998: 79) entwickelt.

grafischer Akte jedoch prinzipiell in Bezug auf ihre indexikalische Referentialität, welche ein spezifisches Verhältnis zwischen Objekt/Referent – An/Zeichen/Fotografie – Subjekt/FotografIn und Betrachterin impliziert. Die jeweils involvierten Subjekte sind Teil dieser Akte und damit in den *fotografischen Akt* eingeschrieben.

Mit der Betonung der Indexikalität der Fotografie gelangt Dubois keineswegs zu einer Auffassung, die der Fotografie größtmögliche ‚Objektivität' in ihrem *Bedeutungsgehalt* zuschreibt. Vielmehr stellt sich die (soziale) Bedeutung der Fotografie zwar mit Bezug auf die Indexikalität her, allerdings vor allem in einem *Glaubenszusammenhang* (Dubois 1998: 82f). Zu diesem Ergebnis kommt auch Ronald Berg (2001) in seiner Untersuchung zur Theoriegeschichte der Fotografie: „Da die Photographie [...] zum Medium wird, sich über die Realität im Imaginären zu vergewissern, ist sie nur mit der Ikone zu vergleichen. Der gleiche Glaube, die gleiche Haltung dem Bild gegenüber, macht aus der Photographie die Ikone des Realen." (Berg 2001: 314)

Um der Gefahr zu entgehen, einem die Fotografie mystifizierenden Glauben zu verfallen, hebt Dubois die Grenzen der indexikalisch-referentiellen Situation hervor. Er argumentiert, dass die Fotografie zwar einerseits eine unauflösliche räumliche wie zeitliche Verbindung zwischen ihr und den im Augenblick ihrer Aufnahme in ihrem Sichtfeld anwesenden Objekten voraussetzt, deren Lichtabstrahlung sich als Spur auf einem Negativ fixiert haben. Gleichzeit kennzeichnet sie auch eine unüberbrückbare Distanz zur referentiellen Situation. Die Distanz stellt sich zum einen räumlich her, denn die Fotografie ist ein „planiertes Bild" einer räumlich extensiven Situation. Zum anderen markiert die Fotografie dadurch, dass sie einen immer schon vergangenen singulären Augenblick fixiert, eine unüberbrückbare zeitliche Distanz zwischen diesem Augenblick und dem zeitlichen Verlauf, in den er eingebettet war. Die physische Indexikalität entsteht lediglich in einem Bruchteil einer Sekunde. Vor und nach diesem Augenblick ist die Fotografie in höchstem Maße in die sozialen Codes der Aufnahme, Entwicklung und Betrachtung eingebunden.

Fotografie im Verhältnis zu Raum und Zeit

Das Verhältnis der Fotografie zu Raum und Zeit ist ein wesentlicher Aspekt, an dem sich ihre spezifische Verbindung zu einem Referenten, aber auch die Kluft zwischen ihr und ihrem Referenten detaillierter darstellen lässt. Dubois zufolge ist die Fotografie ein *Schnitt* durch Zeit und Raum,[157] mit dem eine zeiträumliche Nähe, aber auch eine unüberbrückbare Distanz zwischen Fotografie und Referent einhergeht. „Fotografieren heißt immer zunächst Schneiden, Ausschneiden, das Sichtbare durchtrennen." (Dubois

157 Vgl. bereits Sontag 1980

1998: 174f) Der *Schnitt* ist unmittelbar mit dem fotografischen Akt verbunden und – neben dem Index – für die Fotografie in der Auffassung von Dubois konstitutiv.

„Insofern das fotografische Bild untrennbar mit dem Akt verbunden ist, der es hervorbringt, ist es nicht bloß ein Lichtabdruck, sondern auch ein Abdruck, der durch eine radikale Geste entsteht, durch die Geste des Schnitts, durch den *Cut*, der sowohl den Faden der zeitlichen Dauer als auch das Kontinuum des Raums durchtrennt." (Dubois 1998: 157)

In dieser Vorstellung ‚schneidet' die Fotografie aus einem Raumkontinuum einen Ausschnitt von einem bestimmten Blickpunkt aus heraus und verwandelt diesen in ein flaches Bild. Eine Fotografie kann niemals das abgelichtete Ding sein, auch wenn sie physikalisch mit diesem verbunden ist. Vielmehr ist die zeit-räumliche Abwesenheit des Referenten für sie konstitutiv. „Jeder Abzug zeigt *an seiner Stelle* [jener des Referenten, R.B.] nur eine existentielle Abwesenheit. Was man auf dem Film betrachtet, ist niemals *da*. Jedes Foto setzt also voraus, dass *hier* ein Zeichen und *dort* ein Referent ist, beide deutlich voneinander geschieden." (Dubois 1998: 91)

Ähnliches kann auch bezüglich der Zeit gesagt werden. Das was in einer Fotografie zu sehen ist, gehört unwiederbringlich der Vergangenheit an unabhängig davon, wie weit diese zurückliegt. Die fotografierte Situation wird sich genau so niemals wiederholen. „Was man fotografiert hat, ist unwiederbringlich entschwunden. In strengen zeitlichen Begriffen ausgedrückt, *verschwindet übrigens das Objekt genau in dem Moment, in dem das Foto aufgenommen wird.*" (Dubois 1998: 92f) Und dennoch entsteht eine zeiträumliche Verbindung zwischen dem ‚Dort' des Referenten und dem ‚Hier' der Fotografie durch den Blick in der Betrachtung, der zwischen dem abwesenden und vergangenen Referenten und seiner Anwesenheit und Fixierung in der Fotografie pendelt. Der *fotografische Blick* bestehe gerade in solchen Übergängen und Pendelbewegungen zwischen Fotografie und ihrem referentiellen Raum (Dubois 1998: 91).

„Der Abstand im Zentrum der Fotografie ist [...] – so gering er auch sein mag – durchaus ein Abgrund. In ihm können sich alle Mächte des Imaginären ansiedeln." (Dubois 1998: 96)

Diesen Gedankengang arbeitet Dubois in einer genaueren Untersuchung der Raum- und Zeitverhältnisse der Fotografie aus. Bezüglich der *räumlichen Dimension* haben wir es ihm zufolge mit einem *fotografischen Raum* zu tun, der mit dem Raum der referentiellen Situation im Augenblick der Aufnahme wie mit der Raumkonstruktion in der Wahrnehmung keinesfalls identisch, und dennoch mit dieser unauflöslich verbunden ist. Um diesen Zusammenhang genauer zu fassen unterscheidet er zwischen vier Raumdimensionen: der (unendliche) *Raum des Referenten*, der durch den Ausschnitt geformte *repräsentierende Raum*, der (flächige) *Raum der Fotografie* selbst sowie der *topologische Raum*, der mit der Wahrnehmungsweise einer Fotografie durch ein Subjekt entsteht.

Der mit der Fotografie erfolgende *Raum-Schnitt* konstituiert zugleich ein *Off* in vielerlei Gestalt, welches mit dem Ausschnitt referentiell verbunden bleibt. Der aus dem Rahmen der Fotografie ausgeschlossene und nicht sichtbare Raum macht in Beziehung zum Fotografierten das „*Feld* des Fotos" aus (Dubois 1998: 175). Das, was die Fotografie nicht zeigt, aber zu ihrem Feld gehört, ist ebenso wichtig wie das in der Fotografie Sichtbare.

„Genauer gesagt, es gibt eine – als unvermeidlich, existentiell und unwiderstehlich gegebene – Beziehung des Draußen zum Drinnen, die bedingt, dass sich jede Fotografie als Trägerin einer *virtuellen Präsenz* liest, als konsubstantiell an etwas gebunden, was vor unseren Augen nicht da ist, entfernt worden ist, aber hier *als Ausgeschlossenes* markiert wird. [...] *eine Absenz, von der man weiß, dass sie präsent ist, aber im Off.* Man weiß, dass sie im Moment der Aufnahme da war, aber nebenan. Die Logik des Index kommt also auch in der Beziehung zwischen dem Feld und dem Off zum Tragen." (Dubois 1998: 176)

Das *Off* nimmt unterschiedliche Gestalt an, indem durch sogenannte *Shifter-Indizes* im fotografischen Feld die Präsenz einer „virtuellen Exteriorität" in unterschiedlicher Weise markiert wird. Unter Shifter-Indizes versteht Dubois zum einen Bewegungsanzeichen vor allem von Personen. Die in der Momentaufnahme des Fotos ‚arretierte Bewegung' immobilisiert den Augenblick und verweist zugleich auf den Verlauf einer Bewegung, ihr zeitliches Off. Ein weiteres Shifter-Indiz sind die Blicke, die den Raum der Repräsentation wesentlich organisieren. Durch den Kamerablick im Porträt etwa wird ein Prinzip des Gegenübers zwischen Fotograf und Modell eingeführt. Damit entsteht ein Off in der Tiefe, in dem der Fotograf positioniert ist. Schließlich ist das *Dekor* ein drittes Shifter-Indiz. Mit Dekor meint Dubois „mehr oder weniger geöffnete Türen und Fenster; Hintergründe oder doppelte Hintergründe von Szenen; Spiegel; Rahmen; alle möglichen Ausschnitte; kurz, alles was in der Lage ist, innerhalb des homogenen und in sich geschlossenen Raums des Bildfeldes Fragmente anderer, im Prinzip angrenzender und mehr oder weniger außerhalb des primären Raums liegender Räume zu indizieren oder einzuführen." (Dubois 1998: 184) Mit diesen Dekors werden *im* Foto Räume angezeigt, die nicht gänzlich sichtbar sind und über den Foto-Rahmen hinausweisen.

Die durch die Shifter-Indizes entstehenden Raumbezüge erzeugen wiederum spezifische Effekte, die Dubois anhand einer Reihe von künstlerischen Fotografien diskutiert. Zum Beispiel können durch einen leeren Rahmen innerhalb einer Fotografie (Re-)Zentrierungseffekte und damit verbunden eine Fokussierung auf eine privilegierte Raumzone im Bildfeld erzeugt werden. Weiters führen Fenster, Türen und sonstige Öffnungen, die im referentiellen Raum vorhanden sind, den dahinter liegenden Raum in der Abbildung aber nicht sichtbar werden lassen, „in ein Feld, das *hinter* dem geschlossenen Feld der Abbildung liegt". Als einen dritten Typus beschreibt Dubois *blickverstellende Offs*, die als opake Flächen etwas abdecken, wie beispielsweise bei zensierten, anonymisierten oder pornographischen Fotografien (Dubois 1998: 190). „In allen diesen Fällen wird der gesamte Raum des fotografischen Feldes destrukturiert und durch Leerstellen, Lücken, Löcher, Negatives und Blickhemmer aufgebrochen und aufgesplittert: durch *repräsentative* Absenz." (Dubois 1998: 191).

Schließlich ist mit Offs, die durch Spiegel erzeugt werden, der Effekt verbunden, zwei verschiedene Typen von Räumen innerhalb eines Fotos zueinander in Beziehung zu setzen. Ein Spiegel kann etwa auf einen Raum innerhalb oder außerhalb des Bildfeldes verweisen. Der durch den Spiegel reflektierte Raum im Off kann sich seitlich, oben, unten, vor oder hinter dem Bildfeld befinden und dieses fiktiv sowie narrativ fortsetzen.

Die durch Shifters markierten Offs sollten, so Dubois, nicht den Blick auf das *prinzipielle Off* der Fotografie verstellen. Dieses arbeitet er anhand einer Serie von Wolkenfotos von Alfred Stieglitz, in denen auf die genannten Shifter-Indizes ausdrücklich verzichtet worden ist, pointiert heraus. Die *erste* Raumbeziehung entsteht durch die „Geste des Ausschneidens" aus einem unendlichen Raum als *Beziehung des fotografischen zum referentiellen Raum*. Die Unendlichkeit des Letzteren wird zu einem Off, welches mit dem fotografischen Raum dennoch indexikalisch verbunden bleibt. In der Terminologie von Gottfried Boehm könnte man sagen, dass der unendliche referentielle Raum den Horizont bildet, vor dem sich das Bildfeld überhaupt erst als solches konstituieren kann. Der durch das rechteckige Sicht-*Fenster* festgelegte und in der Transformation ins Negativ erneut rechteckig re-produzierte Raumschnitt erzeugt eine *Komposition* als Effekt. Das Ausgeschnittene organisiert sich jetzt in einem neuen Rahmen, auch wenn dieser nicht bewusst oder willentlich gewählt wurde.

> „Nachdem der Akt des Fotografierens aus dem Kontinuum des referentiellen Raumes einen Abschnitt herausgetrennt hat, beginnt sich dieser auf den Film und dann auf das Papier transportierte Raumabschnitt auf autonome Weise zu organisieren. Das Ausschneiden hat ihm einen Rahmen verliehen, und dieser Rahmen wird zu einer Rahmung, zu einer internen Organisation des Bildfeldes, die durch die Referenz der Ränder des Rahmens erfolgt. Jeder Rahmen schafft notwendig ein System der Positionierung der in seinem Raum vorhandenen Elemente in bezug auf die Grenzen dieses Raums." (Dubois 1998: 204f)

Die Figuren innerhalb des Bildfeldes (rechts, links, oben, unten, Mitte) sind immer in Bezug auf den fotografischen Raum, seine Linien und Flächen positioniert und bringen als Komposition spezifische gestalterische

Werte und Codierungen hervor.[158] Für Kompositionseffekte ist auch die „Regel der Strukturhomologie zwischen dem repräsentierten Raum und dem Raum der Repräsentation" (Dubois 1998: 206) wesentlich. Diese Regel besagt, dass der Horizont im Foto horizontal, Türme, Bäume etc. vertikal sein müssen, um den fotografischen Raum im engeren Sinne als einen Raum der Repräsentation zu konstituieren. Diese Kompositionsstrategien sind jedem Akt des fotografierenden Ausschneidens inhärent. Dadurch sind die sorgfältig inszenierten wie auch die ‚spontanen' Fotografien gleichermaßen mit Kompositionseffekten ausgestattet.

In dieser Bestimmung klingt an, dass wir es im Verhältnis von referentiellem und fotografischem Raum mit einem zwischen zwei verschiedenen ‚Welten', und nicht einem zwischen Wirklichkeit und Abbild, zu tun haben. Setzt man diese Überlegungen mit der von Gernot Böhme pointiert formulierten Unterscheidung zwischen *Realität* und *Wirklichkeit* in Beziehung (Böhme 1999),[159] kann argumentiert werden, dass Fotografien, die sich als gestalthafter Ausschnitt auf den Horizont einer unendlichen Realität beziehen, Wirklichkeit auch primär erzeugen, und diese nicht lediglich sekundär repräsentieren.[160] Damit ist nicht ausgeschlossen, dass sich Fotografien als Ausschnitt referentiell – sei es indexikalisch oder symbolisch – auf eine bereits gestaltete Wirklichkeit beziehen können. In diesem Fall würde durch sie nicht eine *genuine* Wirklichkeit entstehen, also etwas, das so noch nie dagewesen ist. Es entsteht aber ein Verhältnis zwischen einer nicht-fotografischen Wirklichkeit und einer fotografischen, die mit ersterer in verschiedener Weise in Beziehung treten kann – unter Umständen auch als Repräsentation, die wiederum performativ zurückwirkt. Die Wirklichkeitsbeziehungen zwischen Fotografie und referentieller Situation können sehr unterschiedlich und auch innerhalb einer Fotografie vielfältig sein.

---

158 Dieser Aspekt ist von Max Imdahl anhand Giottos Arenafresken ausführlich untersucht worden (siehe folgendes Kapitel). Er wird hier mit Dubois bereits eingeführt, lediglich um deutlich zu machen, dass auch Fotografien Kompositionsaspekte aufweisen, auch wenn diese nicht intentional durch einen gestalterischen Prozess in Bezug auf eine zunächst leere Fläche erzeugt worden sind.

159 Mit *Realität* bezeichnet Böhme den unendlichen Fluss des Geschehens in einem unendlichen Raum, auf den bezogen *Wirklichkeit* in einer spezifischen Form gestaltete hervorgebracht wird.

160 Darauf gründet Böhme eine zeitdiagnostische These, nämlich dass Wirklichkeit zunehmend im Medium der Fotografie, also in spezifischer Weise bildhaft gestaltet und erzeugt wird. Ihm zufolge nehmen wir vermehrt nur noch das als Wirklichkeit – etwa einer Urlaubsreise – wahr, was sich primär in fotografischen Bildern zur Wirklichkeit – eines Urlaubserlebnisses – gestaltet hat. Andere Aspekte einer situativ unendlichen Realität werden durch eine Fixierung auf das Fotografierbare bereits in der aktualen Situation ausgeblendet und gar nicht mehr zu einer vom Akt des Fotografierens unterschiedenen, ihm gegenüber eigenständigen Wirklichkeit geformt. In anderen Worten, wir erleben Realität zunehmend im Modus des Fotografischen, während andere Modi der Wirklichkeitsgestaltung – wie zum Beispiel Erzählungen von Erlebnissen – in den Hintergrund treten.

Schließlich ist die Beziehung zwischen dem fotografischen und dem *topologischen Raum des wahrnehmenden Subjektes* für das gesamte Raumverhältnis der Fotografie entscheidend. Mit Topologie meint Dubois zunächst „ganz allgemein das, was unsere Präsenz in der Welt räumlich definiert“ und schränkt mit Piaget ein, dass sich die Topologie „von der Präsenz unseres eigenen Körpers in der Welt begründet“,[161] spezifischer noch, durch unsere aufrechte Haltung, „unsere grundlegende Orthogonalität“ (Dubois 1998: 209). In nicht irritierenden Fotografien komme es zu einer Konvergenz der Strukturierung dieser verschiedenen Räume.

„Alle Horizontalen (Vertikalen) bleiben in allen Räumen horizontal (vertikal) [...]. Und diese Achsenadäquation aller Räume, diese allgemeine Kongruenz, organisiert im Grunde unsere räumliche Übereinstimmung mit dem Bild. Sie resultiert im wesentlichen aus dem Blickpunkt, von dem das Foto aufgenommen wird, und aus dem Zusammenspiel der Kongruenz-Stifter, nämlich der Ränder des Rahmens. [...] Das heißt, dass man ein Foto ganz genauso aufnimmt, wie man die Welt betrachtet. Weil sich die Aufnahme mit unserem Blick identifiziert (das ist der ganze Akt des Fotografierens), erscheint der Raum des Fotos als *naturbedingt* kongruent mit dem wirklichen Raum, wie er von unserer üblichen Wahrnehmung erfasst wird.“ (Dubois 1998: 210).

Die als ‚naturbedingt‘ erscheinende Homologie zwischen Raumwahrnehmung im aktualen Geschehen und im Bild ist jedoch – so zeigen die topologisch nicht positionierenden Wolkenfotos von Stieglitz – ein im wesentlichen kompositorischer Effekt (Dubois 1998: 213).

Die Konstruktionsprinzipien von fotografischen Räumen, auch wenn sie noch so ‚natürlich‘ erscheinen, bleiben Komposition*seffekte* und damit rekonstruktions- und interpretationsbedürftig. Mit der beschriebenen Homologie kann ein Repräsentationsverhältnis zwischen zwei räumlich konstituierten Wirklichkeiten, nämlich jener der referentiellen Situation und jener der fotografischen, entstehen. Das Aufbrechen der Homologie des fotografischen Raumes im Verhältnis zu einem nicht-fotografischen kann jedoch auch eine genuin eigenständige raum-zeitliche Wirklichkeit hervortreten lassen. Damit können sich Aspekte oder Dimensionen der Realität *zeigen*, welche erst in einem fotografischen Bild erscheinen und *primär* als eine Wirklichkeit gestaltet worden sind. Dies gilt etwa für naturwissenschaftlich-medizinische Bilder vom Körperinneren, die ein performatives Körperwissen und damit eine Wirklichkeit des Körpers erzeugen, die erst in und mit *fotografischen Akten* konstituiert wird. Die Frage nach dem Verhältnis zwischen Fotografie und Wirklichkeit bleibt insgesamt offen und lässt sich nicht in der Antwort still stellen, dieses *entweder* als Repräsentations- *oder* als von der Fotografie ausgehendes performatives Ver-

161 Damit öffnet Dubois einen weiten Bereich theoretischer Bestimmungen des Raumes, denen er allerdings nicht weiter nachgeht.

hältnis zu bestimmen. Welche räumlichen Wirklichkeitsverhältnisse sich im jeweiligen fotografischen Akt herstellen, muss deshalb in jede Interpretation von fotografischen Bildern eingehen.

Ähnliches lässt sich auch über die zeitlichen Bezüge der Fotografie sagen.[162] Auch diese sind Dubois zufolge durch den die Fotografie konstituierenden *Schnitt* bestimmt. Ein Augenblick wird aus einem Zeitkontinuum herausgelöst und zugleich immobilisiert, stillgestellt, fixiert. Damit ist eine „fundamentale Diskontinuität" verbunden, in der die Zeit stillsteht. Ähnlich dem räumlichen Off entsteht eine Außerzeitlichkeit. Auch Blicke und Bewegungen werden stillgestellt. Dennoch ist der *fotografische Augenblick* ein paradoxer, denn er schließt den Bezug zur Dauer sowie eine innere Mobilität in der Fotografie nicht aus.

Wie der Raumschnitt als Ganzer entnommen wird, geschieht der Zeitschnitt in einem Bruchteil einer Sekunde ‚auf einmal' und synchron zur Realität, aus dem er entnommen wird. Der Moment der Aufnahme ist kein zeitlich strukturierter, in dem ein Bild durch einen Prozess intervenierender Aktivitäten geformt würde – wie etwa in der Malerei. Die Lichtstrahlen treffen blitzartig und gleichzeitig auf den lichtempfindlichen Film; eine Modifikation des Aufgenommenen ist erst nachträglich im Fotoabzug möglich. Die Fixierung eines Augenblickes verwandelt diesen zugleich in einen fortwährenden, verewigt ihn, hält ihn ein für alle mal fest. Mit den Worten von Denis Roche formuliert Dubois pointiert:

„*Die Zeit des Fotos ist nicht die der Zeit.* [...] Das durch die fotografische Geste isolierte Zeitfragment wechselt – sobald es vom Dispositiv aufgesogen, im Loch verschwunden und im Kasten ist – mit einem Schlag in *die andere Welt* über und beginnt eine Zeitlichkeit gegen die andere auszuspielen. Es verlässt die chronische, reale, sich entfaltende Zeit, die wie ein Fluß dahinströmende Zeit, die Zeit der in die Dauer eingeschriebenen menschlichen Lebewesen, unsere Zeit, und tritt in eine andere, abgesonderte und symbolische Zeitlichkeit ein, in die des Fotos: In eine Zeitlichkeit, die ebenfalls *dauert* und (im Prinzip) genauso unendlich ist wie die andere, aber unendlich in totaler Immobilität, erstarrt in der endlosen Dauer von Statuen. Die kleine Zeitspanne richtet sich, nachdem sie die Welt verlassen hat, auf Dauer im achronischen und unwandelbaren Jenseits des Bildes ein." (Dubois 1998: 164)

Mit dieser Bestimmung argumentiert Dubois eine Nähe zwischen Fotografie und Tod – die er als Thanatografie bezeichnet. Es handelt sich hierbei um die Transformation eines mit der Synchronizität eines Augenblicks ge-

---

162 Die Bestimmung des spezifischen Zeitverhältnisses der Fotografie legt Dubois im Vergleich zur Frage bezüglich Fotografie und Raum eher metaphorisch an und entwickelt dies weitgehend an Aktions- und an Filmbeispielen, nicht aber an Beispielen aus der Fotografie. Die Kernaussagen fallen diesbezüglich etwas knapper aus als in Bezug auf das Verhältnis von Fotografie und Raum.

gebenen indexikalischen Zeitbezugs in ein vor allem symbolisches Zeitverhältnis. „Der Akt des Fotografierens impliziert also nicht bloß eine Geste des *Durchtrennens* der Kontinuität des Wirklichen, sondern auch die Vorstellung einer Schwelle, eines unvermeidlichen Überschreitens." (Dubois 1998: 164) Dies führe auf eine ‚andere Seite', von „einer sich entfaltenden Zeit zu einer erstarrten Zeit, vom Augenblick zur Perpetuierung, von der Bewegung zur Immobilität, von der Welt der Lebenden in das Reich der Toten, vom Licht in die Finsternis, vom Fleisch zum Stein." (Ebd.) Die Stillstellung im Akt des Fotografierens bewirkt durch den Verlust der an die Zeit gebundenen Lebendigkeit eine „Mumifizierung", „Vereisung" oder „Versiegelung" des Abgelichteten, die paradoxerweise die Lebenden vor dem Verschwinden bewahren soll, obwohl sie als (in der Zeit) Lebende in der Fotografie bereits verschwunden seien.

Wenn das Subjekt in die Überlegungen miteinbezogen wird, erklärt dieses Paradox wiederum, wieso es im fotografischen Akt zu einer permanenten Redynamisierung der im Foto stillgestellten Zeit kommt. Der im festgehaltenen Moment entstandene „Riß" durch die Zeit öffnet einen Raum für Bewegung, ja treibe das Subjekt fortwährend zu einer solchen an. „Es beginnt rastlos hin und her zu wandern, zunächst im Bild selbst, dann zwischen den Bildern, dann vom Bild zum Objekt und schließlich vom Objekt zum Bild." (Dubois 1998: 171) Der mit der Fotografie unhintergehbar verbundene ‚Spalt' in Raum und Zeit erklärt, so Dubois, unser Begehren, diesen ‚Abgrund' zu überwinden. Wir suchen mit unseren Augen Verbindungen zwischen den räumlich und zeitlich radikal getrennten Welten, um an die mit der Indexikalität der Fotografie verbundenen Bedeutungen – trotz besseren Wissens – weiterhin glauben zu können. Das Prinzip der raumzeitlichen Distanz steht aber, so Dubois, „kontrapunktisch zum indexikalischen Prinzip der physikalischen Nähe. Wo der Index einen Effekt der Gewissheit, der Fülle und der Konvergenz markiert, markiert das Prinzip der Distanz einen Effekt der Erschütterung, der Phasenverschiebung und des Aufklaffens. […] Die Erschütterung ist eine generelle: sie umfasst das Reale, das Imaginäre und den Bezug des Subjekts zu beiden." (Dubois 1998: 95)

Für Roland Barthes besteht das *Wesen der Fotografie* in „Die helle Kammer" (1989) darin, dass bei der Betrachtung ganz bestimmter Fotografien vor allem die zeitliche Kluft durch das jeweilige Subjekt imaginär, emotional und mythologisch aufgeladen wird. Dies geschieht nicht in einem intentionalen Akt, sondern *trifft* buchstäblich blitzartig als *punctum* in die unbewussten Dimensionen des Subjektes, in sein Begehren und seinen Bezug zum Tod. Barthes entwickelt diesen für ihn fundamentalen Aspekt der Fotografie am berühmten Beispiel des Fotos seiner Mutter als kleines Mädchen im Wintergarten. In diesem Foto erkennt Barthes im Gesichtsausdruck und den Augen ein in der Fotografie für immer lebendig erhaltenes ‚Wesen' seiner Mutter. Zugleich wird ihm die Kluft zwischen ihm und diesem letztlich unerreichbaren Wesen bewusst. Die Fotografie zeigt die Mutter als Kind zu einem Zeitpunkt, als Barthes noch gar nicht geboren worden war. Als Barthes sich diesem Foto zuwandte, war seine Mutter vor kurzem gestorben. Barthes sah in der Fotografie ihre sowie seine eigene Sterblichkeit eingeschrieben. Der Aspekt, in wenigen Ausnahmefällen und mit ganz bestimmten Fotografien ein zeitlich unveränderliches und letztlich nur imaginär zugängliches Wesen eines Menschen sowie die eigene Sterblichkeit angesichts dessen Todes erfassen zu können, öffnet eine weitere Dimension im Realitätsverhältnis der Fotografie. Sie wird zu einer Emanation eines unendlichen und doch in der Vergangenheit fixierten Wesens im Angesicht der Endlichkeit des eigenen Daseins.

„Die PHOTOGRAPHIE ist, wörtlich verstanden, eine Emanation des Referenten. Von einem realen Objekt, das einmal da war, sind Strahlen ausgegangen, die mich erreichen, der ich hier bin; die Dauer der Übertragung zählt wenig; die Photographie des verschwundenen Wesens berührt mich wie das Licht eines Sterns. Eine Art Nabelschnur verbindet den Körper des photographierten Gegenstandes mit meinem Blick: das Licht ist hier, obschon ungreifbar, doch ein körperliches Medium, eine Haut, die ich mit diesem oder jener teile, die einmal photographiert worden ist." (Barthes 1989: 90f)

Das Wesen der Fotografie besteht Barthes zufolge nicht darin, mit ihrer Indexikalität eine außerhalb ihrer liegende Realität – in diesem Fall die pure Existenz seiner Mutter – zu beweisen oder zu indizieren. Vielmehr beglaubigt diese, und nur *diese* Fotografie die physische Realität der *Vorstellung* vom *Wesen* der Mutter. In diesem Bedeutungszusammenhang beglaubigt die Fotografie die *Realität des Imaginären*. Sie wird, so Berg in seiner Interpretation von Barthes, zur Ikone und damit zum Bestandteil eines Glaubens.

Dubois verfolgt in seiner Argumentation diesen Gedankengang, der die metaphysische Dimension der Fotografie zentral setzt, nicht weiter, obwohl in seiner Bestimmung der mit der Fotografie verbundenen Zeitverhältnisse der Bezug zum Leben und zum Tod ebenfalls ein wesentlicher Aspekt ist. Er beschränkt sich auf eine epistemologische Bestimmung der Fotografie, in der das subjektgebundene Verhältnis zwischen Fotografie und einer an ihr indexikalisch haftenden und zugleich von ihr radikal getrennten Realität/Wirklichkeit offen bleibt.

„Wie man sieht, ist das Prinzip einer zugleich zeitlichen und räumlichen Trennung, einer irreduziblen Kluft zwischen Zeichen und Referent, ein wirklich grundlegendes. Es spitzt radikal zu, dass die Fotografie als Index mit dem Objekt, das sie repräsentiert und dem sie entspringt, in enger räumlicher und physikalischer Verbindung steht und dennoch in einer absoluten Trennung von ihm verharrt. Der Illusion einer Gleichsetzung mit dem Wirklichen setzt die Fotografie die Notwendigkeit einer konstitutiven Spaltung entgegen, einer Distanz, die den Bezug des Bildes zu seinem Objekt und folglich auch unseren Bezug zu beiden ins Wanken geraten lässt.“ (Dubois 1998: 97)[163]

Dies erscheint mir eine sinnvolle Ausgangsbasis für eine interpretative Zuwendung zu Fotografien. Damit werden weder indexikalische Bedeutungsbezüge zwischen Fotografien und ihren Referenten, noch ihre möglichen metaphysischen Dimensionen ‚für jemanden‘ ausgeschlossen. Die Frage, in welcher Weise Fotografien in sozialen Zusammenhängen Bedeutungsbezüge entstehen lassen, bleibt offen und einer Beschäftigung mit jeweils konkreten Fotografien als singulären, mit indexikalischem Potential ausgestatteten Objekten, überlassen.

Die auf der Basis von Benjamin, Peirce und Barthes entwickelte Konzeption von Philippe Dubois, für die der spezifische mediale Charakter der Fotografie entcheidend ist, hat das Potential, eine Reihe von Phänomenen im sozialen Gebrauch von Fotografien aufzuschließen: die Bedeutung von Fotografien in rituellen sozialen Situationsbezügen – etwa in Geldbörsen, auf Kaminsimsen, in der Gestaltung von Fotoalben –, oder als Fetische im Sinne der Herstellung der Präsenz eines Objektes mittels einer mit ihm (partial) verbundenen Repräsentation. Die Indexikalität der Fotografie wird in dieser Perspektive als ihr wesentliches symbolisches Potential erkennbar. Die Bedeutungs- und Sinngenerierung durch Fotografien auf den *Glauben* an ihre Indexikalität zu reduzieren oder diesen gar vorwiegend in ein religiöses Feld zu verlagern, erscheint mir jedoch in der Gewichtung, wie sie von Dubois ebenso wie von Berg vertreten wird, nicht zwingend. Die von Dubois in seiner Definition der Fotografie entwickelte strikte Trennung zwischen ihrer Bestimmung zum einen als Index und Spur ohne Sinn und zum anderen als pragmatischem Akt, in den erst soziale und subjektive Codes – also Symbolisierungsprozesse – eingeschrieben sind, erscheint mir nicht notwendig, um dem Mythos der Fotografie als wahrheitsstiftendes Abbild von Wirklichkeit zu entgehen. Ich schlage vielmehr vor, die indexikalische Funktion von Fotografien nicht prinzipiell abzutrennen von ihren symbolischen Bedeutungsbezügen. Meines Erachtens gilt es, beide Aspekte, die Indexikalität ebenso wie die Einbettung in einen sinnstiftenden Akt, immer als einen Bedeutungs*zusammenhang* im Sinne von Langer zu sehen. Darin kann die Indexikalität eine wesentliche Rolle in

163 Dieses eigentümliche und zum Teil paradoxe Verhältnis von Nähe und Distanz zwischen der Fotografie und ihrem Referenten vergleicht Dubois mit der Benjamin‘schen Bestimmung der Aura und kommt zu dem Schluss, dass sich beide Konzepte in diesem Punkt sehr ähnlich seien (Dubois 1998: 97). Mit seinem Vergleich übersieht Dubois allerdings, dass Benjamin seinen Aurabegriff nur auf einen spezifischen Typus von Fotografie anwendbar hielt, während Dubois mit seinen Bestimmungen auf eine grundlegende Epistemologie der Fotografie abzielt.

einem wie auch immer gearteten religiösen, mythologischen oder wissenschaftlichen Glaubenszusammenhang spielen, muss es aber nicht. Denn es können auch viele andere mit der Indexikalität verbundenen Bedeutungsbezüge relevant werden, und schließlich kann die Indexikalität in von einer Fotografie ausgehenden Bedeutungsbezügen auch keine wesentliche Rolle spielen. Daraus folgt für meinen Argumentationszusammenhang, dass es nicht entscheidend ist, die Fotografie kategorial als von Bild-Medien prinzipiell unterschieden zu bestimmen. Ihre spezifische Referentialität konstituiert zwar einen wesentlichen medialen Unterschied. Die Bildakte, in denen die Indexikalität erst Bedeutung gewinnt, sind jedoch von jenen auf andere Bildmedien bezogenen Akten nicht grundsätzlich verschieden.

Fotografie als Medium sozialer Zusammenhänge

Die dargestellten allgemeinen Bestimmungen zur Fotografie implizieren mediale Eigenschaften, die in sozialen Zusammenhängen spezifische Bedeutungsbezüge von Fotografien entstehen lassen. Im folgenden wird die Rolle von Fotografien im Zusammenhang der Entwicklung eines Selbst, von Familien- und Generationenzusammenhängen und nicht zuletzt in gesellschaftsgeschichtlichen Gestaltungsprozessen als heuristischer Hintergrund zur Erschließung der mit Fotografien verbundenen Bedeutungspotentiale umrissen.[164]

Bekanntlich konstituiert sich ein Subjekt als ein Selbst in Beziehung zu Anderen, deren Perspektive zum unhintergehbaren Bezugspunkt von Identität und Individualität wird. George Herbert Mead hat für diese Auffassung in der Soziologie eine bis heute tragende theoretische Grundlage geschaffen (Mead 1969). Indem ein Kind sich aus der Perspektive signifikanter wie generalisierter Anderer wahrnimmt, entwickelt es ein Selbst, das sich in sozialen Interaktionen aus dem Zusammenspiel zwischen I und Me als singuläres und zugleich soziales und gesellschaftliches formt. Ein solcher Vorgang bestimmt einen Menschen aus der Perspektive Anderer als einzigartiges Individuum wie als soziales Wesen unhintergehbar multiper-

164 Dieser grobe Abriss umfasst bei weitem nicht alle medialen Funktionen von Fotografien in sozialen Zusammenhängen. Ausgeklammert bleibt zum Beispiel ein großes Forschungsfeld zur Fotografie als Medium der (Natur-) Wissenschaft (Geimer 2002; Bredekamp 2005; Bredekamp/Werner 2003; Bredekamp/Schneider 2006). Aus soziologischer Perspektive im engeren Sinne siehe Burri (2008), u.a.m. Die Literatur in diesem Feld ist in den letzten zehn Jahren enorm gewachsen und bedürfte einer über den Rahmen dieser Arbeit hinausgehenden systematischen Rezeption. Ein weiteres hier nicht einbezogenes Feld betrifft die neuen Praktiken im Umgang mit Fotografien im Internet, die noch kaum Gegenstand soziologischer Untersuchungen geworden sind. Und schließlich bleibt auch ein wachsender Bereich politikwissenschaftlicher Bildanalysen ausgeklammert (exemplarisch Warnke 2008, Bernhardt et.al. 2007).

spektivisch. In anderen Worten: wir werden erst aus den mehr oder weniger relevanten, aber immer auch verschiedenen Sichtweisen Anderer zu dem einzigartigen Selbst, als das wir von anderen und von uns selbst wahrgenommen werden. Die Anderen sind Spiegel des Selbst, in dem es sich als eigenständiges und zugleich sozial eingebettetes überhaupt erst entwickelt.[165] In diesem Prozess spielen die Sichtbarkeit der Anderen wie meiner Selbst sowie die Beziehung über spiegelnde Blicke eine zentrale Rolle. In der Konzeption von Jacques Lacan entsteht das Selbst überhaupt erst als Spiegel*bild*. Damit ist impliziert, dass mir das Selbst nicht unmittelbar und schon gar nicht als ‚Wesenseinheit' zugänglich ist, sondern immer nur über ein ausschnitthaftes Bild, welches mir entweder buchstäblich von einem Spiegel oder aber in den Blicken der Anderen entgegentritt. In diesem Bild verbindet sich das Sichtbare mit dem Imaginären in unauflöslicher Weise. Der Spiegel macht sichtbar, was vor ihm steht, während das Gespiegelte nur imaginär ‚mit mir' in Verbindung gebracht und damit zum ‚ich selbst' werden kann.

Vor diesem Hintergrund liegt es nahe, die Fotografie als ein in diese Spiegelungsprozesse eingebettetes Medium zu sehen. Die Fotografie ‚spiegelt' jedoch nicht nur in bestätigender, eine Existenz beglaubigender, sondern auch in irritierender Weise. Zum einen zeigt sie ‚mich' nicht in der Weise, wie ‚ich mich' in einem reflektierenden Spiegel spiegelverkehrt sehe. Zum anderen ‚schneidet' die Fotografie einen Ausschnitt aus dem zeiträumlichen Kontinuum meiner Existenz heraus, so dass mir die fotografischen Bilder meiner selbst immer als fragmentierte Bilder entgegentreten.[166] Weiters entsteht durch die Unterbrechung des Geschehens im Akt des Fotografierens ein für diese Situation spezifisches Selbstbild im Hinblick auf dessen Fixierung in der Fotografie: die Pose. Diese ruft – so Benjamin und auch Barthes – eine befremdende Wirkung im eigenen Blick auf mich selbst in einer Fotografie hervor. Damit wird die Fotografie – auch im Selbstauslöser – zum Blick und Bild eines ‚Anderen' auf ‚mich'. „By selecting one instant out of the subject's temporal existence, the photograph stages the subject's own specular self-encounter as an encounter of otherness: the subject represented in the photograph is always other to the one looking at the picture." (Hirsch 2002: 89)

---

165 Seit den Arbeiten von Jacques Lacan ist dies ein zwar im Detail kontrovers diskutiertes, in seinen Grundzügen jedoch weitgehend akzeptiertes Modell der Konstitution eines sich nur im Blick von Anderen wahrnehmenden Selbst, welches sich – sich mit dem ‚Spiegel' und dem Blick von Anderen imaginär identifizierend – als *Ich* wahrnimmt. Die Spiegelmetapher und damit der Aspekt der Sichtbarkeit hat auch in soziologischen Konzepten eine zentrale Rolle gespielt: im *looking glass self* von Cooley, in den ‚Spiegel und Masken' von Anselm Strauss (1982) und nicht zuletzt in der Konzeption der (körpergebundenen) sozialen Interaktion bei Goffman (1981).

166 Vgl. in diesem Zusammenhang die Analyse von Ruck/Slunecko 2008, die am Beispiel der Bilder von Frieda Kahlo zwar keine Fotografie, aber eine bildliche Entwicklung eines dialogischen Selbst rekonstruieren.

Die Fotografie reiht sich – wie Marianne Hirsch gezeigt hat – in den Prozess der Erzeugung eines immer nur partialen und prinzipiell imaginären Selbst*bildes* ein, welches gleichermaßen im Sichtbaren wie im Imaginären oder aber im Mythos verankert ist. Die fragile Konstruktion eines Selbstbildes im Ansehen einer Fotografie bedarf deshalb, so Hirsch, einer Rückbindung in die das Selbst konstituierenden Perspektiven der Anderen und ihrer Blicke. Wenn – vor allem signifikante – Andere ‚mich' in einer Fotografie ‚erkennen', verliert die von ebendieser Fotografie ausgehende Beunruhigung – ‚bin ich das wirklich, was ich da sehe?' – an Schärfe. Vor diesem Hintergrund wird die Einbettung von Fotografien in einen *familialen Blick* bedeutsam.

Hirsch zeigt, in welcher Weise Fotografien als Elemente einer aktualen Konstitution von Familienbeziehungen über spezifische Blickverhältnisse zu verstehen sind. Familienbeziehungen entstehen über relationale, gegenseitige Wahrnehmung und Anerkennung konstituierende Blicke.

> „The familial look, then, is not the look of a subject looking at an object, but a mutual look of a subject looking at an object who is a subject looking (back) at an object. Within a family, as I look I am always also looked at, seen, scrutinized, surveyed, monitored. Familial subjectivity is constructed relationally, and in these relations I am always both self and other(ed), both speaking and looking subject and spoken and looked at object: I am subjected and objectified." (Hirsch 2002: 9)

Gleichzeitig ist die Familie eine soziale Institution, die über normative und ideologische Vorstellungen darüber, was überhaupt und zudem eine ‚gute' Familie ist, strukturiert wird. Kulturspezifische Vorstellungen liegen, so Hirsch, einem *familial gaze* zugrunde, einer Art Blick, der sich wie ein ‚Schirm' zwischen die unmittelbaren, spezifischen und relationalen Blickbeziehungen schiebt.[167] „‚Families' are shaped by individual responsiveness to the ideological pressures deployed by the familial gaze." (Hirsch 2002: 10)

Familiale *looks* und *gazes* bilden als Zusammenhang einen *familialen Blick*, welcher wiederum ein spezifisches *visuelles Feld* entstehen lässt, in dem sich Familienbeziehungen als solche überhaupt erst formen. In anderen Worten: Der *familiale Blick* ist konstitutiv dafür, sich als Familie wahrzunehmen, sowohl im Interaktionsgeschehen – ich werde angeblickt, blicke selbst an; daraus entstehen spezifische Beziehungen, in denen ich mich als Subjekt konstituiere –, als auch in Familienfotografien und deren Bedeutung im familialen Geschehen. Vermittelt über Fotografien und vor allem Fotoalben wirkt der familiale Blick auch über Generationen hinweg zwischen Personen, die sich als Lebende nie begegnet sind.

167 Marianne Hirsch greift neben ihrer Konzeption der imaginären Konstitution eines *Self* auch bezüglich der Unterscheidung von *look* und *gaze* zentrale Argumente aus Jacques Lacans Blicktheorie auf.

> „It is my argument that the family is in itself traversed and constituted by a series of ‚familial‘ looks that place different individuals into familial relation within a field of vision. When I visually engage with others familially, when I look through my family's albums, I enter a network of looks that dictate affiliative feelings, positive or negative feelings of recognition that can span miles and generations: I ‚recognize‘ my great-grandmother because I am told that she is an ancestor, not because she is otherwise in any way similar or identifiable to me. It is the context of the album that creates the relationship, not necessarily any preexisting sign. And when I look at her picture, I feel as though she also recognizes me. We share a familial visual field in which we see even as we are seen.“ (Hirsch 2002: 53f)

Hirsch zufolge gewinnen Fotografien vor allem im visuellen Feld der Konstitution familialer Beziehungen über Generationen hinweg ihre soziale Bedeutung. Sich selbst in einem visuellen Feld familiarer Beziehungen zu platzieren ist im Familienkontext der Kern fotografischer Aktivitäten beim Aufnehmen, Betrachten und bei der Anordnung von Fotos in einem Album. In ‚Familienaufnahmen‘ wird der Blick der Anderen auf mich sichtbar, und damit mein eigener irritierter Blick auf mich relativiert und wieder in eine soziale Beziehung rückgebunden. Schließlich sind, so Hirsch, einzelne Fotos ebenso wie Fotosammlungen – wie zum Beispiel das Album – in einen Narrationszusammenhang etwa in Form mündlich erzeugter (Familien)Geschichten eingebettet, die die fotografischen Bildfragmente in einem über sie hinausweisenden Sinnzusammenhang verknüpfen. Familienfotografien sind immer auch in einen narrativ-sprachlichen Zusammenhang eingebettet, also image-texte im Sinne von W.J.T. Mitchell, auch wenn sie keine Beschriftungen oder andere sprachlichen Elemente aufweisen. Im Rahmen von Familiengeschichten werden Fotografien Teil narrativer Prozesse, die sich als Familien- und Generationengeschichte auf einen Zeithorizont beziehen, der über die eigene Lebenszeit sowohl in die Vergangenheit als auch die Zukunft mehr oder weniger weit hinausweist. Die von Dubois in Bezug auf Barthes entwickelte spezifische Eigenschaft von Fotografien, nämlich die Präsenz von Objekten und Personen in der Vergangenheit und damit ihre Absenz in der Gegenwart ebenso wie in der Zukunft – also ihren nahenden Tod – zu thematisieren, wird zum wesentlichen Aspekt von Familienfotografien und insbesondere von Familien-Fotoalben.[168] Und dennoch: auch wenn über eine narrative Ordnungsstruktur – sowohl bei der Herstellung wie bei der Betrachtung – von Fotografien ein (familien)biographischer Konstruktionsprozess stattfindet, geben die als Momentaufnahmen fixierten Fotografien nicht den zeitlichen Prozess der Gewordenheit einer Person wieder, sondern lassen fragmenthafte Bilder, in denen sich mehrere Blickbeziehungen in jedem der damit verbundenen fo-

168 Ein eindrückliches Beispiel hierzu fand ich in einem besonderen Fotoalbum im Rahmen des in der Bildanalyse III erwähnten Ausstellungsprojektes, welches mit einem Foto vom Begräbnis des Ehemannes begann und sich in der Chronologie rückwärts auf die Kindheit der Frau, die das Album nach dem Tod ihres Mannes angelegt hatte, zubewegte.

tografischen Akte überlappen, hervortreten. „ [...] each *individual* image is an overlay of mutual looks. [...] *overlays* revealing different aspects of the subject not as they develop over time but as they coexist at the same temporal moment, filtered through different screens." (Hirsch 2002: 89)

Familienfotografien, und insbesondere das Fotoalbum, sind also Medien, in denen der familiale Blick wirksam wird, über den sich erst Beziehungen genuin als familiale über Generationen hinweg herstellen. In analytischer Perspektive enthüllen Familienfotografien sowohl den normativen Charakter des *familial gaze* und zeigen zugleich, in welch spezifischer Weise konkrete Beziehungen über den *familial look* hergestellt werden. Die für die Familienbeziehungen konstitutiven und in fotografischen Akten fixierten Blicke projizieren Wünsche, Vorstellungen, Mythen familialer Beziehungen ebenso wie sie deren Realität in der fotografischen Darstellung sichtbar werden lassen.

Fotografie und Wirklichkeit – eine Zusammenfassung

In Bezug auf Fotografien ist vor allem die Frage strittig, ob durch ihren spezifischen indexikalischen Bezug zu ihren Referenten, d.h. den in ihr sichtbaren Objekten, ein eigenes Wirklichkeitsverhältnis konstituiert wird. Diese Frage bleibt auch bestehen, wenn man davon ausgeht, dass Fotografien ebensowenig Abbilder von Wirklichkeit sein können wie andere materielle Bilder auch, selbst wenn sie als solche gebraucht und ihnen damit die Funktion eines Abbildes zugewiesen wird. Denn Fotografien sind Spuren *fotografischer Akte.* Im Akt der Aufnahme wird mit Hilfe eines technischen Apparates durch Rahmensetzungen, perspektivische Einstellungen, Kontraste und Lichtregulierungen eine räumlich und zeitlich extensive, multisensuelle Realität in ein flächiges und vornehmlich visuell wahrnehmbares Bild verwandelt. Im Akt der Entwicklung des Negativs und der Herstellung von Abzügen können Körnungseffekte, Vergrößerungen, Verkleinerungen und verschiedene Ausschnitte erzeugt werden. Bei der Betrachtung von Fotografien und ihrem sozialen Gebrauch in spezifischen sozialen Kontexten werden seitens der Subjekte weitere Bedeutungsrelationen und Sinnbezüge hergestellt. Alle diese Dimensionen spielen in den Sinnbezügen einer Fotografie eine Rolle. Und dennoch haben Fotografien – folgen wir Dubois und anderen – einen spezifischen Bezug zu ihren Referenten. Sie sind das Medium, welches eine Beglaubigungsfunktion dafür übernimmt, *dass etwas* oder jemand *da gewesen* ist. Das impliziert nicht, ein besseres oder schlechteres oder überhaupt ein Abbild zu sein; es impliziert lediglich die Bestätigung der Existenz von etwas oder jemandem in einem bestimmten vergangenen Augenblick. Auch wenn das Dargestellte im Moment der Betrachtung keinesfalls mehr *so* existiert, bleibt die Fotografie mit ihrem Referenten indexikalisch verbunden.

Aus diesem Zusammenhang entwickelt sich in Bezug auf die Fotografie als Medium ein spezifisches Symbolisierungspotential, welches vor allem in sozialen Gebrauchsweisen deutlich wird. In diesen spielen Fotografien in der Entstehung von Selbstbildern wie von Familien- und Generationenbeziehungen eine wesentliche Rolle.[169] Mit der Indexikalität der Fotografie ist die Wahrnehmung der Existenz von einem Selbst, einem Selbst in sozialen Beziehungen – wie etwa zu Freunden, Kollegen, in Familienbeziehungen auch über Generationen hinweg zu Personen, die nicht mehr am Leben sind, u.a.m. – verbunden. Die Indexikalität der Fotografie verbürgt ein ‚So ist es gewesen', welches zugleich durch den ‚sozialen Blick' als spezifische (Wunsch-)Vorstellung dessen, was ist, geformt wird. Dadurch wird die Fotografie zu einem Medium der Gestaltung sozialer Beziehungen, die als fixierte auch über ihre aktuale Existenz hinausweisen.

Barthes zufolge ist der Fotografie – phänomenologisch betrachtet – ein Verweis auf den Tod eingeschrieben. Die im Foto sichtbaren Personen haben sich seit dem Moment der Aufnahme in der Lebenszeit diesem genähert oder leben schon nicht mehr. Damit weisen Fotografien immer auch über die Lebenszeit der darin Fixierten hinaus und enthalten nicht lediglich die Gewissheit des *So ist es gewesen*, sondern auch diejenige des *So wird es nicht mehr sein*. Fotografien sind zum einen Medien der Gestaltung von Vergangenheit in retrospektiven Akten der Zuwendung. Darüber hinaus enthalten sie das Potential, im Anblick der in ihr fixierten Personen diese wieder zum Leben zu erwecken im Horizont der Gewissheit, dass die Zeit und der Tod alles darin Sichtbare entweder bereits verschlungen hat oder verschlingen wird. Deshalb sind Fotografien zum einen zwar Medium der Erinnerung, zum anderen aber auch als ‚Zeitfresser' ein Medium des Mythos und des Fetisches.

Insgesamt ist die Fotografie in Bedeutungszusammenhänge eingebettet zu sehen, in welchen ihre Indexikalität eine zentrale Rolle spielen kann, aber nicht muss. Wichtig erscheint mir, keine kategoriale Trennung zwischen der Indexikalität der Fotografie in Bezug auf ihren Referenten und ihren (sozialen) Bedeutungs- und Sinnzusammenhängen vorzunehmen.

Methodologisch gesehen hat dies zur Konsequenz, dass Fotografien von anderen Bildern nicht kategorial zu unterscheiden sind, sondern eher funktional in Bezug auf ihr indexikalisches Potential. Für die Analyse von Fotografien bedarf es deshalb keiner eigenen Methodologie und Methode, sondern lediglich einer Berücksichtigung ihrer spezifischen Medialität und den daraus erwachsenden spezifischen Symbolisierungspotentialen in sozialen Gebrauchszusammenhängen.

169 Dies gilt natürlich nur für jene Kulturen, in denen sich die Fotografie als Medium in dieser Weise etabliert hat.

Methodologische Prinzipien und methodisches Verfahren

„Jetzt mache man ein Experiment: Man decke die Gesichter der Musikergruppe mit einem Stück Papier ab und betrachte ihre bekleideten Körper. […] Jetzt mache man das umgekehrte Experiment. Man bedecke die Körper der Musikanten und sehe nur ihre Gesichter an." (John Berger 1980/2003: 39f)

Aus den vorgestellten bildtheoretischen Grundlagen lässt sich festhalten, dass sich Bilder als anschauliche Darstellungen von Gegenständen, Körpern, Menschen, Sachverhalten signifikativ direkt auf diese Gegenstände oder Sachverhalte sowie symbolisch auf *Vorstellungen* bezüglich dieser Gegenstände, Sachverhalte einschließlich mit ihnen verbundener Begriffe beziehen können ebenso wie auf Träume und Phantasien. Materialisierte Bilder – und auf solche fokussiert diese Arbeit – *zeigen* ‚etwas' ‚als etwas' in einer bestimmten Sichtweise, sich selbst als materiellen Bildgegenstand ‚für jemanden' in einer – meist latent bleibenden – *Form* der Bedeutungsstrukturierung sowie in Bezug auf offene Horizonte, die mit ihnen kontextuell verbunden sind. In ihrer Darstellungsfunktion repräsentieren Bilder eine bereits gestaltete Wirklichkeit und bringen diese zugleich durch Prozesse *bildlicher* Sinnerzeugung hervor. Bilder sind genuiner Bestandteil sozialer wie gesellschaftlicher Symbolisierungsprozesse im Modus des Bildlichen. Die Differenz zwischen Bild und Nicht-Bild, mithin zwischen bildlich und nicht-bildlich symbolisierten Wirklichkeiten, löst sich dabei nicht auf.

Symbolisierungsprozesse lassen sich Susanne Langer zufolge als Bedeutungsrelationen zwischen *Termini*, die als *Anzeichen* oder *Symbol* fungieren, den angezeigten oder symbolisierten Objekten, Vorstellungen und Begriffen sowie einem *Subjekt*, für das die Relation etwas meint, systematisch erfassen (siehe erstes Kapitel). Dadurch werden sie einer methodischen Rekonstruktion zugänglich. In diesen Bedeutungsrelationen entsteht bildlicher Sinn in der Regel im präsentativen Modus der Symbolisierung. In dieser *Form* sind alle Elemente in Relation zueinander gleichzeitig sichtbar und bilden in Bezug auf das Bildganze eine sinnhafte Gestalt. Bildlicher Sinn entsteht mithin in Gestaltbildungsprozessen über die Wahrnehmung von ‚etwas' in der sichtbaren Materialität eines Bildes. In diesen Prozess gehen Appräsentationsschemata von Gegenständen oder Sachverhalten in ihren kontextuellen Horizonten ebenso ein wie abstrakte Begriffe und Vorstellungen in Bezug auf die Welt und ihre prinzipiell nicht sichtbaren Aspekte. Bildlicher Sinn geht aus einem Spannungsverhältnis zwischen Sichtbarem und Unsichtbarem, zwischen Anwesenheit und Abwesenheit des Dargestellten hervor. Die Entstehung bildlichen Sinns im Prozess der Wahrnehmung einer Bildgestalt ist zugleich eingebettet in spezifische *Sinngewebe* und damit in der Regel verschränkt mit diskursiven Formen der Symbolisierung in spezifischen sozialen Kontexten im Alltag, in der Werbung, Wissenschaft, Kunst, Religion, etc.

Die Darstellung ausgewählter bildtheoretischer Konzepte hatte zum Ziel, die Entwicklung einer Methodologie und Methode zur Bildinterpretation in soziologischen und sozialwissenschaftlichen Forschungszusammenhängen theoretisch zu fundieren. Im folgenden geht es nun darum, die im Laufe dieser Arbeit auch in konkreten Bildanalysen entwickelte Methode vorzustellen, mit dem Ziel, bildlichen Sinn anhand von Bedeutungsrelationen in ihren spezifischen Formen der Symbolisierung sowie in ihren jeweiligen kontextuellen Horizonten und Sinngeweben zugänglich zu machen. Aus der Perspektive der vorgestellten theoretischen Konzepte zielt eine Interpretation auf das, was bildlich anschaulich wird, ohne manifest sichtbar sein zu müssen und dennoch in Materialität verankert bleibt. Damit geht es nicht zuletzt darum, die *Wirkung* von Bildern methodisch zugänglich zu machen im Bewusstsein dessen, dass diese nie gänzlich erfasst oder objektiviert werden kann. Bildlicher Sinn ist immer auch auf ein *Subjekt* – verstanden als eine soziale Entität auch unterschiedlicher Ausdehnung von Einzelpersonen bis zu Großkollektiven – bezogen. Zudem kann er nie gänzlich in sprachlich-diskursive Formen transformiert werden.

Die Komplexität der Zusammenhänge, in denen bildlicher Sinn entsteht, lässt sich – nicht zuletzt auch angesichts der Vielfalt von Bildern – nur in sehr abstrakter Weise theoretisch erfassen. Um eine konkretere Vorstellung zu möglichen Bedeutungspotentialen von Bildern zu gewinnen, wurden zum einen Interpretationen einzelner Bilder vorgestellt (siehe Bildinterpretation I-III). Ausgehend von den diskutierten bildtheoretischen Konzepten wurden zum anderen mögliche gegenstandsbezogene Dimensionen herausgearbeitet, in denen Symbolisierungsprozesse in und mit Bildern stattfinden und spezifische Wirklichkeitsbezüge entstehen lassen. Die im folgenden zusammengefassten Überlegungen sollen dazu dienen, ein Spektrum von Wirklichkeitsbezügen in Verbindung mit Bildern aufzuspannen und damit einen heuristischen Möglichkeitshorizont von Sinnbezügen zu entwickeln. In konkreten Bildanalysen gilt es, mit allen zur Verfügung stehenden heuristischen Wissensbeständen, also auch mit welchen, die hier nicht auf- und ausgeführt werden, Bedeutungsbezüge konkret zu entwickeln und auf ihre Tragfähigkeit zu prüfen.

Die Komplexität bildlicher Symbolisierungsprozesse erfordert eine Unterscheidung verschiedener Ebenen der Bedeutungs- und Sinnbildung, um sie in aufeinander folgenden Analyseschritten jeweils fokussiert adressieren zu können. Diese Auffassung bildet die Basis des im zweiten und dritten Teil dieses Kapitels vorgestellten methodologischen Konzeptes und darauf aufbauenden methodischen Verfahrens.

Bild, Fotografie und soziale Wirklichkeiten: Potentielle Analysedimensionen

Aus der Diskussion theoretischer Bildkonzepte ist hervorgegangen, dass sich das Verhältnis zwischen Bild und Wirklichkeit nicht fixieren lässt. Vielmehr ist davon auszugehen, dass dieses Verhältnis – nicht zuletzt auch in historischer Perspektive – vielerlei Bezüge und Dimensionen aufweist. Verschiedene Bildkonzepte ebenso wie unterschiedliche Auffassungen zur Fotografie in Philosophie, Kunst- und Kulturtheorie wirken historisch nach und werden immer wieder in verschiedener Weise relevant. Gegenwärtig ist von einer Gleichzeitigkeit verschiedener Auffassungen davon, was ein Bild ist, und verschiedenen Verhältnisbestimmungen in Bezug auf verschiedene Wirklichkeiten, auszugehen. Alles kann in verschiedenster Weise zum Bild werden. Dennoch ist das Verhältnis zwischen Bild und sozialen Wirklichkeiten nicht beliebig. Auf der Basis der diskutierten Ansätze und in Anlehnung an eine Systematisierung von Gernot Böhme (1999) lassen sich folgende Bezüge zwischen Bildern und Wirklichkeiten als heuristischer Rahmen aufspannen:

- Bilder können signifikative Funktionen als *Anzeichen* von Gegenständen, Sachverhalten, Handlungssituationen, Zuständen u.v.m. erfüllen. Das Bild und seine Qualität bestimmt sich hier in der Relation zu einer außerbildlich gegebenen Wirklichkeit, von der wesentliche gestaltbildende visuelle Aspekte ins Bild übertragen werden.
- Bilder können durch *codierte Verweise auf ihre Referenten* als *Symbol* fungieren. In dieser Bedeutungsfunktion müssen Bilder mit ihren Referenten in keiner Weise indexikalisch verbunden sein. Bildbedeutungen und Sinnbezüge gehen vielmehr aus kulturellen Codierungen hervor und sind somit Teil auch sprachlich vermittelter, mehr oder weniger kollektiv geteilter Wahrnehmungs- und Sichtweisen – wie etwa in der religiösen Malerei oder in der Werbung.
- Das Symbolisierungspotential von Bildern entsteht in spezifischer *Form*, in der rein bildliche Elemente und Zusammenhänge – Farben, Figuren,

Linien, Achsen, Perspektiven, Szenen, Komposition – als Gestaltzusammenhang in vornehmlich bildinternen Verweisungsbezügen für den Bildsinn konstitutiv werden. Die *Sichtbarmachung* und *Ansichtigkeit* von Phänomenen lässt Bedeutungs- und Sinnbezüge entstehen, die in dieser Weise in Medien mit sequentieller Bedeutungsstruktur – wie etwa die meisten sprachlichen Formen – in dieser Weise nur schwer möglich sind: zum Beispiel Lichtphänomene, Überlappungen von Gleichzeitigem und Widersprüchlichem, die Gleichzeitigkeit von Fragmentierung und Zusammenhang, collagenförmige Bildgestalten, u.a.m.

- In ihrer Funktion als Medium der *Kommunikation* werden Bildbedeutungen und ihre Sinnbezüge über den Gebrauch bestimmt. Ein Bild wird erst zu einem *Bild*, wenn es auch *angesehen* wird. Ohne das Sehen, welches immer in körper-leiblichen Bewegungen sowie in spezifischen Kontexten – Ausstellungen, Betrachtung von Familienalben, etc. – stattfindet, würde aus einem flachen Gegenstand kein *Bild* im Sinne einer sinnhaften, in Materialität verankerten und zugleich imaginären Gestalt.
- Schließlich kann das Bild als *Steigerung von Wirklichkeit* fungieren. Hier kehrt sich das Verhältnis zwischen Bild als einer Abschattung von außerbildlichen Wirklichkeiten geradezu um. In dieser Perspektive zeigt nicht das Bild etwas von einer Wirklichkeit, die sich unabhängig von diesem Bild konstituiert hat, sondern das Bild bestimmt, was die Wirklichkeit *ist*. Dies geschieht – so die Diagnosen zum *pictorial* oder *iconic turn* – zunehmend durch die Omnipräsenz von Bildern, die unsere Sichtweisen und Wissensbestände so stark strukturieren, dass wir nur das als Wirklichkeit wahrnehmen, was sich uns in Form von Bildern, insbesondere fotografischen oder anderweitig maschinell erzeugten Bildern, darstellt (siehe exemplarisch Böhme 1999: 111ff).

Aus der Vielfalt der Welt der Bilder sowie ihrer jeweiligen Betrachtungsweisen ließen sich Belege für alle diese Bildfunktionen finden. Sie schließen sich gegenseitig prinzipiell nicht aus. Vielmehr können Bilder verschiedene Funktionen gleichzeitig erfüllen. Der Gehalt der jeweiligen Dimension variiert jedoch zwischen Bildgattungen – Kunstbilder, Knipserfotografien, Werbebilder, u.a.m. – und Qualitäten – Originale, Reproduktionen, Negative, Abzüge, Kopien u.a.m. Die zugeschriebenen und in Analyseprozessen entdeckten Bedeutungsfunktionen und Sinnbezüge bestimmen zugleich den Interpretationsfokus. Der Ertrag der Interpretation in sozialwissenschaftlichen Forschungszusammenhängen wird davon abhängig sein, welches Wirklichkeitsverhältnis und damit welche möglichen Sinnpotentiale adressiert und ausgeschöpft werden. Entscheidend ist, diese nicht im Vorhinein zu bestimmen, sondern zum Gegenstand der Untersuchung zu machen.

Im Zuge des Analyseprozesses sollte – in reflexiver Haltung gegenüber den eigenen Forschungsperspektiven und impliziten Annahmen – deutlich werden, ob und inwieweit Bilder als Datenmaterial eingesetzt und betrachtet werden, welches Teile oder Aspekte einer außerbildlichen Wirklichkeit, an der wir ‚eigentlich' interessiert sind, in bestimmter Weise repräsentiert, ob spiegelnd, kopierend, mimetisch abbildend, nachgestaltend oder anderes mehr. In dieser Perspektive werden Bilder als Quelle in der Regel auch in Verbindung mit anderen Quellen eingesetzt, um einer Wirklichkeit auf die Spur zu kommen, von der wir annehmen, dass sie auch ohne diese Bilder existiert.[170] Im Unterschied dazu können Bilder als ein konstitutives Element der untersuchten Wirklichkeit betrachtet werden, die ohne *dieses* Bild oder diese Gattung von Bildern nicht in dieser Weise existieren würde, die aber auch nicht ausschließlich aus Bildern besteht.[171] In dieser Perspektive werden Bilder in Verbindung mit anderen für die untersuchte Wirklichkeit jeweils relevanten Gegenständen zum Analyseobjekt. Schließlich kann ein Bild oder eine Bildersammlung als eine eigenständige Wirklichkeit betrachtet werden. In dieser Perspektive liegt der Fokus auf der Rekonstruktion spezifisch in der Bildlichkeit sichtbar werdender Phänomene.

Bilder können unter allen genannten Aspekten zu einem interessanten sozialwissenschaftlichen Analysegegenstand werden.[172] Eine prinzipielle Entscheidung darüber, was als sozialwissenschaftlich relevant oder irrelevant erachtet wird, ist meines Erachtens nicht angebracht. Dies setzt Offenheit hinsichtlich des Gegenstandsbezuges von zu analysierenden Bildern mit der Frage ‚Was analysiere ich an/in diesem Bild' voraus.[173] Wichtig ist lediglich, im Nachweis des Analyseprozesses das jeweilige Wirklichkeitsverhältnis, in Bezug auf das die jeweiligen Bildgegenstände in den Blick genommen werden, transparent zu machen.

170 Diese Gebrauchsweise von Bildern, insbesondere Fotografien, ist bisher soziologisch am weitesten entwickelt und genutzt worden (vgl. Bourdieu 1981; Becker 1986; Teckenberg 1982; Lueger 2000 und Harper 2000). Daneben wurden auch Produktions- und Rezeptionsbedingungen von Bildern und ihren spezifischen Medien ins Zentrum soziologischer Analysen gerückt. Die Konstitution von Bildern als Bilder, also Phänomene der Bildlichkeit, wurden vergleichsweise noch wenig berücksichtigt. Erst neuere Arbeiten (exemplarisch Bohnsack 2003 und insbesondere Raab 2008) zielen auf die eigenständige Erfassung bildlicher Phänomene.

171 Ein Beispiel hierfür ist die Werbung, in der wir es meist mit *image-texten* im Sinne von Mitchell zu tun haben. Bild- und Textelemente bilden einen jeweils spezifischen, wechselseitig aufeinander verwiesenen Zusammenhang. Exemplarische Analysen dazu sind in Müller-Doohm et.al. 1992 zu finden.

172 Vgl. exemplarisch die ausführliche Diskussion dieser Frage in Becker 1986 sowie Ansätze einer soziologischen Analyse von Kunstwerken (Oevermann 1990; Loer 1994; Heinze-Prause/Heinze 1996).

173 Siehe hierzu auch Becker 1986: 276, 279.

Methodologische Prinzipien

Der im Folgenden vorzustellende Zugang zur Analyse von Bildern und Fotografien, die die alltäglich uns umgebende Bilderwelt bevölkern, bezieht sich zunächst auf fixierte, also unbewegte Bilder.[174] So lässt sich genauer erfassen, in welcher Weise über spezifisch bildliche Mittel Sinn- und Bedeutungsbezüge in Bildern entstehen und sichtbar werden. Zum anderen kann sich ein methodisches Interpretationsverfahren an Prinzipien und Methoden der interpretativen Soziologie[175] sowie an in der Kunstwissenschaft entwickelten Wegen zur Erschließung bildlichen Sinns[176] orientieren.

Wenn davon ausgegangen wird, dass in und mit Bildern spezifische Bedeutungs- und Sinnbezüge entstehen, besteht die erste methodologische Herausforderung darin, das, was wir im Sehen simultan und multidimensional wahrnehmen, in sequentieller Form zu versprachlichen. Diese Frage wird im Interpretationsprozess in der verbalen Kommunikation unserer Wahrnehmungen und Sichtweisen sowie in Bezug auf die schriftliche Vermittlung unserer Interpretationsergebnisse an eine wissenschaftliche Community relevant. Denn Sprache ist nach wie vor die wesentliche Basis sozialwissenschaftlich anerkannter Wissensgenerierung und Argumentation.[177]

Grundlagen für den Umgang mit dieser Herausforderung sind vor allem in der Kunstgeschichte zu finden, die sich mit dem Problem der aufschließenden Beschreibung von Kunstwerken als Kernfrage ihrer Disziplin bereits eingehend beschäftigt hat (vgl. exemplarisch im Überblick Boehm/Pfotenhauer 1995). Dabei wird auf das Potential der Sprache, nicht nur Aussagesätze in diskursiver Form, sondern auch bildanschauliche Beschreibungen hervorzubringen, rekurriert. Die rhetorische Figur der Ekphrasis als einer – zum Teil auch literarischen – *Beschreibungskunst*, mit der bei Lesern oder Zuhörern ein Bild in der Vorstellung entsteht, spielt dabei eine wesentliche Rolle. In der Perspektive von Boehm können mit Ekphrasen die deiktischen Potentiale von Bildern sichtbar gemacht werden. Bild und Sprache konvergieren im *Zeigen*, so dass auch sprachlich etwas hervorgehoben und sichtbar gemacht werden kann, was sich im Bild zeigt.

---

174 Bezüglich bewegter Bilder liegen Ansätze vor, die in ähnlicher Weise wie hier bildtheoretisch begründete methodische Zugänge im Rahmen interpretativer Soziologie entwickeln (vor allem Raab 2008).

175 Vgl. Arbeitsgruppe Bielefelder Soziologen 1973/1980; Przyborski/Wohlrab-Sahr 2008; Oevermann et.al. 1979; Rosenthal 2005; Soeffner 1989; bildbezogen auch Bohnsack 2003, 2005; Englisch 1991; Müller-Doohm 1993, 1997.

176 Vor allem Imdahl 1980, 1994; z.T. auch Panofsky 1964, 1975, 1980.

177 Es existieren bereits Vorstellungen dazu, auf welcher methodologischen Grundlage sozialwissenschaftliche Erkenntnisse nicht nur in Bezug auf bereits existierende Bilder, sondern auch mit eigens erzeugten Bildern generiert, präsentiert und dargestellt werden können (vgl. Harper 2000, Soeffner 2004, anwendungsbezogen auch Kolb 2008). Eine Umsetzung dieser Vorstellungen in sozialwissenschaftlich anerkannte Praxis steht allerdings erst am Anfang eines vermutlich länger dauernden Prozesses.

Boehm zufolge gelingt eine Bildbeschreibung dann, „wenn sie das zuwege bringt, was das Bild im Kern auszeichnet: Ungesehenes sichtbar zu machen, es für das Auge herauszuheben, es zu zeigen“ (Boehm 1995: 39). Hierzu sind Ekphrasen besonders geeignet, weil sie „aufzeigen und nicht abschildern wollen (keine ‚sprachliche Fotografien‘ zu liefern beabsichtigen), deswegen können sie bei Bedarf sehr kurz sein. Sie lenken den Blick des Lesers auf Kontraste, in denen sich punktuell ein Gesamteindruck manifestieren kann.“ (Boehm 1995: 35) Diese Form der Beschreibung zielt auf bildkonstituierende Kontraste und Gestaltbildungen.[178] Es gilt, den Zusammenhang zwischen manifest Sichtbarem und latenten Sinnbezügen wie Wirkungen anschaulich hervorzuheben.

„Gelingende Beschreibungen verstricken sich in eine doppelte Aufgabe: sie sagen, was ‚ist‘, sie sagen zugleich aber auch wie es ‚wirkt‘, sie rekurrieren auf Sachverhalte und auf die dem Bild eigentümliche Form des Vollzugs. Ohne Rücksicht auf das Faktische käme der manifeste Gehalt zu kurz, ohne Rücksicht auf den Prozeß würden die Latenzen, der ikonische Zeigegestus ausgeblendet.“ (Boehm 1995: 30)

Ziel einer solchen Bildbeschreibung wäre es, etwas im Bild sichtbar werden zu lassen, was ohne sie – und unter Umständen auch ohne eine ihr vorausgehende Analyse – nicht gesehen worden wäre. Durch einen solchen Modus der Beschreibung kann die Frage, *wie* Bildbedeutungen in spezifischen Sinngeflechten entstehen, in der Weise beantwortet werden, dass der Prozess der Bedeutungs- und Sinnbildung sprachlich anschaulich *am Bild* auch in Bezug auf die dabei wesentlichen bildlichen Mittel zugänglich gemacht wird. Die Bildbedeutungen werden in jenem sprachlichen Modus zu erfassen versucht, mit dem die jeweils spezifische Bildlichkeit am besten dargestellt und aufgeschlossen werden kann. Dass diese Transformation des Bildes in eine bildanschaulich aufschließende Beschreibung immer auch ein Interpretationsvorgang ist, unabhängig davon, welche expliziten Analyseprozesse dem vorausgegangen sind, versteht sich nahezu von selbst. Entscheidend ist, dass diese interpretativen Beschreibungsprozesse eng an der medialen und symbolischen Spezifik eines konkreten Bildes orientiert bleiben, bevor die dadurch aufgezeigten Bedeutungs- und Sinnpotentiale in diskursiven Argumentationszusammenhängen – etwa hinsichtlich ihrer theoretischen Relevanz im Zusammenhang mit bestimmten sozialen Phänomenen – diskutiert werden. Damit soll gewährleistet werden, dass auch die Eigenlogik des jeweiligen Bildes erschlossen wird und seine Bedeutungs- und Sinnzusammenhänge nicht unter diskursiv erzeugte Aussagen subsumiert oder gar nur als Illustration gebraucht werden.

---

178 Davon zu unterscheiden sind Beschreibungen, die sich zunächst ausschließlich auf manifest Sichtbares beziehen, wie es in der Regel als erster Zugang zur Analyse von Bildern im Anschluss an Panofsky vorgeschlagen wird (vgl. exemplarisch Müller-Doohm 1997).

Bildanalytisch in dieser Weise anzusetzen impliziert methodologische Entscheidungen, die zum einen unmittelbar an die interpretative Soziologie[179] anschließen. Zum anderen erfordern sie Modifikationen und Ergänzungen hinsichtlich der Spezifik von Bildern, die eine Verknüpfung mit methodologischen und methodischen Konzepten aus der Kunsttheorie und -geschichte sowie den sich neu entwickelnden Bildwissenschaften nahe legen.

Fallanalyse und Gestaltrekonstruktion

Fallanalysen sind inzwischen als ein zentrales Organisationsprinzip empirischer Untersuchungen in der interpretativen Sozialforschung bereits ausführlich begründet und dargestellt worden.[180] Ebenso sind Prinzipien der Gestaltrekonstruktion in Bezug auf sprachlich hervorgebrachte Biographien theoretisch-methodologisch entwickelt (Schütze 1981, 1983, 1994; Fischer 1978; Fischer-Rosenthal 1996; Rosenthal 1995, 2005) und vielfach mit Gewinn angewendet worden (vgl. exemplarisch Breckner 2005). Hier sollen lediglich jene Aspekte und Modifikationen dieser Prinzipien kurz eingeführt werden, die für Bildanalysen im Paradigma der Interpretativen Soziologie relevant werden.

Ein zu untersuchender Fall kann unterschiedlich bestimmt werden. Es kann sich um ein einzelnes Bild, um eine Bildsammlung aus einer bestimmten Provenienz oder einem spezifischen Kontext, oder aber um ein größeres Bildfeld – etwa die bildliche Darstellung von historischen Ereignissen – handeln. Entscheidend ist, dass die Analyse auf die Aufklärung von Bedeutungs- und Sinnbezügen zielt, die von konkreten Bildgegenständen ausgehen. Es geht mithin nicht um das Auffinden vorher definierter einzelner Merkmale oder Kombinationen von Merkmalen und die Häufigkeit ihres Vorkommens. Das hier zugrunde gelegte methodologische Konzepte geht in Anlehnung an Oevermann (1983) vielmehr davon aus, dass jeder Fall – also auch ein einzelnes Bild, wenn dies zum Fall gemacht wird – im gesellschaftlich und zeithistorisch bedingten Möglichkeitshorizont theoretisch verallgemeinerbare Phänomene sozialer Wirklichkeiten enthält. Anders gesagt: Jede allgemeine Struktur ist in die Spezifik von Einzelfällen eingelagert und muss zu ihr in ein erklärendes Verhältnis gesetzt werden und vice versa: Die Besonderheit eines Falles ist erst im Zusammenhang der ihn strukturierenden allgemeinen Sinnbezüge zu rekonstruieren.[181]

179 Gemeint sind die Phänomenologie, der Symbolische Interaktionismus in der Ausprägung von George Herbert Mead, Handlungstheorien, Ethnomethodologie, Wissenssoziologie, um nur die Wesentlichsten zu nennen.

180 Vgl. exemplarisch Arbeitsgruppe Bielefelder Soziologen 1980; Bohnsack 2003; Fischer-Rosenthal 1991a; Przyborski/Wohlrab-Sahr 2008; Oevermann 1983; Rosenthal 1995, 2005; Soeffner 1989.

181 Um Missverständnissen vorzubeugen sei an dieser Stelle angemerkt, dass der grundlegenden Argumentation von Oevermann zum Verhältnis von Fall und Allgemeinem wie er sie in *Zur Sache* (1983) formuliert hat, gefolgt wird, nicht aber seinem universalistischen Strukturbegriff.

Im Unterschied zur Annahme, dass jeder Fall, selbst wenn er in anderen als sprachlichen Modi vorliegt, textförmigen Charakter annehmen muss, wenn er einer soziologischen Analyse zugänglich gemacht werden soll (vgl. exemplarisch Garz/Kraimer 1994), gehe ich davon aus, dass Bilder als genuine Gestalt- und Sinnbildungsprozesse zu erfassen sind. Die Analyse erfolgt also nicht auf der Basis der Transformation eines Bildes in textliche Beschreibungen, die dann ihrerseits sequenzanalytisch interpretiert werden. Vielmehr geht die Analyse vom Bild aus und bleibt auch beim Bild. Dies erfordert eine Modifikation textgebundener Interpretationsverfahren, die sich vor allem auf Regeln der sequentiellen Bedeutungskonstitution in der sprachlich-kommunikativen Gestaltung von sozialen Phänomenen stützen.[182] Die von Susanne Langer entwickelte präsentative Form der Symbolisierung als Gestaltzusammenhang bietet zusammen mit den in bildtheoretischen Ansätzen hervorgehobenen Spezifik bildlicher Sinnbildung eine Basis, auf der textbezogene methodologische Prinzipien, insbesondere jenes der Sequentialität der Bedeutungskonstitution, modifiziert werden können. Denn für die Entstehung der Bildgestalt ist nicht eine regelhafte sequentielle Anordnung der Elemente wie etwa in Handlungen generell und insbesondere in Sprechakten entscheidend. Vielmehr bildet sich der Gestaltzusammenhang über die simultane Präsenz von Elementen und ihren Verbindungen, die nur in Bezug auf die sichtbare Gesamtgestalt zu bestimmen sind. Gleichzeitig wird im Prozess der Wahrnehmung die Gestalt *sukzessive* in ihren Relationen zwischen Elementen in Bezug auf das Bildganze erfasst.

Im Anschluss an Langer und Boehm bauen sich Bilder nach allgemeinen Prinzipien der Gestaltbildung auf. Gestaltbildung erfolgt durch eine Differenz zwischen Figur und Grund, wodurch sich eine Gestalt überhaupt erst von ihrer Umgebung sowie von nicht sichtbaren Horizonten abhebt. Mit Gurwitsch lässt sich dieser Zusammenhang auch als wechselseitige Konstitution von Thema, thematischem Feld und unthematischem Horizont formulieren (Rosenthal 1995). Dabei werden einzelne manifeste Bestandteile in einem bereits strukturierten Verweisungszusammenhang, einem latent bleibenden thematischen Feld – oder um mit Schütz und Husserl zu sprechen: in spezifischen Appräsentations-, Deutungs- und Verweisungsschemata – wahrgenommen. Der Verweisungszusammenhang konstituiert zum einen die einzelnen Elemente, indem er sie als identifizierbare Teile eines Ganzen wahrnehmbar werden lässt. Umgekehrt wird erst durch die sukzessive Wahrnehmung von Verbindungen zwischen Elementen die Gestalt gebildet. Bilder entstehen mithin durch die simultane Präsenz sowie die prozessuale Wahrnehmung ihres Gestaltzusammenhangs, welcher sich ‚für jemanden‘ von einem Horizont abhebt.

182 Vgl. exemplarisch Mead 1969; Ricoeur 1972; Oevermann 1983; Schütze 1987; Soeffner 1989.

„Keineswegs ist die evidente szenische Simultaneität selbstverständlich oder bereits gegeben mit der materiellen Totalpräsenz des Bildes, sie ist vielmehr eine auf sehr besonderen Strategien beruhende dramaturgische Leistung, die weder durch sprachliche Narration ersetzt werden kann noch auch in der Empirie eines Geschehens ein Vorkommen hat.“ (Imdahl 1995: 308)

Bilder sind durch die Hervorhebung und Zurücksetzung einzelner Elemente, durch perspektivische Verschiebungen, konstellatorische Relationen und vieles mehr strukturiert, so dass die Phänomene in ihrer Gewichtung nicht unterschiedslos vors Auge treten. Vielmehr erschließt die Wahrnehmung eines Bildes seine Strukturierung, indem das Auge über das Bild wandert und damit Relevanzsetzungen vornimmt. Dabei erbringt es, so die Annahme, eine Strukturierungsleistung, die die verschiedenen Elemente zu einem Ganzen zusammensetzt, um das Wahrgenommene als *etwas* zu erkennen und das Zusammenspiel der Elemente wirken zu lassen (Arnheim 1984). Der Blick folgt dabei sowohl eigenen Wahrnehmungspräferenzen, bereits erbrachten und als solchen gespeicherten Strukturierungsleistungen[183] als auch dem, was sich im Bild darbietet.

Um diesen Zusammenhang begrifflich zu fassen hat Thomas Loer das Konzept der *ikonischen Pfade* entwickelt (Loer 1992).[184] Ikonische Pfade entstehen durch bildliche Elemente, entlang derer sich die Wahrnehmung des Bildes prozessual organisiert. Im Unterschied zur Sprache, die eine lineare Sequenz der Wahrnehmung von Worten und Sätzen nahe legt, bleibt die prozessuale Abfolge der wahrgenommenen Elemente und ihrer ikonischen Zusammenhänge im Bild im Hinblick auf die Sequentialität kontingent. Der Blick kann von einem Element / einer Elementverbindung zu einem/r anderen bzw. von einem gestalterisch angelegten ‚Pfad‘ zu einem

183 Die Entstehung bildlicher Wahrnehmungsmuster und -präferenzen wäre ein lohnendes soziologisches Forschungsfeld. Die Arbeiten von Loer (1994, 1996) und Oevermann (1990) haben hierfür Ausgangspunkte geschaffen, die – mit anderen Prämissen – zu weiteren Forschungen etwa zum Zusammenhang zwischen Erfahrungszusammenhängen und bildlichen Gestaltungsprozessen anregen können (vgl. auch Reichertz 1992; Reichertz/Marth 2004). In diese Richtung weist ein sehr vielversprechender Forschungskontext um den Kunsthistoriker Raphael Rosenberg, der in empirischen Untersuchungen der Verbindung zwischen technisch mittels eyetrackern objektivierbaren Wahrnehmungsprozessen und sozialen Bezügen nachgeht (siehe Rosenberg et.al. 2008; Engelbrecht et.al. 2010). Die mit eyetrackern aufgezeichneten Wahrnehmungsprozesse bestätigen bereits jetzt die Annahme, dass ein Bild durch vielfache Sprünge zwischen bildrelevanten Elementen weitgehend entlang seiner Komposition, aber auch in idiosynkratischen Mustern, wahrgenommen wird.

184 Diesen Ausdruck hat Loer im Versuch, die methodologischen Positionen von Imdahl und Oevermann zusammenzuführen, vorgeschlagen. „Zwar sind die ikonischen Pfade sequentiell strukturiert, aber zugleich sind sie multidimensional. So [steht] der Betrachter […] vor einem spezifischen Problem der Bildlektüre, das in der Synthese einer Simultaneität verschiedener Sequenzen besteht.“ (Loer 1994: 349).

anderen ‚springen' sowie aus der Mehrdeutigkeit der Pfade auch neue sehend entwickeln. Beim Bild haben wir es also mit einer Gestalt zu tun, die sich durch simultan gegebene Relationen zwischen Elementen innerhalb eines umgrenzenden Rahmens sowie im Prozess des Sehens konstituiert. Daraus ergibt sich die methodische Herausforderung, der Koinzidenz von Simultaneität *sowie* der Prozessualität des wahrnehmenden Sehens gerecht zu werden. In welcher Weise mit dieser Herausforderung in einem methodischen Verfahren umgegangen wird, wird in folgenden Abschnitt erläutert.

Im Konzept der *gestalthaften Form* ist ein weiteres methodologisches Prinzip enthalten, welches in der bisherigen Argumentation mitgeführt wurde und hier noch einmal explizit genannt werden soll. Es betrifft die Differenz zwischen manifest sichtbaren Bestandteilen sowie nicht sichtbaren Bedeutungsrelationen. Latente Bedeutungs- und Sinnzusammenhänge sind nicht direkt und unmittelbar zugänglich. Vielmehr sind sie nur in der Analyse der Relationen zwischen den Elementen in Bezug auf ein Bildganzes zu erschließen. Methodologisch bedeutet dies, dass sich jede Interpretation auf den Zusammenhang zwischen manifesten und latenten Bedeutungs- und Sinnbezügen beziehen muss, den es methodisch kontrolliert zu rekonstruieren gilt. Ziel der Analyse ist es, Hypothesen zu den die Bildgestalt hervorbringenden Anordnungen und Bezugnahmen der Elemente aufeinander und ihre außerbildlichen Verweisungsbezüge systematisch herauszuarbeiten. Das hierfür eingesetzte Verfahren schließt an die in der strukturalen Hermeneutik entwickelten Modi der Hypothesenbildung und -überprüfung an.

Um der Spezifik bildlicher Gestaltungsprinzipien in Form präsentativer Symbolisierung gerecht zu werden, schlage ich im Unterschied zu der von Oevermann entwickelten Sequenzanalyse eine *Segmentanalyse* vor. Für diese kann wiederum das abduktive Verfahren der Hypothesenbildung und -prüfung (Peirce 1979; Oevermann et.al. 1980; Rosenthal 1995) herangezogen werden. Die Evidenz und Plausibilität bestimmter Hypothesen, die auf der Verknüpfung von Sehweisen zu einzelnen Elementen sowie der Verbindung zwischen Elementen basieren, wird am jeweiligen Fall in Bezug auf die jeweilige Gestalt und nicht aus fallexternen Informationen gewonnen. Die Art der Hypothesenbildung hat folgende Struktur: Zunächst wird ein Bildelement, ein Segment, vom Bildkontext isoliert und fallunabhängig interpretiert. Dazu werden verschiedene Kontexte entworfen, in denen dieses Element Sinn machen, d.h. ‚etwas' zeigen würde. Dabei ist entscheidend, möglichst verschiedene und auch konträr zueinander aufgebaute *Sehweisen*[185] an jedem Bildelement zu entwickeln. Schließlich werden entlang jeder Sehweise die zu erwartenden Folgen für das im Bild anschließende Element hypothetisch entworfen. Dadurch wird überprüfbar,

185 Um die Spezifik des bildlichen Interpretationsgegenstandes auch sprachlich immer wieder vor Augen zu haben spreche ich von *Sehweisen* in Analogie zu *Lesarten* in der Terminologie interpretativer Textanalysen.

welche Sehweise an Plausibilität gewinnt und welche immer unwahrscheinlicher wird. Die einzelnen Sehweisen und Hypothesen werden im Fallkontext entwickelt, verifiziert oder falsifiziert.

Im Unterschied zu deduktionslogischen Verfahren werden in dieser Vorgehensweise keine Hypothesen vorab gebildet und anschließend am empirischen Material getestet. Vielmehr wird das Prinzip der Offenheit (Hoffmann-Riem 1980) gegenüber der Vielfalt von Bedeutungsmöglichkeiten der zu untersuchenden Phänomene verfolgt. Die Offenheit wird durch die Form der Hypothesenbildung immer wieder systematisch hergestellt. Theoretische Erklärungszusammenhänge sind dabei Bestandteil jedes Interpretationsschrittes, allerdings als heuristisches Werkzeug und nicht als deduktionslogischer Bezugsrahmen. Damit soll die Chance eröffnet werden, theoretisch bisher noch nicht erkannte Zusammenhänge aufzudecken.

Wiedererkennendes und Sehendes Sehen: Ikonographie, Ikonologie, Ikonik

In der Kunstgeschichte bilden die Arbeiten von Erwin Panofsky (1964, 1975, 1985) einen Meilenstein in der Entwicklung einer Methodologie und Methode zur *Deutung* von Kunstwerken in ihren zeitgeschichtlichen Kontexten. Panofsky entwickelte im Anschluss vor allem an Aby Warburg und Karl Mannheim eine Ikono*logie*, welche über die bis dahin üblichen ikonographischen Motivdeutungen in Kunstwerken hinausging. Mit Bezug auf Mannheim ging Panofsky davon aus, dass es eine Sinnebene in künstlerischen Bildern gibt, die sich im Zuge eines sich über weite Epochen entwickelnden ‚Zeitgeistes' aus verschiedenen Quellen nicht zuletzt textlicher Art sowie aus allen anderen Formen symbolischer Gestaltung speise und sich in verschiedener Weise – und eben auch bildlich – manifestiere. Entsprechend könne diese Sinnebene erst in ihren epochalen kunst- und kulturgeschichtlichen Zusammenhängen gedeutet werden. Die Deutung von Kunstwerken sollte Panofsky zufolge darauf zielen, gesellschaftliche und kulturelle Ordnungen formierende ‚Geisteshaltungen' und ihre jeweilige ikonologische Manifestation zu erschließen, ohne signifikative und ikonographische Bildbezüge außer Acht zu lassen.

Kernpunkt des methodologischen Konzeptes von Panofsky ist es, zwischen drei verschiedenen Sinnebenen zu unterscheiden und diese in Interpretationsprozessen schrittweise zu adressieren.

- Auf einer *vorikonographischen* Sinnebene werden Farben, Formen, Linien als Figuren, Dinge, Personen und Konstellationen erkannt. Entsprechend gilt es, in einem ersten Schritt das, was im Bild gesehen wird, auf einer rein deskriptiven Sachebene zu erfassen.[186]

186 Siehe auch Müller-Doohm 1997, der diesen Vorgang als ‚scannende' Beschreibung eines Bildes veranschaulicht.

- Die *ikonographische* Sinnebene beinhaltet eine Deutung des Gesehenen auf der Basis eines Wissens darüber, was die dargestellten Gegenstände, Personen, etc. in spezifischen Kontexten bedeuten. „Der ikonographische Bildsinn ist ein Inhalt des Wissens“ (Imdahl 1994: 306). In diesem Analyseschritt werden vom jeweiligen Bild ausgehend seine Elemente in spezifischen Sinnzusammenhängen interpretiert.
- Die *ikonologische* Sinnebene schließt ikonographisches Wissen ein, geht über dieses aber hinaus. Das Bild wird als *Ausdrucksform* für historisch bedingte *Geisteshaltungen* wahrgenommen, „die zur Entstehungszeit des Bildes in der Malerei wie auch sonst in religiösen, philosophischen und poetischen Ideen hervortreten“ (ebd.). Der ikonologische Bildsinn lässt sich nicht mehr aus einem einzelnen Bild rekonstruieren, sondern erst in einem weiteren Schritt im Zusammenhang mit jenen *Ideen*, die zu einer bestimmten Zeit gesellschaftlich wie kunst- und kulturgeschichtlich relevant oder bestimmend waren.

An diese Konzeption anschließende Interpretationen münden notwendigerweise in kulturgeschichtliche Analysen, bei denen die Einbettung eines konkreten Bildes in einen *Zeitgeist* in den Vordergrund rückt. Dieser Ansatz kann kultursoziologisch produktiv gemacht werden, wie die sich auf Panofsky berufenden Arbeiten zeigen (vgl. exemplarisch Bohnsack 2005; zum Teil auch Mitchell 1987; Müller-Doohm et.al. 1992; Müller-Doohm 1996). Aus meiner Sicht ist mit diesem Konzept aber auch eine Einengung auf spezifische Sinnbezüge verbunden. Ein Fokus auf die Ikonologie kann zudem dazu verleiten, den Sinn eines konkreten Bildes aus den *Ideen* einer Epoche abzuleiten. Dazu trägt auch der Umstand bei, dass der Übergang zwischen der Rekonstruktion des ikonographischen zum ikonologischen Sinn in der Konzeption von Panofsky methodisch nicht ganz klar wird. D.h. es ist offen, ob eine vom konkreten Bild ausgehende rekonstruktive Vorgehensweise in der dritten Analyseebene noch beibehalten wird.[187]

Die kritische Würdigung der Arbeiten von Panofsky hat zu Weiterentwicklungen geführt,[188] für die vor allem Max Imdahl einen zentralen Bezugspunkt geschaffen hat.[189] Imdahl ergänzt Panofskys Sinnebenen durch

187 Eine ausführliche Rekonstruktion der Entstehung der Panofsky'schen Methode aus dessen Verbindung mit Mannheim, einschließlich einer begründeten pointierten Kritik an deren Prämissen, die auch auf den Ansatz von Bohnsack zutreffen, siehe in Raab 2007.

188 Diese Entwicklung nachzuzeichnen kann an dieser Stelle nicht geleistet werden. Panofskys Werk ist in sich bereits sehr vielfältig, und die Diskussion seines Ansatzes hat eine umfangreiche Sekundärliteratur hervorgebracht. Ich beziehe mich vor allem auf Max Imdahls kritische Diskussion und Weiterentwicklung des Ansatzes von Panofsky.

189 Im Folgenden werden nicht die weit reichenden theoretischen Überlegungen von Imdahl, mithin sein Gesamtwerk beträchtlichen Ausmaßes (Imdahl 1996, Bd. 1, 2 und 3), rekonstruiert und gewürdigt (vgl. dazu Boehm 1996). Damit könnte zwar sichtbar gemacht werden, wie zentral seine the-

den *ikonischen* Bildsinn und lenkt damit den Fokus wieder auf die von einem konkreten Bild ausgehenden Sinnbezüge.

„Die Ikonik sucht zu zeigen, dass das Bild die ihm historisch vorgegebenen und in es eingegangenen Wissensgüter exponiert in der Überzeugungskraft einer unmittelbar anschaulichen, das heißt ästhetischen Evidenz, die weder durch die bloße Wissensvermittlung historischer Umstände noch durch irgendwelche (fiktiven) Rückversetzungen in diese historischen Umstände einzuholen ist." (Imdahl 1980: 97)

Für Imdahl ist die *Bildlichkeit* der maßgebliche Ort einer Sinnstiftung, die in dieser Weise eben nur durch Bilder möglich ist. „Thema der Ikonik ist das Bild als eine solche Vermittlung von Sinn, die durch nichts anderes zu ersetzen ist." (Imdahl 1994: 300) Den bildimmanenten Sinn konzipiert Imdahl jedoch nicht als ikonographischen, sondern als *Verknüpfung* zwischen inhaltlichen Bezügen und formalen Qualitäten eines Bildes, zwischen Gegenstands- und Textreferenzen und den bildimmanenten Konstellationen und Kompositionen. Die Erzeugung eines Bildsinnes sieht er zwar ebenfalls bezogen auf vorliegende sprachliche Überlieferungen und Texte, also bezogen auf Wissen. Der Gehalt bildlicher Darstellung geht ihm zufolge jedoch nicht im Bedeutungsgehalt der Texte und in Wissensbezügen auf, sondern konstituiert dazu eine wesentliche Differenz, wie er am Beispiel der Analyse von Giottos Arenafresken zeigt.

Die zentrale Differenz zwischen Sprache und Bild sieht Imdahl in der Simultaneität verschiedener Gegebenheiten in einer Bildfläche, während sprachliche Darstellungen Simultaneität – etwa in Ereigniszusammenhängen – nicht als solche, sondern nur als ein Nacheinander hervorbringen kann. „Die Sprache muss aufzählen, was in einem zu sehen ist" (Imdahl 1980: 308).

Gleichzeitig geht es auch Imdahl nicht darum, sprachlichen und bildlichen Sinn prinzipiell voneinander zu trennen. Vielmehr sieht er Textreferenzen ebenso wie Gegenstandsreferenzen als wesentliche Bestandteile bildlicher Sinnbildung, die er allerdings ins Verhältnis setzt zu einer *Form*, die sich rein bildintern über eine *Komposition* konstituiert.

„Ohne Gegenstandsreferenz kann ein Bild ein Ereignis nicht erkennbar verbildlichen, und ohne Gegenstandsreferenz wäre von Text- und Ereignisreferenz gar nicht zu sprechen. Jeder Versuch, ein Ereignisbild zu beschreiben, schließt daher

---

oretisch-methodologischen Arbeiten in die gegenwärtigen Debatten zur Entwicklung einer *allgemeinen Bildtheorie* eingegangen sind. Ein solches Unterfangen würde eine kunsttheoretische Argumentationslinie verfolgen. Für meinen Zusammenhang ist lediglich ein Kern der theoretisch-methodologischen Konzeption Imdahls relevant, welche er an verschiedenen konkreten Bildanalysen und insbesondere in der Analyse von Giottos Arenafresken entwickelt und begründet hat.

eine möglichst genaue Bestimmung des Wechselverhältnisses zwischen Text-, Ereignis- und Gegenstandsreferenz ein, aber auch die weitergehende, im Grunde entscheidende Frage, ob und wodurch die Identität der Bildlichkeit bei aller Referenz dennoch über alle Referenz hinaus bestehen kann." (Imdahl 1980: 8)

In anderen Worten: Die Spezifik des Bildlichen konstituiert sich Imdahl zufolge nicht aus den verschiedenen Referenzen auf Außerbildliches – etwa auf Gegenstände, Ereignisse oder Texte –, sondern aus der formal-inhaltlichen Gestalt eines Bildes. Dies veranschaulicht er u.a. an geringfügigen Veränderungen in der Komposition – etwa in der Positionierung von zentralen Figuren zueinander und zum Bildrand – wodurch ein gänzlich anderer bildlicher Sinn entstehen kann (siehe exemplarisch Imdahl 1995: 303). Am Beispiel nicht-gegenständlicher moderner Malerei zeigt er darüber hinaus, dass Bildlichkeit auch jenseits von Gegenstands- und Textreferenzen Sinn in Form von bildlichen *Valenzen* und Imagination frei setzenden *Wirkungen* entwickelt. Der Fokus auf die spezifisch bildlichen Kompositionsbeziehungen und Elemente, respektive „die Anschauung spezifisch ikonischer Gegebenheiten" könne dazu verhelfen, „die Imaginationskraft des menschlichen Geistes in der Stiftung von Bildern bewusst zu machen, das heißt von Phänomenen, deren Informationsgehalt sonst nicht zu erreichen ist und die es vermögen, ein eigentlich Unanschauliches anschaulich zu repräsentieren." (Imdahl 1994: 313) Imdahls Ansatz zielt also darauf, die durch Bilder in spezifischer Weise erzeugte Imagination als Akt der Sehenden Sinnbildung, der sich sowohl aus Wahrnehmung wie Wissen speist, zu verstehen. „Die Korrelation zwischen Wahrnehmung und dem Bildbau macht [...] die Basis seiner [Imdahls, R.B.] Überlegungen aus. Auch wenn er selbst die Akzente in dieser Beziehung verschoben hat, einmal eher die Aktivität des Auges betonte, ein andermal auf der objektiven Struktur des Gebildes insistierte: an der methodischen Einheit dieses Beziehungsgefüges besteht kein Zweifel." (Boehm 1996: 28)

Bildlicher Sinn bleibt mithin als ein spezifischer an einen konkreten Bildgegenstand gebunden, während er weit reichende Bedeutungs- und Sinnbezüge entfalten und so zu einem wesentlichen Bestandteil von *Sinngeweben* werden kann. Die Unterscheidung zwischen einem *wiedererkennenden* und einem *sehenden Sehen* und ihr notwendiger Zusammenhang bilden dabei den Kern von Imdahls Überlegungen.

„Die Ikonik ist ein Verfahren phänomenaler Deskription, welches [...] einen von der ikonographischen und ikonologischen Methode unterschiedenen Form- und Bildbegriff zum Grunde hat. Sie befasst sich mit der Synthese von sehendem und wiedererkennendem Sehen als der Stiftung eines sehr besonderen und sonst nicht formulierbaren Sinngehalts und untersucht, wie im Bilde Semantik und Syntax zusammenwirken. Wohl bilden Ikonographie, Ikonologie und Ikonik einen notwendigen und unauflöslichen Zusammenhang, aber nicht so, dass die Ikonik aufbaut auf Ikonographie und Ikonologie, sondern umgekehrt so, dass sie das Bild als ein Sinnganzes erfasst und die ikonographischen und ikonologischen Sinndimensionen als dessen Momente." (Imdahl 1980: 99)

Damit verwirft Imdahl das Stufenmodell Panofskys, in dem sich bildlicher Sinn ausgehend von der Gegenstandserkennung über ikonongraphische zu ikonologischen Sinnbezügen erfassen ließe. Die Differenz zwischen Panofsky und Imdahl wird auch in den unterschiedlichen methodologisch-methodischen Konsequenzen der beiden Konzepte deutlich. Panofskys Methode legt nahe, bildlichen Sinn in seiner verallgemeinerbaren Gestalt letztlich erst in Bezug auf über das Bild hinausweisende gesellschaftliche und kulturelle Referenzen zu rekonstruieren. Letztere sind für Imdahl lediglich einer unter anderen Aspekten bei der Suche nach der jeweils spezifisch bildlichen, vor allem kompositorischen Evidenz. Imdahl fokussiert seine Analyse folgerichtig sehr viel mehr auf die *bildlichen Mittel*, in denen genuine Sinnpotentialitäten enthalten sind.

Mit seinen Untersuchungen hat Imdahl (1980, 1994, 1996) schließlich eine methodische Basis geschaffen, auf die sich vorliegende sozialwissenschaftliche Ansätze zur Bildanalyse in zentraler Weise beziehen.[190] Es ist vielfach gezeigt worden, dass sich Imdahls Bildkonzeption auch auf ‚alltägliche' Bilder übertragen lässt. Auch sie lassen sich als Akte der Sinnbildung mit spezifisch bildlichen Mitteln verstehen.

Auf der Grundlage von Imdahls Arbeiten kann *zusammenfassend* davon ausgegangen werden, dass eine Bildgestalt zum einen durch Gegenstands- und Textreferenzen, zum anderen im Wesentlichen auch über bildliche Bedeutungsrelationen entsteht – etwa in Bezügen zwischen Farben, Formen, Figuren und Linien – die jeweils spezifische Perspektiven und Kompositionen in der Bildfläche ergeben. Insgesamt geht Imdahl von einem Bildganzen aus, das durch die Relationen einzelner Elemente innerhalb eines umgrenzenden Rahmens im Sehen Gestalt gewinnt. Eine Bildgestalt realisiert sich erst in einem aktiven Prozess des Sehens und kann sich im Zuge dessen auch verändern. Dieser Prozess wird zum einen durch ein Wiedererkennen vornehmlich gegenständlicher und räumlicher Gegebenheiten auf der Basis von Wissen, respektive von bereits etablierten Appräsentationschemata, und zum anderen über ein *Bild* erschließendes Sehen ikonischer Elemente und Zusammenhänge strukturiert. Die Entwicklung einer Bildgestalt im Sehen ist in ihrem Möglichkeitspotential offen, wenngleich aufgrund der Strukturierung des Bildes nicht beliebig. Kontingente Perspektive(n) und szenische Choreographie(n) werden Imdahl zufolge in einer planimetrischen Komposition, welche auf die Bildfläche sowie auf den Bildrahmen bezogen ist, in bestimmbare Sinngehalte über-

190 Im sozialwissenschaftlichen Kontext siehe Müller-Doohm 1993, 1997, Loer 1994; Bohnsack 2003, 2005; aktuell und weitreichend Raab 2008 – jedoch jeweils mit unterschiedlichen bild-, sozial- und kulturtheoretischen Konzepten.

führt. Zwischen Kontingenz und Bestimmbarkeit entsteht eine für das Bild charakteristische Spannung, die Imdahl nicht nur theoretisch begründet, sondern auch in konkreten Analysen zeigt. Hierbei wird deutlich, wie die Verknüpfung zwischen *Wiedererkennendem Sehen* und *Sehendem Sehen* methodisch systematisch rekonstruiert werden kann.

Perspektivische Projektion, szenische Choreographie und planimetrische Komposition

Das Verhältnis von ‚Notwendigkeit' und ‚Kontingenz' in der Erzeugung bildlichen Sinns bestimmt Imdahl im Hinblick auf drei wesentliche Aspekte: die *perspektivische Projektion*, die *szenische Choreographie* sowie die *planimetrische Gesamtkomposition.*[191] Die Diskussion der Beziehungen der genannten Ebenen untereinander einschließlich des Verhältnisses von Kontingenz und Bestimmtheit[192] ist insofern eine zentrale Frage, als es die Möglichkeiten und Grenzen einer interpretativen Bildanalyse absteckt, die sich weder dem Vorwurf aussetzen will, eine struktural bzw. formal gegebene, gänzlich objektivierbare Sinngestalt zu behaupten, noch jenem einer gänzlich kontingenten, respektive subjektiven Idiosynkrasien verhaftet bleibenden Eindrucksgenerierung ohne jegliches verallgemeinerbare Potential. In welcher Weise die nach Imdahl bildkonstitutiven Dimensionen zur Erzeugung bildlichen Sinnes in der Spannung zwischen Kontingenz und Bestimmtheit beitragen, soll im folgenden erläutert werden.

Die Dimension der „Verbildlichung von Körper und Raum" ist – seit Panofskys Arbeiten zur gesellschaftlichen und symbolischen Bedeutung der *Perspektive* (vgl. exemplarisch Panofsky 1991) – kunsthistorisch und -theoretisch weit reichend diskutiert worden. Mit der Durchsetzung der Perspektive in der Malerei der Renaissance ist eine neue Form der Darstellung von Raum als eine (der Geometrie verpflichtete) ‚wirklichkeitsgetreue Abbildung' entstanden. Durch die Einführung der Zentralperspektive habe sich – so Panofsky – das Bild in ein ‚Fenster' verwandelt, „durch das wir in den Raum hindurchzublicken glauben sollen" (zit. nach Imdahl 1980: 18). Die Zentralperspektive, welche auch als ‚wissenschaftliche' be-

191 Diese drei Dimensionen entwickelte Imdahl anhand der gegenständlich darstellenden Bilder Giottos, die das Heilsgeschehen in einem Zyklus von Fresken in neuer Weise zur Anschauung brachte. Imdahl selbst hatte sich bis dahin vorwiegend mit moderner, nicht gegenständlicher Malerei beschäftigt und an anderer Stelle im Kontrast zu gegenständlicher Malerei gezeigt, inwiefern die planimetrische Komposition das zentrale bildkonstituierende Element darstellt, durch welches ein Bild als Bild wahrnehmbar wird. In alltäglichen Bilderwelten haben wir es in der Regel mit gegenständlich darstellenden Bildern zu tun. Insofern sind für deren Analyse alle von Imdahl beschriebenen Bilddimensionen relevant.

192 Der Begriff der Notwendigkeit scheint mir in diesem Zusammenhang nicht nur zu stark zu sein, sondern öffnet einen klärungsbedürftigen Horizont philosophischer Fragen, der hier nicht ausgelotet werden kann.

zeichnet wird, organisiert die in der Realität parallel verlaufenden Linien von Objekten auf einen Fluchtpunkt hin. Sie gibt die Raumeindrücke am linearsten wider, ist jedoch nicht die einzige Form von Perspektive. Imdahl konstatiert beispielsweise in Bezug auf die Bilder von Giotto, dass diese noch nicht von einer Zentralperspektive, sondern einer Achsenperspektive strukturiert werden. In dieser Form perspektivischer Projektion sind nur einzelne Objekte im Bild in Bezug auf eine Bildachse perspektivisch dargestellt. Eine Raumsituation wird angedeutet, aber nicht für das gesamte Bild als bestimmendes Organisationsprinzip eingesetzt. Imdahl zeigt, dass mittels perspektivischer Projektion Kontingenz durch eine „Befestigung und Systematisierung der Außenwelt" bewältigt wird (Imdahl 1980: 18). Gleichzeitig bestimmt sich diese Projektion durch den frei wählbaren Blickpunkt, der dadurch zu einem kontingenten wird. Das Raumbild ist durch jegliche Art perspektivischer Projektion einerseits systematisiert, aber nur von einem spezifischen, jeweils aktuellen Blickpunkt aus.

„Es gibt keine vom projektiven System her vorgeschriebene Ordnung, wo im Bildfeld – links, rechts oder in der Mitte – die Fluchtachse oder auch der Fluchtpunkt sich zu befinden haben. Es ist der Zentralperspektive nicht anders als der Achsenperspektive systemimmanent, dass die Projektion, nämlich die Konvergenz der raumprojizierenden Fluchtlinien, als solche ein Ausdruck von Invariabilität aber zugleich offen ist auf Variabilität, das heißt auf die freie Wahl der Lokalisierung des Fluchtpunktes oder der Fluchtachse." (Imdahl 1980: 18f)

Mit einer raumzeitlich fixierten Perspektive im Horizont kontingenter möglicher anderer entsteht, so Imdahl, ein *Aktualitätsausdruck*, welcher den Betrachter in das Raumbild mit einbezieht und damit den Raum erlebbar macht. „Nur von einem aktuellen Eben-Hier des Beschauers aus ist der verbildlichte Raum ein einfühlbarer Erlebnisraum." (Imdahl 1980: 19)

Die perspektivische Projektion ist damit durch ihre Fixierung eine invariable und zugleich durch die Möglichkeit vieler anderer kontingent. Gesetzmäßig sind die Prinzipien perspektivischer – d.h. letztlich geometrischer – Darstellungen von Raum, kontingent bleibt der Blickpunkt als ein an ein Subjekt gebundener raumzeitlich fixierter, jedoch letztlich beliebiger, von dem aus die Darstellung organisiert wird. In Bezug auf das Verhältnis von Bestimmtheit und Kontingenz verhält es sich hinsichtlich der Szenischen Choreographie ähnlich.

Unter *szenischer Choreographie* versteht Imdahl eine Konstellation von Personen, die als in bestimmter Weise Handelnde oder sich Verhaltende aufeinander bezogen sind. Ihnen wohnt eine Logik der Aktion und Reaktion inne. Sie sind verbildlichte Handlungssysteme, „innerhalb deren das Agieren der Figuren sinnvoll, d.h. unzufällig aufeinander bezogen und insofern notwendig erscheint" (Imdahl 1980: 19). Ähnlich wie die perspektivische Projektion eine systematisierte Darstellung eines Raumes ermöglicht, wird in der szenischen Choreographie eine „visuelle Systematisierung aktionaler Relationen“ (ebd.) erkennbar. Ein Handlungs*geschehen*, auch wenn im Bild fixiert und stillgestellt, kann in einer szenischen Choreographie als ein zeitlich strukturierter Handlungsverlauf wahrgenommen werden. Jede szenische Choreographie bleibt wiederum gebunden an einen *Aktualitätsausdruck*, der im Horizont vielfacher anderer und differenter Möglichkeiten steht, „in dem Maße, in welchem die Figuren selbst im Ausdruck eines transitorischen Handelns oder Sich-Verhaltens gegenwärtig sind“ (Imdahl 1980: 20).

Diese Bildebene wird in der Regel – wenig erstaunlich – von SoziologInnen am differenziertesten erfasst, sehr wahrscheinlich weil hier soziologische Wissensbestände insbesondere hinsichtlich der Konstitution sozialer Situationen über Interaktion und Handlung unmittelbar eingesetzt werden können. Was dabei jedoch zu kurz kommt ist die Aufmerksamkeit für die Transformation von Handlungssituationen in *bildliche* szenische Choreographien, die nicht durch sprachliche Äußerungen, sondern vornehmlich durch Nähe- und Distanzverhältnisse der Figuren zu- und untereinander, durch mimische, gestische, körperliche Bezugnahmen sowie durch Positionierungen in der Bildfläche bestimmt sind.

An dieser Stelle setzt Imdahls zentrales Argument ein: Während perspektivische Projektion und szenische Choreographie im Hinblick auf Kontingenz und Bestimmtheit vergleichbar sind, nämlich beide eine Synthese von Systematik und kontingenter Aktualität, wird ihre Kontingenz wiederum gebunden in einer *planimetrischen Ganzheitsstruktur*, welche als kompositorische Strukturierung der Bildfläche in Verbindung mit den anderen Dimensionen bestimmte Sinnpotentiale ermöglicht und andere ausschließt.

Die *Strukturierung der Bildfläche* ist für Imdahl eine für die Einschränkung der Kontingenz des Bildsinnes zentrale Dimension. Diese Argumentation entwickelt er im Wesentlichen auf der Basis der *Theorie der prospektiven Bildpotenz* von Dagobert Frey, in der die *Feldwirkung* bzw. das Feld als *Struktur eines Kräfteverhältnisses* relevant wird. Imdahl begreift die Bildfläche als ein solches Feld und ergänzt den Ansatz von Frey mit Konzepten aus der Feldtheorie. Der Kerngedanke dabei ist, dass sich eine Bild*fläche* kompositorisch durch Relationen von nicht sichtbaren, aber sich durch die Anordnung der Figuren, Gesten, Gegenständen, Farben, Formen ergebenden Linien organisiert. Daraus ergibt sich eine planimetrische Ganzheitsstruktur, die alle anderen Bedeutungsdimensionen aufeinander bezieht, untereinander organisiert und dadurch einen nichtkontingenten Bildsinn erzeugt, welcher dennoch auf Variabilität hin offen bleibt. In diesem Sinne versteht Imdahl unter Komposition „solche ganzheitlichen Systeme, in denen die einzelnen Bildwerte durch Größe, Form, Richtung und Lokalisierung im Bildfeld auf das Bildformat Bezug nehmen und dessen Organisationsform bilden.“ (Imdahl 1980: 21) Am Beispiel von Giottos Arenafresken zeigt er, in welcher Weise die jeweilige planimetrische Komposition und die ihr zugrunde liegenden Relationen von

Feldlinien – Schrägen, Senkrechten, Horizontalen – für einen Bildsinn konstitutiv sind, der sich anders als bildlich nicht artikulieren lässt. Die Feldlinien eines dieser Bilder etwa formen ein Schema, in dem Über- *und* Unterlegenheit als simultane Struktur darstellbar wird (Imdahl 1980: 43ff).

Im Unterschied zur perspektivischen Projektion und szenischen Choreographie wohnt der planimetrischen Komposition eine Invariabilität inne, die den Bildsinn trotz der Variabilität von Perspektiven und Szenen als einen nicht-kontingenten erfassbar macht. Sie zeichnet sich dadurch aus, dass sie nicht vom Wiedererkennenden, am Maßstab der außerbildlichen Welt ausgerichteten Sehen der Perspektivischen Projektion und Szenischen Choreographie ausgeht, sondern vom Bildfeld, das sie selbst erst bestimmt.

> „Unter der Norm des Bildfeldes als einer Setzung und nicht unter der Norm außenweltlicher Vorgegebenheiten stiftet die planimetrische Komposition in selbstgesetzlichen und selbstevidenten Relationen – in Richtungen im Verhältnis zu Richtungen, Linien im Verhältnis zu Linien, Farben im Verhältnis zu Farben sowie in Maßen im Verhältnis zu Maßen – eine invariable formale Ganzheitsstruktur, welche ein entsprechend formales, sehendes, nämlich auf jene selbstgesetzlichen und selbstevidenten Relationen gerichtetes Sehen bedingt." (Imdahl 1980: 26f)

Das formale, *sehende Sehen* geschieht wiederum in enger Verknüpfung mit dem Wiedererkennenden Sehen. „Jede Anschauungsweise, sowohl die des formalen, sehenden Sehens als auch die des wiedererkennenden Gegenstandssehens, wird durch die je andere sowohl provoziert als auch legitimiert." (Imdahl 1980: 27) Die Kompositionssysteme sind dabei nicht identisch mit dem räumlichen Projektionssystem oder der szenischen Choreographie, auch wenn sie mit diesen koinzidieren oder als diese erscheinen. Vielmehr ist die simultane Präsenz des Bildganzen – in anderer Terminologie: seine Gestalt – dafür entscheidend. „Das Ganze ist von vornherein in Totalpräsenz gegeben und als das sinnfällige Bezugssystem in jedem Einzelnen kopräsent, wann immer jedes Einzelne in den Blick genommen wird. Auch wenn man [...] nur auf Einzelnes blickt, ist man in der Wahrnehmung dieses Einzelnen auf das Ganze verwiesen." (Imdahl 1980: 23)

Dies lässt sich, wie Imdahl an anderer Stelle überzeugend zeigt (Imdahl 1994: 318) auch auf nicht-gegenständliche Bilder übertragen. Die Komplexität des Bildes erschließe sich in diesem Fall nur in einer *ikonischen* Anschauungsweise, die „ein kreatives und selbst unabschließbares Durchspielen des im Bilde gegebenen Strukturierungspotentials" (ebd.) beinhaltet. Das heißt, auch die ‚Notwendigkeit' der Komposition enthält nicht abschließbare Strukturierungspotentiale, die auf die Strukturierungsaktivität der Betrachter angewiesen bleiben.

Folgen wir Imdahl in seiner Argumentation bezüglich der Verschränkung von Wiedererkennendem und Sehendem Sehen hat dies zur Konsequenz, den Analyseprozess methodisch nicht entlang der Unterscheidung zwischen Gegenstandserkennung, ikonographischer, ikonologischer und ikonischer Sinnebene zu organisieren, sondern an deren Zusammenhang in der Gleichzeitigkeit des Wiedererkennenden und Sehenden Sehens. Mit Rudolf Arnheim lässt sich dies auch aus einer gestalttheoretischen Perspektive begründen. Er führt als Argument gegen die Trennung von Wahrnehmung und Wissen ein, dass erstere ebenfalls eine Zusammensetzung einzelner Elemente zu einer Organisation voraussetzt, um überhaupt ‚etwas' sehen zu können.

> „Each peace is meaningful held in its place by its function in the total strategy. [...] The process of structuring, in which each element receives its character by taking its place in the whole, occurs to some extent below the level of consciousness. What the viewer ‚sees' in the picture is already the outcome of that organizational process." (Arnheim 1980: 176f)

Die Komplexität dieser gleichzeitig stattfindenden Prozesse lässt sich in einer analytischen Rekonstruktion nicht ‚auf einmal' erfassen. Vielmehr bedarf es – so mein methodischer Ausgangspunkt – eines mehre Schritte umfassenden Analyseverfahrens. Ich schlage vor, die Komplexität der Gleichzeitigkeit *und* Sukzession von Wiedererkennendem und Sehendem Sehen in verschiedenen Prozessen der Gestaltbildung in folgenden Arbeitsschritten handhabbar zu machen:

a) Dokumentation des Wahrnehmungsprozesses, in dem das Bild als ‚etwas' in spezifischen thematischen wie formalen Bezügen erfasst wird;
b) Sukzessive Rekonstruktion der Gestaltbildung über den wiedererkennenden wie sehenden Zusammenhang ihrer Elemente;
c) Bestimmung perspektivischer und szenisch-choreographischer Sinnbezüge sowie Analyse der planimetrischen Komposition;
d) Rekonstruktion der über den Bild*kontext* entstehenden Bedeutungs- und Sinnbezüge, einschließlich der medialen Gestalt sowie des konkreten Entstehungs- und Gebrauchszusammenhangs des untersuchten Bildgegenstandes;
e) Zusammenfassende Interpretation der Gesamtgestalt eines Bildes mit der Beantwortung der Frage: ‚Wie wird etwas im und durch das Bild für wen in welchen medialen und pragmatischen Kontexten sichtbar?'
f) Einbettung der Analyseergebnisse in fachtheoretische und/oder empirische Zusammenhänge, ggf. auch in Verbindung mit oder im Kontrast zu anderen Materialien;
g) Gegebenenfalls ergänzende Analysen zum Gestaltzusammenhang einer Bildserie.

Insgesamt ist davon auszugehen, dass wir es im Analyseprozess mit einem zum Teil zirkulären Prozess zwischen erkennendem Wahrnehmen, wissensbasiertem Interpretieren und Artikulieren, bildlichem Sehen und Wirken zu tun haben, welcher methodisch zugänglich gemacht, jedoch nie abgeschlossen werden kann. Die Dynamik dieses Zusammenhangs kann durch neue Wahrnehmungs-, Sicht- und Wirkungsweisen, neue Wissensbestände und Kontextualisierungen immer wieder und auch von neuem in Gang gesetzt werden; und sie kann in unterschiedliche Formen sprachlicher Artikulation transformiert werden. Mit jeder neuen Sichtweise und jedem neuen Versuch, diese sprachlich zu artikulieren, kann sich die Bildinterpretation verändern.

Methodisches Verfahren

Der Umgang mit der Simultaneität der Gegebenheit von Wahrnehmungseindrücken sowie ihrer sukzessiven Aufnahme und Strukturierung im Wahrnehmungsprozess stellt sich als spezifische Herausforderung an eine methodische Analyse von Bildern dar. In Bezug darauf möchte ich eine Vorgehensweise vorschlagen, die – vornehmlich als *Segmentanalyse* organisiert – der Strukturierung eines Bildes nicht zuletzt auch im Prozess seiner Wahrnehmung zu folgen versucht. Ziel dabei ist es zu verstehen, in welcher Weise aus der Beziehung und Organisiertheit zwischen verschiedenen Elementen eine Bildgestalt als Gesamtkomposition mit ihren zum Teil bestimmbaren, zum Teil unbestimmt bleibenden Thematisierungspotentialen entsteht. Der Schwerpunkt liegt auf der sukzessiven Analyse zu identifizierender Segmente,[193] um die mit ihnen verbundenen gegenständlichen, symbolischen und bildlichen Aspekte im Hinblick auf die Entstehung eines Bildganzen mit seinen spezifischen Thematisierungen im Detail rekonstruieren zu können. Rudolf Arnheim argumentierte bereits für eine solche Methode. Für eine Analyse, die über intuitive Wahrnehmung hinausgeht, wäre es notwendig, jedes Bildelement zu definieren. „Its particular shape, size, and color are established in isolation, after which the various relations between the elements are explored one by one. […] The method is as visual as direct perception, but it must draw a fence around each of the elements and consider them in succession rather than in a synoptic overview." (Arnheim 1980: 177) Felicitas Englisch (1991) schlägt einen ähnlichen Weg ein, den sie ebenfalls gestalttheoretisch begründet.[194]

Der im vorherigen Abschnitt entwickelten methodologischen Argumentation folgend wird das Verfahren in verschiedene Schritte untergliedert. Sie adressieren unterschiedliche Ebenen der gestalthaften Konstituti-

193 Das Verfahren bildet hierin eine spezifische Differenz zu bereits vorliegenden methodischen Konzepten, die sich in ihrer Analyse durchgehend auf das Bildganze beziehen (siehe exemplarisch Bohnsack 2003).

194 Der Versuch von Felicitas Englisch, die Logik der Sequenzanalyse der Objektiven Hermeneutik auf die Bildanalyse zu übertragen führt dazu, die Gestaltgesetze als universale ‚Normalkontexte' der Wahrnehmung zu bestimmen. Damit führt sie eine meines Erachtens problematische Prämisse in ihren methodisch wegweisenden Zugang ein.

on bildlicher Bedeutungs- und Sinnbezüge im Bewusstsein dessen, dass in der Bildwahrnehmung die nacheinander aufgeschlüsselten Bezüge und Zusammenhänge gleichzeitig stattfinden.

Im folgenden liegt der Schwerpunkt auf der Darstellung des mit der Segmentanalyse (a-c) sowie der Analyse von Bildsammlungen (g) zusammenhängenden methodischen Verfahrens. Die weiteren Analyseschritte wurden aus bereits vorliegenden Methodologien und Methoden interpretativer Soziologie entnommen und werden lediglich im Hinblick auf ihre praktische Umsetzung konkretisiert. Fragen bezüglich der Auswahl eines zu analysierenden Bildes und der Organisation eines Forschungsprozesses – etwa auf der Basis der Grounded Theory –, in dem Bildanalysen in der hier vorgeschlagenen Weise relevant werden können, bleiben hier unerwähnt, weil es diesbezüglich bereits eine Reihe ausdifferenzierter methodologisch-methodischer Darstellungen gibt, auf die unmittelbar zurückgegriffen werden kann (Glaser/Strauss 1967; Flick et.al. 1991).

Segmentanalyse einzelner Bilder

Interpretative Bildanalysen sollten, wie andere interpretative Analysen auch, in Gruppen erfolgen. Dies erweitert zum einen das Spektrum von Interpretationsmöglichkeiten. Zum anderen ermöglicht es eine Optimierung der Aufzeichnung der Wahrnehmungsprozesse sowie der Dekontextualisierung einzelner Bildsegmente vom Bildganzen und die rekonstruktive Erschließung ihres Zusammenhangs. In einer Gruppe kann etwa eine Person die Auswahl des zu analysierenden Bildes vornehmen und dieses den anderen für den ersten Schritt als möglichst gute Kopie verdeckt vorlegen. Dieser Schritt, einschließlich der Segmentbildung, kann auch nur von einer Person durchgeführt werden, so dass eine Gruppe ohne Kenntnis des Gesamtbildes mit der Interpretation einzelner Segmente beginnen kann.

a) Dokumentation des Wahrnehmungsprozesses; erste Eindrücke; Erfassung der formalen Bildgestalt; Bestimmung von Segmenten

Die erste Aufgabe besteht darin, beim Aufdecken eines Bildes den eigenen Wahrnehmungsprozess zu beobachten und diesen auf der Kopie einzuzeichnen (siehe exemplarisch Bildanalyse I). Auf welche Elemente des Bildes wurde die Aufmerksamkeit zuerst gerichtet? Welche Elemente werden als voneinander unterschieden, welche als zusammengehörig wahrgenommen? Wie ‚wandert' der Blick über das Bild?[195]

195 Dabei geht es nicht darum, die Dokumentation des eigenen Wahrnehmungsprozesses als objektiviertes Abbild dessen, was in der Wahrnehmung tatsächlich vorgeht, aufzufassen. An der Wahrnehmung sind auch vorbewusste und nicht zuletzt unbewusste Prozesse beteiligt, die mit einem solchen Vorgehen zumindest nicht unmittelbar erfasst werden können. Es geht vielmehr um einen selbstreflexiven Prozess, mit dem – im Vergleich zu anderen do-

Eine vergleichende Diskussion der eingezeichneten Wahrnehmungsprozesse lässt in der Regel Gemeinsamkeiten bezüglich der im Bild als relevant wahrgenommenen Elemente in Unterscheidungen zwischen Figur(en) und Konstellation(en), Vorder- und Hintergrund, Bildmittelpunkt und Rand erkennen. Unterschiedlich ist meist der Detaillierungsgrad der Wahrnehmung von entweder vielen kleinteiligen oder wenigen größeren Elementen mit allen Zwischenstufen. Unterschiedlich ist auch die Reihenfolge der Wahrnehmung bildrelevanter Elemente. Die Einen richten Ihre Aufmerksamkeit zunächst auf einzelne Details und erschließen sich darüber das Bildganze, Andere wiederum sehen zunächst das Bildganze und dann einzelne Elemente in jeweils unterschiedlicher Reihenfolge, während Dritte zwischen dem Bildganzen und einzelnen Elementen hin und her springen.[196] Trotz dieser Unterschiede ergibt sich bei schematischen Aufzeichnungen der dokumentierten Wahrnehmungsprozesse eine Unterscheidung von Elementen, welche – abgesehen von der Reihenfolge und dem Detaillierungsgrad – bis auf wenige Ausnahmen als Grundmuster zu finden ist.

Diese Aufgabe dient dazu, die sukzessive und zugleich simultane Bildwahrnehmung erfahrbar zu machen und für Gemeinsamkeiten und Unterschiede der Bildwahrnehmung zu sensibilisieren. Das Ergebnis bildet eine erste Grundlage für die Bestimmung einzelner Segmente, die in einem folgenden Interpretationsprozess sukzessive in Anlehnung an die eingezeichneten Wahrnehmungsfolgen[197] als voneinander isolierte, dekontextualisierte sowie in ihrer spezifischen Verbindung rekontextualisierte untersucht werden.

In den ersten Wahrnehmungsprozessen entstehen bereits spontane Eindrücke von mit dem Bild verbundenen thematischen Sinnzusammenhängen, also darüber, worum es in diesem Bild geht, sowie darüber, welche Wirkung(en) von ihm ausgehen. Damit diese Eindrücke nicht unreflektiert in den folgenden Interpretationsprozess eingehen, werden sie artikuliert und möglichst auch schriftlich festgehalten (siehe exemplarisch

---

kumentierten Wahrnehmungsprozessen – bei wiederholten Bildbetrachtungen sich eigene Wahrnehmungspräferenzen, die mit anderen zum Teil geteilt werden, zum Teil idiosynkratisch bleiben, beobachten lassen.

196 Diese Beobachtung ist als vorläufig hinreichende Evidenz aus der Durchführung dieses Schrittes in zahlreichen Interpretationsprozessen erwachsen und wird neuerdings bestätigt durch die empirischen Untersuchungen von Rosenberg et.al. 2008 und Engelbrecht et.al. 2010.

197 Kleine Experimente, in denen verschiedene Kleingruppen das gleiche Bild in unterschiedlicher Segmentreihenfolge interpretierten haben gezeigt, dass die Reihenfolge der Segmentinterpretation bezüglich der Entwicklung von auf das Bildganze bezogenen Hypothesen nicht zu grundlegend unterschiedlichen Ergebnissen führten. Lediglich der Detaillierungsgrad bezüglich der Entwicklung von Sehweisen zu den als erste, zweite oder dritte interpretierten Segmenten führte dazu, dass die thematische Bedeutung dieser Segmente für das Bildganze jeweils differenzierter argumentiert werden konnte.

Bildinterpretation II und III sowie die Bemerkungen zum ‚Ersteindruck' von Müller-Doohm 1997). In diesem Prozess können auch leiblich-affektive Reaktionen – Abscheu, Anziehung, Ambivalenz, Gleichgültigkeit, ausgelöste oder verstärkte Stimmungen u.v.m. – beobachtet und artikuliert werden. Damit kann auch eine Sensibilisierung für präreflexive Wirkungen von Bildern, die in die eigene Subjektivität eingelagert sind und gleichzeitig mit anderen geteilt werden können oder auch nicht, einhergehen.

Im Anschluss an die vornehmlich selbstreflexiv angelegten Beobachtungs- und Dokumentationsprozesse wird die Aufmerksamkeit auf eine erste Erfassung der formalen Bildgestalt gerichtet. Es geht darum, in nicht zu detaillierter Weise Unterscheidungen zwischen Vorder-, Mittel- und Hintergrund, Zentrum und Rand, mögliche Bildachsen und perspektivische Projektionen, Figuren und szenische Konstellationen, Größenverhältnisse, hell-dunkel-Kontraste, Lichtführungen, Farben und Flächen, Bild-Text-Verhältnisse zu erkennen und beschreibend festzuhalten. Im Vergleich mit aufgezeichneten Wahrnehmungsprozessen wird hiernach meist deutlich, welche Relevanzsetzungen bezüglich einzelner Bildelemente und deren Unterscheidungen sowie Verbindungen durch die formale Strukturierung des Bildes gestützt werden oder darin schon angelegt sind. Das stärkt zum einen die Sensibilität dafür, dass die subjektive Wahrnehmung sich zwischen eigenen Wahrnehmungspräferenzen und von der Bildgestalt ausgehenden Strukturierungen entwickelt. Zum anderen ermöglicht dieser Arbeitsschritt, Bildsegmente nicht allein idiosynkratisch zu identifizieren. In Verbindung mit den Aufzeichnungen und der gemeinsamen Diskussion der Wahrnehmungsprozesse können für den folgenden Analyseprozess auf dieser Grundlage Segmente bestimmt werden. Die Bestimmung der Bildsegmente beinhaltet zunächst lediglich eine Festlegung, mit welchem Segment die Analyse begonnen wird und kann sich im Verlauf der Interpretation verändern, wenn etwa deutlich wird, dass die Analyse von einer weiteren Unterteilung zunächst nur grob isolierter, oder aber aus der Zusammenlegung zu detailliert bestimmter Segmente profitieren könnte.

b) Interpretation der Bildsegmente und ihres Zusammenhangs hinsichtlich potentieller indexikalischer und symbolischer, einschließlich ikonographischer, ikonologischer und ikonischer Bedeutungs- und Sinnbezüge

In diesem Interpretationsprozess werden zunächst anhand eines einzelnen Segments und unabhängig vom Bildganzen, dem abduktiven Verfahren der Hypothesenbildung folgend, kontrastive Sehweisen zu möglichen bildthematischen Bedeutungen von dargestellten Gegenständen, Personen, Konstellationen und ikonischen Elementen entwickelt. Zugleich werden Folgehypothesen darüber entwickelt, was in weiteren Bildsegmenten aufgefunden werden müsste, um die jeweilige Sehweise bestätigen oder verwerfen zu können. Das jeweils folgende Segment wird zunächst als Einzelnes ebenfalls in dieser Weise interpretiert. Gleich anschließend wird das

Segment mit den vorher interpretierten in alle möglichen Bildbeziehungen versetzt, um aus den Abständen, Verbindungen, Zwischenräumen, Übergängen zwischen den Segmenten weitere Sehweisen und Hypothesen zu entwickeln, oder aber bisherige ausschließen zu können. Dabei werden die Ebenen indexikalischer und symbolischer Thematisierungspotentiale gleichermaßen adressiert. Insgesamt bleibt die Frage leitend, in welcher Weise räumlich-örtliche, zeitliche, gegenständliche, interaktive und ikonische Referenzen für die Bildgestaltung relevant sein könnten? Von einzelnen Segmenten kann die Darstellung eines außerbildlichen Phänomens ebenso wie die Gestaltung eines innerbildlichen Phänomens ausgehen. Im Detail können an jedes einzelne Segment folgende Fragen gerichtet und daran orientiert Sehweisen gebildet werden.

- Verweist das Segment indexikalisch auf einen bestimmten Ort (Raum, Lokalität, Landschaft, Städte, Regionen, Kontinente) und/oder auf eine bestimmte Zeit (Gegenwart, Vergangenheit, Zukunft, Tageszeit, Jahreszeit, bestimmtes Ereignis, historische Epoche)? Dies wäre zu erkennen etwa an Kleidung, Accessoires, Gegenständen mit spezifischen zeit-räumlichen Merkmalen, an direkten Zeit- und Raumbezügen wie z.B. Uhren, Lichtverhältnissen, zeitlich konnotierten Symbolen, an Häusern, Wohnräumen, spezifischen Landschaftsmerkmalen u.v.m.).
- Sind die indexikalischen Verweise kongruent oder werden Widersprüche sichtbar, welche wiederum auf spezifische Gestaltungsprozesse verweisen?
- Verweist das Segment auf zeitliche und/oder räumliche Bezüge *innerhalb* des Bildes? Deuten Bewegungsansätze und -richtungen, Unterscheidungen zwischen einem Hier und einem Dort, einem Draußen oder Drinnen auf Handlungszusammenhänge und -verläufe?
- Verweist ein Segment oder eine Segmentverbindung auf eine szenisch spezifische soziale Situation, die etwa durch die Nähe oder Entfernung zwischen Personen, durch Mimik oder Gestik, Körperhaltungen, -bewegungen, Blickrichtungen, -kontakte zu erkennen wäre. Inwiefern realisiert sich deren Darstellung innerhalb des Bildes im Verlauf der weiteren Segmente? Oder verweist das Segment auf im Bild nicht sichtbare Handlungs- und Interaktionszusammenhänge?
- Welche (bild-)gestaltende (ikonische) Funktion könnte das jeweilige Segment sowie in Verbindung mit den vorhergehenden in Bezug auf Rahmung, Zentrierung, Vorder- und Hintergrund, Eröffnung eines ‚Nebenschauplatzes', etc. haben? Welche Bedeutungszuweisungen könnten durch die Platzierung des jeweiligen Segmentes sowie Größenverhältnissen gegenüber anderen Segmenten (wichtig / unwichtig, perspektivische Projektionen) verbunden sein?
- Welche thematischen Bezüge könnten mit dem Segment im Hinblick auf den Zusammenhang seiner indexikalischen und/oder symbolisch-ikonischen Potentiale eröffnet werden.

- Welche der mit den Sehweisen eröffneten Möglichkeiten werden im weiteren Bildverlauf realisiert oder abgebrochen?
- Welche ergänzenden oder kontrastierenden Bedeutungs- und Sinnpotentiale werden durch Textelemente eingeführt? In welcher Weise werden Textelemente mit bildlichen Segmenten und Gestaltungsweisen verbunden oder von diesen unterschieden? Nimmt der Text selbst Bildförmigkeit an (etwa durch Größe, Schriftzug, Farbe, Anordnung)?

c) Analyse der kompositorischen Strukturierung des Bildfeldes (Feldliniensystem) und der darin realisierten oder zu verwerfenden indexikalischen und symbolischen Bedeutungs- und Sinnbezüge

Dieser Analyseschritt bezieht sich auf das Bild als Ganzes mit dem Ziel, den in der Segmentanalyse möglichst breit entwickelten Möglichkeitsraum von Bedeutungs- und Sinnbezügen im Hinblick auf die Strukturierung der Gesamtgestalt soweit einzuschränken, dass ein plausibel zu machendes erstes Interpretationsergebnis bezüglich der Frage, was durch den spezifischen Zusammenhang der Segmente im Bildganzen wie und für wen in welchen Kontexten sichtbar (gemacht) wird, formuliert werden kann.

Zunächst wird die räumliche Perspektive, aus der das Bild gestaltet wurde, untersucht.[198] Wenn eine räumliche Projektion auf die Bildfläche stattgefunden hat, kann daraus auf der Basis der Regeln der Geometrie ein oder mehrere Fluchtpunkt(e) anhand der Verlängerung der Linien der räumlich dargestellten Gegenstände, die einen Schnittpunkt entweder innerhalb oder außerhalb des Bildes ergeben, ermittelt werden. Mit dem Fluchtpunkt lässt sich wiederum die Blickposition – etwa ein Kamerastandort oder eine räumliche Position einer das Bild anfertigenden ProduzentIn – bestimmen. Die Wahrnehmung der räumlichen Darstellung seitens der BetrachterInnen folgt in der Regel dieser Blickführung. Damit sind Zentrierungen und Fokussierungen auf bestimmte Bildbereiche verbunden sowie das ‚Eintreten' der Betrachter ins Bild über den Blick.

In einem weiteren Schritt wird schließlich die Strukturierung der Bildfläche als ein (Kräfte)Feld im Zusammenwirken verschiedener Feldlinien und ihrer Valenzen in den Blick genommen. Feldlinien ergeben sich aus nicht sichtbaren Linien, die die Anordnung von Figuren, Gesten, Bewegungen, Gegenständen in der *Bildfläche* strukturieren (siehe Imdahl 1980; Bildinterpretation I und vorheriger Abschnitt). Mit dem Einzeichnen dieser Linien können implizite kompositorische Bezüge sichtbar gemacht werden. Perspektivische Projektionen und szenische Choreographien erscheinen nun in einem bestimmbaren Zusammenhang, in dem sich in der Seg-

198 Räumliche Projektionen müssen allerdings nicht in jedem Bild als ein mehr oder weniger relevantes kompositorisches Prinzip vorkommen. Sie können auch gegenüber der Strukturierung der Bildfläche in den Hintergrund treten oder aber mit dieser eine für die Gesamtkomposition relevante Spannung aufbauen (siehe Bildinterpretation II).

mentanalyse entwickelte Bedeutungs- und Sinnpotentiale realisieren oder verworfen werden können. Zudem können in Bezug auf das Gesamt der Bildfläche im Verhältnis zu ihrem jetzt sichtbaren Rahmen auch neue Sehweisen und Hypothesen entstehen. Mit der Feldanalyse der Bildfläche sollten im Zusammenhang mit perspektivischen Raumgestaltungen und szenischen Choreographien die Strukturierung der Bedeutungs- und Sinnbezüge durch die innere Organisiertheit des Bildes, seine Komposition, annähernd zu bestimmen sein.

d) Rekonstruktion der sozialen und technischen Entstehungs-, Aufbewahrungs- und Verwendungszusammenhänge in Verbindung mit dem medialen Bildpotential

Im vierten Analyseschritt wird die Aufmerksamkeit auf die Spuren bezüglich der Entstehungskontexte, der Aufbewahrung, Verwendung und Rezeption eines Bildes, also seinen Gebrauch gelenkt. Sie verweisen darauf, ob und wie sich Bildbedeutungen und Sinnbezüge im Gebrauch realisieren oder gar erst dort konstituiert werden. In diesem Zusammenhang spielt die mediale Gestalt des jeweiligen Bildes – Fotografie, Gemälde, Collage, Röntgenaufnahme, u.a.m. – insofern eine wesentliche Rolle, als das mediale Potential mit der Entwicklung von Bildtechniken und ihrem jeweiligen sozialen Gebrauch entsteht. Hier werden folgende Fragen relevant und orientierend:

- Gibt es Spuren oder Hinweise zum Aufbewahrungs- und Verwendungszusammenhang wie zum Beispiel Fotoecken, die auf eine Platzierung in einem Album verweisen, Rahmen, Bildunterschriften, Textelemente?
- Gibt es Hinweise darauf, was vor der Entstehung eines Bildes – insbesondere einer Fotoaufnahme – geschehen sein könnte und was danach?[199] Was lässt sich über die Intention der Bildproduzenten oder der dargestellten Personen aus ihren Beziehungen zueinander erkennen? Werden Intentionen realisiert oder eher konterkarriert?
- In welchen Betrachtungskontexten könnte das Bild stehen? Wer sieht sich das Bild in welchen sozialen Zusammenhängen mit welchen Intentionen an? Wie setze ich mich als BetrachterIn ins Verhältnis zum Bild – etwa mit einem ‚Blick auf vergangene Zeiten', auf der ‚Suche nach Beweisen', ‚Selbstvergewisserung', in Teilhabe am bildlichen Ausdruck durch ‚Ergriffen-Sein'?
- Welches mediale Potential lässt sich aus dem einzelnen Bild in seinem Verwendungszusammenhang erschließen? Kann auf dieser Grundlage der Typus des Bildes im Zusammenhang mit einem Genre bestimmt

199 Sehweisen und Hypothesen hierzu können nur annäherungsweise aus dem Bild gewonnen werden. Dennoch kann hierbei deutlich werden, dass einzelne Elemente oder Spannungen im Bild nur durch die hypothetische Annahme eines ihm vorausgehenden und/oder nachfolgenden Geschehens, welches selbst nicht sichtbar ist, verstanden werden können.

werden – in Bezug auf Fotografien etwa als ‚Knipserfoto' einer Augenblicksaufnahme eines ablaufenden Geschehens; als gestaltete Inszenierung; als Erinnerungsfoto an eine Situation, als (Porträt-)Aufnahme eines Fotografen, als künstlerisch gestaltetes Bild? Welche Bedeutungsgehalte sind durch die Medialität und das Genre des Bildes implizit mitgegeben? In welchem Verhältnis steht dies zum spezifisch in diesem Bild rekonstruierten Bildsinn?
- Welche Hypothesen bezüglich der Bedeutungs- und Sinnzusammenhänge, in denen das spezifische Bild im Kontext seiner Entstehung, Verwendung und gegenwärtigen Betrachtung gesehen werden kann, lassen sich zusammenfassend formulieren?

Anhand einer Einzelfotografie sind viele dieser Fragen lediglich hypothetisch zu beantworten. Dem interpretativ entwickelten Möglichkeitshorizont kann wiederum in eigenen Untersuchungsschritten nachgegangen werden – etwa durch Lektüren zu spezifischen Bildmedien sowie Rekonstruktionsschritten eines konkreten Entstehungs- und Verwendungszusammenhangs in Interviews mit ProduzentInnen und BetrachterInnen, teilnehmenden Beobachtungen, oder anderes mehr).

e) Zusammenfassende Interpretation der Gesamtgestalt eines Bildes mit der Beantwortung der Frage: ‚Wie wird etwas im und durch das Bild für wen in welchen medialen und pragmatischen Kontexten sichtbar?'

Dieser Schritt schließt die Analyse eines einzelnen Bildes mit einer Zusammenführung der Interpretationsergebnisse aus den bisherigen Schritten ab, indem die Frage nach dem manifesten und latenten Bildsinn auch mit Bezug auf die medialen Verwendungskontexte – soweit diese rekonstruierbar sind – beantwortet wird. Es gilt, die manifesten und latenten Thematisierungen in ihren signifikativen, denotativen und konnotativen Bedeutungsfunktionen ggf. in Bezug auf spezifische Kontexte in einer Weise zu formulieren, dass der interpretativ erschlossene Bildsinn aufschließend sichtbar gemacht wird.

f) Einbettung der Analyseergebnisse in fachtheoretische und/oder empirische Bezüge, ggf. auch im Zusammenhang mit oder im Kontrast zu anderen Materialien

Schließlich gilt es, die entwickelten Analyseergebnisse auch im Hinblick auf ihre Einbettung in einem größeren Bildfeld im Rahmen fachspezifisch relevanter Fragen zu diskutieren. Theoretische Konzepte werden jedoch nicht erst hier in die Analyse eingeführt. Sie spielen als heuristisches Potential bei der Entwicklung von Hypothesen in der gesamten Bildinterpretation eine wichtige Rolle. Hier geht es darum, die Ergebnisse auf einer theoretisch allgemeineren Ebene zusammenfassend zu diskutieren und die

Frage zu beantworten, welchen Beitrag die jeweilige Analyse bezüglich des Verstehens und Erklärens eines gesellschaftlich relevanten Phänomens leistet. Damit wird auch die theoretische Reichweite der im empirischen Analyseprozess entwickelten Ergebnisse abgesteckt.

Interpretation von Bildserien oder Bildsammlungen[200]

Die Analyse eines Einzelbildes kann Bestandteil der Analyse von Bildsammlungen und Bildserien sein, zum Beispiel von Fotoalben, Fotoschachteln, einer Reihe von gerahmten Fotos in einem Zimmer, in Zeitschriften, Büchern, Katalogen, Ausstellungen u.v.m. Die Analyse von Bildsammlungen folgt einem ähnlichen Ablauf wie die Segmentanalyse. Es kann im Analyseprozess selbst entschieden werden, ob einer Segmentanalyse eines Einzelbildes eine Analyse der Bildsammlung, von der das einzelne Bild einen Teil darstellt, folgt oder ihr vorausgeht. Auch alternierende Analyseprozesse zwischen Einzelbildern und einer mit ihnen verbundenen Bildsammlung sind denkbar (siehe Bildinterpretation III).

a) *Beschreibung der formalen Gestalt der Bildsammlung oder -serie anhand thematischer oder/und chronologischer Anordnungen und Verdichtungen*

Die Bildung von zu interpretierenden Sinneinheiten orientiert sich an Veränderungen der Gestaltungsprinzipien – ‚geordnet‘ oder ‚ungeordnet‘, beschriftet oder unbeschriftet, chronologisch oder thematisch –, an Themenwechseln – Familie, Urlaub, Beruf und Arbeit u.a.m. –, zeitlichen Periodisierungen – biographisch nach Kindheit, Jugend, Erwachsenenalter, historisch nach Kriegszeit, 50er-Jahre, etc. – oder räumlich-örtlichen Bezügen – zu Hause, Wohnumgebung, Arbeitsplatz, auf Reisen, etc.

b) *Interpretation der segmentellen, ggf. auch sequentiellen Gestaltungsstruktur der Bildsammlung und ihrer manifesten wie latenten Bezüge*

- Womit beginnt die Sammlung, was ist ihr Schwerpunkt, womit hört sie auf? Was könnte die Rahmung der Sammlung, ihr Anfang und Ende, sollte das identifizierbar sein, bedeuten? Wie werden ikonische Übergänge und Themenwechsel gestaltet? Wo entstehen Abbrüche oder größere Lücken – etwa in Bezug auf Lebensphasen in einem chronologisch angelegten Fotoalbum?
- In welcher Chronologie, wenn überhaupt, sind die Bilder geordnet und was könnte dies bedeuten?

200 Die folgenden konkreten Vorstellungen, wie eine Bildsammlung interpretiert werden kann, sind im Zuge der Analyse eines privaten Fotoalbums entstanden und müssten für Untersuchungen ganz anders strukturierter Bildsammlungen unter Umständen ergänzt oder modifiziert werden.

- Welche indexikalischen und/oder bildinternen Referenzen auf Handlungs- und Situationsbezüge sind erkennbar, welche sind dominant, respektive marginal oder fehlen ganz? Werden biographische und/oder historische Ereignisse, Lebens- und gesellschaftliche Zeitphasen, einzelne Personen und Konstellationen ausgestaltet, welche bleiben ausgeblendet?
- In welcher Weise sind Schwerpunkte und Zusammenhänge in der Darstellung situations-, milieu-, gesellschaftsspezifischer und anderer sozialer Zusammenhänge erkennbar und was können diese bedeuten? Ist aus dem Zusammenhang einzelner *Themen* ein *thematisches Feld* als latentes Selektions- und Strukturierungsprinzip für die ganze Bildsammlung oder einzelne ihrer Teile erkennbar?
- Welche Symbolisierungspotentiale entstehen aus der formalen Anordnung und spezifischen Gestaltungselementen wie Über- und Unterschriften, Zeit-, Orts- und Personenbezeichnungen, weitere Dokumente wie Urkunden oder Gegenstände wie Fahrkarten, andere Bildmedien wie Collagen, u.v.m.? Wie tragen welche Gestaltungsmittel zur Bedeutungsgebung bei?

c) Vertiefende Analysen einzelner Bestandteile

Entsprechend einer *Feinanalyse* (Oevermann) können ausgewählte Teile der Sammlung – etwa bestimmte Seiten eines Fotoalbums, weitere Einzelfotografien, auffällig gestaltete ‚Passagen' –, von denen ausgegangen werden kann, dass sie für die Rekonstruktion der Gesamtgestalt relevant wenn nicht gar zentral sind, detaillierter interpretiert werden. Dies kann auch dazu dienen, bereits gebildete Hypothesen weiter zu vertiefen oder auch neue zu entwickeln.

d) Rekonstruktion des Entstehungs- und Gebrauchszusammenhangs der Sammlung in spezifischen Kontexten

Hierbei gilt es die Frage zu klären, wer die Produzenten der Sammlung sein könnten und an wen sie möglicherweise adressiert ist. Gibt es eine ‚Hauptperson' oder eine ‚Hauptgruppe'? Sind spezifische Präsentationsabsichten erkennbar? Wie werden dieses realisiert, oder konterkarriert? In welchen sozialen Kontexten würde eine solche Sammlung Sinn machen und welche Funktionen könnte sie darin erfüllen?

e) Bestimmung und Beschreibung des medialen Typus der Bildsammlung

Welche Bedeutungsgehalte sind durch die Medialität und das Genre der Bildsammlung mitgegeben – etwa durch einen Bildband, ein Fotoalbum, eine Werbeserie, eine Ausstellung, u.v.m? In welchem Verhältnis steht dies zu den spezifisch in dieser Bildserie rekonstruierten Sinnbezügen?

f) Kontrastierung mit Analyseergebnissen aus anderen Materialien

Je nach weiteren Forschungsinteressen kann ein Bild durch weitere Bildsammlungen dieser Gattung, oder aber durch andere Materialien kontrastiert oder ergänzt werden. Hier können etwa schriftliche Texte in Form von Briefen, Tagebüchern, Autobiographien, oder mündlich produzierte und aufgezeichnete Interviews oder Gespräche, mit den Ergebnissen der Analyse eines Fotoalbums kontrastiert werden, wenn es um die Rekonstruktion einer Biographie geht. Auch weitere Materialien und Artefakte (Skulpturen, Collagen, Kunstwerke, u.v.m.) können in die Analyse mit einbezogen werden.

g) Interpretation der Gesamtgestalt der Bildsammlung oder -serie

Abschließend werden die rekonstruierten Bedeutungs- und Sinnbezüge in Bezug auf bildexterne wie bildinterne Referenzen, auf formale Gestaltungsmittel und Herstellungs- wie Verwendungskontexte zusammengefasst zu einer Gesamthypothese formuliert.

Inzwischen sind die vorgestellten methodischen Analyseschritte in studentischen Abschlussarbeiten von Seminaren[201] in der Regel mit einem Schwerpunkt auf der Segmentanalyse sowie mit Bezug zu Bildern und Fotografien verschiedener Gattungen und aus verschiedenen sozialen Feldern zur Anwendung gekommen (vgl. exemplarisch Eder 2005, Haberler 2008, Pomikacsek 2008). Das Verfahren hat sich in diesen Arbeitsprozessen soweit bewährt, dass auf der Basis seiner Anwendung inhaltlich interessante Beiträge entstanden sind. Sie zeigen auch die Vielfalt der Themenfelder für soziologische Bildanalysen, welche mit dem entwickelten methodologisch-methodischen Verfahren untersucht werden können. Erfahrungen aus dem Lehrzusammenhang zeigen allerdings, dass eine Anleitung bezüglich der Vorgehensweise zwar notwendig und hilfreich ist, um in methodisch kontrollierter Weise über eine Beschreibung des manifest Sichtbaren hinaus zu gelangen. Dies wird jedoch nur dann fruchtbar, wenn zugleich theoretisch fundierte Vorstellungen bezüglich potentieller Bedeutungs- und Sinnbezüge in der symbolischen Dimension entweder bereits vorhanden sind, oder im Laufe der Analyseprozesse in Verbindung mit dem Studium entsprechender bildtheoretischer Grundlagen entwickelt werden.

201 Eine der modellhaften Seminarbeiten, die auf von Jugendlichen selbst generierten Fotografien ihrer Jugendzimmer basierte, wurde im Rahmen von Workshop & Workshow Visuelle Soziologie, den ich zusammen mit meiner Kollegin Eva Flicker im November 2007 am Institut für Soziologie der Universität Wien veranstaltete, vorgestellt und zu einer Online-Publikation ausgearbeitet (vgl. Bartsch et.al. 2008).

Bildinterpretation IV: ‚Fremde' im öffentlichen Bilderraum zwischen Abwesenheit und kolonialen Blickverhältnissen

Die bisherigen Bildinterpretationen waren darauf fokussiert, den Gang der Segmentanalyse und die Breite ihrer Anwendbarkeit plausibel zu machen. Mit der letzten Bildinterpretation wird ein ganzes Bildfeld in den Blick genommen. Die explorative Analyse richtet sich auf die bildliche Darstellung von ‚Fremden' im öffentlichen Raum.[202] Auch wenn hier nicht das Ergebnis eines Forschungsprojektes vorgestellt werden kann, möchte ich auf das gegenstandstheoretische Potential einer solchen Untersuchung hinweisen.[203] Den Ausgangspunkt bildet die Segmentanalyse eines Bildes im Rahmen einer Spendenkampagne, gefolgt von Beobachtungen anhand fotografischer Streifzügen im öffentlichen Bilderraum[204] und einer Reflexion bezüglich der bildlichen Darstellung und Darstellbarkeit von ‚Fremdheit'.

Die Auswahl des Bildes, welches zum Gegenstand einer detaillierten Segmentanalyse wurde, erfolgte nach einem ersten, thematisch noch nicht fokussierten Gang durch die öffentliche Bilderwelt von Wien. Ich nahm die Haltung einer ‚alltäglichen Passantin' ein und versuchte gleichzeitig zu registrieren, welche Bilder meine Aufmerksamkeit auf sich zogen. Es waren vor allem Werbe-Plakate, die mir durch ihre Größe und bildliche Präsenz ins Auge fielen. Ich ging davon aus, dass auch bei einem ‚flüchtigen' Blick auf diese Bilder implizite und explizite Bild- und Textbotschaften wirksam werden, so wie es John Berger treffend formuliert hatte.

202 Die Vorgehensweise entspricht in etwa den Verfahren der Grounded Theory zum Theoretical Sampling (Glaser & Strauss 1967).

203 An dieser Stelle möchte ich Bettina Völter danken, die mir anlässlich eines Vortrages zu diesen Bilderkundungen wichtige Hinweise gab.

204 In den Sommermonaten der Jahre 2007, 2008 und 2009 unternahm ich anlässlich der Arbeit an diesem Thema mit meiner kleinen Digitalkamera Streifzüge durch Wiens öffentliche Bilderwelt. Ich danke Bettina Völter für Anregungen zur Darstellung der Ergebnisse aus diesen Erkundungen.

> „In unseren Städten sehen wir täglich hunderte von Plakaten und anderen Reklamebildern. Keine andere Bildart begegnet uns so häufig. In keiner anderen Gesellschaftsform der Geschichte hat es eine derartige Konzentration von Bildern gegeben, eine derartige Dichte visueller Botschaften. Ob man diese Botschaften nun im Gedächtnis behält oder sie vergisst – immer nimmt man sie kurz auf, und für einen Augenblick regen sie die Phantasie an, entweder durch die Erinnerung oder durch die Erwartung. [...] Wir sind heute so daran gewöhnt, von diesen Bildern angesprochen zu werden, dass wir ihre totale Präsenz und Wirkung kaum noch wahrnehmen." (John Berger 1974/2000: 124)

Die Plakate, welche meine Aufmerksamkeit besonders auf sich zogen, fotografierte ich und setzte meinen Weg fort.

Das nachfolgend interpretierte Bild irritierte mich und band meine Aufmerksamkeit am nachhaltigsten. Das wurde zum Kriterium, es einer ersten detaillierten Analyse zu unterziehen. Ihre Darstellung ist so gestaltet, dass Sie als LeserIn den Gang der Analyse mitinterpretierend begleiten können.[205] Zunächst wird jeweils ein Segment oder eine Segmentkombination gezeigt. Anschließend halte ich mögliche Sehweisen kurz fest, die Sie mit Ihren Assoziationen vergleichen können. Um Ihren (Mit-)Interpretationsraum nicht vorschnell zu schließen, stelle ich meine Gesamtinterpretation erst nach der Interpretation der einzelnen Segmente vor.[206]

Bitte schauen Sie sich jedes Bildsegment an, lassen Sie – auch affektive – Assoziationen zu den möglichen Bedeutungen und Sinnbezügen schweifen und stellen Sie Vermutungen darüber an, in welcher Bildgestalt so ein Segment gegenstandsbezogen wie ikonisch Sinn machen könnte.

---

205 Ingrid Breckner möchte ich dafür danken, dass sie sich in der Endphase der Fertigstellung der Habilitationsschrift zu diesem kleinen Experiment bereitfand um die Plausibilität des Interpretationsvorgehens noch einmal zu prüfen und dabei weitere Sehweisen beisteuerte.

206 Erste Analysen wurden im Rahmen eines Vortrages während der Konferenz *Belonging, Ethnicity and Biography* im Dezember 2007 an der Universität Göttingen vorgetragen. Ich danke den TeilnehmerInnen der Konferenz für ihr lebhaftes Interesse und die anregenden Diskussionsbeiträge. Desweiteren möchte ich den TeilnehmerInnen der Forschungswerkstatt ‚Visuelle Soziologie' am Institut für Soziologie sowie den KollegInnen aus dem Forschungsschwerpunkt ‚Visual Studies' an der Fakultät für Sozialwissenschaften der Universität Wien für gemeinsame Interpretationsrunden danken. Die wesentlichen Hypothesen bestätigten sich in allen Analysezusammenhängen. Von jenen, die das Plakat in Auftrag gegeben hatten, wurde sie allerdings heftig bestritten – dazu später.

Die rosa Schleife kann als ein bildliches Symbol mit codierter Bedeutung fungieren. Die Farbe erinnert an Schleifen, die für Aids oder Krebs stehen. Die Form der Schleife ist aber eine andere. Sie erinnert eher an eine Geschenkverpackung, an ein Accessoire einer Mädchenkleidung, eine Festtagskleidung oder den Schmuck eines Haustieres. Sie könnte an einen Gegenstand oder an einer Person, am Hals oder in den Haaren befestigt sein. Die Schleife nimmt einen großen Teil der Bildfläche ein. Es ist anzunehmen, dass sie eine bildbestimmende Rolle spielt.

Was sehen Sie jetzt, auch im Hinblick auf vorstellig werdende, nicht sichtbare Bezüge?

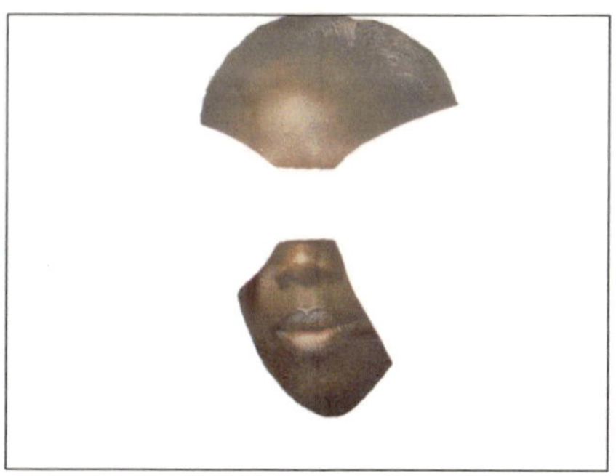

Es sind nur Teile eines Gesichtes zu sehen – von Frau oder Mann ist noch offen. Schwarze Hautfarbe, eine durch Lichtglanz hervorgehobene Stirn, die Frisur, Mund und Lippen und eine hochgezogene Nasenspitze fallen auf. Assoziativ könnte damit einladende Exotik, weit entfernte Fremdheit, oder aber auch – aus der Perspektive eines sozialen Kontextes, in dem dunkelhäutige Menschen die Mehrheit bilden – ein vertrautes Gesicht verbunden sein. Ein leichtes Lächeln, konnotiert mit Sinnlichkeit kann auffallen. Vor allem aber erzeugen die fehlenden Augen Irritation, unter Umständen auch Neugierde oder Erwartung.

Welcher Eindruck entsteht in der Verbindung zwischen dem Gesicht und den Schultern als weiterem Segment?

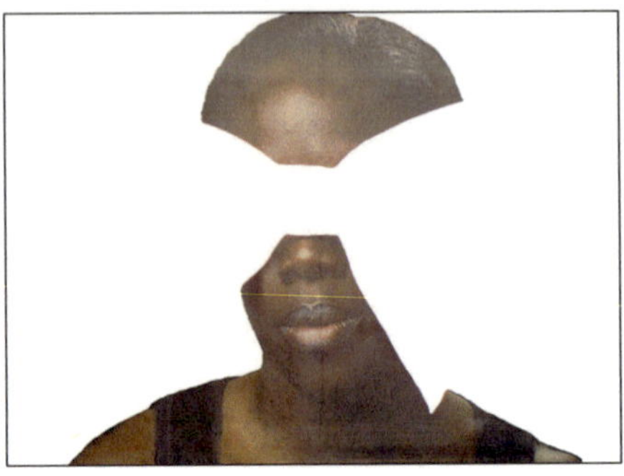

Jetzt scheint eine klarere Zuordnung zu einem Geschlecht möglich zu sein – vermutlich handelt es sich um eine Frau. Der Kopf ist leicht nach links geneigt, in Verbindung mit der abfallenden Schulter entsteht ein Ausdruck von Zaghaftigkeit, Traurigkeit, Bescheidenheit, fast Demut.

Welches imaginäre Bild entsteht jetzt in Kombination mit der rosa Schleife, dem Gesicht und den Schultern der Frau?

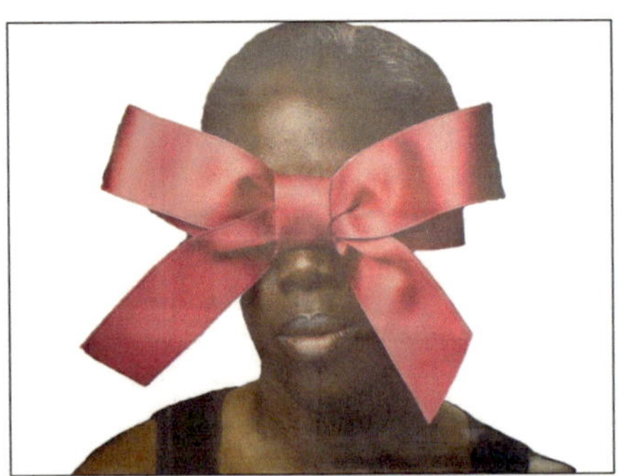

Offensichtlich sind die Augen verborgen. Ist die Schleife Teil einer Verkleidung? Dient sie als Augenbinde in einem ‚Versteckspiel'? Wer oder was wird versteckt: die Augen, Blicke oder die Betrachter, auf die sie sich richten? Auf jeden Fall gibt es keinen Augenkontakt zu ‚uns', den Betrachtern, obwohl das Gesicht und der Körper ‚uns' zugewandt sind. Unsere Blicke bleiben unbeantwortet. Bildlich gesehen betonen die herabhängenden Enden der Schleife die ‚hängenden' Schultern. Welcher Eindruck wird dadurch hervorgerufen oder verstärkt?

Was trägt der Hintergrund zur Entstehung des Bildes bei?

Der Hintergrund ist dunkel, fast schwarz – es ist keine zeitliche, örtliche oder soziale Situation und Kontextualisierung zu sehen. Das Bild zeigt nicht jemanden Bestimmten, eine Person in einer konkreten Umgebung oder Situation. Vielmehr typisiert es eine Person als ‚Frau', ‚blind', ‚schwarz', ‚traurig-demütig' – und nicht zu übersehen: auch als ‚hübsch'. Dennoch bleibt eine Irritation bezüglich der Bedeutung der rosa Schleife.

Der Eindruck eines fröhlichen Versteckspiels mag sich nicht mehr recht einstellen. Vielmehr überwiegt inzwischen eine (anziehende?) Traurigkeit. Könnte die schwarze Frau als Geschenk dargestellt sein? Aber ein Geschenk von wem und an wen? Oder eine (gesundheitliche) Gefahr? Oder unterstreicht die Schleife lediglich, wie hübsch die Frau ist? Oder wird vor allem ihr Blick und damit auch ihre Subjektivität verborgen, so dass sie angesehen werden kann, ohne ‚zurückzublicken'?

Was fügt der Text den zum Teil ambivalent bleibenden Bildbotschaften hinzu?

Zu lesen ist: „Licht für die Welt – Schenken Sie einem blinden Menschen der Dritten Welt das Augenlicht – mit einer Spende von 30 Euro. Danke. PSK 92.011.650 www.Licht-fuer-die-welt.at". In der kleinsten Schrift lesen wir: „Mit freundlicher Unterstützung von Croma Pharma GmbH". Hierbei handelt es sich um eine Firma, die u.a. augenärztliche (ophthalmologische) Produkte herstellt.

Mit dem Text wird eine der möglichen Bildbedeutungen fixiert: es geht um Geld, welches symbolisch durch die Schleife als ‚Geschenk' dargestellt wird. Die Schleife steht jedoch nicht in Verbindung mit einem Geldbündel oder einem Scheck, sondern mit dem Gesicht, dem Kopf einer Frau, die im Bild den BetrachterInnen zugewandt ist. Dadurch wird *sie* implizit als ‚Geschenk' dargestellt. Offen ist immer noch, von wem und an wen. Zugleich wird mit der Schleife Bedürftigkeit einer weiblichen Person markiert. Bedürftigkeit wird assoziativ mit Blindheit, Frau-Sein, dunkler Hautfarbe und dunklem Hintergrund verbunden. Textlich wird ein Kontrast zwischen Helligkeit und Dunkelheit als Rahmung eingeführt. All dies wird sowohl bild-assoziativ als auch sprachlich manifest mit ‚dritter Welt' verknüpft.

Eindeutig ist jetzt, dass es nicht um eine bestimmte Frau als Person geht, sondern um einen verallgemeinerbaren *Typus*, der wiederum verschiedene Typen von Personen – ‚Frauen', ‚Blinde', ‚Schwarze' – einschließt.

Wenn wir dieses Bild anschauen wird ‚schlagartig' deutlich, ohne dass dies gesagt werden muss, dass ‚sie' in Not sind – und nicht ‚wir'. Not wird mit Fremdheit in Verbindung gebracht, indem Hautfarbe und Gesicht als körperlicher Ausdruck eingesetzt werden um Distanz, oder gar eine trennende Grenze zwischen ‚uns' und ‚ihnen' zu schaffen. Durch diese Differenz und Grenzziehung befinden ‚wir' uns nicht nur auf der ‚gesunden', sondern auch auf der ‚wohlhabenden' Seite, während ‚sie' ‚blind', ‚arm' und ‚bedürftig' sind. Gleichzeitig sind ‚sie' – durch Mund und Schleife – ‚hübsch', also wert, ‚angeschaut' zu werden. Und ‚wir' können ‚sie' anschauen, ohne dass ‚sie' zurückblicken während wir sie gar ‚anstarren'.

Aber was für eine Art Geschenkt könnten ‚sie' für ‚uns' sein? Ein Geschenk, das unsere (monetäre) Generosität erwidern soll? Ein Geschenk in Form eines ‚hübschen weiblichen Anblicks', der unsere ästhetischen Bedürfnisse entzückt, die wir ‚unter uns' nicht befriedigen können? So gesehen könnte die Schleife durchaus die dargestellte Frau als Geschenk symbolisieren – wenn auch entgegen den Intentionen der PlakatproduzentInnen. Für unsere großzügige Spende werden wir auf jeden Fall mit der Gewissheit beschenkt, auf der ‚besseren Seite des Lebens' gelandet zu sein.

Wenn wir dieses Bild aus dieser Perspektive sehen, auch im Hinblick auf die Ambivalenzen, die von ihm ausgelöst werden, sehen wir eine typische koloniale Vorstellung, die – vermutlich nicht bewusst – in die Bildgestaltung einer Kampagne zum Sammeln von Spendengeldern für ein christliches Dritte-Welt-Projekt, die Christoffel Blindenmission,[207] eingeht. Die dargestellte Person wird im Status eines Objektes und nicht als Subjekt in einer konkreten Lebensumgebung gezeigt. Das Bild suggeriert einen ethnisierenden und vergeschlechtlichenden Blick seitens der BetrachterInnen. Dieser würde unter Umständen nur dann nicht einsetzen, wenn das Bild in einem Kontext mit mehrheitlich dunkelhäutigen Menschen zu sehen wäre.

Vor dem Hintergrund dieser Interpretation begann mich die Frage zu beschäftigen, welche Bilder von ‚Fremden' im öffentlichen Raum sichtbar werden und ob sich daraus allgemeine Konstruktionsprozesse von Fremdheit über ihre bildliche Stilisierung untersuchen lassen. Ich setzte meinen Streifzug mit der Kamera durch Wien fort und suchte nun nach allen Arten

---

207 Siehe die Homepage dieser Organisation unter www.licht-fuer-die-welt.at/index.html. Hier sind eine Reihe anderer Bilder zu sehen, mit denen nicht durchgehend die oben herausgearbeiteten Konnotationen ausgelöst werden. Im Zuge der im Sommer und Herbst 2007 bis etwa Mitte 2008 in Wien nahezu flächendeckend durchgeführten Spendenkampagne wurde ein sehr ähnliches Bild vom Gesicht eines dunkelhäutigen Jungen, dessen Augen mit einer blauen Schleife in der gleichen Form verdeckt waren, eingesetzt. Meine Bildinterpretation habe ich im Rahmen der 7. Armutskonferenz im Frühjahr 2008 in einem Panel vorgetragen, in dem es um die Frage des ethisch zulässigen bzw. zu verwerfenden Einsatzes von Bildern in Spendenkampagnen ging. Vor der Veröffentlichung meines Beitrages in einer Dokumentation der Armutskonferenz 2007 (Breckner 2008a) wurde dieser der Christoffel-Blinenmission für eine Stellungnahme zur Verfügung gestellt. Darauf erfolgte eine Antwort, die sich schärfstens gegen meine Interpretation zur Wehr setzte. Sie wurde im Anschluss an meinen Beitrag als ‚Gegendarstellung' ebenfalls abgedruckt. Derzeit wird diese Kampagne vor allem mit Bildern von (weißen) SpenderInnen als ältere, gütig aussehende Persönlichkeiten gestaltet.

von Bildern – Werbebilder, Ausstellungsankündigungen, Filmplakate u.a.m. –, die in einer für mich erkennbaren Weise ‚Fremde' in verschiedenen Situationen mit unterschiedlichen Konnotationen zu ‚Fremdheit' als ‚Andersheit' darstellten. Ich suchte vor allem nach kontrastierenden bildlichen Darstellungen von ‚Fremden', in denen keine klare imaginäre Grenzziehung zwischen ‚ihnen' und ‚uns' gezogen wurde. Dabei stieß ich auf die Frage, was ich als eine bildliche Darstellung von ‚Fremden' in anderen konnotativen Bezügen – etwa zu Diversität, kulturellem Reichtum, dialogischen Szenen des Umgangs mit Andersheit – wahrnehmen würde.

Durch die Bildinterpretation sensibilisiert, sprangen mir zunächst vor allem diese Bilder ins Auge.

Sie zeigen, dass ethnisierende Zuschreibungen von Bedürftigkeit in Verbindung mit ‚Fremden' insbesondere in Spendenkampagnen kein Einzelfall sind.

Nach aufmerksamen Suchen fand ich schließlich auch solche Bilder. Fremdheit wird hier als eine andere Art von Wesen, als Vampir, der allerdings bekämpft werden muss, verbildlicht. Auch in diesem Bild spielt der Kontrast zwischen Licht und Dunkelheit eine zentrale Rolle.

In diesen Bildern referiert ‚Andersheit' auf den Balkan als kulturellen Raum, dem unterstellt wird, das ‚Wunder des Lebens' bewahrt zu haben – durch Absurdität, Lebendigkeit, unfreiwillig komische Situationen und erotisch-melancholische Bilder.

In den nachfolgenden Bildern wird eine faszinierende Fremdheit nicht nur in einem – aus westeuropäischer Perspektive – unbekannten kulturellen Kontext verortet, sondern auch in einer historisch weit zurückliegenden Vergangenheit.

Als Ankündigungen von Ausstellungen wecken die Bilder nicht nur die Erwartung, etwas Unbekanntes, Eigenartiges, Faszinierendes von einem weit entfernten Ort aus einer weit entfernten Zeit zu sehen. Das Unbekannte, Eigenartige, Faszinierende wird darüber hinaus im ‚Hier-Sein' musealisiert. Es erhält einen eng umgrenzten Raum für eine begrenzte Zeit. Fremdheit wird – neben der Kulturalisierung – historisiert.

Die einzigen Bilder, die ein gewisses Bewusstsein bezüglich unterschiedlicher Perspektiven zwischen einem ‚Dort‘ und einem ‚Hier‘ zu erkennen geben, waren folgende:

Trotz der deutlichen Selbstironie arbeiten auch diese Bilder mit Stereotypisierungen von Fremdheit. Immerhin eröffnet der Text einen Dialog, mit dem ‚sie‘ aus verschiedenen Perspektiven gesehen werden können. Fremdheit ist nicht nur als etwas ‚weit weg‘ im geographischen oder nationalkulturellen Sinn verbildlicht. Auch der österreichische Kaiser erscheint als fremd. Fremdheit wird dadurch sowohl mit ‚ihnen‘, als auch – wenn auch nur über einen ‚zoologisierten‘ Blick in die Geschichte – mit ‚uns‘ verbunden.

Diese kleinen Explorationen zeigen, dass Fremdheit bildlich mit einer Differenz in körperlichen Erscheinungen im Kontrast zu jenen, die für die Mehrheit einer Gesellschaft typisch ist, verknüpft und vorwiegend darüber als Fremdheit wahrgenommen wird. Es sind vor allem körper-leibliche Präsentationsformen – also Gesten, Bewegungen, Kleidung, Haartracht, insgesamt der Habitus, wie wir von Bourdieu wissen –, die auch unterhalb der Bewusstseinsschwelle wahrgenommen werden und gerade dadurch hoch wirksam sind. In der bildlichen Dimension werden ‚Fremde‘ als durch körperliche Unterschiede gekennzeichnete ‚Andere‘ wahrgenommen. Im Unterschied dazu werden ‚Fremde‘ aus spezifischen sozialen Kontexten eher über Kleidung – Uniformen, milieuspezifische Kleidungsstücke – und viele andere ‚am‘ Körper befindlichen Accessoires – Orden, Schmuck u.v.m. – in der Sichtbarkeit konstruiert. Für Menschen, denen man eine zugewiesene ‚Nicht-Zugehörigkeit‘ oder aber auch von ihnen so erlebte ‚Andersheit‘ ansieht, werden körper-bildliche Typisierungsprozesse in sozialen Situationen, insbesondere in solchen, wo es um Anerkennung geht, als wesentlicher Bestandteil der Fremd- und Selbsttypisierung wichtig. Implizit ablaufende Darstellungen und Zuschreibungen über sichtbare, respektive sichtbar gemachte Körpermerkmale sind für alle Menschen relevant. Besonders folgenreich sind sie aber für jene, die mit gesellschaftlich wenig anerkannten oder gar abgewerteten körper-leiblichen Erscheinungsformen interagieren müssen.

Den Blick auf den Zusammenhang körper-bildlicher Symbolisierungsprozesse zu richten ist ungemütlich. Mit der analytischen Beschreibung dieser Vorgänge ist zumindest implizit verbunden, bestimmen zu müssen, was genau eine spezifische körper-leibliche Erscheinungsform bedeuten soll. Das zieht wiederum eine Bestätigung der zugrunde liegenden Kategorienbildungen entlang von Hautfarbe, Geschlecht, Alter, also allen askriptiven Merkmalen, nach sich. Die kritische Benennung von Diskriminierung, die von körperlichen Merkmalen ausgelöst wird, muss sich wiederum auf die Merkmale, nach denen diskriminiert wird, beziehen. Dadurch bleiben ebendiese Merkmale als Bezugspunkt der Unterscheidung lebendig – ein Dilemma, das aus der Rassismus- und Geschlechterforschung wohl bekannt ist, einschließlich des Ringens um Ansätze, dieses zu umgehen.

Weiter auf der Suche nach möglichen Darstellungsformen von Fremdheit, die hierarchisierende und diskriminierende Klischeebildungen unterlaufen, wendete ich mich – angeregt durch Goffman – der Bildlichkeit des aktualen Geschehens im öffentlichen Raum zu. Ich richtete meine Aufmerksamkeit auf Trambahn-Haltestellen in Bezirken mit mehrfachkulturellen Milieus, in denen eine Mannigfaltigkeit von Gesichtern, Körpern und Kleidung im aktualen Geschehen zu sehen sind.

Ich sah die auf eine Trambahn wartenden Menschen und zugleich die sie umgebenden Bilder an.

Die mit den wartenden Menschen bildlich verbundene Vielfalt war in den Bildern keineswegs zu sehen. Es waren nahezu *keine Bilder* vorhanden, die Menschen als kulturell unterschiedlich darstellen. Die empirisch unleugbar sichtbare Diversität fand sich in keiner Weise in den Bildern wieder. Die Hypothese verdichtete sich, dass die Verschiedenheit der Menschen, die (kulturell) von ‚woanders' kommen und zugleich ‚hierher' gehören (Simmel 1992), in die Bildwelt des öffentlichen Raumes nicht aufgenommen wird. Denn die sichtbare Präsenz kultureller Vielfalt im städtischen Alltag ist auch ein Bild, welches in der plakatierten Bilderwelt keine Entsprechung und damit keine symbolische Bestätigung findet. Vielmehr konstruiert die Plakatbilderwelt ein ‚Wir' mit ‚einheimischen' Gesichtern.

Solche plakativen Botschaften sind scheinbar auch ohne eingehende Analyse zu entschlüsseln. Dennoch entfalten sie hinsichtlich der *bildlich*-ästhetischen Symbolisierungsbezüge über den Zusammenhang von Formen, Farben, Konstellationen etc. mehr konnotative Wirkungen als uns jeweils bewusst oder lieb ist.

Auffallend sind in diesem Zusammenhang auch bildliche Konstruktionen eines ethnisch-lokal-nationalen ‚Wir', die etwa so aussieht:

Im diesem Bild werden nicht adressierte ‚Andere' sichtlich zu Zuschauern eines nicht nur ‚nationalen', sondern auch jungen, ‚wohlhabenden', schneesauberen und ‚bunten' Glücks. Zu den ‚Anderen' gehören hier zwangsläufig auch ältere Menschen oder Familien, die sich einen solch bunten, hellen Schneeurlaub mit den Kindern nicht leisten können. Alle diese Bilder zeigen: auf der Werbe-Bildebene im öffentlichen Raum ist die Unterscheidung zwischen einem ethnisch-nationalen ‚Wir' und den ‚fremden Anderen', welche dennoch Teil unseres Alltagslebens sind, noch sehr klar.

Im öffentlichen Raum ist die bildliche Darstellung von ‚Fremden' auf bestimmte Stereotype reduziert. Die gelebte Mannigfaltigkeit ist nicht Teil einer öffentlichen Imagination dessen, wie unsere Welt ‚aussieht'. Ferner ist die bildliche Darstellung von ‚Fremden' – wie die Bildanalyse eingangs gezeigt hat – immer noch in kolonialen und rassistischen Mustern der Konstruktion von Andersheit verankert (vgl. exemplarisch Schmidt-Linsenhoff et.al. 2004; Grady 2007). Sie implizieren eine Wahrnehmung des ‚Anderen' als auf wenige Merkmale reduzierten, keineswegs gleichwertigen Typus Mensch, oder gar nur als Objekt. Diese ‚Fremden' werden so präsentiert, dass sie angesehen, gar ‚angestarrt' werden können, ohne ihre Gegenblicke fürchten zu müssen.

Nach diesen Beobachtungen blieb die Frage offen, in welcher Weise Interaktionen zwischen kulturell verschiedenen Menschen verbildlicht werden können, ohne zwischen ‚ihnen' und ‚uns' asymmetrisch trennende Blicke zu reproduzieren. Letztere sind während einer langen Geschichte entstanden, in der eine imaginär trennende Grenze gegenüber dem ‚Fremden' als Kontrast zum ‚Vertrauten' sowie zwischen den ‚Außenstehenden' und den ‚Dazugehörigen' gezogen worden ist. Bildlich-imaginäre Grenzen, die sich als ‚kulturell Unbewusstes' in der öffentlichen Bilderwelt manifestieren, sind vermutlich noch schwerer zu überwinden als eine Berliner Mauer. In der öffentlichen Bilderwelt sehen sich ‚Fremde' mit einer bildlichen Abwesenheit oder aber kolonialen Blickverhältnissen konfrontiert. Es bleibt die Frage, wie vor diesem Hintergrund kulturelle Diversität sichtbar gemacht und gesehen werden kann, ohne askriptive Zuschreibungen davon zu reproduzieren, wie Menschen mit verschiedenen kulturellen Bezügen, respektive Menschen mit Migrationshintergrund aussehen.

In der Perspektive von Alfred Schütz (Schütz/Luckmann 1979) ist unser Alltagsleben generell durch Typisierungen verschiedenster Art bestimmt. Folgen wir seinem Denkansatz, stellt sich nicht unbedingt die Frage, wie Typisierung *vermieden* werden kann, sondern *wie* typisiert wird und welche sozialen und gesellschaftlichen Voraussetzungen und Folgen dies für die Beteiligten hat. Wer wird von wem in welchen sozialen Situationen auf der Basis welchen (meist impliziten) Wissens typisiert und welche Folgen hat dies für die Selbst- und Fremdtypisierung.

Ein weiterer, von Bernhard Waldenfels entwickelter konzeptioneller Wissensbestand zu Formen der Fremdheit ist aus meiner Sicht in diesem Zusammenhang ebenso relevant (Waldenfels 1997; Schäffter 1991). Waldenfels zufolge ist Fremdheit konstitutiv für jede Ich-Bildung, soziale Begegnung und soziale Ordnungsbildung. Insofern kann es nicht darum gehen, Fremdheit zu vermeiden, zu umgehen oder zu leugnen. Auch der Versuch, Fremdheit durch gewaltsame Angriffe oder mehr oder weniger gewaltsame Assimilation zum verschwinden zu bringen, stabilisiert soziale Ordnung keineswegs, wie wir von Zygmunt Bauman (1995) wissen. Diesen theoretischen Perspektiven zufolge gibt es verschiedene Formen des Umgangs mit Fremdem und Fremden, die das Verhältnis von Eigenem und Fremdem überhaupt erst konstituieren. Dieses Verhältnis kann kontradiktorisch als Feindschema angelegt sein, in dem die anderen als alles das, was ‚Wir' nicht sind, konstruiert und abgelehnt werden. Oder aber die ‚Anderen' werden in einem mehr oder weniger usurpatorischen Ergänzungsverhältnis als das Fehlende im Eigenen, das es durch Aneignung zu ergänzen gilt, wahrgenommen. Die gegenseitige Fremdheit kann demgegenüber mit einer Konstruktion eines gemeinsamen Ursprungs auch negiert werden. Schließlich kann gegenseitige Fremdheit als dialogisches Verhältnis in einer Weise gestaltet werden, dass ich gewahr werde, dem/der Anderen genau so fremd zu sein wie sie/er mir und eine wechselseitige Anerkennung über die jeweils wahrgenommenen Unterschiede und Gemeinsamkeiten aktiv erzeugt wird.

Diesen Überlegungen zufolge muss nicht jede Typisierung von ‚Fremden' in Form eines stereotypenbildenden ‚Otherings' in machtbasierten asymmetrischen Hierarchien wahrgenommen. Eine Fremdheit positiv konnotierende theoretische Perspektive lässt Spielräume entstehen, über Formen von Selbst- und Fremdtypisierungsprozessen nachzudenken, die den Anderen wie mir selbst Eigenheit und Fremdheit in einer anerkennenden Weise belassen – und dies auch ganz ausdrücklich im Widerstreit mit gesellschaftlich dominanten Formen der ausschließenden Konstruktion von Fremdheit, in denen jegliche Differenzartikulation droht, in die diskursiv mächtigen, meist zwischen einem ‚Wir' und einem ‚Sie' dichotomisierenden Interpretations- und Sehweisen eingesogen zu werden. Diese Bilder sind – so das Ergebnis einer ersten Erkundung – im öffentlichen Raum einer Großstadt wie Wien kaum zu finden.

Allgemein gesehen führen diese Beobachtungen zur Frage, welche politisch wirksame Rolle Bildlichkeit im öffentlichen Raum spielt (exemplarisch Wenk/Krebs 2007). Wie entstehen gesellschaftliche und kulturelle Blickordnungen als ‚Ordnungen der Sichtbarkeit' (Waldenfels 1994)? Solchen Fragen, die aus einer Bildanalyse in Verbindung mit einer explorativen Studie eines gesellschaftlich relevanten Bildfeldes erwachsen, kann in einem größer angelegten Forschungsprozess weiter nachgegangen werden.

Auf den Spuren einer soziologischen Bildtheorie – ein Ausblick[208]

Bilder zeugen nicht nur in vielfacher Weise von alltäglichen sozialen Situationen, gesellschaftlichen Wirklichkeiten und Entwicklungen, sie sind auch ein genuiner Teil davon. Soziologie und Sozialwissenschaften haben dies in verschiedener Weise wahrgenommen. Grundlagentheoretische Konzepte zur Erfassung der visuellen Dimension in der Konstruktion gesellschaftlicher Wirklichkeit befinden sich aber erst in den Anfängen. In klassischen soziologischen Theorien sind zwar Hinweise auf die Relevanz visueller Phänomene für soziale und gesellschaftliche Prozesse zu finden, aber keine ausgearbeitete soziologische Bildtheorie. Die Entwicklung einer solchen bedarf vieler Wege der theoretischen und empirischen Beschäftigung mit Fragen, die angesichts der Vielzahl von gesellschaftlich relevanten Bildphänomenen sowie ihren grundlagentheoretischen Bezügen im Rahmen einzelner Arbeiten nicht abgeschritten oder gar beantwortet werden können.

In dieser Arbeit habe ich mich – über die Soziologie und Sozialwissenschaften hinausblickend – mit philosophischen und kunsthistorischen Bildkonzepten beschäftigt. Es ging mir darum, die Spezifik bildlicher Bedeutungs- und Sinnkonstitution zu verstehen. Zugleich wollte ich verschiedene Bereiche, in denen sich die Konstruktion sozialer Wirklichkeiten auch bildlich vollzieht, erkunden. Das Ziel war, auf dieser Grundlage eine Methodologie und Methode zu entwickeln, mit der ein breites Spektrum von fixierten Bildern aus soziologisch-sozialwissenschaftlicher Perspektive untersucht werden kann. Auf diesem Weg sind eine Reihe von Fragen entstanden, die es lohnenswert erscheinen lassen, auch andere Wege zu beschreiten.

208 Mein Dank gilt an dieser Stelle Ingrid Breckner, die in gemeinsamen Gesprächen bei der Entstehung dieses Ausblicks hilfreich zur Seite stand.

Ein Fragenkomplex hat mich während der Arbeit begleitet, ohne dass ich zu befriedigenden oder gar abschließenden Antworten gekommen wäre. Es handelt sich um die Konstitution von Sozialität in der visuellen Dimension. Wie entstehen soziale Beziehungen und gesellschaftliche Wirklichkeiten über Sehen und Sichtbarkeit, über das Zeigen und die Anschauung? In welcher Weise sind Bilder für interaktive und kommunikative Prozesse grundlegend? Kann in Bezug auf die Vielfalt von Bildern davon ausgegangen werden, dass ihnen allen im Kern vergleichbare Prozesse der Entstehung bildlichen Sinns zugrunde liegen?[209] Wie gestaltet sich der *Zusammenhang* von Sprache und Bild in Konstitutionsprozessen sozialer Phänomene? Diese Fragen erfordern zum einen eine weitere Beschäftigung mit bildtheoretisch relevanten philosophischen und kunsthistorischen Wissensbeständen. Sie erfordern aber auch eine Verknüpfung mit soziologischer Grundlagentheorie, die in dieser Arbeit nicht geleistet werden konnte. Hierbei ist etwa an eine systematische Zusammenführung der Theorie sozialer Interaktion von George Herbert Mead (1969) zu denken, an die Theorie des *Sinnhaften Aufbaus der Sozialen Welt* von Alfred Schütz (1974) sowie der *Strukturen der Lebenswelt* von Schütz und Luckmann (1979). Weitere Hinweise auf Aspekte der Verbildlichung gesellschaftlicher Wirklichkeit sind auch bei Georg Simmel (1989-2008) zu entdecken – etwa in seinen Aufsätzen zur Mode, zum Augensinn, zum Porträt und nicht zuletzt auch zum Raum. Schließlich sind in der Tradition von Emile Durkheim über Mary Douglas (1974) sowie in den Arbeiten von Pierre Bourdieu zum Konzept des Habitus und der Hexis (1974) über eine Verbindung mit Panofsky Anhaltspunkte bildsoziologischer Theoriebildung zu finden. Jürgen Raab (2008) stellt mit seiner ausgearbeiteten *Visuellen Wissenssoziologie* systematische Verbindungen zur Phänomenologie in der Schütz'schen sowie der Berger/Luckmann'schen Ausprägung, der Verstehenden Soziologie generell sowie der Sozialwissenschaftlichen Hermeneutik her, und diskutiert Bezüge zu Panofsky und Mannheim auch in kritischer Perspektive (Raab 2007). Raab konturiert auf einer theoretisch fundierten Basis einen methodologisch-methodischen Zugang zu bewegten Bildern, der in seinen Grundzügen viele Ähnlichkeiten mit dem in dieser Arbeit im Hinblick auf fixierte Bilder entwickelten aufweist. Der ebenfalls methodologisch-methodisch ausgearbeitete Ansatz von Ralf Bohnsack (2005) bezieht sich theoretisch hingegen stärker auf die Arbeiten von Karl Mannheim und ihre Bezüge zu Panofsky, welche er in Verbindung mit Bourdieu zur Grundlegung seines bildinterpretativen Verfahrens heranzieht. Diese und weitere Vorhaben, in den soziologischen Grundlagen nach bildtheoretischen Anhaltspunkten zu suchen und daraus

209 Oder anders gefragt: Wie könnte eine der Sprechakttheorie vergleichbare Bildakttheorie aussehen? Die von Horst Bredekamp angekündigte Theorie des Bildaktes darf in diesem Zusammenhang mit Spannung erwartet werden.

methodologisch-methodische Zugänge zu Bildern zu entwickeln, können wiederum zu einer generellen Weiterentwicklung der Soziologie führen. Die bildliche Konstitution sozialer Wirklichkeiten wäre dann systematischer einzubeziehen, als dies bisher geschehen ist. Mit einer Verknüpfung soziologischer Theoriebestände mit Bildtheorien verschiedener Provenienz können nicht zuletzt auch Engführungen in Bezug auf das Verständnis von Bildern in Bereichssoziologien überwunden werden. Dies gilt insbesondere für Teile der Kommunikations-, Medien- und Kultursoziologie, für die Stefan Müller-Doohm und Klaus Neumann-Braun (Müller-Doohm/Neumann-Braun 2000) bereits neue Grundlagen geschaffen haben. Vielversprechend sind auch wissenssoziologische Arbeiten, die auf gesellschaftliche Bereiche, in denen Bilder eine immer zentralere Rolle spielen, wie etwa in der Medizin, fokussieren (vgl. exemplarisch Burri 2008). Die Bildlichkeit von Architektur und Stadt war und ist auch in der Stadtsoziologie ein Thema, welches neuerdings in Verbindung mit aktuellen bildtheoretischen Konzepten diskutiert wird (siehe Löw 2008). In Bezug auf den weiten Bereich der visuellen Vermittlung soziologischen Wissens, zum Beispiel über Tabellen und Diagramme, wäre an die Arbeiten von Otto Neurath anzuschließen (vgl. Hartmann/Bauer 2006).

Wenn davon ausgegangen wird, dass Bildlichkeit zumindest in gegenwärtigen Gesellschaften eine zentrale Rolle spielt, sind die Anwendungsfelder bildsoziologischer Untersuchungen nahezu unbegrenzt. Hier soll lediglich noch auf einen weiteren relevanten Zusammenhang hingewiesen werden, der über die Frage entsteht, wieso Bilder in kulturellen und gesellschaftlichen Spannungsfeldern so hohe Brisanz entwickeln. Die politische Dimension von Bildern spielt in kriegerischen Auseinandersetzungen, in Kulturen der Herrschaft und der Elitenbildung (Warnke 2008), in der Konstruktion von Geschlechterverhältnissen (Eiblmayr 1993; Carson and Pajaczkowska 2001; Zimmermann 2006) und nicht zuletzt in Konstruktionsprozessen von Fremdheit und Vertrautheit (Waldenfels 1994) eine wesentliche Rolle. Hier öffnen sich breite soziologische Forschungsfelder in Verbindung mit kunst- und kulturhistorischen Untersuchungen mit hoher Relevanz für aktuell virulente gesellschaftliche Prozesse.

Mit den in dieser Arbeit vorgestellten Bildanalysen aus verschiedenen soziologischen Themenfeldern habe ich erkundet, in welcher Weise eine Fokussierung auf bildliche Phänomene gegenstandstheoretisch fruchtbar gemacht werden kann. Mit einer Fortsetzung und Erweiterung empirisch-theoretisch angelegter Untersuchungen – etwa auf der Basis der Grounded Theory – kann über gegenstandsbezogene Theoriebildung ebenfalls zu einer bildsoziologischen Grundlagentheorie beigetragen werden. In solchen Forschungsprozessen wären etwa auch die Grenzen der sozialweltlichen Konstitutionsleistungen sowie der methodischen Interpretierbarkeit von Bildern zu reflektieren und auszuloten. Aus dieser Perspektive rücken Fragen zum Verhältnis von bildlich Darstellbarem und Undarstellbarem, von

Sichtbarem und Unsichtbarem, von Konkretem und Abstraktem, von Vorstellbarem und Unvorstellbarem, von Wahrnehmung und Versprachlichung in den Vordergrund. Weiterführende Antworten auf solche Fragen sind vor allem auch von empirisch-theoretischen Analysen zu erwarten, die an konkreten Bild-Gegenständen ansetzen. In anderen Worten: es muss nicht auf eine genuin soziologische Bildtheorie gewartet werden, um empirisch wie theoretisch fundiert an interessanten und grundlegenden Fragen zur bildlichen Gestaltung gesellschaftlicher Wirklichkeiten arbeiten zu können. Vielmehr lassen bereits die gegenwärtig dynamischen Entwicklungen zur Untersuchung gesellschaftsrelevanter bildlicher Phänomene eine Bereicherung soziologischen und sozialwissenschaftlichen Wissens zu Bildern und ihren Wirklichkeiten erwarten.

Literatur

Abraham, Anke (2002): Der Körper im biographischen Kontext. Ein wissenssoziologischer Beitrag, Wiesbaden: Westdeutscher Verlag

Alheit, Peter/Dausien, Bettina/Fischer-Rosenthal, Wolfram/Hanses, Andreas/Keil, Annelie (Hg.) (1999): Biographie und Leib, Gießen: Psychosozial Verlag, insbesondere Teil II, 91-176

Amelunxen, Hubertus von (Hg.) (2000): Theorie der Fotografie, Bd. 4: 1980 – 1995, München: Schirmer/Mosel

Arbeitsgruppe Bielefelder Soziologen (Hg.) (1973/80): Alltagswissen, Interaktion und gesellschaftliche Wirklichkeit, 2 Bände, Reinbek bei Hamburg: Rowohlt

Arnheim, Rudolf (1972/1977): Anschauliches Denken. Zur Einheit von Bild und Begriff, Köln: DuMont

Arnheim, Rudolf (1974/84): »A Plea for Visual Thinking«. In: W.J.T. Mitchell (Hg.), The Language of Images, Chicago: University of Chicago Press, 171-180

Arnheim, Rudolf (1991): Über das Wesen der Photographie. In: ders.: Neue Beiträge, Köln: DuMont, 140-155

Back, Jean/Schmidt-Linsenhoff, Viktoria (Hg.) (2004): The Family of Man 1955-2001. Humanismus und Postmoderne: Eine Revision von Edward Steichens Fotoausstellung, Marburg: Jonas

Bal, Mieke (1946/2004): looking in the art of viewing, Milton Park u.a.: Routledge

Ball, Michael/Smith, Gregory W.H. (1992): Analysing Visual Data. Qualitative Research Methods Series 24, Newbury Park u.a.: Sage

Barthes, Roland (1985/1989): Die helle Kammer. Bemerkungen zur Photographie, Frankfurt/M.: suhrkamp

Bartsch, Ines/Haydn, Franziska/Kadi, Selma (2008): Adoleszente Räume. Zwei Jugendliche. Ihre Zimmer. Ein Fotoapparat. Sieben Fotos. Drei

Soziologinnen, Online-Beitrag zu Workshop & Workshow vom 23.-24.11.2007 auf www.univie.ac.at/visuellesoziologie/

Bauman, Zygmunt (1995): Moderne und Ambivalenz. Das Ende der Eindeutigkeit, Frankfurt/M.: Fischer

Becker, Howard S. (1986): »Do Photographs Tell the Truth?« In: ders.: Doing things together, Evanston: Northwestern University Press, 273-292

Becker-Schmidt, Regina/Knapp, Gudrun-Axeli (2000): Feministische Theorien: Zur Einführung, Hamburg: Junius

Belting, Hans (2001): Bild-Anthropologie. Entwürfe für eine Bildwissenschaft, München: Fink

Belting, Hans (2005): »Zur Ikonologie des Blicks«. In: C. Wulf, J. Zirfas (Hg.), Ikonologie des Performativen, München: Fink, 50-58

Belting, Hans (2006): Der Blick im Bild. Zu einer Ikonologie des Bildes. In: B. Hüppauf, C. Wulf (Hg.), Bild und Einbildungskraft, München: Fink, 121-144

Belting, Hans (Hg.) (2007): Bilderfragen. Die Bildwissenschaften im Aufbruch, München: Fink

Benjamin, Walter (1963/1977): Kleine Geschichte der Photographie. In: ders.: Das Kunstwerk im Zeitalter seiner technischen Reproduzierbarkeit. Drei Studien zur Kunstsoziologie, Frankfurt/M.: suhrkamp

Berg, Ronald (2001): Die Ikone des Realen. Zur Bestimmung der Photographie im Werk von Talbot, Benjamin und Barthes, München: Fink

Berger, John (1974/2000): Sehen. Das Bild der Welt in der Bilderwelt. Unter Mitarbeit von Sven Blomberg, Chris Fox, Michael Dibb, Richard Hollis, Reinbek b. Hamburg: Rowohlt

Berger, John (1981/2003): Der Anzug und die Photographie. In: Das Leben der Bilder oder die Kunst des Sehens, Berlin: Wagenbach, 36-44

Berger, John (1986): Und unsere Gesichter, mein Herz, vergänglich wie Fotos, München/Wien: Hanser

Berger, John (1993/2000): Begegnungen und Abschiede. Über Bilder und Menschen, Frankfurt/M.: Fischer

Berger, John (1996): Schritte zu einer kleinen Theorie der Sichtbarkeit, Stuttgart: edition tertium

Berger, John/Mohr, Jean (1976): Arbeitsemigranten. Erfahrungen, Bilder, Analysen, Reinbek b. Hamburg: Rowohlt

Berger, John/Mohr, Jean (1982/2000): Eine andere Art zu erzählen. Photo/Essay. Unter Mitarbeit v. Nicolas Philibert, Frankfurt/M.: Fischer

Berger, Peter/Luckmann, Thomas (1969/76): Die gesellschaftliche Konstruktion der Wirklichkeit, Frankfurt/M.: Fischer

Bernhardt, Petra/Hadj-Abdou, Leila/Liebhart, Karin/Priversky, Andreas (2007): Europäische Bildpolitiken: Politische Bildanalyse an Beispielen der EU-Politik, Wien: facultas

Bismarck, Beatrice von/Kaufmann, Therese/Wuggenig, Ulf (Hg.) (2008): Nach Bourdieu: Visualität, Kunst, Politik, Wien: Turia + Kant

Blümle, Claudia/von der Heiden, Anne (Hg.) (2005): Blickzähmung und Augentäuschung. Zu Jacques Lacans Bildtheorie, Zürich-Berlin: diaphanes

Boehm, Gottfried (1978): »Zu einer Hermeneutik des Bildes«. In: G.-G. Gadamer, G. Boehm (Hg.), Seminar: Die Hermeneutik und die Wissenschaften, Frankfurt/M.: suhrkamp, 444-472

Boehm, Gottfried (1989): »Was heißt Interpretation? Anmerkungen zur Rekonstruktion eines Problems«. In: Fachschaft Kunstgeschichte München (Hg.), Kunstgeschichte, aber wie?, Berlin: Dietrich Reimer

Boehm, Gottfried (Hg.) (1994): Was ist ein Bild?, München: Fink

Boehm, Gottfried (1994a): »Die Wiederkehr der Bilder«. In: ders.: Was ist ein Bild?, München: Fink, 11-38

Boehm, Gottfried (1995): »Bildbeschreibung. Über die Grenzen von Bild und Sprache«. In: ders., H. Pfotenhauer (Hg.), Beschreibungskunst – Kunstbeschreibung. Ekphrasis von der Antike bis zur Gegenwart, München: Fink, 23-40

Boehm, Gottfried (1996): »Die Arbeit des Blickes. Hinweise zu Max Imdahls theoretischen Schriften«. In: M. Imdahl: Gesammelte Schriften, Bd. 3, Frankfurt/M.: suhrkamp, 7-41

Boehm, Gottfried (2007): Wie erzeugen Bilder Sinn. Zur Macht des Zeigens, Berlin: University Press

Boehm, Gottfried (2007a): »Das Paradigma ‚Bild'. Die Tragweite einer ikonischen Episteme«. In: H. Belting (Hg.), Bilderfragen. Die Bildwissenschaften im Aufbruch, München: Fink, 77-82

Boehm, Gottfried (2007b): »Die ikonische Figuration«. In: ders., G. Brandstetter, A. von Müller (Hg.), Figur und Figuration. Studien zu Wahrnehmung und Wissen, München: Fink, 33-54

Boehm, Gottfried/Pfotenhauer, Helmut (Hg.) (1995): Beschreibungskunst – Kunstbeschreibung. Ekphrasis von der Antike bis zur Gegenwart, München: Fink

Boehm, Gottfried/Bredekamp, Horst (Hg.) (2009): Ikonologie der Gegenwart. München: Fink

Böhme, Gernot (1999): Theorie des Bildes, München: Fink

Bohnsack, Ralf (1999/2003): Rekonstruktive Sozialforschung. Einführung in Methodologie und Praxis qualitativer Forschung, Opladen: Leske + Budrich

Bohnsack, Ralf (2003^5): Qualitative Verfahren der Bildinterpretation und dokumentarische Methode. In: ders.: Rekonstruktive Sozialforschung. Einführung in Methodologie und Praxis qualitativer Forschung, Opladen: Leske + Budrich, 155-257

Bohnsack, Ralf (2003): »Qualitative Methoden der Bildinterpretation«. In: Zeitschrift für Erziehungswissenschaft 6/2: 239-256

Bohnsack, Ralf (2005): »Bildinterpretation und Dokumentarische Methode«. In: C. Wulf, J. Zirfas (Hg.), Ikonologie des Performativen, München: Fink, 246-262

Bourdieu, Pierre (1979): Zur Soziologie der symbolischen Formen, Frankfurt/M.: suhrkamp

Bourdieu, Pierre (1981): Eine illegitime Kunst. Die sozialen Gebrauchsweisen der Photographie, Frankfurt/M.: suhrkamp

Breckner, Roswitha (1990): »Ob es einen Wert hat, in Kriegserinnerungen herumzukramen (...) und sie gleich schriftlich niederzulegen.« In: GeschichtsWerkstatt 20: Geschichte schreiben, 43-55

Breckner, Roswitha (2003): »Körper im Bild. Eine methodische Analyse am Beispiel einer Fotografie von Helmut Newton«. In: ZBBS. Zeitschrift für qualitative Bildungs-, Beratungs- und Sozialforschung 1, 33-60

Breckner, Roswitha (2004): »Abgelegte Erinnerungen? Was Fotoalben erzählen«. In: der blaue reiter. journal für philosophie 18, 63-67

Breckner, Roswitha (2005/2009): Migrationserfahrung – Fremdheit – Biografie. Zum Umgang mit polarisierten Welten in Ost-West-Europa, Wiesbaden: VS Verlag für Sozialwissenschaften

Breckner, Roswitha (2008): »Bildwelten – Soziale Welten. Zur Interpretation von Bildern und Fotografien«. Online-Beitrag zu Workshop & Workshow vom 23.-24.11.2007, www.univie.ac.at/visuellesoziologie/

Breckner, Roswitha (2008a): »Bildbotschaften in Spendenkampagnen – eine exemplarische Analyse«. In: Die Armutskonferenz (Hg.), Schande Armut, Stigmatisierung und Beschämung. Dokumentation der 8. Armutskonferenz 2008, 78-79

Bredekamp, Horst (2004): »Bildakte als Zeugnis und Urteil«. In: M. Flacke (Hg.), Mythen der Nationen. 1945 – Arena der Erinnerung, Bd. 1, 29-66

Bredekamp, Horst (2005): Darwins Korallen. Frühe Evolutionsmodelle und die Tradition der Naturgeschichte, Berlin: Wagenbach

Bredekamp, Horst (2006): Der Leviathan: Das Urbild des modernen Staates und seine Gegenbilder 1651 – 2001, Berlin: Akademie-Verlag

Bredekamp, Horst (2007): Bilder bewegen. Von der Kunstkammer zum Endspiel. Aufsätze und Reden, herausgegeben von J. Probst, Berlin: Wagenbach

Bredekamp, Horst/Werner, Gabriele (2003): Bilder in Prozessen, Berlin: Akademie Verlag

Bredekamp, Horst/Schneider, Pablo (Hg.) (2006): Visuelle Argumentationen. Die Mysterien der Repräsentation und die Berechenbarkeit der Welt, München: Fink

Brink, Cornelia (1998): Ikonen der Vernichtung. Öffentlicher Gebrauch von Fotografien aus nationalsozialistischen Konzentrationslagern nach 1945, Berlin: Akademie Verlag

Bryson, Norman (1983): Vision and Painting: The Logic of the Gaze, Macmillan

Burri, Regula Valérie (2008): Doing Images. Zur Praxis medizinischer Bilder, Bielefeld: transcript

Butler, Judith (1991): Das Unbehagen der Geschlechter, Frankfurt/M.: suhrkamp

Butler, Judith (1995): Körper von Gewicht. Die diskursiven Grenzen des Geschlechts, Berlin: Berlin Verlag

Carson, Fiona/Pajaczkowska, Claire (Hg.) (2001): feminist visual culture, New York: Routledge

Cassirer, Ernst (2002[2]): Versuch über den Menschen: Einführung in eine Philosophie der Kultur, Hamburg: Meiner

Chalfen, Richard (1987): Snapshot Versions of Life, Bowling Green: State University Popular Press

Didi-Huberman, Georges (1999): Was wir sehen blickt uns an. Zur Metapsychologie des Bildes, München: Fink

Didi-Huberman, Georges (2006): Bilder trotz allem, München: Fink

Dölling, Irene (1990): »Frauen- und Männerbilder. Eine Analyse von Fotos in DDR-Zeitschriften«. In: Feministische Studien 1/1990: 35-49

Douglas, Mary (1974): Ritual, Tabu und Körpersymbolik. Sozialanthropologische Studien in Industriegesellschaft und Stammeskultur, Frankfurt/M.: Fischer

Dubois, Philippe (1998): Der fotografische Akt. Versuch über ein theoretisches Dispositiv, Amsterdam, Dresden: Verlag der Kunst

Durkheim, Emile (1994): Die elementaren Formen des religiösen Lebens, Frankfurt/M.: suhrkamp

Eco, Umberto (1994): Einführung in die Semiotik, München: Fink

Eder, Barbara (2005): Die photographische Konstruktion homosexueller Identitäten. Nonverbale Aspekte der Selbstdarstellung queerer Subjekte am Beispiel qualitativer Bildanalysen der Photographien Nan Goldins, Diplomarbeit am Institut für Soziologie an der Fakultät für Sozialwissenschaften Wien

Eiblmayr, Silvia (1993): Die Frau als Bild. Der weibliche Körper in der Kunst des 20. Jahrhunderts, Berlin: Reimer

Engelbrecht, M./Betz, J./Klein, Ch./Rosenberg, Raphael (2010): Dem Auge auf der Spur – Blickbewegungen beim Betrachten von Gemälden – eine historische und empirische Studie. In: IMAGE. Journal of Interdisciplinary Image Science 11

Englisch, Felicitas (1991): »Bildanalyse in strukturalhermeneutischer Einstellung – Methodische Überlegungen und Analysebeispiele«. In: D. Garz, K. Kraimer (Hg.), Qualitativ-empirische Sozialforschung, Opladen, 133-176

Evans, Jessica/Hall, Stuart (Hg.) (1999): visual culture: the reader, London: Sage

Feministische Studien (1993): Kritik der Kategorie ‚Geschlecht', 11. Jahrgang (2), Weinheim: Deutscher Studienverlag

Fischer, Wolfram (1978): »Struktur und Funktion erzählter Lebensgeschichten«. In: M. Kohli (Hg.), Soziologie des Lebenslaufs, Darmstadt/Neuwied: Luchterhand, 311-336

Fischer-Rosenthal, Wolfram (1991a): »Zur subjektiven Aneignung von Gesellschaft«. In: U. Flick, E. Kardorff, H. Keupp, L. v. Rosenstiel und S. Wolff (Hg.), Handbuch qualitative Sozialforschung, München: PVU, 78-89

Fischer-Rosenthal, Wolfram (1991b): »Biographische Methoden in der Soziologie«. In: U. Flick, E. Kardorff, H. Keupp, L. v. Rosenstiel und S. Wolff (Hg.), Handbuch qualitative Sozialforschung, München: PVU, 253-256

Fischer-Rosenthal, Wolfram (1996): »Strukturale Analyse biographischer Texte«. In: E. Brähler und C. Adler (Hg.), Quantitative Einzelfallanalysen und qualitative Verfahren, Gießen: Psychosozial-Verlag, 99-161

Flick, Uwe, Ernst v. Kardorff, Heiner Keupp, Lutz v. Rosenstiel und Stefan Wolff (Hg.) (1991): Handbuch qualitative Sozialforschung, München: PVU

Flusser, Vilém (19932): Gesten. Versuch einer Phänomenologie, Bernsheim

Flusser, Vilém (1998): Standpunkte: Texte zur Fotografie, hrsg. von Andreas Müller-Pohle, Edition Flusser, Bd. 8, Göttingen: European Photography

Flusser, Vilém (19894): Für eine Philosophie der Fotografie, Göttingen

Funken, Christiane (2005): »Der Körper im Internet«. In: M. Schroer (Hg.), Soziologie des Körpers. Suhrkamp, Frankfurt/M.: suhrkamp, S. 215-240

Garfinkel, Harold (1967): Studies in Ethnomethodolgoy, Englewood Cliffs: Prentice Hall

Garz, Detlef/Kraimer, Klaus (1994): Die Welt als Text. Theorie, Kritik und Praxis der Objektiven Hermeneutik, Frankfurt/M.: suhrkamp

Gebauer, Gunter/Wulf, Christoph (1998): Spiel – Ritual – Geste. Mimetisches Handeln in der sozialen Welt, Reinbek bei Hamburg: rowohlt

Geimer, Peter (Hg.) (2002): Ordnungen der Sichtbarkeit. Fotografie in Wissenschaft, Kunst und Technologie, Frankfurt/M.: suhrkamp

Geimer, Peter (2009): Theorie der Fotografie. Zur Einführung, Hamburg: Junius

Geimer, Peter (2010): Bilder aus Versehen. Eine Geschichte fotografischer Erscheinungen, Hamburg: Philo Fine Arts

Gildemeister, Regine/Wetterer, Angelika (1992): »Wie Geschlechter gemacht werden: Die soziale Konstruktion der Zweigeschlechtlichkeit und ihre Reifizierung in der Frauenforschung«. In: G.-A. Knapp, A. Wetterer (Hg.), TraditionenBrüche: Entwicklungen feministischer Theorie, Freiburg: Kore

Glaser, Barney/Strauss, Anselm (1967): The Discovery of Grounded Theory, Chicago: Aldine

Good, Paul (1998): Maurice Merleau-Ponty. Eine Einführung, Berlin: Parerga Verlag

Goodman, Nelson (1995/1997): Sprachen der Kunst. Entwurf einer Symboltheorie, Frankfurt/M.: suhrkamp

Goffman, Erving (1980): Rahmen-Analyse. Ein Versuch über die Organisation von Alltagserfahrungen, Frankfurt/M.: suhrkamp

Goffman, Erving (1981): Geschlecht und Werbung, Frankfurt/M.: suhrkamp

Gombrich, Ernst H. (1984): Aby Warburg. Eine intellektuelle Biographie, Frankfurt/M.: suhrkamp

Gombrich, Ernst H. (1986): Kunst und Illusion. Zur Psychologie bildlicher Darstellung, Stuttgart: Belser

Gombrich, Ernst H. (1991): Aby Warburg – von Michelangelo bis zu den Puebloindianern, Warburg: Hermes

Gombrich, Ernst H. (2000): The uses of images: studies in the social function of art and visual communication, London: Phaidon

Gombrich, Ernst H. und Eribon, Didier (1991): Die Kunst, Bilder zum Sprechen zu bringen. Ein Gespräch mit Didier Eribon, Stuttgart: Klett Cotta

Gombrich, Ernst H., Julian Hochberg, Max Black (1977): Kunst, Wahrnehmung, Wirklichkeit, Frankfurt/M.: suhrkamp

Grady, John (1996): »The Scope of Visual Sociology«. In: Visual Sociology 11/2: 10-24

Grady, John (2001): »Becoming a Visual Sociologist«. In: Sociological Imagination 38, Heft 1/2: 83 - 119

Grady, John (2007): »Advertising images as social indicators: depictions of blacks in *LIFE* magazine, 1936-2000«. In: Visual Studies 22/3: 211-239

Gugutzer, Robert (2004): Soziologie des Körpers, Bielefeld: transkript

Haberler, Veronika (2008): Die plakative Heldin. Eine Filmplakatanalyse im Actionfilmgenre, Magistraarbeit am Institut für Soziologie der Fakultät für Sozialwissenschaften Wien

Hamburger Institut für Sozialforschung (Hg.) (2001[2]): Verbrechen der Wehrmacht: Dimensionen des Vernichtungskrieges 1941 – 1944, Hamburg: Hambuger Edition

Harper, Douglas (1994): »On the Authority of the Image. Visual Methods at the Crossroads«. In: N. K. Denzin, Y. S. Lincoln (Hg.), Handbook of Qualitative Research, Thousand Oaks: Sage, 403-412

Harper, Douglas (2000): »Fotografien als sozialwissenschaftliche Daten«. In: U. Flick, E. v. Kardorff, H. Keupp, L. v. Rosenstiel, S. Wolff (Hg.), Qualitative Forschung. Ein Handbuch, Reinbek b. Hamburg: rororo, 402-416

Hartewig, Karin (1994): »Der sentimentalisierte Blick. Familienfotografien im 19. und 20. Jahrhundert«. In: K. Tenfelde (Hg.), Bilder von Krupp. Fotografie und Geschichte im Industriezeitalter, München: Beck, 215-240

Hartmann, Frank/Bauer, Erwin K. (2006): Bildersprache. Otto Neurath. Visualisierungen, Wien: facultas

Hartmann, Hans Albrecht (Hg.) (1992): Bilderflut und Sprachmagie. Fallstudien zur Kultur der Werbung, Opladen: Westdeutscher Verlag

Haupert, Bernhard (1994): »Objektiv hermeneutische Fotoanalyse am Beispiel von Soldatenfotos aus dem zweiten Weltkrieg«. In: D. Garz (Hg.), Die Welt als Text, Frankfurt/M.: suhrkamp, 281-314

Heinze-Prause, Roswitha/Heinze, Thomas (1996): Kulturwissenschaftliche Hermeneutik. Fallrekonstruktionen der Kunst-, Medien- und Massenkultur, Opladen: Westdeutscher Verlag

Heiting, Manfred (Hg.) (2000): Helmut Newton: Work, Köln: Taschen

Hirsch, Marianne (1997/2002): Family frames. Photography, narrative, and postmemory, Cambridge/Mass: Harvard University Press

Hirschauer, Stefan (1989): »Die interaktive Konstruktion von Geschlechtszugehörigkeit«. In: Zeitschrift für Soziologie 18/2, 100-118

Hirschauer, Stefan (1993): Die soziale Konstruktion der Transsexualität. Über die Medizin und den Geschlechtswechsel, Frankfurt/M.: suhrkamp

Hitzler, Ronald/Honer, Anne (Hg.) (1997): Sozialwissenschaftliche Hermeneutik, Opladen: Leske + Budrich

Hoffmann-Riem, Christa (1980): »Die Sozialforschung einer interpretativen Soziologie – Der Datengewinn«. In: Kölner Zeitschrift für Soziologie und Sozialpsychologie 32: 339-372

Holzer, Anton (2008): Das Lächeln der Henker. Der unbekannte Krieg gegen die Zivilbevölkerung 1914-1918, Darmstadt: Primus

Huber, Hans Dieter (2004): Bild – Beobachter – Milieu. Entwurf einer allgemeinen Bildwissenschaft, Ostfildern: Hatje Cantz

Inowlocki, Lena (2003): »Fotos ohne Namen, Geschichte ohne Ort. Fragmentarische Tradierung und ‚Erinnerungsarbeit' in Familien ehemaliger jüdischer Displaced Persons«. In: G. Cyprian, M. Heimbach-Steins (Hg.), Familienbilder: interdisziplinäre Sondierungen, Opladen: Leske + Budrich, 155-170

Imdahl, Max (1980): Giotto. Arenafresken. Ikonographie, Ikonologie, Ikonik, München: Fink

Imdahl, Max (1994): »Ikonik. Bilder und ihre Anschauung«. In: G. Boehm (Hg.), Was ist ein Bild?, München: Fink, 301-324

Imdahl, Max (1996): Gesammelte Schriften, Bd. 1: Zur Kunst der Moderne, hrsg. von A. Janhsen-Vukicevic, Bd. 2: Zur Kunst der Tradition, hrsg. von G. Winter, Bd. 3: Reflexion. Theorie. Methode, hrsg. von G. Boehm, Frankfurt/M.: suhrkamp

Jäger, Jens (2009): Fotografie und Geschichte, Frankfurt/M./New York: Campus

Jäger, Ulle (2004): Der Körper, der Leib und die Soziologie. Entwurf einer Theorie der Inkorporierung, Königstein/Taunus: Ulrike Helmer Verlag

Kadi, Ulrike (1999): Bilderwahn. Arbeit am Imaginären, Wien: Turia + Kant

Kemp, Wolfgang (Hg.) (1999): Theorie der Fotografie, Bd. 1-3: 1839-1980, München: Schirmer/Mosel

Kemp, Wolfgang (2006): Foto – Essays. Zur Geschichte und Theorie der Fotografie. Erweiterte Ausgabe, München: Schirmer/Mosel

Kessler, Susan/Mc Kennan, Wendy (1978): Gender – An Ethnomethodological Approach, New York: Wiley

Knoblauch, Hubert/Schnettler, Bernt/Raab, Jürgen/Soeffner, Hans-Georg (Hg.) (2006): Video Analysis: Methodology and Methods. Qualitative Audiovisual Data Analysis in Sociology, Frankfurt/M. u.a.: Peter Lang

Knoblauch, Hubert/Baer, Alejandro/Laurier, Eric/Petschke, Sabine/Schnettler, Bernt (Hg.) (2008): Visual Methods. Forum Qualitative Sozialforschung 9/3: www.qualitative-research.net/index.php/fqs/issue/view/11

Kolb, Bettina (2008): »Involving, Sharing, Analysing – Potential of the Participatory Photo Interview«. In: Forum Qualitative Sozialforschung, Vol 9 No 3, www.qualitative-research.net/index.php/fqs/issue/view/11

Kracauer, Siegfried (1964/1985): »Fotografie«. In: ders.: Theorie des Films, Frankfurt/M.: suhrkamp, 25-50

Kracauer, Siegfried (1990): »Die Photographie«. In: ders.: Schriften, Band 5, hrsg. Von Inka Müldner-Bach, Frankfurt/M.: suhrkamp, 83-98

Lacan, Jaques (1994a): »Linie und Licht«. In: G. Boehm (Hg.), Was ist ein Bild?, München: Fink, 60-74

Lacan, Jaques (1994b): »Was ist ein Bild/Tableau«. In: G. Boehm (Hg.), Was ist ein Bild?, München: Fink, 75-89

Landweer, Hilge (1994): »Generativität und Geschlecht. Ein blinder Fleck in der sex/gender-Debatte«. In: T. Wobbe, G. Lindemann (Hg.), Denkachsen. Zur theoretischen und institutionellen Rede vom Geschlecht, Frankfurt/M.: suhrkamp, 147-176

Landweer, Hilge (2002): »Konstruktion und begrenzte Verfügbarkeit des Körpers«. In: A. Barkhaus, A. Fleig (Hg.), Grenzverläufe. Der Körper als Schnitt-Stelle, München: Wilhelm Fink, S. 47-64

Landweer, Hilge (Hg.) (2007): Gefühle – Struktur und Funktion, Berlin: Akademie Verlag

Langer, Susanne K. (1965/1979): Philosophie auf neuem Wege. Das Symbol im Denken, im Ritus und in der Kunst, Frankfurt/M.: suhrkamp

Laqueur, Thomas (1992): Auf den Leib geschrieben. Die Inszenierung der Geschlechter von der Antike bis Freud, Frankfurt/M./New York

Lindemann, Gesa (1992): »Die leiblich-affektive Konstruktion des Geschlechts. Für eine Mikrosoziologie des Geschlechts unter der Haut«. In: Zeitschrift für Soziologie 21/5: 330-346

Lindemann, Gesa (1993): Das paradoxe Geschlecht. Transsexualität im Spannungsfeld von Körper, Leib und Gefühl, Frankfurt/M.: Fischer

Lindemann, Gesa (1994): »Die Konstruktion der Wirklichkeit und die Wirklichkeit der Konstruktion«. In: T. Wobbe, G. Lindemann (Hg.), Denkachsen. Zur theoretischen und institutionellen Rede vom Geschlecht, Frankfurt/M.: suhrkamp, 115-146

Lindemann, Gesa (2001): »Zeichentheoretische Überlegungen zum Verhältnis von Körper und Leib«. In: S. Hark (Hg.), Dis/Kontinuitäten: Feministische Theorie, Opladen: Leske + Budrich, 69-86

Lindemann, Gesa (2005): »Die Verkörperung des Sozialen. Theoriekonstruktionen und empirische Forschungsperspektiven«. In: M. Schroer (Hg.), Soziologie des Körpers. Frankfurt/M.: suhrkamp, 114-138

Loer, Thomas (1994): »Werkgestalt und Erfahrungskonstitution. Exemplarische Analyse von Paul Cézannes ‚Montagne Sainte-Victoire' (1904/06) unter Anwendung der Methode der objektiven Hermeneutik und Ausblicke auf eine soziologische Theorie der Ästhetik im Hinblick auf eine Theorie der Erfahrung«. In: D. Garz, K. Kraimer (Hg.), Die Welt als Text. Theorie, Kritik und Praxis der Objektiven Hermeneutik, Frankfurt/M.: suhrkamp, 341-382

Loer, Thomas (1996): Halbbildung und Autonomie. Über Struktureigenschaften der Rezeption bildender Kunst, Opladen: Westdeutscher Verlag

Löw, Martina (2008): Soziologie der Städte, Frankfurt/M.: suhrkamp

Lueger, Manfred (2000): »Photographieanalyse«. In: ders.: Grundlagen qualitativer Feldforschung, Wien: Universitätsverlag, 163-186

Maar, Christa und Hubert Burda (Hg.) (2004): Iconic Turn. Die neue Macht der Bilder, Köln: DuMont

Maar, Christa und Hubert Burda (Hg) (2006): Iconic Worlds. Neue Bilderwelten und Wissensräume, Köln: Dumont

Mead, George Herbert (1969): Geist, Identität und Gesellschaft, Frankfurt/M.: suhrkamp

Merleau-Ponty, Maurice (1961/2003): »Das Auge und der Geist«. In: ders.: Das Auge und der Geist. Philosophische Essays, Hamburg: Meiner, 275-317

Merleau-Ponty, Maurice (1966): Phänomenologie der Wahrnehmung, Berlin: de Gruyter

Merleau-Ponty, Maurice (1986/2004): Das Sichtbare und das Unsichtbare, München: Fink

Merleau-Ponty, Maurice (1994): »Der Zweifel Cézannes«. In: G. Boehm (Hg.), Was ist ein Bild?, München: Fink, 39-59

Mersmann, Birgit/Schulz, Martin (Hg.) (2006): Kulturen des Bildes, München: Fink

Mirzoeff, Nicholas (Hg.) (1998/2002): The Visual Culture Reader, New York: Routledge

Mitchell, W.J.T. (1987): Iconology: image, text, ideology, Chicago: University of Chicago Press

Mitchell, W.J.T. (1987a): »What is an image?« In: ders.: Iconology. Image, Text, Ideology, Chicago, London: University of Chicago Press, 7-46

Mitchell, W.J.T. (1990): »Was ist ein Bild?« In: V. Bohn (Hg.), Bildlichkeit. Internationale Beiträge zur Poetik, Frankfurt/M.: suhrkamp

Mitchell, W.J.T. (1994): Picture theory. Essays on verbal and visual representation, Chicago: University of Chicago Press

Mitchell, W.J.T. (2005): What Do Pictures Want? The Lives and Loves of Images, Chicago: University of Chicago Press

Müller, Axel (1997): Die ikonische Differenz. Das Kunstwerk als Augenblick, München: Fink

Müller-Doohm, Stefan (1993): »Visuelles Verstehen – Konzepte kultursoziologischer Bildhermeneutik«. In: T. Jung, S. Müller-Doohm (Hg.), „Wirklichkeit" im Deutungsprozess. Verstehen und Methoden in den Kultur- und Sozialwissenschaften, Frankfurt/M.: suhrkamp, 458-481

Müller-Doohm, Stefan (1996): »Die kulturelle Kodierung des Schlafens oder: Wovon das Schlafzimmer eine Zeichen ist«. In: Soziale Welt 47(1)

Müller-Doohm, Stefan (1997): »Bildinterpretation als struktural-hermeneutische Symbolanalyse«. In: R. Hitzler, A. Hohner (Hg.), Sozialwissenschaftliche Hermeneutik. Eine Einführung, Opladen, 81-108

Müller-Doohm, Stefan, Thomas Jung und Ludgera Vogt (1992): »Wovon das Schlafzimmer ein Zeichen ist. Text- und Bildanalyse von Schlafraumkultur im Werbemedium«. In: H.A. Hartmann, R. Haubl (Hg.), Bilderflut und Sprachmagie, Opladen: Westdeutscher Verlag

Müller-Doohm, Stefan/Neumann-Braun, Klaus (2000): Medien- und Kommunikationssoziologie: Eine Einführung in zentrale Begriffe und Theorien, München: Juventa

Newton, Helmut (2000a): Helmut Newton's Illustrated N° 1 – N°4. Complete Edition, München: Schirmer und Mosel

Newton, Helmut (2000b): 30 Postcards, Köln: Taschen

Oevermann, Ulrich (1983): »Zur Sache. Die Bedeutung von Adornos methodologischem Selbstverständnis für die Begründung einer materialen soziologischen Strukturanalyse«. In: L. v. Friedeburg, J. Habermas (Hg.), Adorno-Konferenz 1983, Frankfurt/M.: suhrkamp, 234-29

Oevermann, Ulrich (1990): »Eugène Delacroix – biographische Konstellation und künstlerisches Handeln«. In: Georg-Büchner-Jahrbuch 6: 13-58

Oevermann, Ulrich (2009): »„Get Closer". Bildanalyse mit den Verfahren der objektiven Hermeneutik am Beispiel der Google Earth-Werbung«. In: J. Döring (Hg.), Geo-Visiotype. Zur Werbegeschichte der Telekommunikation, Siegen: Universität Siegen, 129-177

Oevermann, Ulrich/Allert, Tilman/Konau, Elisabeth (1979): »Zur Methodologie einer ‚objektiven Hermeneutik' und ihre allgemeine forschungslogische Bedeutung in den Sozialwissenschaften«. In: H.G. Soeffner (Hg.), Interpretative Verfahren in den Sozial- und Textwissenschaften, Stuttgart: Metzler, 352-434

Panofsky, Erwin (1964/1980): »Aufsätze zu Grundfragen der Kunstwissenschaft, zusammengestellt und hrsg. Von M. Oberer u. E. Verheyen, Berlin: Hessling

Panofsky, Erwin (1975): »Ikonographie und Ikonologie«. In: ders., Sinn und Deutung in der Bildenden Kunst, Köln: DuMont Schauberg

Panofsky, Erwin (1980): »Zum Problem der Beschreibung und Inhaltsdeutung von Werken der bildenden Kunst«. In: ders., Aufsätze zu Grundfragen der Kunstwissenschaft, Berlin, 85-97 (Erstveröffentlichung 1932)

Panofsky, Erwin (1991): Perspective as symbolic form, New York: Zone Books

Pavord, Anna (1999): Die Tulpe. Eine Kulturgeschichte, Frankfurt/M./ Leipzig: Insel

Peirce, Charles Saunders (1983): Phänomen und Logik der Zeichen, hrsg. und übersetzt von M. Pape, Frankfurt/M.: suhrkamp

Plessner, Helmut (1965[2]): Die Stufen des Organischen und der Mensch. Einleitung in die philosophische Anthropologie, Berlin: de Gruyter

Pomikacsek, Katalin (2008): T-Shirts. Funktionsweisen von Bildsymbolen im Alltag, Magistraarbeit am Institut für Soziologie der Fakultät für Sozialwissenschaften Wien

Przyborski, Aglaja/Wohlrab-Sahr, Monika (2008): Qualitative Sozialforschung: Ein Arbeitsbuch, München: Oldenbourg

Raab, Jürgen (2007): »Die ‚Objektivität' des Sehens als wissenssoziologisches Problem«. In: Sozialer Sinn 8/2: 287-304

Raab, Jürgen (2008): Visuelle Wissenssoziologie. Theoretische Konzeptino und materiale Analysen, Konstanz: UVK

Raab, Jürgen/Soeffner, Hans-Georg (2005): »Körperlichkeit in Interaktionsbeziehungen«. In: M. Schroer (Hg.), Soziologie des Körpers. Frankfurt/M.: suhrkamp, 166-188

Reichertz, Jo (1992): »Der Morgen danach. Hermeneutische Auslegung einer Werbefotographie in zwölf Einstellungen«. In: H.A. Hartmann, R. Haubl (Hg.), Bilderflut und Sprachmagie. Fallstudien zur Kultur der Werbung, Opladen: Westdeutscher Verlag, 141-164

Reichertz, Jo/Marth, Nadine (2004): »Abschied vom Glauben an die Allmacht der Rationalität oder: Der Unternehmensberater als Charismatiker. Lässt sich die hermeneutische Wissenssoziologie für die Interpretation einer Homepage nutzen?«. In: Zeitschrift für qualitative Bildungs-, Beratungs- und Sozialforschung 5/1: 7-27

Richter, Rudolf (1989): »Visuelle Soziologie. Das Beispiel Photographie«. In: Photographie und Gesellschaft 43/9

Ricoeur, Paul (1972): »Der Text als Modell: hermeneutisches Verstehen«. In: W. L. Bühl (Hg.), Verstehende Soziologie. Grundzüge und Entwicklungstendenzen, München: Nymphenburger Verlagshaus, 252-283

Rosenberg, Raphael/Betz, J./Klein, Ch. (2008): »Augensprünge«. In: Bildwelten des Wissens. Kunsthistorisches Jahrbuch für Bildkritik, Bd. 6/1: 127-129

Rosenthal, Gabriele (Hg.) (1986): Die Hitlerjugend-Generation, Essen: Blaue Eule

Rosenthal, Gabriele (1994): »Zur Konstitution von Generationen in familienbiographischen Prozessen. Krieg, Nationalsozialismus und Genozid in Familiengeschichte und Biographie«. In: ÖZG, Österreichische Zeitschrift für Geschichtswissenschaften 5/4: 489-516

Rosenthal, Gabriele (1997): »Zur interaktionellen Konstitution von Generationen. Generationenabfolgen in Familien von 1890 - 1970 in Deutschland«. In: J. Mansel, G. Rosenthal, A. Tölke (Hg.), Generationen-Beziehungen, Austausch und Tradierung. Opladen: Westdeutscher Verlag, 57-73

Rosenthal, Gabriele (1995): Erlebte und erzählte Lebensgeschichte, Frankfurt/M./New York: Campus

Rosenthal, Gabriele (2005): Interpretative Sozialforschung. Eine Einführung, München: Juventa

Ruck, Nora/Slunecko, Thomas (2008): »A Portrait of a Dialogical Self: Image Science and the Dialogical Self«. In: International Journal for Dialogical Science 3/1

Sachs-Hombach, Klaus/Rehkämper, Klaus (Hg.) (1998/2004): Bild – Bildwahrnehmung – Bildverarbeitung. Interdisziplinäre Beiträge zur Bildwissenschaft, Wiesbaden: Dt. Universitätsverlag

Sachs-Hombach, Klaus (2003): Wege zur Bildwissenschaft. Interviews, Köln: Herbert von Halem Verlag

Sachs-Hombach, Klaus (Hg.) (2005): Bildwissenschaft. Disziplinen, Themen, Methoden, Frankfurt/M.: suhrkamp

Scholz, Oliver (2004): Bild, Darstellung, Zeichen, Frankfurt/M.: Klostermann

Schmidt-Linsenhoff, Viktoria/Hölz, Kar/Uerlings, Herbert (Hg.) (2005): Weiße Blicke. Geschlechtermythen des Kolonialismus, Marburg: Jonas

Schroer, Markus (Hg.) (2005): Soziologie des Körpers, Frankfurt/M.: suhrkamp

Schütz, Alfred (1960/1974): Der sinnhafte Aufbau der sozialen Welt. Eine Einleitung in die verstehende Soziologie, Frankfurt/M.: suhrkamp

Schütz, Alfred (1971): »Symbol. Wirklichkeit und Gesellschaft«. In: ders.: Gesammelte Aufsätze I. Das Problem der sozialen Wirklichkeit, Den Haag: Niejhoff, 331-411

Schütz, Alfred/Luckmann, Thomas (1979): Strukturen der Lebenswelt, Bd. 1, Frankfurt/M.: suhrkamp

Schütze, Fritz (1976): »Zur soziologischen und linguistischen Analyse von Erzählungen«. In: Internationales Jahrbuch für Wissens- und Religionssoziologie 10: 7-41

Schütze, Fritz (1983): »Biographieforschung und narratives Interview«. In: Neue Praxis 3: 283-293

Schütze, Fritz (1984): »Kognitive Figuren des autobiographischen Stegreiferzählens«. In: M. Kohli, G. Robert (Hg.), Biographie und soziale Wirklichkeit, Stuttgart: Klett, 78-117

Schütze, Fritz (1987): Das narrative Interview in Interaktionsfeldstudien: erzähltheoretische Grundlagen, Kurs der Fernuniversität Hagen

Schulz, Martin (2005): Ordnungen der Bilder. Eine Einführung in die Bildwissenschaft, München: Fink

Silverman, Kaja (1996): The Threshold of the Visible World, New York, London: Routledge

Simmel, Georg (1989-2008): Gesamtausgabe in 24 Bänden, Frankfurt/M.: suhrkamp

Simmel, Georg (1908/1992): »Exkurs über die Soziologie der Sinne«. In: ders., Gesamtausgabe, hrsg. von O. Rammstedt, Bd. 1, Frankfurt/M.: suhrkamp, 722-742

Simmel, Georg (1908/1992): »Exkurs über den Fremden«. In: ders. Gesamtausgabe, hrsg. von O. Rammstedt, Bd. 1, Frankfurt/M.: suhrkamp, 767-771

Soeffner, Hans-Georg (1989): »Prämissen einer sozialwissenschaftlichen Hermeneutik«. In: ders.: Auslegung des Alltags – Der Alltag der Auslegung. Zur wissenssoziologischen Konzeption einer sozialwissenschaftlichen Hermeneutik, Frankfurt/M.: suhrkamp, 66-97

Soeffner, Hans-Georg (2006): »Visual Sociology on the Basis of 'Visual Concentration'«. In: H. Knoblauch, B. Schnettler, J. Raab, H.G. Soeffner (Hg.), Video Analysis: Methodology and Methods. Qualitative Audiovisual Data Analysis in Sociology, Frankfurt/M. u.a.: Peter Lang, 209-217

Sontag, Susan (1978/80): Über Fotografie, Frankfurt/M.: Fischer

Starl, Timm (1995): Knipser. Die Bildgeschichte der privaten Fotografie in Deutschland und Österreich von 1880 bis 1980, München: Koehler und Amelang

Strauss, Anselm (1982): Spiegel und Masken. Die Suche nach Identität, Frankfurt/M.: suhrkamp

Teckenberg, Wolfgang (1982): »Bildwirklichkeit und soziale Wirklichkeit. Der Einsatz von Fotos in der Soziologie«. In: Soziale Welt 33/2: 102-140

Tenfelde, Klaus (Hg.) (1994): Bilder von Krupp. Fotografie und Geschichte im Industriezeitalter, München: Beck

Theyne, Thomas (Hg.) (1989): Der geraubte Schatten. Eine Weltreise im Spiegel der ethnographischen Photographie, München: C.J. Bucher

Villa, Paula Irene (2000): Sexy Bodies. Eine soziologische Reise durch den Geschlechtskörper, Opladen: Leske + Budrich

Waldenfels, Bernhard (1994): »Ordnungen des Sichtbaren«. In: G. Boehm (Hg.), Was ist ein Bild, München: Fink, 233-252

Waldenfels, Bernhard (1997): Sinnessschwellen. Studien zur Phänomenologie des Fremden 3, Frankfurt/M.: suhrkamp

Warburg, Aby (1979): Ausgewählte Schriften und Würdigungen, hrsg. von D. Wuttke, Baden-Baden: Körner

Warburg, Aby (1988/96): Schlangenrituale. Ein Reisebericht, Berlin: Wagenbach

Warnke, Martin (2008): Handbuch der politischen Ikonographie. 2 Bände: Bd.1: Von Abdankung bis Huldigung. Bd. 2: Von Imperator bis Zwerg, München: Beck

Weinlich, Edith A. (1990): »'You press the button, we do the rest'. Überlegungen zur popularen Fotografie«. In: W. Sparn (Hg.), Wer schreibt meine Lebensgeschichte: Biographie, Autobiographie, Hagiographie und ihre Entstehungszusammenhänge, Gütersloh, 178-195

Wenk, Silke/Krebs, Rebecca (2007): Analysing the Migration of People and Images: Perspectives and Methods in the Field of Visual Culture, www.york.ac.uk/res/researchintegration/Integrative_Research_Methods.htm

West, Candace/Zimmerman, Don (1991): »Doing Gender«. In: J. Lorber, S.A. Farrell (Hg.), The Social Construction of Gender, Newbury Park, London: Sage, 13-37

Wetterer, Angelika (Hg.) (1995): Die soziale Konstruktion von Geschlecht in Professionalisierungsprozessen, Frankfurt/M./New York: Campus

Wetterer, Angelika (2002): Arbeitsteilung und Geschlechterkonstruktion. ‚Gender at work' in theoretischer und historischer Perspektive, Konstanz: UVK

Willems, Herbert/Kautt, York (2003): Theatralität der Werbung. Theorie zur Analyse massenmedialer Wirklichkeit: Zur kulturellen Konstitution von Identitäten, Berlin/New York: de Gruyter

Wiesing, Lambert (2000): Phänomene im Bild, München: Fink

Wiesing, Lambert (2005): Artifizielle Präsenz. Studien zur Philosophie des Bildes, Frankfurt/M.: suhrkamp

Wolf, Herta (Hg.) (2002): Paradigma Fotografie. Fotokritik am Ende des fotografischen Zeitalters, Frankfurt/M.: suhrkamp

Wolf, Herta (Hg.) (2003): Diskurse der Fotografie, Frankfurt/M.: suhrkamp

Wulf, Christoph/Zirfas, Jörg (Hg.) (2005): Ikonologie des Performativen, München: Fink

Zimmermann, Anja (Hg.) (2006): Kunstgeschichte und Gender. Eine Einführung, Berlin: Reimer

Sozialtheorie

Hannelore Bublitz
Im Beichtstuhl der Medien
Die Produktion des Selbst im öffentlichen Bekenntnis
März 2010, 240 Seiten, kart., 25,80 €,
ISBN 978-3-8376-1371-1

Michael Busch, Jan Jeskow, Rüdiger Stutz (Hg.)
Zwischen Prekarisierung und Protest
Die Lebenslagen und Generationsbilder von Jugendlichen in Ost und West
Januar 2010, 496 Seiten, kart., 29,80 €,
ISBN 978-3-8376-1203-5

Pradeep Chakkarath, Doris Weidemann (Hg.)
Kulturpsychologische Gegenwartsdiagnosen
Bestandsaufnahmen zu Wissenschaft und Gesellschaft
Oktober 2011, ca. 226 Seiten, kart., ca. 25,80 €,
ISBN 978-3-8376-1500-5

Jürgen Howaldt, Michael Schwarz
»Soziale Innovation« im Fokus
Skizze eines gesellschaftstheoretisch inspirierten Forschungskonzepts
August 2010, 152 Seiten, kart., 18,80 €,
ISBN 978-3-8376-1535-7

Carolin Kollewe, Elmar Schenkel (Hg.)
Alter: unbekannt
Über die Vielfalt des Älterwerdens. Internationale Perspektiven
Januar 2011, ca. 280 Seiten, kart., zahlr. Abb., 29,80 €,
ISBN 978-3-8376-1506-7

Sophie-Thérèse Krempl
Paradoxien der Arbeit
oder: Sinn und Zweck des Subjekts im Kapitalismus
Januar 2011, 340 Seiten, kart., zahlr. Abb., ca. 32,80 €,
ISBN 978-3-8376-1492-3

Stephan Lorenz (Hg.)
TafelGesellschaft
Zum neuen Umgang mit Überfluss und Ausgrenzung
August 2010, 240 Seiten, kart., 22,80 €,
ISBN 978-3-8376-1504-3

Herfried Münkler, Matthias Bohlender, Sabine Meurer (Hg.)
Sicherheit und Risiko
Über den Umgang mit Gefahr im 21. Jahrhundert
März 2010, 266 Seiten, kart., zahlr. Abb., 26,80 €,
ISBN 978-3-8376-1229-5

Herfried Münkler, Matthias Bohlender, Sabine Meurer (Hg.)
Handeln unter Risiko
Gestaltungsansätze zwischen Wagnis und Vorsorge
Juli 2010, 288 Seiten, kart., 29,80 €,
ISBN 978-3-8376-1228-8

Mathias Stuhr
Mythos New Economy
Die Arbeit an der Geschichte der Informationsgesellschaft
Juli 2010, 330 Seiten, kart., 29,80 €,
ISBN 978-3-8376-1430-5

Boris Traue
Das Subjekt der Beratung
Zur Soziologie einer Psycho-Technik
Oktober 2010, 324 Seiten, kart., 29,80 €,
ISBN 978-3-8376-1300-1